핵심 재무관리

남명수 · 임태순 · 정진영 공저

法 文 社

머리말

지구촌 사람들이 부푼 희망을 가득 안고 맞이한 새로운 밀레니엄도 벌써 첫 10년이 지나갔고, 또 다른 10년을 향해 항해하는 시간위에 서 있다. 여명이 밝아온 21세기를 맞이하면서 재무세계(financial world)에서도 새로운 이슈의 화두들이 나타나며 우리들의 관심을 이끌어 냈고, 이에 대응이라도 하듯 새로운 재무기법과 금융상품들(new financial products)이 우리들의 지적(知的)인 호기심을 자극하며 재무세계라는 새로운 역사의 장을 창조해 나가고 있다.

그동안 진행된 재무세계를 뒤돌아보면, '신천지'처럼 새롭게 등장한 금융상품들로 인하여 시장의 참여자들은 한동안 화려하고 즐거운 불꽃놀이에 탄성을 자아내기도 하고, 달콤한 맛에 빠져 도취하기도 하였다. 우리가 향유했던 달콤함과 화려함이 계속 지속될 수 있다면 얼마나 좋을까? 마치, 장미송이의 아름다움에 취해 숨겨진 가시의 날카로움을 살피지 못하는 우(遇)를 범하듯, 달콤함이 주는 유혹에 깊이 빠져 시장의 참여자들은 위험(risk)이란 단어를 너무 가볍게 여기는 실수를 범하였다. 아니, 앞만 보며 달리는 속도감을 즐기기 위하여 애써 외면을 하려고 했는지도 모르나, 이러한 근시안적인 생각은 재무세계에 살고 있는 우리 모두에게 이제 새로운 방향성에 대해 문제의식을 던져주고 있는 듯하다.

불꽃놀이가 제공했던 달콤함도, 그리고 기억에 남겨진 가시의 아픈 고통도 이제는 모두 과거란 역사의 장으로 남겨 놓게 되었다. 앞으로 다가오는 10년은 어떤 모습이 될 것이며 우리는 어떻게 준비해야 할까? 우리들이 갖는 생각의 속도만큼이나 디지털시대에 맞게 재무세계의 환경도 빠르게 변화될 것이다. 그 변화의 속도는 과거에 보여주었던 그 어떤 변화와도 비교가 되지 않을 성 싶다. 그렇다면 이 시점에 우리에게 진정으로 필요한 것은 무엇일까? 우리가 새로운 형태로 다시 다가올 아름다운 불꽃놀이를 맞이하게 되더라도 흥분하지 않고 차분하게 시장을 관조하며 대처할 수 있는 내공을 키우는 방법은 무엇일까? 참기 어려울 만큼의 고통을 피할 수 있는 비책(秘策)을 미리 준비할 수는 없을까? 바로 이러한 문제의

식이 본서를 출간하게 된 배경이 되었다.

'변화에 잘 적응하려면 시류에 편승하라' 고 하는 말이 있듯이 우리는 더 이상 재무관리에 대한 이해를 멀리할 수만은 없게 되었다. 재무관리는 이제 금융업종에 종사하기를 원하는 학생들은 물론이고, 경영학을 전공하는 대학생들, 그리고 기업경영에 관심이 있는 대학생이라면 누구나 가까이 해야만 하는 학문으로 자리를 잡아가고 있다는 사실이다. 바야흐로 재무와 금융에 대한 지식은 이제 '선택의 차원' 을 넘어 '생존을 위한 필수사항' 이 되어가고 있다고 해도 과언이 아니다.

본서는 대학생들에게 재무세계(financial world)의 움직임에 대해 재무관리측면에서 기본에 충실한 스냅 샷을 제공하기 위하여 마련되었다. 21세기가 시작된 시점에 맞추어 "미래 CEO · CFO를 위한 재무관리의 이해"란 책을 처음 출간한 이래 여러분들의 깊은 사랑에 힘입어 초판을 보완하여 2007년 개정판이 나왔고, 그 후 5년 뒤 제3판을 통하여 10년 동안 변함없이 여러분들의 사랑과 성원을 받았음에도 흘러간 시간 속에 이제 그 낡은 옷을 새로운 옷으로 갈아입기 위해 절판하고 새롭게 꾸며 본서를 출간하게 되었다. 이 기회를 빌어 10년 동안 독자 여러분들이 보여주신 사랑과 성원에 다시 한번 깊이 감사를 드린다.

본서는 총 6편으로 구성되어 있다. 제1편에는 재무관리의 기초개념을, 그리고 제2편에서는 확실성하의 투자결정을 기술하였다. 제3편에서는 불확실성하의 투자결정에 대해 논의하였고, 제4편에서는 기업의 재무정책에 대해 기술하였다. 제5편에서는 운전자본관리에 대해 논의하였고, 마지막으로 제6편에서는 재무관리의 특수문제에 집중하여 다루었다. 특히 최근 들어서 새로운 화두가 되고 있는 기업지배구조와 행태재무학에 대한 내용을 제6편에 제21장으로 포함시켜 다루었다.

본서의 특징을 요약하면 다음과 같다.

첫째, 본서는 재무관리의 원리 입문서로 사용될 수 있다. 재무관리에 대한 내용을 알기 쉽도록 구성하여 대학생 여러분들이 큰 틀 속에서 마치 스냅 샷처럼 먼저 전체를 살필 수 있도록 도움이 되게 구성하였다. 따라서 재무관리를 처음으로 접하는 대학생들도 쉽게 이해할 수 있도록 구성하였다.

둘째, 본서는 기본원리에 충실하게 구성하였다. 따라서 기본원리를 충실히 이해를 하고 나서 원리가 주는 함축성을 통하여 현실적인 문제에 적용을 할 수 있도록 문제해결 능력에 도움이 되게 구성하였다.

『로마제국 쇠망사』를 쓴 저자인 에드워드 기번(Edward Gibbon)은 '바람과 파도는 항상 유능한 항해자의 편에 선다(The winds and waves are always on the side of the ablest navigators)' 라는 유명한 말을 남겼다. 아무쪼록 기본에 충실하게 꾸며진 본서를 통하여 대학생들이 무한경쟁 속에서 거친 풍랑과 파도를 헤치고 용감하게 나아갈 수 있는 유능한 항해자로 성장하는데 보탬이 되었으면 하는 바람을 적어본다. 더욱이, 과거와 비교하여 볼 때, 경영관련 학과에 여학생들의 비중이 늘어난 추세에 발맞추어 머지않은 장래에 우리나라 기업에도 여성 CEO의 활약이 더 많이 늘어났으면 하는 바람도 함께 실어 본다.

본서가 출간되기까지 집필과정에서 미처 일일이 양해를 구하지 못하고 참고한 저서의 저자들에게 인용의 기회를 허락해 주신데 대해 깊이 감사드린다. 끝으로 이번에도 변함없이 본서의 출간을 위해 애써 준 법문사 편집부 최문용 차장과 영업부 권혁기 대리를 비롯한 여러 관계자와 인하대학교의 안치현군과 김선현군, 김병진군에게 감사함을 전하고자 한다.

2014년 1월

저자 씀

주 요 차 례

차 례

제1편 재무관리의 기초개념

제 3 장 재무비율분석

제 2 편 확실성하의 투자결정: 자본예산

제 4 장 자본예산의 기본개념과 현금흐름의 측정

제 5 장 투자안의 평가방법

제 8 장 최적포트폴리오의 선택

제 9 장 자본자산가격결정모형(CAPM)과 차익가격결정모형(APM)

제10장 자본비용과 불확실성하의 투자결정

제13 장 배당정책

제 6 편 재무관리의 특수문제

제19장 국제재무관리

제20장 옵션가격결정모형

Part 01 재무관리의 기초개념

개 요

재무관리는 기업활동을 자금의 순환과정으로 파악하고 활동에 소요되는 자금의 조달과 그 운용에 관련된 기업의 재무적인 활동을 계획 · 조정 · 통제함으로써 기업의 목표를 달성하고자 하는 경영학의 한 영역이다.

자본의 증권화가 보편화됨으로써 경영의 성과는 기업가치로 표현되며 기업가치는 시장에서 평가되기 때문에 주가는 적절한 성과지표가 된다. 그러므로 재무적인 의사결정의 기본과제는 미래의 불확실성을 평가하고 현금흐름의 시간가치를 측정하여 현재의 가치로 확정하는데 있다.

제 1 장에서는 재무관리의 주된 관점이 되는 목표를 설명하면서 재무관리를 개관하고, 제 2 장에서는 재무적 의사결정의 기준 내지는 가치측정의 기본이 되는 화폐의 시간적 가치와 순현가의 개념을 논의한다.

제 3 장에서는 기업의 현재 재무적 위치를 재무비율분석을 통해 확인한다.

재무관리의 개관

제 1 절 재무담당자의 역할

기업의 모든 경영활동은 돈의 흐름과 사전 · 사후적으로 밀접한 관련이 있다. 이는 기업내의 모든 부문에서 의사결정은 재무적인 의사결정을 반드시 수반한다는 것을 의미한다. 예를 들면 마케팅부문에서 매출액의 확대는 시설투자를 증설해야 하며 이를 위해 자금부분에서는 소요자금을 확보하여야 한다.

이러한 측면에서 보면 재무담당자(financial manager)는 기업내의 모든 부문의 운영현황을 파악하고 그 운영의 변화가 재무적으로 어떠한 영향을 주는지 판단할 수 있어야 한다. 물론 구매, 생산, 마케팅, 회계, 인사 등의 담당관리자들도 자신의 의사결정이 재무적 성과에 어떠한 영향을 미치는지를 평가하면서 해당부문을 관리해야 한다.

궁극적으로 기업경영활동의 결과는 재무적 성과와 연결되어 나타나므로 각 부문의 담당자들은 자신의 의사결정이 재무적 성과에 미치는 영향을 고려하면서 최종결정을 내려야 한다. 이러한 의사결정 과정이 효율적으로 실행되면 기업가치는 향상될 수밖에 없을 것이다. 기업의 각 부문활동은 유기적으로 관련을 맺고 있으며 기업의 의사결정에 다양하게 연계되어 있다. 재무담당자는 어떤 의사결정이 기업내의 모든 부문활동에 미치는 영향을 종합적으로 판단하여 최고경영자가 정확한 의사결정을 내릴 수 있도록 조언자의 역할을 담당하고 있다.

이렇게 돈이 기업내의 각 부문을 장애없이 유연하고 빠르게 적기에 흘러서 기업이 지속적으로 성장하게 되면 재무관리만 잘 되는 것이 아니라 이로 인해 기업가치가 높아져서 기업의 이해관계자들(stakeholders)인 주주, 종업원, 투자자, 소비자, 공급업자들에게 그 혜택(benefit)이 돌아가게 되고 국가경제에도 크게 기여하게 되므로 재무관리자는 경제발전에도 크게 한 몫을 한다고 볼 수 있다.

재무담당자가 수행해야 할 핵심적인 의사결정은 다음과 같다.

① 투자결정(investment decision)

어떤 사업을 수행할 것인가, 얼마만큼의 자금을 어느 자산에 투자할 것인가에 관한 의사결정이다. 장기자산투자계획을 수립하는 것을 자본예산(capital budgeting)이라고 한다. 이로 인해 자산의 규모와 구성이 결정되고 기업소유자산의 가치가 달라진다.

② 자본조달결정(financing decision)

투자에 필요한 자금을 어떻게 조달할 것인가에 관한 결정이다. 자본조달결정에 따라 부채와 자기자본의 구성(capital structure)이 결정되며, 이러한 변동은 재무상태표상의 대변에 나타난다. 기업의 이익을 배당금과 유보이익으로 구분하는 배당정책(dividend policy)도 자본조달과 관련된 의사결정이다.

③ 운전자본관리(working capital management)

기업의 정상적인 영업활동을 위해서는 유동자산과 유동부채를 적절히 관리하여 단기자금문제에 직면하지 않아야 한다.

본서에서는 재무담당자의 핵심적인 의사결정인 자본예산, 자본구조(배당정책), 운전자본관리를 순서대로 자세히 설명한다.

제2절 기업 조직의 기본 형태

보통 기업의 대부분은 주식회사 형태를 띠고 있다. 여기서는 개인회사, 합명/합자회사, 주식회사라는 세 가지 형태로 기업조직에 대해 살펴볼 것이다. 세 가지 형태는 기업의 수명, 현금 조달 능력, 세금에 대해 각기 서로 다른 장점과 단점을 가지고 있다.

(1) 개인회사(Sole Proprietorship)

개인회사(sole proprietorship)는 개인이 사업을 소유하고 있는 기업조직 형태이며 사업을 시작하기에 가장 간단하고 정부의 규제도 가장 적게 받는 기업조직이다.

개인회사의 소유주는 발생하는 모든 이익을 자신이 갖는다. 그러나 빚이 있다면 그에 대해서는 무한책임(unlimited liability)을 진다는 것이 단점이다. 이는 개인 회사의 소유주가 회사가 진 빚에 대해서 자신의 개인 자산을 팔아서라도 빚을 갚아야 한다는 것을 말한다. 또한 모든 기업 소득이 개인 소득으로 간주되어 세금이 부과된다. 개인회사의 수명은 소유주의 자연적 수명과 기업이 확보할 수 있는 자기 자본이 소유주 개인이 갖고 있는 부에 의해 제한된다. 이러한 제한은 종종 개인회사의 경우에는 자본이 충분하지 않으므로 좋은 사업 기회를 놓칠 수 있다는 것을 의미하기도 한다.

(2) 합명/합자회사(Partnership)

합명/합자회사(partnership)는 동업자가 있다는 것을 제외하고는 개인회사와 유사하다. 합명회사(general partnership)는 소유주 모두가 회사가 발생시킨 이득이나 손실을 나누어 가지며 무한책임을 진다. 발생하는 이득이나 손실을 나누는 방법은 계약에 의해 결정된다. 합자회사(limited partnership)는 동업자중 한 사람 이상이 회사를 운영하면서 무한책임을 지고 다른 동업자들은 회사 운영에 직접 참가하지 않으면서 제한된 책임만을 지는 것을 말한다. 유한 책임을 지는 동업자들의 책임한계는 자신이 출자한 금액에 국한된다.

합명/합자회사의 장점과 단점은 기본적으로 개인회사의 경우와 같다. 다만 합명/합자회사의 경우 동업자들 간에 서류로 된 계약을 작성하는 것이 매우 중요하다. 동업자들 각각이 갖는 권리와 의무를 확실히 해 두지 않으면 나중에 동업자들 간에 오해를 불러일으킬 수 있다.

(3) 주식회사(Corporation)

주식회사(corporation)는 한명 이상의 개인이나 법인에 의해 소유되며 별개의 법인격으로 창조된 회사이다. 즉 그 소유주와는 구별되는 법적인격체이며 실제적인 사람과 마찬가지로 많은 권리, 의미, 특권을 갖는다. 주식회사는 스스로 돈을 빌릴 수도 있고, 재산을 소유할 수도 있으며, 법적 소송을 하거나 당할 수도 있으며, 상대방과 어떤 계약도 할 수 있다. 또한 다른 합명회사에 무한 책임 동업자나 유한 책임 동업자로 참가할 수 있으며, 다른 주식회사의 주식을 소유할 수도 있다.

대규모 주식회사의 경우, 주주(stockholder)와 경영자(manager)는 일반적으로 서로 분리된 집단이다. 주주들은 이사들을 선출하고 이사들은 경영진을 선출한다. 경영자들은 주주들의 이익을 대변하여 주식회사를 관리하는 책임을 진다. 주주들이 이사들을 선출하기 때문에 주식회사를 관리하고 통제하는 것은 원칙적으로 주주들이다.

소유와 경영이 분리되어 있어 소유권은 언제든지 이전될 수 있기 때문에 주식회사의 수명은 제한되지 않는다. 또, 주식회사는 자신의 명의로 돈을 빌릴 수 있다. 따라서 주주는 주식회사의 부채에 대해 제한된 책임을 갖는다. 주주들이 잃을 수 있는 최대 손실액은 해당 주식회사의 주식에 투자한 금액이다. 이렇게 소유권 이전의 용이성, 회사가 지고 있는 부채에 대한 유한 책임, 회사의 수명이 제한되지 않는다는 점들은 주식회사가 필요한 자금을 조달하는 데 있어서 다른 형태의 기업조직보다 우월성을 갖는 이유이다. 예를 들어 주식회사가 자신의 자기자본(equity)을 증가시키려면 새로운 주식을 발행하여 투자자들에게 판매하면 된다.

한편, 주식회사는 중요한 단점도 지니고 있다. 주식회사는 법인이므로 세금을 내야 한다. 또한 주주에게 배당으로 지불되는 돈은 주주의 개인소득이 간주되어 또 다시 세금이 부과된다. 이는 이중 과세가 되며 주식회사의 이익에 대해 세금이 두 번 부과된다는 것을 의미한다. 즉 이익이 생겼을 때 세금이 부과되고 이익이 주주들에게 분배될 때 또 주주 개인의 차원에서 세금이 부과되는 것이다.

이상의 내용을 간단하게 정리해보면 아래와 같다.

형 태	책 임	경영권
개인회사	무한책임	1인 소유
합명회사	무한책임	출자자
합자회사	무한+유한책임	무한책임사원
주식회사	유한책임	경영자(소유권 ×)

제3절 재무담당자의 위상과 임무변화[1)]

과거의 재무담당자들은 급여 관리, 원가 계산, 결산 후 재무제표작성 및 보고, 세금관리, 내부감사 등의 통제기능(controller)과 금융기관과의 금융거래 협상을 통해 소요자금을 조달하거나 여유자금을 운용하는 장단기 자금관리기능(treasurer) 등의 전적으로 재무적 기능에 초점을 맞추어서 업무를 수행해 왔다. 그러나 IMF 금융위기 이후 기업 환경이 급격히 변화하고 기업들이 변화한 환경 속에서 생존하기 위해 고안한 경영전략들이 재무적 요소들의 고려 없이 성립될 수 없게 되었다. 이렇게 기업전략과 재무적 역할을 결합시키려면 새로운 직위가 필요하게 되었고 그 새로운 직위는 기업전략 및 재무담당관리자(Chief Financial Officer: *CFO*)가 될 것이다.

*CFO*는 중요 전략적 영업상 사안에 대해 *CEO* 및 각 사업단위장의 핵심 어드바이저 역할을 하는 한편 기업의 재무 및 기획 기능을 관리하는 책임을 맡게 된다. 담당업무로는 ① 기업전략, ② 재무전략, ③ 예산 및 관리통합, ④ 재무관리 등이 될 것이다.

첫째로 *CFO*는 기업의 가치를 극대화시키기 위한 기업전략을 도출함에 있어서 *CEO*와 관리자 등의 협력 및 의견 조정을 선도하는 역할을 담당한다. 먼저 *CFO*는 소속된 기업이 현재 수행하고 있는 사업들로부터 최대의 가치를 창조할 수 있도록 계획이 수립되어 있는지를 점검해야 한다. 해당계획의 가치창출 매력에 대해 계속적으로 평가하고, 해당계획이 핵심적인 사항들에 초점을 맞추고 있는지 살펴보아야 한다. 새로운 사업제안에 대해서 최고관리자 및 각 사업단위장들을 위한 심의기능도 수행해야 하며 실적추정지표를 위한 기준을 수립하여 목표대비 실적을 점검할 수 있는 시스템도 개발해야 한다. 현 사업구조에 대한 평가도 중요하지만 주주가치를 추가적으로 창출하기 위한 기업 확장전략도 개발해야 한다.

둘째로 *CFO*는 각 사업단위 전략을 지원하는 한편 주주가치를 극대화하기 위한 전반적인 재무전략을 도출하고 이의 채택을 권고하거나, 직접

1) 본절의 내용은 미국사례 기업의 CFO 직무기술서를 발췌 · 요약한 것임.

실행을 책임진다. 가치창출을 위한 자본구조 및 배당정책을 수립하고, 기업의 계획 및 실적의 핵심사항을 금융시장 및 투자자에게 알리기 위한 투자설명회(Investor Relations: *IR*)을 고안하고 관리한다. 또한 은행차입, 주식발행, 자사주매입을 포함한 주요 재무거래를 직접 실행한다.

셋째로 *CFO*는 기업의 관리자들이 중요의사결정과 목표달성여부 점검, 실적점검을 하기 위해 필요한 정보를 얻을 수 있는 프로세스를 고안하고 실행한다. 단기적인 업무예산의 편성을 위해 협력하고 의견을 조정하며, 각 사업단위에서 적절한 관리통제가 가능하도록 조치해 주고, 각 사업단위를 위한 핵심적인 성과지표를 개발하고 실적을 평가한다.

넷째로 *CFO*는 기업의 재무활동을 위한 실질적이고 효율적인 관리를 책임진다. 외부공시 및 영업 관련 법규 등의 반드시 준수해야 할 사항들을 관리하고, 기업의 중요 자산을 보호하기 위한 관리체계를 구축해야 한다. 현금, 외상매출금, 그리고 자산 등의 관리가 투명하고 효율적으로 이루어지도록 조치하고, 세금경감을 위한 방안도 강구해야 하며, 거래은행과의 밀접한 관계를 유지하여 긴급시를 대비한 기업의 전반적인 리스크 관리 프로그램도 개발하고 관리하여 리스크 노출을 최소화해야 한다.

한편, *CFO*는 주요 안건에 대한 협력 및 의견조정을 끌어내야 하는 역할을 수행해야 하므로 기업 내의 핵심임원들과의 밀접한 관계를 유지해야 하고, *CEO*의 전략적 파트너로서 *CEO*에게 주요 안건 분석결과 및 권고안을 제공하고 *CEO*가 내린 재무정책과 관련된 의사결정을 차질 없이 이행한다. *CFO*는 다음과 같은 핵심적인 외부그룹과의 관계를 잘 관리해야 한다.

① 투자자, 재무 분석가, 금융관련 언론기관

② 금융기관

③ 외부 감사인

④ 국세 및 조세 당국

*CFO*의 역할이 단순한 재무적 업무에서 기업의 미래를 설계하는 건축가로서의 업무로 확장되어 가는 추세이므로 이러한 업무를 훌륭히 수행하려면 *CFO*는 다음과 같은 자격 요건을 갖추어야 한다.

첫째, 사업판단능력과 특출한 분석능력이 요구된다. 전략적 사업성 분석과 재무 분석 능력과 관련하여 본서의 제 3 장에서 제 9 장까지 언급하고 있다.

둘째, *CEO*와 기업내 관리자들과 의사소통이 원활하고 신뢰를 받을 수 있어야 한다. 신뢰가 구축되면 이들과의 의견에 이의를 제기할 수 있으며 독자적인 입장을 취할 수 있다.

셋째, 자금조달과 운용을 위해 타 금융기관과의 관계를 원활히 할 수 있어야 한다.

넷째, 주요 대외거래에서 협상을 주도하고 조율을 할 수 있어야 한다.

다섯째, IT와 프로세스 혁신 리더로서의 역할을 수행할 수 있어야 한다.

향후 *CFO*의 기능이 단순한 재무회계 부분에서 전략적 부분으로 점차 확대될 것이기 때문에 *CFO*는 미래지향적이고 전략적인 사고를 가지고 재무적 분석방법을 활용하여 기업가치를 극대화 할 수 있는 특징을 갖추어야 하는 것은 필연적이라 할 수 있다.

제4절 재무관리의 목표

재무담당자는 전사적 관점에서 각 부문의 활동을 특히 돈의 관점에서 기업목표 차원으로 조정하고 통합하는 기능을 수행하여야 한다. 그러므로 기업의 목표와 재무관리의 목표는 당연히 일치되어야 한다. 지금까지 기업의 목표는 기업생존, 항상이익성장유지, 매출액극대화, 시장점유율극대화, 비용극소화, 이익극대화, 사회적 책임완수, 주주부의 극대화 등에서 보듯이 수익성을 강조하거나 위험을 강조하고 있으며 이를 통합하는 개념의 목표설정이 되지 못했다.

(1) 이익극대화 목표에 대한 비판

재무관리에서 전제하는 기업의 목표는 초기에는 기업활동의 유인이 이윤동기에 있는 것이므로 이익극대화(profit maximization)라고 주장하여 왔으나 이익 극대화의 개념은 대체로 다음에서 열거하는 세 가지의 이유로 타당하지 못하고 이익을 가치(value)나 부(wealth)라는 용어로 대체시켰다.

첫째, 이익극대화 목표에서의 이익은 일정시점상의 이익이 아니며, 일정기간 동안에 발생한 이익 개념으로 현금흐름의 시간요인(time factor)을 고려하지 않고 있어서 각기 다른 시점에서 발생하는 이익을 적절히 평가할 수 없다. 예컨대 현재의 ₩1억원과 3년뒤의 ₩1억원을 실현시기의 차이와 상관없이 똑같은 가치를 갖는 것으로 평가하기 때문에 재무의사결정의 기준으로 부적합하다.

둘째, 이익극대화 목표는 이익이 실현되는 상황에 대한 불확실성의 정도를 나타내는 위험요인(risk factor)을 고려하지 않고 있다. 예를 들어 1년후에 1억원을 똑같이 받을 수 있는 국채와 회사채를 비교하여 보자. 국채는 정부가 원리금을 보장하기 때문에 1년후에 1억원을 확실히 받을 수 있다. 그러나 회사채는 발행회사가 파산하면 원리금을 상환받을 수 없다. 따라서 국채투자가 회사채보다 유리하다. 이처럼 이익개념은 확실한 투자와 불확실한 투자를 구별하지 못하므로 재무의사결정기준으로 부적합하다. 불확실성을 재무관리에서는 위험이라고 한다.

셋째, 이익의 종류는 다양할 뿐만 아니라 일정한 회계처리절차에 따라 계산된 장부상의 수치로서 기업의 실제현금흐름을 나타내주지 못하며 이익극대화 목표에서의 이익은 어떤 이익을 말하는지 애매하다는 점이다.

이상에서 설명한 내용을 살펴보면 올바른 재무의사결정을 하려면 현금흐름의 크기(return), 시간요인(time), 위험요인(risk)을 정확히 파악해야 한다는 것을 알 수 있다. 이러한 관점에서 이익극대화 목표는 시간요인과 위험요인에 대한 평가가 없고 이익개념이 모호할 뿐만 아니라 현금흐름을 무시하기 때문에 재무담당자의 의사결정기준이 되는 재무관리의 목표로서 합당하지 못하고 이익극대화 목표가 지닌 세 가지 결함을 극복해주는 개념으로 주주부의 극대화(shareholder's wealth maximization)내지는 기업가치의 극대화 목표가 주장되기에 이른 것이다.

(2) 기업가치 극대화

기업가치는 기업이 미래에 발생하는 순현금(현금유입－현금유출)을 그 발생시기와 위험에 따라 적절하게 할인한 현재가치의 합이라고 표현할 수 있다. 이를 식으로 표시하면

$$V=\sum_{t=1}^{n}\frac{CF_t}{(1+r)^t} \qquad (1\text{-}1)$$

단, • V: 기업가치
• CF_t: t시점에서의 현금흐름
• r: 현금흐름의 위험정도를 반영한 할인율

이와같이 측정되는 기업가치는 재무담당자의 재무의사결정인 투자결정, 자본조달결정 등에 의해 영향을 받게 된다. 고정자산투자를 확대할수록 미래현금흐름은 증가하지만 경영위험(business risk)은 증가하고, 부채규모를 늘리면 재무위험(financial risk)이 증가하며 이러한 위험을 감안한 할인율로 미래현금흐름을 할인하게 되는 것이다.

이처럼 기업가치는 미래현금흐름의 크기(수익성)와 위험에 의해 결정되며 수익성과 위험은 보상관계(trade-off)이므로 재무담당자는 이를 조화시켜 기업가치가 극대화되도록 합리적 의사결정을 내려야 할 것이다.

[그림 1-1]에서 보듯이 기업의 가치는 기업자산의 총시장 가치이고, 일반채권자들의 청구권(이자)이 확정되어 있는 타인자본의 가치를 제외하면 자산의 시장가치증가는 궁극적으로 주주들에게 귀속되는 주주의 부가 되는 것이다. 주주의 부는 주가×발행주식수이므로 주주부의 극대화는 주가의 극대화가 된다.

따라서 기업의 목표는 기업가치의 극대화이며, 이는 주가의 극대화, 주주 부의 극대화와 동등한 개념이다.

주가의 극대화에서 주가가 의미하는 바는 주식시장에서 매일 변동하는 주식가격을 의미하는 것이 아니고 해당기업의 본질적 가치에 맞게 주가가 시장에서 평가받을 수 있도록 주식시장이 효율적으로 운영될 때 바로 그 시장에서 평가받는 해당기업의 주가인 것이다.

그림 1-1 재무의사결정과 기업가치결정과정

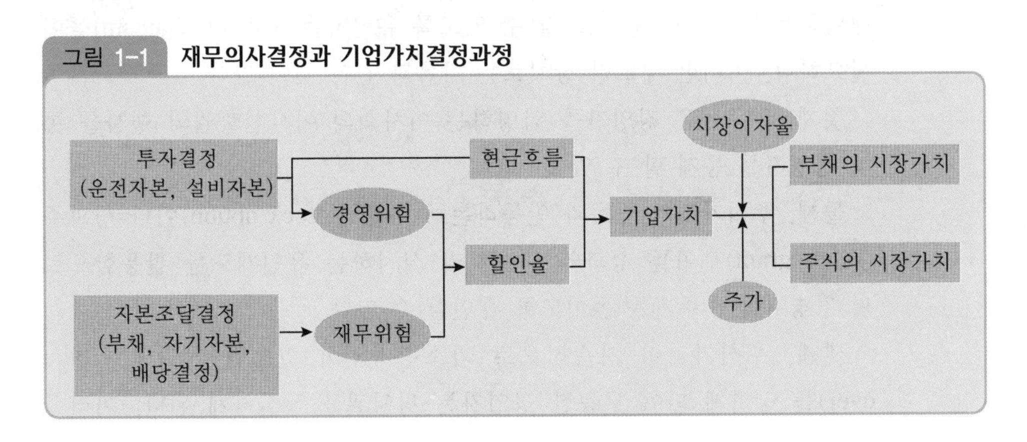

제 5 절 기업가치의 극대화와 관련된 논의

(1) 소유와 경영의 분리(대리문제)

기업의 목표인 주주부의 극대화를 달성하려면 주주들이 직접나서서 기업과 관련된 중요한 의사결정을 내려야 한다. 그러나 거의 대부분의 기업들은 주주들의 대리인인 경영자를 고용하여 경영을 위임하고 있다. 따라서 위임받은 경영자들이 위임자인 주주들의 이익을 대변하여 기업을 지배하게 되지만 경영자들이 주주들의 이익을 무시하고 자신들의 이익을 추구할 가능성도 있다.

이처럼 소유와 경영의 분리로 주인(principal)인 주주(stockholder)와 대리인(agent)인 경영자간에 이해가 상충하는 갈등이 발생하는데 이를 대리문제(agency problem)라고 한다.

주주와 경영자간의 갈등을 원만하게 해결하려면 경영자에게 성과를 달성한 만큼 적절히 보상하거나 경영자의 활동을 감시해야 한다. 이러한 보상이나 감시체계가 소홀하면 경영자는 주주들의 부를 극대화하는 대신에 자신의 특권적 소비(perguisite consumption)를 위하여 과다지출하거나, 장기적 성장보다는 단기적 이익에 치중하거나, 위험한 투자를 하는 등 도덕적 해이(moral hazard)에 빠져 역선택(adverse selection)을 하여 자신의 부를 극대화하는 방향으로 기업경영을 하게 된다.

그러나 이러한 대리문제를 해결하려면 경영자들이 주주들의 부를 극대화하는 방향으로 경영을 할 수 있도록 유인하는 장치(mechanism)들이 필요하다. 이러한 제도적 장치로는 다음과 같은 것이 있다.

첫째, 주주들은 경영자를 임명하는 이사회의 이사선출권의 행사를 통해 경영자를 통제 할 수 있다.

둘째, 주식가격의 변동과 연동하는 주식옵션(stock option)이나 성과주(stock grant)부여를 성과와 연계시켜 실시하는 유인제도를 활용함으로써 경영자들이 주가를 높이도록 유인할 수 있다.

셋째, 주식가격이 지속적으로 과소평가되어 있으면 기업인수(take over)를 당하게 되어 무능한 경영자는 경영권을 상실하게 된다. 이러한 기업인수의 위협은 경영자로 하여금 주가를 높이도록 노력하게 만든다.

넷째, 경영자 인력시장(managerial labor market)에서 경영자는 그들의 역량과 성과를 평가받고 있으므로 자신의 능력에 대한 시장가치를 증대하기 위해서도 주주이익에 합당한 행동을 할려고 한다.

그러나 현실적으로 이러한 내·외적 장치에도 불구하고 대리문제는 완벽히 해결할 수 없다. 그럼에도 불구하고 주주와 경영자간에 존재하는 이해상충의 문제를 해결해야 하는데 이를 위해서는 상당한 비용이 발생하는 데 이러한 비용을 대리비용(agency cost)이라 한다.

대리비용에는 주주가 경영자의 활동을 감시하기 위해 지불하는 비용인 감시비용(monitoring cost)과 경영자가 주주의 부를 극대화하는 방향으로 경영을 하고 있음을 확인시켜주기 위해 부담해야 하는 보증비용(bonding cost)과 경영자가 주주의 부보다는 자신의 부를 극대화하는 방향으로 경영할 경우 주주의 부가 희생되는데 이러한 비용을 잔여손실(residual loss)이라고 한다.

따라서 기업의 이해관계자인 주주와 경영자는 이러한 이해의 갈등을 조정하여 비용을 최소화하는 방향으로 그 이해가 균형된 경영성과 지표로서 나타나는 주식가치의 극대화, 기업가치 극대화를 재무관리 목표로서 다시 한번 확인해 두어야 한다.

현실적으로 우리나라에서는 실제로 경영권을 행사하고 있는 경영지배대주주(controlling shareholder)와 소액주주간의 대리문제가 발생하고 있다.

(2) 기업의 사회적 책임

정부의 통제를 받는 활동제약 속에서도 기업가치를 극대화하려고 하는 기업의 목표는 사회적 이익의 확대에 크게 기여한다. 첫째 저가, 양질의 재화와 서비스를 적시에 공급하여야 할 능률성의 면에서, 둘째 소비자 만족의 극대화를 위한 신기술, 신상품 및 새로운 일자리 창출의 선도역으로서, 셋째 각종 기업관련서비스 외에도 사회적·문화적 서비스의 확장측면에서 기업가치의 극대화는 사회이익의 확대에 직접으로 기여하는 것이다. 따라서 기업가치극대화의 기업목표와 기업의 사회적 책임은 서로 상충하는 것이 아니라 상호양립할 수 있다.

제 6 절 본서의 구성체계

본서는 모두 6편 21장으로 구성되어 있다. 기업재무관리의 내용은 경영주체의 의사결정이란 관점에서 자본의 조달결정, 자본의 운용결정, 배당결정의 3대 기능으로 분류하였다. 그리고 하나의 기업이 다른 기업을 인수하거나 합병함으로써 발생하는 기업간의 재무문제와 국제간의 거래에서 나타나는 국제재무관리를 포함시키면 특수재무관리문제가 대두된다.

자본의 운용결정은 투자의사결정과 운전자본의 관리문제가 되는데 투자의사의 결정분야는 설비투자의 결정과 투자자산의 운용을 중심으로 하는 포트폴리오 관리문제로 나누어 볼 수 있다. 운전자본의 수준은 곧 유동부채의 수준문제 나아가서는 자본조달의 문제와 같은 성격을 지니므로 운전자본과 자본조달을 동일선상에서 생각할 수 있다.

특히 자본조달의 문제란 자본비용을 어떻게 낮추어서 최적의 자본구조를 이룰 수 있는가를 논의하는 것으로 자본비용과 자본구조의 검토가 선행되어야 하고 마지막으로 배당정책의 문제가 취급된다. 이러한 모든 관리상의 문제는 기업가치의 평가라는 전제 아래서 다루어져야 되며 재무분석면에서 각종 분석방법을 거론함으로써 그 기업의 현상분석과 나아가서는 목표관리를 가능하게 하는 것이다.

이상의 논리를 본서구성의 각 편과 관련시켜 요약하면 다음과 같다.

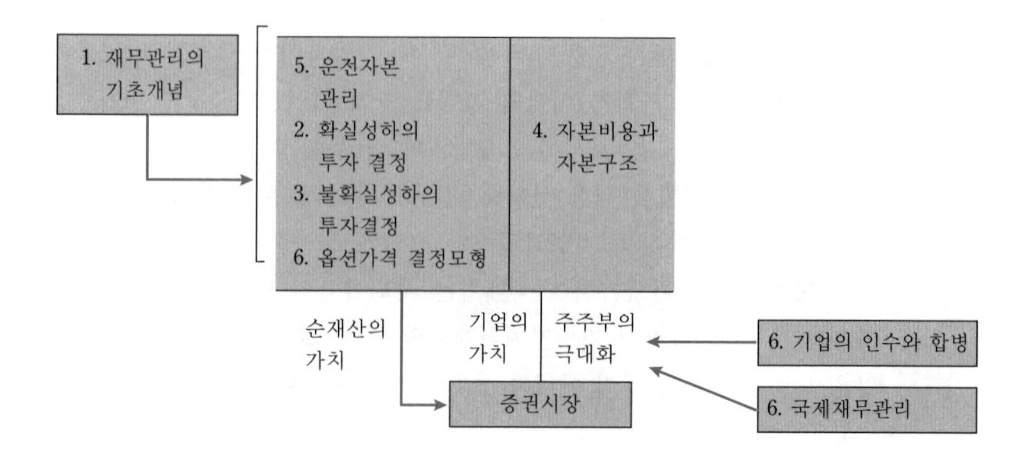

한편, 재무관리의 기본 영역에 따라 분류하면 다음과 같다.

기업재무, Corporate Finance	기업의 재무 활동과 관련된 의사결정 (본서 2, 3, 4, 5, 6, 12, 13, 14, 15, 16, 17, 18, 21)
투자론, Investments	금융 자산의 가격결정, 투자에 따른 리스크/수익, 포트폴리오 방법 (본서 7, 8, 9, 10, 11, 20)
금융기관론, Financial Institutions	은행, 보험 회사, 중개법인 등에 관련된 의사결정
국제재무, International Finance	환율, 정치적 위험과 같은 국제적 주체 (본서 19)

연습문제

1 오늘날의 재무관리에서 중시하는 재무적 의사결정을 재무담당자의 역할과 관련하여 설명하시오.

2 재무담당자의 위상과 임무의 변화를 설명하시오.

3 기업의 가치를 어떻게 정의하고, 어떻게 평가하며, 그 결과는 어떻게 나타나는지를 설명하시오.

4 기업의 목표로서 이익극대화 목표가 적절하지 못한 이유를 들고, 기업가치의 극대화 목표가 주장되는 까닭은 무엇인가?

5 소유와 경영의 분리로 주인인 주주와 대리인인 경영자간에 발생하는 대리문제와 이를 해결하기 위해 부담하는 비용인 대리비용을 논의하시오.

6 기업가치 극대화와 사회적 책임은 상충하는지, 양립하는지를 설명하시오.

7 기대수익과 위험의 대응과정을 간략히 요약하여 설명하시오.

화폐의 시간적 가치

재무적 의사결정에 있어서 가장 중요한 변수는 시간과 불확실성이다. 불확실성도 기본적으로는 시간요인에 의해서 제기되는 문제이기 때문에 결국 가장 중요한 변수는 시간요인이다. 투자에 의해서 기대되는 현금흐름은 미래 상당기간에 걸쳐 실현되는 것이고 투자 또한 일시 또는 시간차를 두고 몇번에 걸쳐 발생한다. 따라서 유입 · 유출되는 현금흐름을 의사결정시점에서의 현재가치로 환산하여 비교하는 과정이 바로 현재가치 계산이다.

본장에서는 가치평가를 위한 기본적 개념이 되는 화폐의 시간가치와 순현재가치의 개념을 다루고 순현재가치가 최적소비 · 생산결정과정에서 어떻게 나타나는지를 논의하고자 한다.

제 1 절 현재가치와 미래가치

화폐의 시간가치(time value of money)란 "오늘의 1원이 내일의 1원보다 더 가치있다"는 말로 요약할 수 있다. 동일한 금액이라도 미래의 현금보다 현재의 현금이 더 가치가 있는데 이를 유동성 선호(liquidity preference)라고 하며 유동성을 선호하는 배경에는 다음과 같은 세 가지의 이유가 있다.

첫째, 일반적으로 모든 소비자들은 다른조건이 동일하다면 현재의 소비를 선호하는 시차선호(time preference)의 경향을 지닌다.

둘째, 미래에는 불확실성으로 인한 숱한 위험이 도사리고 있다.

셋째, 현재의 현금이 있으면 생산활동이나 자본시장에 투자할 기회가 주어지므로 투자기회에 대한 기대수익을 고려하여야 하기 때문이다.

따라서 현재의 현금을 미래의 현금으로 교환하기 위해서는 유동성 선호에 대한 보상을 결정하여야 하는데, 유동성선호에 대한 보상가치가 시장에서 형성된 것이 바로 시장이자율(market rate of return)이다. 시장이자율은 소비자들의 시차선호, 위험, 투자가치 등을 감안한 화폐의 시간가치를 나타내는 척도이고, 또한 현재의 현금에 대한 가격지표이며 투자자들에게 최소한의 필수수익률(required rate of return)이 된다.

여기에서는 현재가치와 미래가치를 어떻게 계산하고, 재무적 결정에 어떻게 응용되는가를 살펴보기로 한다.

1 현재가치(present value)

미래 일정시점에 발생하게 될 화폐가치를 현재의 화폐가치로 환산하면 현재가치를 계산할 수 있다. 현재가치계산은 미래가치계산을 반대로 하면 된다.

즉 지금으로부터 t년후에 발생할 미래가치 FV_t를 이자율 r로 할인하여 현재가치 PV_0를 계산한다.

$$PV_0 = \frac{FV_t}{(1+r)^t} \tag{2-1}$$

투자안 X는 5년후 30억원의 현금흐름을 발생시키고, 투자안 Y는 10년후 50억원의 현금흐름을 발생시킨다면, 이자율이 10%일때 어느 투자안이 더 선호될까?

$$PV_x = \frac{30억}{(1+0.1)^5} = 30억 \times 현가계수(10\%,\ 5년) = 30억 \times (0.621)$$
$$= 18.63(억원)$$

$$PV_y = \frac{50억}{(1+0.1)^{10}} = 50억 \times 현가계수(10\%,\ 10년) = 50억 \times (0.386)$$
$$= 19.30(억원)$$

따라서 투자안 Y가 현가가 더 크므로 투자안 Y가 선호된다.

$1/(1+r)^t$는 현재가치이자요소 또는 현가계수($PVIF_{r,t}$: Present Value Interest Factor)라고 한다. 부록의 〈표 1〉은 이를 정리한 현가계수표로서 이를 활용하면 현재가치를 간단히 계산할 수 있다.

2 미래가치(future value)

현재의 일정금액을 미래의 특정시점의 화폐가치로 환산하는 것을 미래가치 혹은 복리(compounding value)계산이라고 한다.

지금부터 t년후의 화폐가치(FV_t)를 알기 위해서는 현재금액(PV_0)에다가 $(1+r)^t$를 곱해 주면 된다.

$$FV_t = PV_0(1+r)^t \tag{2-2}$$

$(1+r)^t$는 미래가치이자요소($FVIF_{r,t}$: Future Value Interest Factor) 또는 미래가치계수라고 한다. 부록 〈표 3〉을 이용하면 미래가치계산을 쉽게 할 수 있다.

현금 1억원을 연리 5%의 정기예금에 저축한다면 t년후에는 얼마나 될까?

0년	1억원		
1년	1.05억원	30년	4.322억원
5년	1.276억원	40년	7.040억원
10년	1.629억원	50년	11.467억원
20년	2.653억원		

50년후에는 원금의 11배인 약 11억원이 된다. 이처럼 복리이자계산은 이자에 대한 이자를 계산해서 포함시키기 때문에 기간이 길수록 이자율의 차이는 더 크게 나타난다. 만약 5%이자로 단순이자 계산을 한다면 50년후에 받는 금액은 원금 1억원+이자(50년×5백만원)=3.5억원이 되며 이는 복리로 계산한 금액 11.467억원에 30%정도의 수준이 된다.

3 현금흐름의 현재가치

지금까지는 현재 현금이 미래에 얼마가 되고, 미래 현금이 현재 얼마인지를 구하는 방법에 대해 설명하였다. 현실적으로 여러 기간에 걸쳐 현금흐름이 불규칙하게 실현되므로 이러한 현금흐름의 현재가치를 구하는 방법을 검토해야 한다.

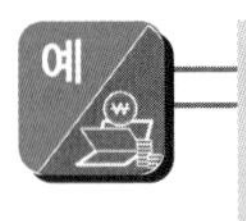

올해 5억원을 투자하면 1년후에는 3억원, 2년후에는 2억원, 3년후에는 3억원의 현금유입이 예상되는 투자안이 있다고 하면, 할인율이 10%라면 이 투자안의 현재가치는 얼마일까?

3억원×현가계수(10%, 1년)+2억원×현가계수(10%, 2년)+3억원×현가계수(10%, 3년)
=3억원×0.909+2억원×0.826+3억원×0.751
=6.632(억원)

미래 현금흐름의 현재가치를 계산할 줄 알아야 서로 상이한 미래 현금흐름을 갖는 여러 투자안들의 가치를 상호비교할 수 있다(현가계산을 모르면 투자안의 가치비교는 불가능하다).

대학 졸업 후 바로 취업한 홍길동의 직장은 안정적인 직장이며 신용등급은 1등급이라고 가정한다. 홍길동은 출퇴근 상의 문제로 자동차 구입을 고려하던 차에 자동차 회사로부터 36개월 할부로 차량을 구입할지 은행으로부터 36개월 고정금리로 신용대출을 받은 뒤 일시불로 자동차를 구매할지 고민하는 중이다. 결국 홍길동은 두 가지 방법을 비교 분석하여 이 중 더 싼 방법을 택하여 자동차를 구매하기로 결정하였다.

1) 자동차 회사(KIA)에서 36개월 할부로 구입
2) 은행 차입하여 현금구매
3) 비교

*차량: K3 1.6 GDI 4도어 프레스티지 (A/T 2013년형)

1) 36개월 할부로 구입

할부사항	할부종류	정상할부 (36 개월)	
	금리/원금(년)	7.95 %	18,400,000 원
	월납입금	1~36 회	576,165 원
	이자합계		2,341,940 원

자료: KIA 자동차 주안지점

- 현재 자동차구입비 지급액
  =계약금+인도금+부대비용+등록비용
  =100,000+3,217,000+739,200+1,553,960=5,610,160

- 매월말 할부금 지급액=월할부금(납입금)=576,165

- 현금 흐름표

월말	0	1	……	35	36
	5,610,160	576,165	……	576,165	576,165

- 실질 할인율

$$\text{실질할인율} = \frac{1+\text{명목할인율}}{1+\text{인플레이션율}} - 1$$

$$= \frac{1+0.0795}{1+0.032} - 1 = 0.046027 \rightarrow 4.60\% \text{ (반올림)}$$

- 총 지불액의 현재 가치
  =5,610,160+576,165(P/A, 4.60%/12, 36)
  =24,949,984

2) 은행에서 차입(21,617,000) 하여 현금구매

- 국민은행 직장인신용대출 3년 고정 금리 연 6.56%, 원리금균등분할 상환

- 현재 자동차구입비 지급액
  =계약금+의무보험료+등록비용+(차량가격−대출원금−계약금)
  =100,000+3,200+1,553,960+(21,717,000−21,617,000−10,000)
  =1,657,160원

- 매월말 대출금 상환지급액
  =월할부금=21,617,000/(P/A, 6.56%/12, 36)=659,634

월말	0	1	……	35	36
	1,657,160	659,634	……	659,634	659,634

- 실질 할인율

실질할인율	=	$\frac{1+명목할인율}{1+인플레이션율}-1$		
=	$\frac{1+0.0656}{1+0.032}-1$	= 0.032558	→	3.26% (반올림)

- 총지불액의 현재가치
  =1,657,160+659,634(P/A, 3.26%/12, 36)
  =24,250,512

3) 비교

24,949,984(36개월 할부)−24,250,512(은행 차입후 일시불)=699,472
→ 은행 차입 후 일시불로 구매하는 것이 699,472원 더 이득이다.

4 연금과 영구연금

매년 말에 실현되는 현금흐름의 규모가 일정하거나 또는 일정한 비율로 규모가 증가하는 형태를 갖는 영구연금의 경우에는 일반적인 방법보다는 훨씬 간편하게 현재가치의 계산이 가능하다.

(1) 현금흐름이 영원히 일정한 영구연금의 현재가치

영구채권(perpetuity: consol)은 원금의 상환 없이 매년 일정한 금액의 이자가 영구히 지급되는 채권을 말한다. 따라서 영구채권에 투자하면 매 기간 말에 일정금액의 쿠폰이자를 받을 수 있다. 이러한 현금흐름을 실현하는 영구채권의 현재가치는 시장이자율이 r이라 할 때 다음 식과 같이 간편화 된다.

$$PV(\text{영구채권}) = \frac{C}{(1+r)} + \frac{C}{(1+r)^2} + \frac{C}{(1+r)^3} + \cdots\cdots = \frac{C}{r} \quad (2-3)$$

이러한 영구채권에 대한 현재가치 계산방법은 다양한 현실문제에 응용될 수 있다.

어느 할머니가 평생 저축한 돈으로 모 대학의 학생들에게 영원히 매년 1억원의 장학금을 지급하고 싶다면 이자율이 5%일 때 지금 얼마의 금액을 장학금으로 내놓아야 하는지 생각하여 보자.

이 문제는 매년 1억원의 쿠폰이자 수입을 실현하는 영구채권의 현재가치를 5%의 이자율로 계산하는 문제와 같다. 식을 이용하여 현재가치를 구하면 다음과 같다.

$$PV = \frac{1\text{억원}}{0.05} = 20\text{억원}$$

따라서 20억원을 장학금으로 헌납해야 1억원의 장학금을 매년 지급할 수 있다.

(2) 현금흐름이 일정비율로 증가하는 영구연금의 현재가치

쿠폰이자가 매년 일정하지 않고 일정비율로 매년 증가하여 영원히 지급되는 경우에는 쿠폰이자가 매년 일정비율 g만큼 복리로 증가한다고 하자. 이 경우에는 다음과 같이 간략하게 표현될 수 있다.

$$\begin{aligned} PV &= \frac{C_1}{(1+r)} + \frac{C_2}{(1+r)^2} + \frac{C_3}{(1+r)^3} + \cdots\cdots \\ &= \frac{C_1}{(1+r)} + \frac{C_1(1+g)}{(1+r)^2} + \frac{C_1(1+g)^2}{(1+r)^3} + \cdots\cdots \\ &= \frac{C_1}{r-g} \end{aligned} \quad (2-4)$$

앞의 할머니 예에 적용하여 첫해에 1억원을 장학금으로 지급하고 그 후 매년 3%씩 증액하여 지급하고자 한다면 현시점에서 얼마를 장학금으로 헌납해야 하는지를 식 (2-4)를 이용하여 현재가치를 계산하여 그 금액을 추정할 수 있다.

$$PV = \frac{1억원}{0.05-0.03} = 50억원$$

이 경우 헌납액이 20억원에서 50억원으로 늘어나야 3% 증액해서 매년 장학금을 지급할 수 있다. 여기에서 도출한 계산식들은 채권이나 주식의 가치를 평가할때 활용할 수 있다.

(3) 연금의 현재가치와 미래가치

특정기간 동안 일정한 금액의 현금흐름이 실현되는 자산을 연금(annuity)이라 한다. 주택부금, 적금대출, 할부판매, 설비 임대 등은 연금과 같은 현금흐름을 갖는다.

1) 연금의 현재가치

연금의 현재가치는 매 기간의 현금흐름(C원)을 실현될 때까지의 연수 또는 월수에 따라 현재가치로 할인한 값을 합한 것이므로 다음 식과 같이 나타낼 수 있다.

$$PV = \frac{C}{(1+r)} + \frac{C}{(1+r)^2} + \cdots\cdots + \frac{C}{(1+r)^t} = C\left(\frac{(1+r)^t - 1}{r(1+r)^t}\right) \quad (2\text{-}5)$$

위 식에서 ( )는 t기간 동안 매 기간 마다 실현되는 1원의 현재가치를 나타내는 연금의 현가계수(Present Value Interest Factor for Annuity: $PVIFA_{t,r\%}$)이다. 부록의 〈표 2〉는 이를 계산하여 정리한 것으로서 연금

매년 1억원씩 5년 동안 연금을 지급 받기로 하고 약속한 금액을 현재 일시불로 지급받고 싶으면 얼마를 받을 수 있을지를 계산하면 이자율 10%일 때 다음과 같다.

의 현가계수를 사용할 때 이 표를 사용한다.

$$PV = 1억원 \times PVIFA_{t,\,10\%} = 1억원 \times 3.791 = 3억7,910만원$$

2) 연금의 미래가치

매 기간 말에 일정한 현금을 지급받을 때 특정 시점에서의 이들 현금흐름의 미래가치를 연금의 미래가치라고 한다. 예를 들면 매년 1,000만원씩 적금을 한다고 하고, 이자율은 연 10%라고 할 때 3년 후에는 얼마를 받을 것인지를 계산하면 다음과 같다.

$$FV_3 = 1{,}000만원[(1+0.1)^2 + (1+0.1)^1 + (1+0.1)^0] = 3{,}310만원$$

매 기간 말 일정금액 C(연금)을 t년 동안 지급받을 때, t시점에서의 현금흐름을 미래가치를 연금의 미래가치(FV_t)라고 하면 다음과 같은 식으로 나타낼 수 있다.

$$\begin{aligned} FV_n &= C[(1+r)^{t-1} + (1+r)^{t-2} + \cdots + (1+r)^1 + (1+r)^2 + (1+r)^0] \\ &= C\left(\frac{(1+r)^t - 1}{r}\right) = C \times FVIFA_{t,r\%} \end{aligned} \tag{2-6}$$

위의 식 (2-6)에서 ( )는 연금의 미래가치계수(Futre Value Interest Factor of Annuity: $FVIFA_{t,\,r\%}$)이다. 부록의 〈표 4〉는 연금의 미래가치를 계산할 때 사용한다. 앞의 예를 미래가치계수표를 이용하여 적금의 미래가치를 계산하면 다음과 같다.

$$FV_t = 1{,}000만원 \times FVIFA_{3,10\%} = 1{,}000만원 \times 3.310 = 3{,}310만원$$

연금의 현재가치와 미래가치를 계산할 때 매 기간 말에 일정한 금액의 현금이 발생하는 것을 가정했다. 통상 목돈을 빌리고 일정한 금액을 갚아나가는 경우이다. 이러한 경우를 일반연금(ordinary annuity)이라고 한다. 그러나 월세의 경우는 매 기간 초에 일정한 금액을 선불하는 것이다. 이와 같이 선불하는 경우를 선불연금(annuity due)이라고 한다.

일반연금과 선불연금을 비교하여 살펴보면 다음과 같은 관련성을 발견할 수 있다.

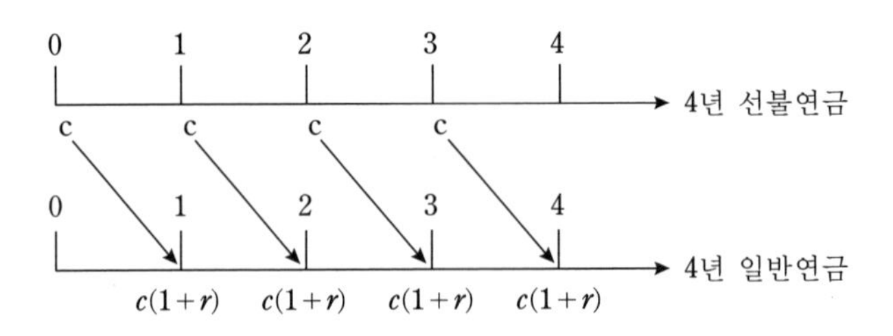

이상에서 보듯이 매기 일정금액 C를 지급하는 4년 선불연금은 매기 일정금액 C(1+r)를 지급하는 4년 일반연금과 같아서 일반연금과 선불연금의 가치는 다음과 같은 관계를 갖고 있다.

$$선불연금의\ 가치 = 일반연금의\ 가치 \times (1+r)$$

5 표면이자율과 유효이자율

지금까지의 미래가치와 현재가치 계산은 연 1 회의 복리(compounding)와 할인(discounting)을 가정하였다. 실제로 우리나라에서도 금융기관들이 3개월마다 이자를 지급하고 있고, 회사채의 이자지급도 3개월마다 실시되고 있다. 이 경우 이자의 재투자는 년마다가 아닌 3개월마다 이루어지기 때문에 자산의 가치는 3개월마다 이자의 이자를 실현하여 복리로 증식되는 것이다.

투자한 돈 1,000만원에 대해서 연 12%의 이자를 매 3개월마다 수령한다면 3개월에 대한 이자가 3%이므로 3개월마다 복리로 계산하면 1년 후 원리금 합계는 1,000만원$(1+0.03)^4$=11,255,000원이므로 연 12.55%의 이자율을 연마다 복리로 계산하는 경우와 같게 된다.

이처럼 복리계산을 연중 얼마나 자주하느냐에 따라서 표면이자율(quoted interest rate)과 실제로 발생하는 이자율인 유효이자율(effective interest rate)은 차이가 있다. 위의 예의 경우 12%는 표면이자율이고 12.55%는 유효이자율이다.

$$유효이자율 = [1 + \frac{표면이자율}{m}]^m - 1 \quad (m: 연간 이자지급횟수) \quad (2-7)$$

6 연속적 복리계산의 미래가치와 현재가치

현재 2억원을 4년동안 연이자율 25%로 저축할 경우를 그림으로 나타내면 [그림 2-1]과 같다.

[그림 2-1]에서 보듯이 동일한 이자율이라도 복리계산 횟수가 많아질수록 변동폭이 커지면 연복리에서는 미래가치가 4.882억원에서 반년복리에서 5.132억원으로 다시 연속복리에서는 5.437로 확대되어가는 것이다.

만약 현재가치(PV_0)을 연이자율 r%로 연속적으로 복리로 계산해준다면 t년뒤에 찾는 금액은 얼마일까?

t년후의 금액은

$$FV_t = PV_0(1 + \frac{r}{m})^{mt} = PV_0 \cdot e^{rt} \; (e = 2.71828)$$

위의 예의 자료를 이용하여 연속적복리에 의한 4년 뒤의 미래가치는 다음과 같다.

$$FV_t = 2(2.71828)^{0.25 \times 4} = 2(2.71828)^1 = 5.4366(억원)$$

그림 2-1 연복리 반년복리 및 연속복리계산

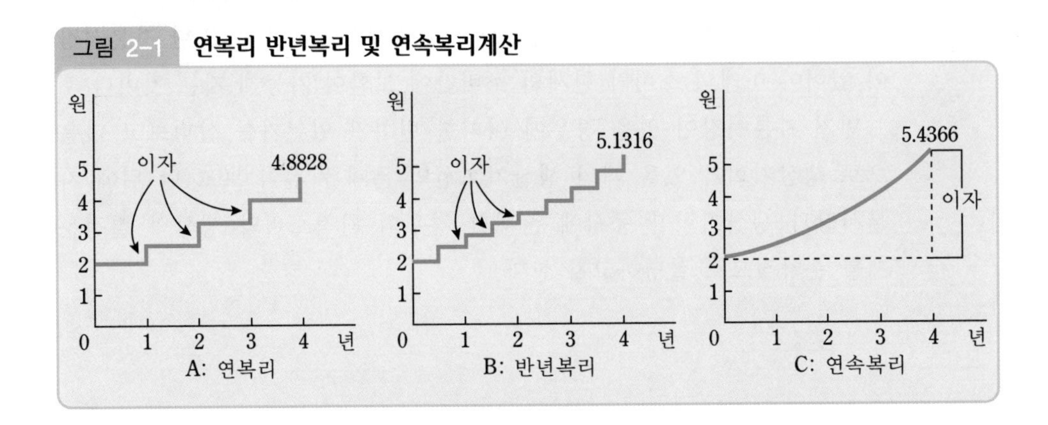

반대로 4년 뒤에 5.4366억원의 현금흐름을 연속적 복리에 의해 현재가치를 계산하면 다음과 같다.

$$PV_t = FV_t \cdot e^{-rt} = 5.4366(2.71828)^{-1} = 2(\text{억원})$$

제2절 순현가(NPV)와 최적생산 · 소비의 결정

순현가(Net Present Value: *NPV*)란 투자결정의 결과 상당기간에 걸쳐 유입되는 투자성과의 현금유입 현가에 투자지출의 현금흐름인 현금유출의 현가를 차감한 순현금흐름(net cash flows)의 현재가치를 말한다.

오늘 현재 4,000만원을 투자하면 1년 뒤 5,500만원의 현금유입이 기대되는 사업이 있다고 하자. 위험이 고려된 시장이자율을 10%라고 하면 이 사업에 대한 투자의 순현가는 다음 식에서와 같이 1,000만원이다.

$$\begin{aligned} NPV &= \text{현금유입의 현가} - \text{현금유출의 현가} \\ &= 5{,}500\text{만원}/(1+0.1) - 4{,}000\text{만원} = 1{,}000\text{만원} \end{aligned}$$

순현가 계산에서 사용되는 할인율 10%는 위험이 고려된 시장이자율로 이 사업에서 기대되는 최저필수수익률이다.

*NPV*를 계산하기 위해서는 미래의 현금흐름이 측정될 수 있어야 하고, 그 미래의 현금흐름을 현가로 나타내기 위해서 필요한 시장이자율은 자본시장에서 결정되기 때문에 자본시장이 존재하여야 하며 또한 자본시장이 있어야 미래의 소비와 현재의 소비간에 교환이 가능해 지는 것이다.

먼저 자본시장이 있을 경우에 어떠한 변화가 있는가를 살펴보고 다음으로 생산기회가 있을 때의 생산기회선의 문제를 짚어 보고 난 뒤에 자본시장과 생산기회가 동시에 존재할 경우의 최적소비와 생산의 결정문제를 순차적으로 설명하고자 한다.

1 자본시장의 존재

자본시장이 있게 되면 미래의 현금흐름을 현재가치로 나타낼 수도 있고 차입과 저축을 통하여 현재 또는 미래라는 소비시간의 선택, 곧 시차선호(time preference)가 가능하다. 여유자금은 저축(대출)으로 현재의 소득을 미래로 넘기고 부족자금은 차입을 통해서 미래의 소득을 현재로 앞당길 수 있기 때문에 부의 시간적 이전(transfer of wealth across time)이 가능하고, 현재소비와 미래소비의 균형을 가져올 수 있게 된다. 이와 같이 현재소비와 미래소비, 현재의 소득과 미래의 소득을 균형시키고, 연결시키는 것이 이자율선 또는 자본시장선(capital market line)이다. 최적소비는 바로 이 자본시장선상에서 결정되는 것이다.

김군은 연봉을 일시에 받는다. 2014년 1월 2억원을 받고 1년 뒤 2.2억원을 받게 되어 있다. 자본시장이 없으면 미래의 소득을 기초로 한 차입도 불가능하고 현재의 소득을 저축하는 일도 불가능하기 때문에 소비의 시간적 이전을 할 수가 없다.

부득이 김군은 현 소득을 자신이 보관해서 미래소비에 대응해야 되는데 화폐의 시간적 가치 때문에 현재소비보다 미래소비의 효용이 작아질 수 밖에 없다.

자본시장은 이와 같이 현재의 소득과 미래의 소비를 교환할 수 있는 시장이고, 그 교환비율을 선으로 나타낸 것이 이자율선 또는 자본시장선이다. 이자율 r을 10%라고 하면, 이 선의 기울기는 $-(1+r)=-(1+0.1)$이고 교환비율은 1.10이다.

[그림 2-2]에서 김군의 현재소득은 $Y_0=2$억원이고 미래소득 $Y_1=2.2$억원이다. 현소득 Y_0를 모두 자본시장에서 투자(저축)하면 미래소득은 $Y_0(1+r)=2$억원$(1+0.1)=2.2$억원만큼 늘어서 미래총소득은 $W_1=4.4$억원이 될 것이고, 미래소득 Y_1을 차입해서 현재의 소비로 사용하게 되면 현재의 총소비금액은 $Y_1/(1+r)=2.2$억원$/(1+0.1)=2$억원만큼 늘어서 $W_0=$ 4억원이 된다.

그림 2-2 **자본시장선과 소비점**

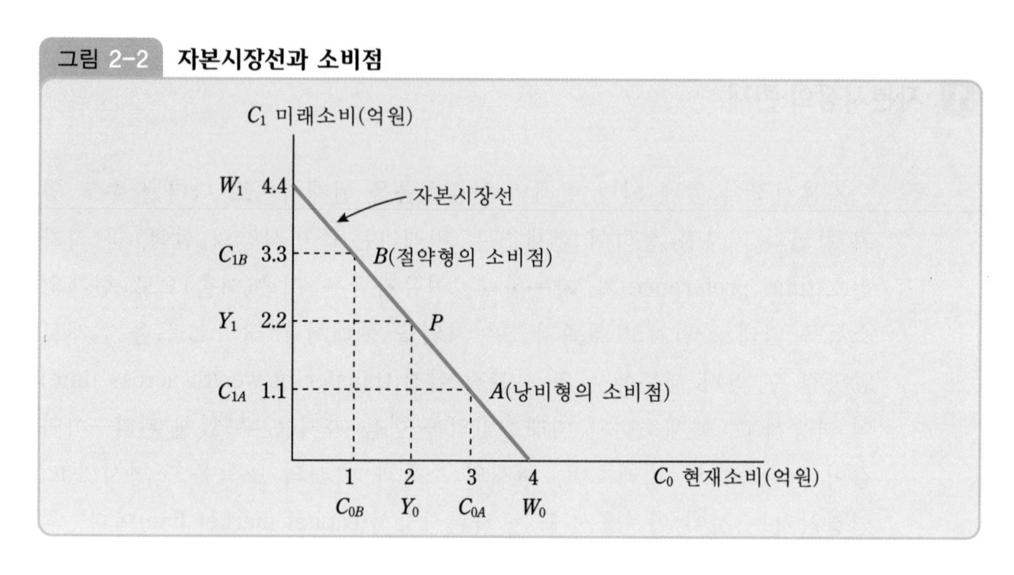

미래의 소득을 차입해서 현재소비로 사용할 수 있는 현재의 총현금자산 W_0와 현재의 소득을 모두 대출해서 미래소비로 할 수 있는 미래의 총현금자산 W_1을 연결한 W_0W_1선이 바로 이자율선 또는 자본시장선이고 W_0W_1의 기울기는 r을 이자율로 한 $-(1+r)$이다. 자본시장이 있다는 말은 자본시장선이 존재한다는 뜻이고 자본시장선 W_0W_1선상의 어느 점에서든 김군의 현재소비와 미래소비를 균형시키는 소비점이 결정될 수 있고, 이 소비점은 김군의 현재소비와 미래소비에 대한 시간선호에 의해서 달라질 것이다.

그림 2-3 **무차별곡선과 한계대체율(MRS)**

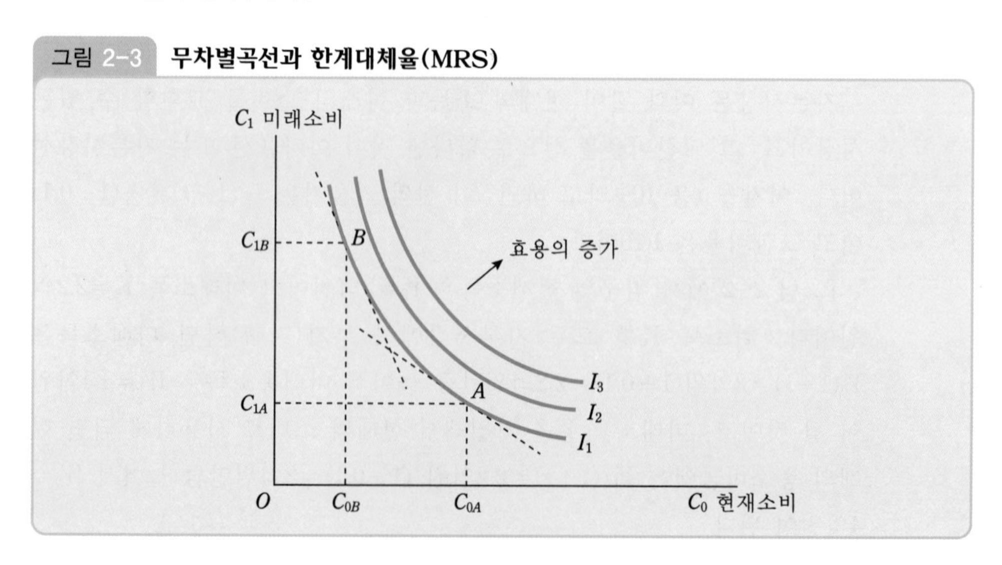

만약 김군이 현재의 소비를 선호해서 다음 년도 소득의 절반인 1.1억원을 차입하여 현재의 소비로 사용하게 되면 할인후의 현재현금은 1.1억원/(1+0.1)=1억원만큼 늘어 현소득 Y_0=2억원과 합칠 때, 현소비총액 C_{0A}=3억원이 된다. 이 때의 현소비금액 C_{0A}=3억원이고 1년 뒤의 소비금액 C_{1A}=1.1억원으로 자본시장 선의 A에서 현재소비와 미래소비의 균형점이 결정된다. 편의상 A점을 낭비형의 소비점이라 하자. 반대로, 김군이 절약형이라 현재의 소비 대신 저축을 좋아한다고 가정하면, 현재의 소비는 C_{0B}=1억원이고 차액 1억원(=Y_0-C_{0B})을 자본시장에 투자(저축)해서, 미래의 소비금액은 미래의 소득 Y_1에 저축의 원리금 1억원(1+0.1)만큼이 늘어난 C_{1B}=3.3억원이 된다. 이 경우, 자본시장선에서 현재의 소비와 미래의 소비를 균형시키는 소비점은 B이고, B점을 편의상 절약형의 소비점이라 하자.

이와 같이 자본시장선상에는 김군의 현재소비와 미래소비를 교환할 수 있는 많은 균형소비점이 존재할 수가 있는데 이 소비점은 김군의 시간선호에 의해서 결정된다. 말을 바꾸어 설명한다면 김군의 시간선호는 김군 자신의 소비시간에 대한 효용을 나타내는 무차별곡선(indifference curve)에 의해서 결정되는 것이다.[그림 2-3 참조]

그러나 현재소비와 미래소비에 대한 소비자의 시간선호는 사람마다 다르기 때문에 효용무차별곡선은 소비자의 태도에 따라 다양하게 나타난다.

그림 2-4 **균형소비점의 결정**

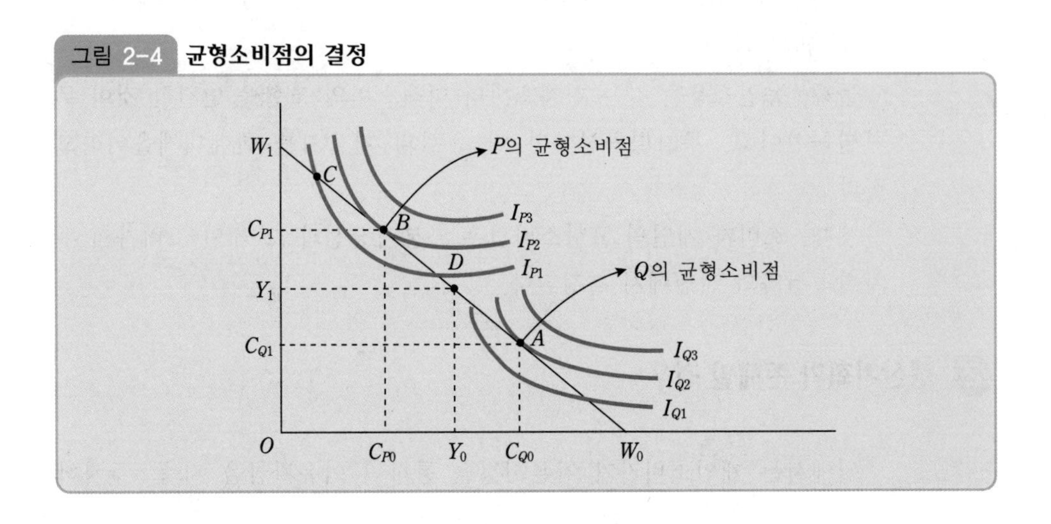

> *P*군과 *Q*군의 시간선호에 대한 효용무차별곡선이 [그림 2-4]와 같다고 할 때 이 두 사람의 균형소비점이 어떻게 결정되어 지는가를 자본시장선과 연결시켜 설명해 보자.

두 사람의 현재소득과 미래소득은 Y_0, Y_1으로 같다고 하자. *P*군은 미래지향적인 사람으로 저축형이고, *Q*군은 현재지향형으로 과소비 성향을 가진 사람이다. *P*군의 경우를 먼저 설명해보자. *P*군의 효용무차별곡선 I_{P1}에서 자본시장선과의 접점은, *C*, *D* 두 점이다. *C*점에서의 한계대체율은 자본시장선의 기울기, 곧 자본시장의 투자수익률보다 더 크므로 *P*군은 자본시장에서 차입하는 것이 유리하다. 따라서 *C*점에서는 차입해서 현재소비를 더 늘리려 할 것이고 *D*점에서는 자본시장의 투자수익률이 더 크므로 현재의 소비를 줄이고 자본시장에 대한 투자, 곧 저축을 하고자 할 것이다.

이러한 과정을 계속하다 보면 자본시장선과 무차별곡선이 만나는 접점 I_{P2}상의 *B*점에서 *P*군의 소비점이 결정될 것이고 이 때의 *P*군의 현재소비는 C_{P0}, 미래소비는 C_{P1}이 될 것이다. 같은 논리로 *Q*군의 균형소비점은 I_{Q2}상의 *A*점이 된다.

이상을 요약하면 다음과 같다.

첫째, 자본시장이 있어야 현재소비와 미래소비의 교환이 가능하다. 자본시장선의 기울기는 이자율을 r이라고 할 때, 교환비율에 해당하는 $-(1+r)$이다.

둘째, 동일효용을 갖는 현재소비와 미래소비의 조합을 연결한 것이 무차별곡선이고, 무차별곡선상의 어느 점의 기울기를 한계대체율이라고 한다.

셋째, 소비자 개인의 균형소비점은 자본시장선과 그 개인 소비자의 무차별곡선과의 접점에서 결정된다.

2 생산기회가 존재할 경우

위에서는 개인소비자가 자본시장을 통하여 여유자금을 저축 · 투자하

그림 2-5 **생산기회선과 한계대체율**

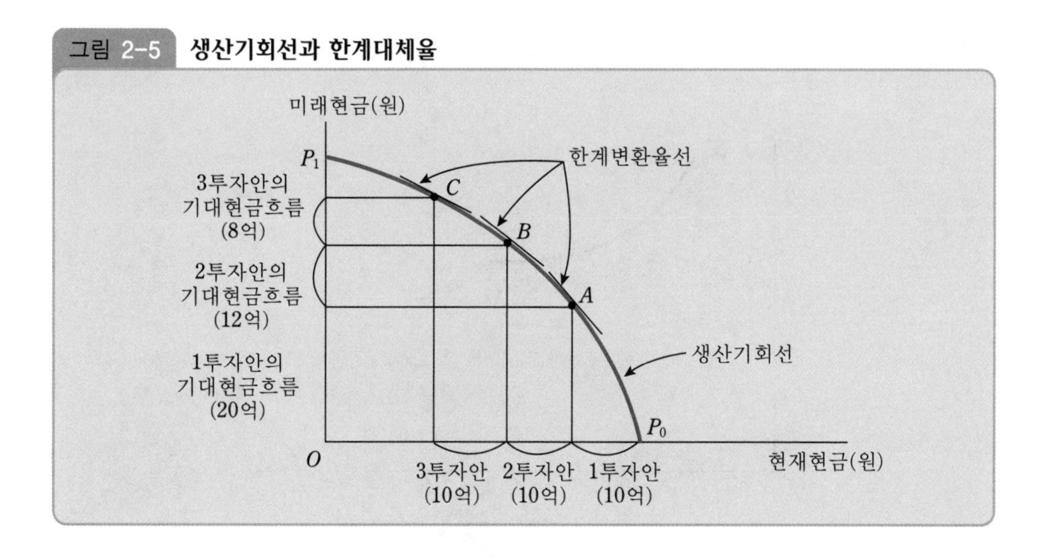

고 부족자금을 차입함으로써 현재소비와 마래소비를 교환하는 경우를 설명하였다. 그러나 현실에 있어서는 자본시장에의 투자와 함께 생산시설에의 투자와 같은 실물자산 투자가 기업의 경우에는 더욱 일반적이다.

예를 들어 각각 10억원이 소요되는 세 가지 투자안이 있다고 하자. 제 1 투자안에서는 10억원을 지금 투자하면 1기 뒤에 20억원의 현금흐름을, 제 2 투자에서는 12억원, 제 3 투자안에서는 8억원의 현금흐름성과를 기대할 수가 있다. 이처럼 기대성과가 높은 투자안부터 투자를 증가시켜 나가면 투자의 성과는 점점 줄어들고 이와 같은 생산의 기회 또는 투자의 기회를 연결시키면 [그림 2-5]의 P_0P_1과 같은 생산기회선(production opportunity line) 또는 투자기회선이 구해진다.

생산기회선이 이처럼 원점에 대하여 오목한 형태를 취하는 것은 생산 또는 투자의 한계생산체감의 법칙이 적용되기 때문이다. 또한 [그림 2-5]에서 생산기회선 P_0P_1과의 접선, 곧 생산기회선의 기울기를 한계변환율(Marginal Rate of Transformation: MRT)이라고 한다. 그림에서 생산기회선상의 A점에서의 기울기, 곧 한계변환율은 생산기회가 B, C점으로 확대될수록 점차 낮아지는 것도 바로 한계생산체감의 원리가 작용하는 까닭이다.

이제 생산기회선을 이용해서 자본시장이 없고 생산기회만 있을 경우의 균형소비 · 생산의 문제를 해석해 보자.

그림 2-6 **생산기회선과 새로운 소비가능조합**

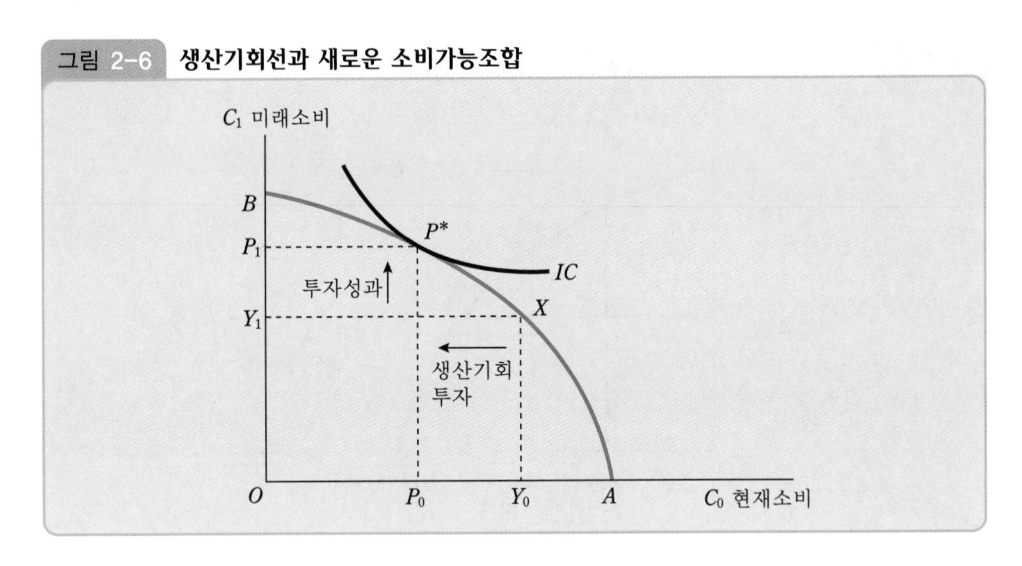

[그림 2-6]에서 현재의 소득과 미래의 소득이 각각 Y_0, Y_1이다. 현재의 소득에서 (Y_0-P_0)만큼을 생산기회에 투자하면 그 투자성과는 (P_1-Y_1)만큼 생기고 이 때의 소비점은 P^*점이고, 투자후의 소비기회조합은 (P_0P_1)이 된다. 자본시장이 없을 경우에는 미래소득 Y_1을 현재소비로 대체(차입)할 수 없기 때문에 소비점은 생산기회선 AB선상의 어느 한 점이 될 것이다.

[그림 2-6]의 생산기회선에서 현재소비의 최대치는 A점이고 미래 소비의 최대치는 B점이다. A점은 현재소득 Y_0와 미래소득 Y_1을 현재의 생산물로 교환한 가치의 합계이다. 미래의 현금흐름 소득 Y_1을 자본시장이 없기 때문에 현재의 현금으로 바꿀 수가 없고 현재의 생산물로 교환한다는 가정 아래 현재소비로 사용할 수 있는 최대치가 A점이다. 그리고 미래소득의 최대치는 현재소득 Y_0를 전액 생산투자한 결과로 얻어진 것과 미래소득 Y_1을 합친 것으로 B점이다.

따라서 자본시장이 존재하지 않을 경우의 균형생산 · 소비점은 생산기회선과 무차별곡선 IC가 접하는 접점, P^*점이다. 균형생산 · 소비점은 곧 최적생산 · 소비점으로 말을 바꿀 수가 있고 자본시장만이 있을 경우의 균형소비점의 결정과 같은 논리가 적용된다.

만일 IC와 다른 무차별곡선이 있다 하더라도 생산기회를 이용할 수 있는 최대의 효용을 얻는 유일한 점은 P^*점밖에 없다. 따라서 최적생산점은 P^*점이고 이 때의 현재소비는 P_0, 미래소비는 P_1으로 P^*점은 동시에 최적소비점이 되는 것이다.

3 자본시장과 생산기회가 동시에 존재할 경우의 최적생산 · 소비의 결정

이제 자본시장과 생산기회, 곧 자본시장선과 생산기회선이 동시에 존재할 경우의 소비 · 투자의 문제로 논의를 발전시켜 보자.

[그림 2-7]에서 현재소득은 Y_0, 미래소득은 Y_1이고 생산기회선의 AB선이다. 미래소득 Y_1을 전액 자본시장에서 할인(차입)해서 현재소비로 할 수 있는 최대치는 W_0, 현재소득 Y_0전액을 자본시장에 투자(대출)해서 가능한 미래소비 최대치는 W_1이다. 그러니까 현재의 부(wealth)의 최대치는 W_0이고, 미래의 부의 최대치는 W_1이다. 그러나 생산기회가 있을 경우에는 생산기회에 투자하는 것이 자본시장에 투자하는 것보다 유리한 범위(X점~P^*점)가 있다. 그림에서 X점의 자본시장선 기울기, 곧 이자율보다 생산기회선상의 P^*점까지의 각 점의 기울기, 곧 한계변환율 또는 한계수익률이 더 높고 P^*점에서 투자의 한계수익률과 시장이자율이 일치한다. 따라서 최적생산은 P^*점에서 결정된다. 생산기회선의 P^*와 B점 사이의 어느 점의 투자수익률도 자본시장의 이자율보다 불리하기 때문에 P^*점이 최적생산점이 되는 것이다.

그림 2-7 **최적생산점과 최적소비점의 분리: 최적생산 · 소비의 결정**

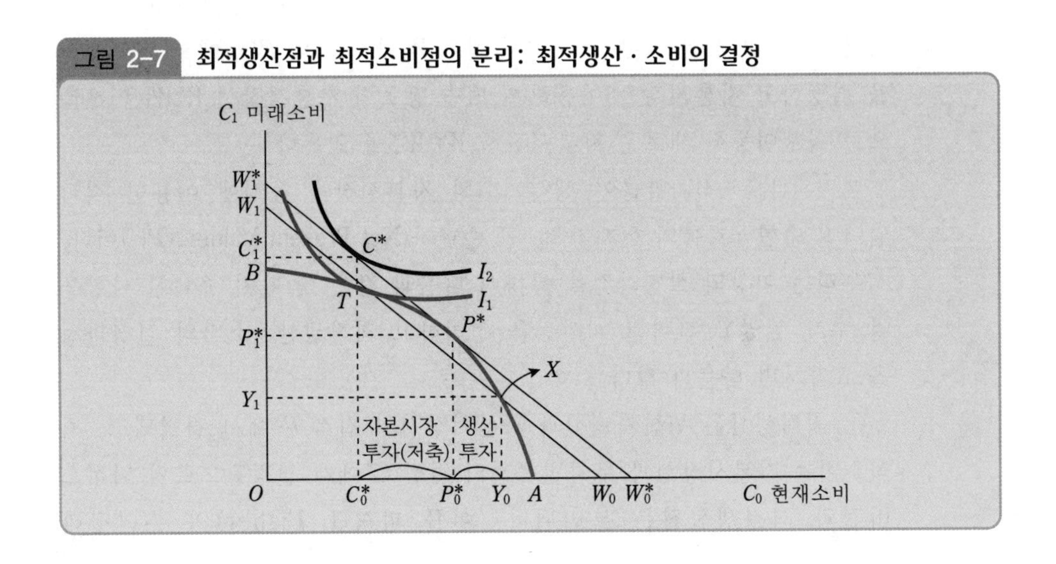

그러나 소비자 개인의 입장에서 최적생산점의 결정과는 관계없이 P^*점 이후에는 자본시장을 이용하는 것이 더 유리하므로 새로운 자본시장선 $W_0^* W_1^*$ 선상의 어느 한 점, 곧 자신의 효용무차별곡선 I_2와 자본시장선과의 접점 C^*점에서 최적소비점을 선택하게 될 것이다. C^*점에서 최적소비점을 결정하게 될 경우 이 사람의 현재소비는 C_0^*이고, 생산기회에 $(Y_0 P_0^*)$만큼을 투자하고, 자본시장에 $(P_0^* - C_0^*)$만큼을 투자(저축)함으로써 미래소비는 당초의 Y_1에서 C_1^*으로 늘어나게 될 것이다.

그림에서 T점은 생산기회선과 효용무차별곡선 I_1의 접점인데 자본시장이 없을 경우에는 최적생산 · 소비점이 될 수 있었으나 자본시장이 존재하면 생산기회를 이용함으로써 얻어진 새로운 자본시장과 I_1보다 더 큰 효용의 무차별곡선 I_2와의 접점을 당연히 최적소비점으로 선택하게 될 것이다. 따라서 최적소비점은 새로운 자본시장 $W_0^* W_1^*$ 선상의 어느 한 점으로 그림에서는 C^*점이고, C^*점에서의 소비자의 한계대체율(MRS)과 한계변환율(MRT) 및 자본시장선의 기울기는 다음과 같이 일치하며 이 점이 바로 소비자의 최적소비 · 투자점이 되는 것이다.

$$C^* \text{점의 } MRS = MRT = -(1+r)$$

이와 같이 최적소비점은 최적생산점과 별개의 것으로 분리될 수 있으며 따라서 최적소비결정과 최적생산결정은 분리되는 것이다.

또한 [그림 2-7]에서 소득의 시간조합인 (Y_0, Y_1)은 생산기회가 없고 자본시장선만 있을 경우 그 현가총액은 W_0가 되는데 P^*점에서 최적생산을 결정하고 자본시장을 이용하게 되면 당초의 자본시장선 W_0W_1은 우측으로 평행이동한 새로운 자본시장선 $W_0^* W_1^*$를 얻는다.

여기서$(W_0^* - W_0)$만큼이 생산기회와 자본시장을 동시에 이용한 결과 얻어진 순현금흐름의 현재가치, 곧 순현가(Net Present Value: NPV)이다.

우리는 이상의 설명과정을 통하여 다음과 같은 몇 가지 중요한 사항을 알 수가 있었고 관련된 시사점을 정리하고 최적생산 · 소비의 결정과정을 요약하면 다음과 같다.

① 최적생산은 생산기회선과 자본시장선의 접점 P^*에서 결정되고, 최적소비는 자본시장선과 무차별곡선의 접점 C^*에서 결정됨으로써 최적소비점과 최적생산점은 분리된다. 이를 피셔(I. Fisher)의 분리정리

그림 2-8 차입이자율과 대출이자율이 다른 경우의 최적소비점

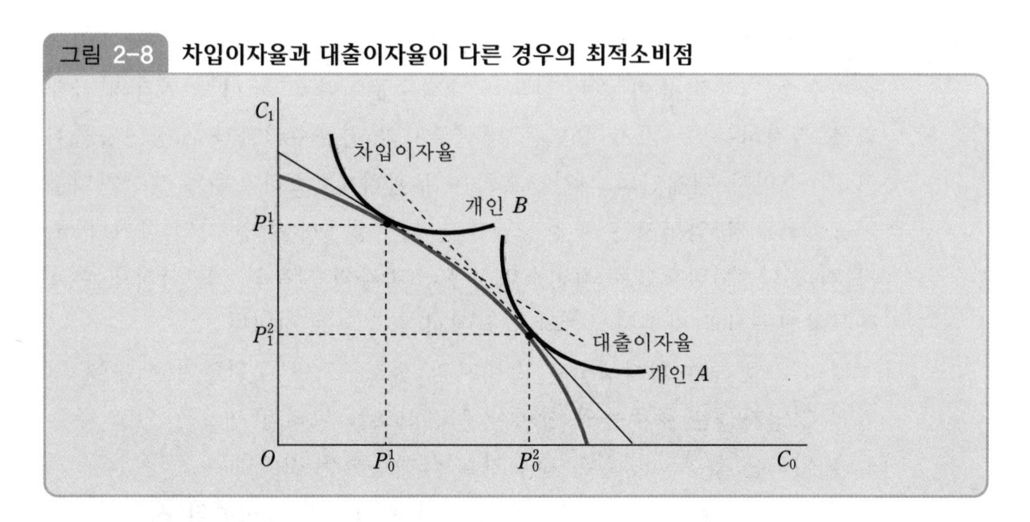

(seperation theorem)라 한다.

② 생산기회가 없을 경우의 소득의 시간조합 $(Y_0,\ Y_1)$을 할인한 현가총액은 W_0인데 생산기회선이 주어짐으로써 현가총액은 W_0^*로 확대되고 $(W_0^* - W_0)$만큼의 순현가(NPV)를 얻는다.

위의 두 가지 사실에서 다음과 같은 중요한 시사를 얻을 수가 있다.

① 피셔의 분리정리에서 소비결정은 개인의 문제이고 생산결정은 기업의 문제로 이원화됨으로써 소유와 경영의 분리가 가능하다는 점이고,

② 기업의 목표인 기업가치의 극대화는 순현가의 극대화를 뜻한다는 점이다.

그러나 현실적으로는 [그림 2-8]과 같이 차입과 대출이자율에는 차이가 있고 무제한의 차입과 대출이 가능하다는 전제도 비현실적이며 절세효과와 거래비용을 고려할 경우 이 모델의 예측능력은 크게 제약될 수밖에 없는 것이다.

제 3 절 소유와 경영의 분리

앞에서 논의한 피셔의 분리정리의 초점은 생산기회와 같은 실물투자에의 결정과 개인의 현재 · 미래소비에 대한 시간선호의 문제는 별개의 것으로 본 점이다. 또한 생산기회에서의 한계투자수익률(MRT)과 시장

이자율이 일치할 때 순현가가 극대화되고, 순현가의 극대화가 곧 개인의 소비수준을 가장 높여 주는 부의 극대화수준이다. 그러나 순현가의 극대화를 결정하는 두 가지 요인은 생산투자의 한계수익률과 시장이자율이고 각 소비자 개개인의 시간선호와는 무관하다. 소비자들은 생산기회를 이용함으로써 얻어지는 투자성과를 자본시장에서 할인(차입)하거나 투자(저축)할 수 있으므로 최적소비점은 소비자의 시간선호를 나타내는 효용무차별곡선과 자본시장선의 접점에서 결정되는 것이다.

달리 표현하면 최적생산은 소비자의 선호구조와 무관하기 때문에 기업의 경영자들은 주주들의 상이한 시간선호를 고려할 필요가 없고 주주들을 위하는 최상의 방향은 순현가를 극대화하는 길이다.

생산을 전업하고 있는 기업에 있어서 투자자인 소비자의 시차선호와 관계없이 최적생산을 결정할 수 있다는 점은 생산의 결정권을 경영자에게 위임할 수 있다는 이론적 타당성을 제시하는 것으로 이 때의 기업이 지향하는 목표는 순현가, 곧 부의 극대화임을 알 수 있다.

따라서 주주들은 생산의 결정권을 경영자들에게 위임하고 자신들은 자본시장(증권시장)에서 적절한 개개인의 시차선호에 따라 현재·미래 소비의 조합을 선택하게 될 것이며 기업의 목표는 순현가의 극대화, 곧 주주부의 극대화가 되는 것이다.

지금까지 미래소득이 확실하고 차입이자율과 대출이자율의 차이가 없으며, 단일기간을 가정한 완전시장에서 순현가(*NPV*)원리가 어떠한 의미를 갖는지 살펴 보았다. 그러나 순현가원리는 미래소득이 여러 기간에 걸쳐 실현되며 불확실하다 하더라도 그대로 적용된다는 것을 앞으로 알게 될 것이다.

연습문제

1 현가와 관련한 여러 계수를 염두에 두고 다음에 물음에 답하시오.

(1) 금융기관에서의 복리계산기간 단위는 6개월이다. 현재 100만원을 저축하여 10년 뒤 최소한 320만원을 찾고자 한다. 연이자율은 얼마가 되어야 하는가?

(2) 5년 뒤에 소요되는 최소한의 자금은 500만원이다. k= 연 12%이고 6개월 복리계산일 경우 예금에 필요한 현재금액은 얼마라야 되는가?

(3) 매년 100만원씩 5년간 예금할 경우 연복리로 k=10%이면 5년 뒤 얼마가 되는가?

(4) 정년퇴직을 목적에 두고 연금으로 받느냐 일시금으로 수령하느냐를 결정해야 된다. 연금은 매월 100만원씩 생존기간 동안 지급되고 다른 혜택이 일체 없다고 한다. 퇴직일시금으로 받을 경우는 6,000만원이다. 생존가능기간을 10년으로 보고, 6개월 복리에 의한 연이자율 k=12%라 할 경우, 어느 쪽이 얼마만큼 *NPV*면에서 유리한가?

(5) 1,000만원을 차입하여 매년 일정액씩 5년만에 상환하는 감채기금을 설정하고자 한다. 연복리로 연이자율 k=12%일 때 감채기금적립금은 얼마가 되어야 하는가?

(6) 1,000만원을 투자하여 5년만에 투자원금을 회수하려고 한다. 6개월복리 연금이자율 k=12%로 하는 매기 자본회수액은 얼마인가?

2 다음과 같이 7년간 연금을 포함한 불규칙한 현금흐름의 현가합계는 할인율=10%일 때 26,843.48원이다.

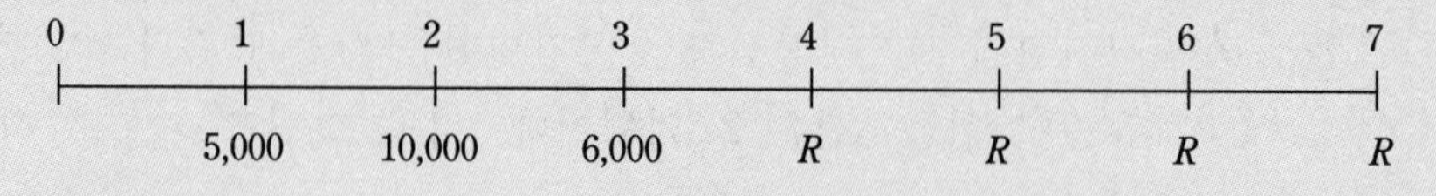

이때 4년째에서부터 4년간 유입되는 연금액 R은 얼마가 되어야 하는가?

3 1,000만원을 빌어서 5년 뒤에 1,600만원을 반제하는 조건으로 차입할 경우의 차입이자율은 얼마가 되는가?

4 이자율은 15%라고 할 경우 어느 것을 선택하는 것이 가장 유리한지 그 현가를 비교 설명하시오.

① 안: 1억 5천만원의 즉시 현금지급

② 안: 5년 말에 3억원 지급

③ 안: 매년 2,200만원씩 영구히 지급

④ 안: 향후 15년간 매년 2,600만원씩 지급

⑤ 안: 1년 뒤 1,500만원을 지급하고 그 이후 매년 5%씩 증가시켜 영구히 지급

5 다음 문제를 계산하시오.

(1) 매년 1원씩 현금을 영원히 실현하는 어느 자산이 있다면 이자율 10%에서의 그 현재가치는?

(2) 매년 10%의 일정한 율로 그 가치가 증식하는 자산은 약 7년후 그 가치가 2배로 늘어난다. 8년후 부터 시작하여 매년 1원씩 영구히 수익을 실현하는 자산의 현재가치는?

(3) A가 소유한 자산은 앞으로 1년후 10,000원의 현금유입을 실현하고 그로부터 일년마다 5%씩 영구적으로 현금유입이 증가한다. 이자율이 10%라면 그 자산의 가치는?

(4) 수익흐름이 1년후 200원, 2년후 부터 20년후 까지 100원인 경우 이의 현재가치는?(이자율5%)

6 자본시장선과 생산기회선이 존재할 경우 최적소비와 최적생산의 결정이 분리되는 이유를 그림으로 나타내어 설명하고 이때 *NPV*는 어떻게 표시되는가? 그리고 소유와 경영의 분리가능성을 Fisher의 분리정리로 설명될 수 있는가?

7 인경기업의 자본시장선과 생산기회선은 다음과 같다. 이 기업이 현재 보유중인 현금자산은 2.6억원이다. 다음 그림을 기초로 하여 물음에 답하시오.

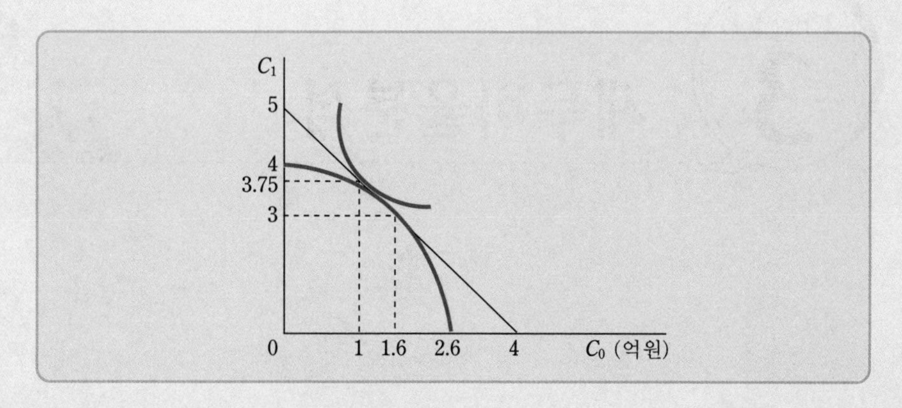

(1) 인경기업이 생산에 투자해야 할 금액과 기업의 총 투자수익률은?

(2) 시장이자율은 얼마인가?

(3) 인경기업이 행하는 투자의 한계수익률을 구하고 최적 생산을 하고 있는지 결정하시오.

(4) 이 투자안의 순현재가치와 기업 전체의 총현재가치는 얼마인가?

(5) 인경기업의 주주가 최적균형소비를 하려고 할 경우의 저축 또는 차입여부를 결정하고 그 금액을 제시하라. 또한 시점 1에서의 미래소비(C_1)를 계산하시오.

재무비율분석

제 1 절 재무비율분석

1 재무비율의 개념과 주요 재무비율

기업가치의 극대화는 일차적으로 주가 또는 주주부의 극대화에 있다. 주주부의 원천은 적정한 재무의 유동성과 자기자본이익률에 기초하고 있다. 자기자본이익률은 식 (3-1)과 같이 매출액영업이익률(영업이익/매출액), 영업이익에 대한 세후순이익 구성비율, 총자본회전율(매출액/총자본) 및 자기자본배수(총자산/자기자본) 등이 상승작용한 결과로 볼 수 있다.

자기자본이익률 = 매출액영업이익률 × 세후순이익구성비율 × 총자본회전율 × 자기자본배수

$$\frac{\text{EAT}}{EC} = \frac{\text{EBIT}}{V} \times \frac{\text{EAT}}{EBIT} \times \frac{V}{C} \times \frac{C}{EC} \tag{3-1}$$

—— (수익성) —— (활동성)(재무레버리지)

- EC: 자기자본
- $EBIT$: 영업이익
- V(Volume): 매출액
- C: 총자본
- EAT: 세후순이익

식 (3-1)에서 자기자본이익률 ROE는 $EBIT/V$, $EAT/EBIT$와 같은 수

그림 3-1 주요 재무비율의 재무관리상의 위치

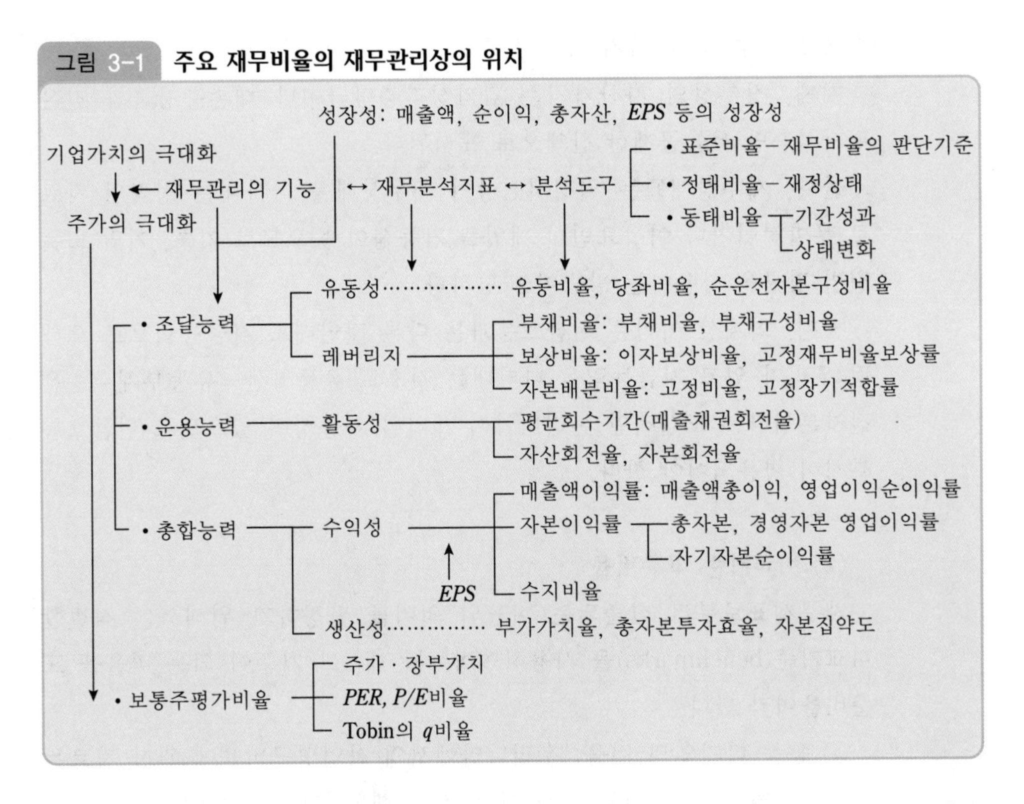

익성관계지수와 *V/C*로 나타낸 자본의 활동성 및 *C/EC*에서 보이는 재무 레버리지의 상승작용에 의하여 결정됨을 알 수 있다.

따라서 재무분석을 통해서 찾고자 하는 주요 재무비율을 그림으로 나타내면 [그림 3-1]과 같다.

2 비교분석의 기초자료

(1) 재무제표

재무제표(financial statements)란 글자그대로 재무에 관한 여러 가지 표를 말한다. 그러나 전통적으로 재무비율분석에서는 기업회계기준상의 재무제표 체계를 중심으로 하며 재무상태표, 손익계산서 및 이익잉여금처분계산서가 주축이 된다.

이와 같은 재무제표를 사용하게 될 때에는 역사적인 자료에 기초하고 있는 회계정보의 한계를 염두에 두어 가능한 한 유용한 정보로 가공될 수 있도록 다음 몇 가지 사항에 특히 유의하여야 한다.

첫째, 장부상의 자산가치는 감가상각충당금이나 대손충당금과 같은 평가성충당금을 공제한 잔액으로 표시된다.

둘째, 재무상태표는 일정시점상의 재무상태를 나타내는 정적인 자료로 우발적이거나 이상요인이 개입될 가능성이 높으므로 기초, 기말 또는 월별 평균을 사용하는 방법이 타당하다.

셋째, 회계상 이익은 현금흐름과는 다른 것인데도 자금능력으로 오해될 우려가 있고 지급능력을 나타내는 것으로 유동자산－유동부채＝순운전자본이라는 도식적인 논리비약이 개입될 가능성이 있으므로 현금흐름 분석이 병용되어야 한다.

(2) 비교기준: 표준비율

재무제표로부터 산출되는 비율의 의미를 판정하기 위해서는 적절한 비교기준(benchmarks)을 사용하여야 하는데, 그 기준이 되는 비율을 표준비율이라 한다.

① 동종 타기업의 비율: 우리나라에서의 산업평균비율에 관한 자료는 한국은행의 「기업경영분석」과 한국산업은행의 「재무분석」이 있다.

동종기업의 평균비율과 실제비율과를 비교하여 대상기업의 현위치와 좌표를 읽을 수 있다.

② 과거기간의 비율: 분석대상기업의 시계열상 기준년도의 비율과 여러 기간의 비율평균과 비교해 봄으로써 현재의 상태를 가늠할 수가 있고 각종 재무비율의 추세를 알아보기에 적절하다.

③ 경험적 비율: 미국에서 은행가비율로 알려진 유동비율 200% 이상, 당좌비율 100% 이상, 현금비율 20% 이상, 부채비율 100% 이하, 고정비율 또는 고정장기적합률 100% 이하 등과 같이 경험에 의하여 책정된 이상적 비율을 기준으로 하는 경우이다.

④ 경쟁업체의 비율: 경쟁사간의 비교우위를 알고자 할 때 쓰이며, 국제화 속도가 가속화되면서 경쟁사는 국내를 초월하여 해외경쟁국 소재 기업으로 확대된다.

(3) 예: 재무상태표와 손익계산서

이제부터 주요 재무비율을 설명하기 위하여 인경기업의 2년간의 비교 재무상태표(B/S)와 손익계산서(P/L) 및 재무관계 자료를 〈표 3-1〉과 같이 정리하고자 한다.

3 재무비율의 계산

다음의 예에서 설정한 인경기업의 B/S, P/L을 가지고 주요한 재무비율을 계산해 보기로 하자. 재무비율을 계산할 때 사용되는 분석방법은 동질적 성격을 지닌 어느 항목이 전체에서 차지하는 구성비율(component ratios)을 구하거나 성격은 다르지만 상호관련이 있는 두 항목을 선택하여 항목간의 비율인 관계비율(relative ratios)을 구하는 것이다.

표 3-1 예: 인경기업의 재무상태표와 손익계산서

a) 재무상태표

인경기업 (단위: 백만원)

	2012		2013	
현금	100		250	
매출채권	400		300	
재고자산	500		550	
유동자산		1,000		1,100
투자자산	200		200	
유형고정자산	1,300		1,500	
비유동자산		1,500		1,700
자산합계		2,500		2,800
유동부채	200		200	
고정부채	350		550	
이연부채	0		0	
부 채		550		750
자본금	1,850		1,850	
자본잉여금	50		50	
이익잉여금	50		150	
자 본		1,950		2,050
부채와 자본	합계	2,500		2,800

b) 손익계산서

인경기업 (단위: 백만원)

	2012	2013
순매출액	7,500	8,250
매출원가	6,500	6,250
(매출총이익)	1,000	2,000
판매비 및 일반관리비	700	1,000
감가상각비	100	130
영업비용	800	1,130
영업이익 (EBIT)	200	870
지급이자	50	70
세전순이익 (EBT)	150	800
법인세 (t : 40%)	60	320
세후순이익 (EAT)	90	480

c) 기타 재무관계 자료

1) 유동부채중 이자발행 부채액은 100.

2) 발행주식수 37만주.

(1) 유동성 관계비율(liquidity ratios)

유동자산은 현금, 예금, 시장성 있는 유가증권 및 매입채무를 포함한 환금성이 높은 당좌자산과 상품, 제품, 재공품, 원재료 등과 같은 재고자산으로 구성되고 B/S작성일 기준으로 1년 내에 현금화되는 자산을 말한다.

1) 유동비율(current ratio)

유동비율은 유동자산에 대한 유동부채의 비율로 단기채무상환능력을 말하고 2대 1의 원칙에 의하여 200% 이상을 이상적으로 보며 은행가비율이라고도 한다.

$$\text{유동비율} = \frac{\text{유동자산}}{\text{유동부채}}$$

$$= \frac{1{,}100}{200} = 550\%$$

유동자산에는 매출채권과 재고자산에 부실자산이 혼재될 위험이 있으므로 활동성비율과 병행하여 검토하여야 한다. 부실자산이 많으면 유동성이 높은 것처럼 보이나 그만큼 활동성이 떨어지기 때문이다.

2) 당좌비율(quick ratio, acid test ratio)

당좌비율은 당좌자산(quick assets)과 유동부채의 비율로 신속한 지급능력을 나타낸다. 100%를 기준으로 하며 산성시험비율이라고도 한다.

$$\text{당좌비율} = \frac{\text{당좌자산}}{\text{유동부채}}$$

$$= \frac{250 + 300}{200} = 275\%$$

만일 유동비율은 높은데 당좌비율이 낮으면 재고자산투자가 과대함을 말해주는 것이다. 당좌비율에 대한 보조비율로 당장의 지급능력을 측정하기 위하여 현금비율(cash ratio)을 사용하기도 한다.

현금비율은 현금, 예금과 유동부채의 비율로 20%를 표준으로 하며 경험에 따라 적정비율을 설정한다.

$$\text{현금비율} = \frac{\text{현금 및 예금}}{\text{유동부채}}$$

$$= \frac{250}{200} = 125\%$$

또한 위와 같은 일정시점의 재무비율이 아닌 기간척도(interval measure)로써 유동성을 측정할 수 있는데 이를테면 당좌자산방어기간(defensive interval measure)을 사용하는 경우이다.

당좌자산은 지급능력 확보를 위한 방어용 안전재고자산(defensive buffer asset)이라 볼 수 있고 그 규모는 정상적인 일평균 현금지출비용을 감당할 수 있는 기간으로 나타낼 수도 있다. 영업의 현금순환과정으로 볼 때 매출채권의 평균재고액은 1일 평균매출액×평균회수기간 이다. 현금자산은 불규칙한 현금흐름에 대응하는 방어용 안전재고의 개념에 해당하는 것이므로 유동성지표로서 활용도가 높다.

$$\text{당좌자산 방어기간} = \frac{\text{당좌자산}}{\text{일평균 현금지출비용}}$$

$$= \frac{\text{당좌자산}}{(\text{영업비용} - \text{감가상각비})/365\text{일}}$$

$$= \frac{250 + 300}{(6{,}250 + 1{,}130 + 70 + 320 - 130)/365} = 26\text{일}$$

인경기업은 유동성 관계비율로 보면 유동성이 크게 높은 수준이나 추가 현금유입없이 일상의 영업비용 지출을 감당해낼 수 있는 방어기간은 유동성 관계비율에 비교하여서는 크게 높은 수준이 못되는 26일 정도이다.

3) 순운전자본 구성비율

유동자산에서 유동부채를 차감한 순운전자본(Net Working Capital: *NWC*)으로 단기지급능력을 측정하기도 하는데 순운전자본을 총자본으로 나눈 총자본 대 순운전자본비율로 유동성을 평가하기도 한다.

$$\text{순운전자본 구성비율} = \frac{\text{순운전자본}}{\text{총자본}} = \frac{\text{유동자산} - \text{유동부채}}{\text{총자본}}$$

$$= \frac{1{,}100 - 200}{2{,}800} = 32.14\%$$

*NWC*는 절대치로 나타내지만 순운전자본 구성비율은 상대비율이기 때문에 기간·상호비교가 가능하고 기업부실 예측모형에서 유용한 지표

로 사용되고 있다. 유동성지표로서 *NWC*를 이용하는 방법으로는 이것 외에도 재고자산/*NWC*, *NWC*/매출액을 사용하기도 한다.

(2) 레버리지비율(leverage ratios)

레버리지비율은 부채의존도를 나타내는 것으로 타인자본조달의 결정기준으로 사용되며 부채관리비율(debt management ratios)이라고도 한다.

레버리지비율은 부채수준의 상대비율인 부채비율(debt ratios), 이자비용과 고정적인 재무비용을 감당할 수 있는지를 측정하는 보상비율(coverage ratio), 조달된 자본의 배분운용정도를 알려주는 자본배분 내지는 안전성비율(safety ratios)로 나누어 볼 수 있다.

1) 부채비율

부채비율은 두 가지로 구분하여 사용한다. 부채를 자기자본으로 나눈 부채비율과 총자본으로 부채를 나눈 구성비율이 있다.

$$\text{부채비율} = \frac{\text{총부채(Debt)}}{\text{자기자본(Equity)}} = D/E \text{ 비율}$$

$$= \frac{750}{2{,}050} = 36.6\%$$

$$\text{부채구성비율} = \frac{\text{총부채(Debt)}}{\text{총자본(Assets)}} = D/A \text{ 비율}$$

$$= \frac{750}{2{,}800} = 26.8\%$$

우리나라에서 일반적으로 부채비율이라고 할 경우에는 *D/E*비율을 말한다.

2) 이자보상비율

보상비율은 다음과 같이 세 가지로 구분할 수 있다. 영업활동으로 얻어진 현금흐름으로 지급이자를 감당할 수 있는지를 측정하는 이자보상비율(Time Interest Earned: *TIE*), 지급이자외 리스, 임차료를 포함하는 고정재무비용의 부담능력을 측정하기 위한 고정재무비용 보상률 및 고정재무비용, 우선주배당금, 부채상환 당기부담분을 포함한 현금흐름보상률(cash flow coverage) 등이 있다.

$$\text{이자보상비율} = \frac{EBIT}{\text{이자비용}}$$

$$= \frac{870}{70} = 12.43(\text{배})$$

$$\text{고정재무비용 보상률} = \frac{EBIT + \text{리스 임차료 등}}{\text{이자비용} + \text{리스 임차료 등}}$$

$$\text{현금흐름보상률} = \frac{EBIT + \text{리스 임차료 등} + \text{감가상각비}}{\text{고정재무비용} + \frac{\text{우선주 배당금}}{(1-t)} + \frac{\text{부채상환 당기부담분}}{(1-t)}}$$

$$= \frac{870 + 130}{70 + 100(1-0.4)} = 4.23(\text{배}) \quad (t: \text{법인세율})$$

3) 자산고정화 비율

자산고정화 비율은 조달된 자본을 고정자산과 투자자산등 장기성자산에 얼마만큼을 투자하였는가를 측정하는 배분비율이다. 고정자산에의 투자는 장기자본(=자기자본+고정부채)을 최고한도로 가급적 자기자본으로 충당하는 것이 바람직한 것으로 판단한다. 자본의 조달과 운용간의 균형을 유지하는 투자의 안전성을 확보하기 위한 것으로 고정비율과 고정장기적합률을 측정지표로 사용하며 100%이하를 목표비율로 하고 있다.

$$\text{고정비율} = \frac{\text{고정자산} + \text{투자자산}}{\text{자기자본}}$$

$$= \frac{200 + 1{,}500}{2{,}050} = 82.9\%$$

$$\text{고정장기적합률} = \frac{\text{비유동자산} + \text{투자자산}}{\text{자기자본} + \text{고정부채}}$$

$$= \frac{200 + 1{,}500}{2{,}050 + 550} = 65.4\%$$

(3) 활동성 비율(activity ratios)

기업에 조달된 자본이나 자산을 얼마만큼 효율적으로 관리하였나를 측정하는 재무비율로 효율성비율(efficiency raitos) 또는 자산관리비율(asset management ratios)이라고도 한다. 자산의 활동성을 나타내는 지표를 자산회전율이라 하고, 자본의 활동성을 나타내는 지표를 자본회전율이라 한다. 회전율은 매출액에 대한 자산이나 자본의 비율로 표시한다. 회전율(turnover)은 매출액에 나타난 회전속도를 의미하는 것이므로 회전율의 역수는 회전기간이 되고, 회전율을 높이는 것이나 매출액 이익률을 높이는 것은 같은 의미의 수익성에 직결되며, 매출액과 회전율을 알면 자산이나 자본의 투자규모를 찾아낼 수도 있다. 이를 요약하면 다음과 같다.

$$\text{회전율} = \frac{\text{매출액}}{\text{자산 또는 자본}} \cdots\cdots \text{ 자산회전율 또는 자본회전율}$$

$$\frac{1}{\text{회전율(년)}} \times 365\text{일} = \text{회전기간(일)}$$

$$\text{자산 또는 자본의 규모} = \text{매출액}/\text{회전율} = 1\text{일매출액} \times \text{회전기간(일)}$$

회전율 분석에서의 중심은 자산회전율이다. 자산회전율 가운데에서 중요한 것은 재고자산의 효율성을 나타내는 재고자산회전율이다.

$$\text{재고자산회전율} = \frac{\text{매출액 또는 매출원가}}{\text{평균재고액}} = \frac{6{,}250^{*}}{550} = 11.4\text{회전}$$

* 매출원가 기준

재고자산회전율은 재고자산이 당좌자산으로 전환하는 속도를 말하고 이 비율이 너무 높으면 안전재고에 위험이 있고 낮으면 과대재고라는 해석이 가능하다.

$$\text{매출채권회전율} = \frac{\text{매출액}}{\text{매출채권}} = \frac{8{,}250}{300} = 27.5\text{회전}$$

$$\text{평균회수기간} = \frac{\text{매출채권}}{\text{매출액}} \times 365\text{일} = \frac{\text{매출채권}}{\text{일평균매출액}}$$

$$= \frac{365\text{일}}{\text{매출채권회전율}} = \frac{365\text{일}}{27.5\text{회전}} = 13.3\text{일}$$

평균회수기간을 사용하면 회수기간이 경과한 중점관리대상이 되는 매출채권을 발견하기 위한 매출채권 경과일수분석표(aging schedule)의 작성이 가능하고 신용정책결정의 지침이 된다.

그림 3-2 **수익성 관계비율의 구성체계**

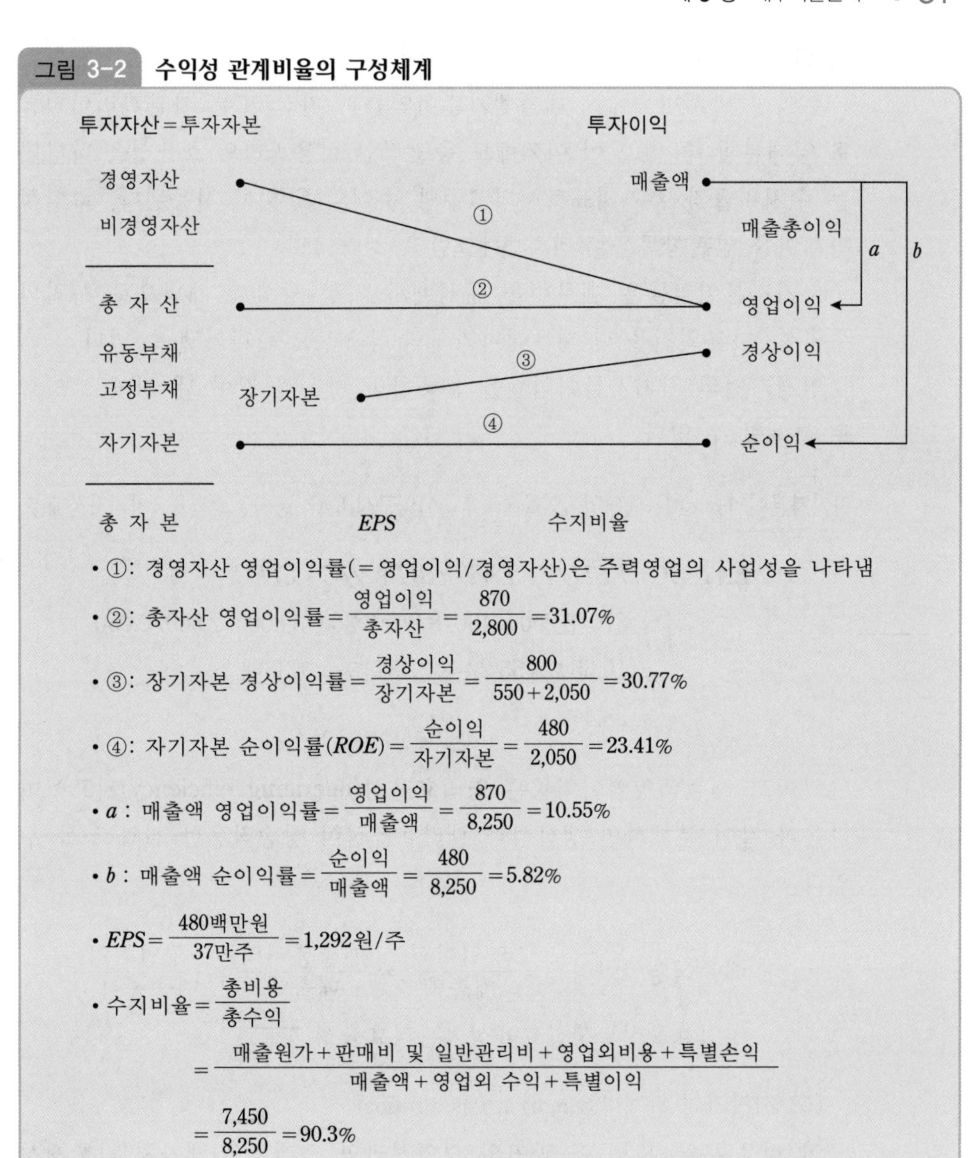

$$\text{총자산회전율} = \frac{\text{매출액}}{\text{총자산}} = \frac{8{,}250}{2{,}800} = 2.59\text{회전}$$

$$\text{자기자본회전율} = \frac{\text{매출액}}{\text{자기자본}} = \frac{8{,}250}{2{,}050} = 4.02\text{회전}$$

이 두 비율은 총자산 또는 자기자본의 이용효율성을 나타낸다.

(4) 수익성 관계비율(profitability ratios)

수익성 관계비율에는 매출액기준이익률과 자산 또는 자본관련이익률로 양대분할 수 있고 이 이외에도 총괄적인 비용관리의 효율성을 나타내는 수지비율과 투자지표로서의 1주당 순이익(*EPS*)이 사용된다. 수익성 관계비율 연관항목을 정리하면 [그림 3-2]와 같다.

자기자본이익률은 재무비율 분석에서 가장 중요한 개념으로 사업의 수익성, 자본회전율 및 재무레버리지의 상승적으로 나타낼 수 있다.

인경기업의 자기자본이익률을 분해하면 다음과 같이 네 가지 요인으로 분해할 수 있다.

자기자본이익률＝매출액영업이익률×세후순이익구성비율×총자본회전율×자기자본배수

$$
\begin{aligned}
EAT/EC &= EBIT/V \times EAT/EBIT \times V/C \times C/EC \\
&= 870/8{,}250 \times 480/870 \times 8{,}250/2{,}800 \times 2{,}800/2{,}050 \\
&= 10.55\% \times 55.2\% \times 2.95\text{회전} \times 1.36\text{배} \\
&= 23.4\%
\end{aligned}
$$

그리고 매출액영업이익률은 영업효율성(operating efficiency)지표이며 다음과 같이 분해하면 생산성과 관리효율성이 상승작용한 결과라 볼 수 있다.

$$
\text{매출액영업이익률} = \frac{\text{영업이익}}{\text{매출액}} = \frac{\text{매출총이익}}{\text{매출액}} \times \frac{\text{영업이익}}{\text{매출총이익}}
$$

$$
\text{영업효율성} = \text{생산효율성} \times \text{관리효율성}
$$

(5) 시장가치 관계비율(market value ratios)

이 비율은 투자자들이 과거의 경영성과와 장래의 기대가치를 현재시장에서 어떻게 평가하는가를 알려주는 지표로 사용할 수 있다는 점에서 투자정보로서의 유용성이 주장된다.

1) 주가이익배율(price-earning ratios: *PER*)

$$
PER = \frac{\text{1주당 주가}(P_0)}{EPS}
$$

주가가 1주당 순이익의 몇 배가 되어야 하는가를 나타내는 것으로 기업이익에 대한 투자자들의 신뢰성지수(confidence index)라 할 수 있다.

현실적으로 전기의 *EPS*를 현주가와 대비시키기 때문에 시제가 일치하지 않는 문제점이 있다.

2) 배당수익률(dividend yield)

$$\text{배당수익률} = \frac{\text{1주당 배당액}(DPS)}{\text{1주당 주가}(P_0)} = \frac{EPS \times POR}{P_0}$$

$$= \text{주가이익률} \times \text{배당성향}$$

• *POR*(payout ratio): 배당성향

배당수익률은 성장기업처럼 장래수익이 높게 평가되어 주가가 높게 형성된 경우엔 낮게 될 것이다.

3) 시장가치 대 장부가치비율(market value to book value ratio)

$$\text{시장가치 대 장부가치비율} = \frac{\text{주가}}{\text{주당 장부가치}}$$

이 비율은 시장가치와 장부가치의 차이를 알고자 하는 것으로 이 비율이 높을수록 기업가치 평가가 좋다는 것을 의미하므로 성장률이 높을수록 이 비율도 높아지게 된다.

4) 토빈의 q비율

시장가치 대 장부가치비율과 유사한 개념으로서 기술혁신이나 인플레이션의 영향으로 보유자산을 대체할 필요가 있을 경우, 투자유인의 강도를 측정하기 위해서 토빈(Tobin)의 q비율(q ratio)을 이용한다.

$$q\text{비율} = \frac{\text{해당자산의 시장가치}}{\text{추정대체원가}}$$

여기서 해당자산의 시장가치는 총자산의 시장가치에 대한 구성비로 구하고 추정대체원가는 해당자산을 대체할 경우에 필요한 투자소요액을 말한다. $q > 1$이면 투자유인이 생기고 시장평가가 양호할수록 이 비율이 커진다. 반드시 $q < 1$이면 M&A유인이 발생한다.

제 2 절 재무비율분석의 활용(ROI분석)

듀퐁시스템은 투자의 수익성을 나타내는 자기자본 순이익률(*ROE*)의 변동원인을 추적해가는 흐름을 통해서 매출액 영업이익률, 활동성, 레버리지 등 어느 곳에 문제점이 있으며 어디에 통제의 중점을 두어야 할 것인가를 알려주는 유용한 방법이다.

이 방법상의 체계를 이용하면 생산성분석에서 1인당 부가가치로 유관비율을 음미하거나 *EPS* 또는 *DPS*(1주당 배당)를 분해하여 관련재무제표를 해석하는데 큰 도움이 된다. 식 (3-1)을 변형시켜 보면 용도에 따라 여러 유형의 *ROE*변동원인분석이 가능해진다.

$$
\begin{aligned}
\text{자기자본순이익률} &= \frac{\text{당기순이익}}{\text{매출액}} \times \frac{\text{매출액}}{\text{자기자본}} \\
&= (\text{매출액 순이익률}) \times (\text{자기자본 회전율}) \\
&= \frac{\text{영업이익}}{\text{매출액}} \times \frac{\text{순이익}}{\text{영업이익}} \times \frac{\text{매출액}}{\text{자기자본}} \\
&= (\text{매출액영업이익률}) \times (\text{순이익구성비율}) \times (\text{자기자본회전율}) \\
&= \frac{\text{영업이익}}{\text{매출액}} \times \frac{\text{순이익}}{\text{영업이익}} \times \frac{\text{매출액}}{\text{총자산}} \times \frac{\text{총자산}}{\text{자기자본}} \\
&= (\text{매출액영업이익률}) \times (\text{순이익구성비율}) \times (\text{총자산회전율}) \times (\text{자기자본배수})
\end{aligned}
$$

위의 식을 다시 정리하면 다음과 같이 요약할 수 있다.

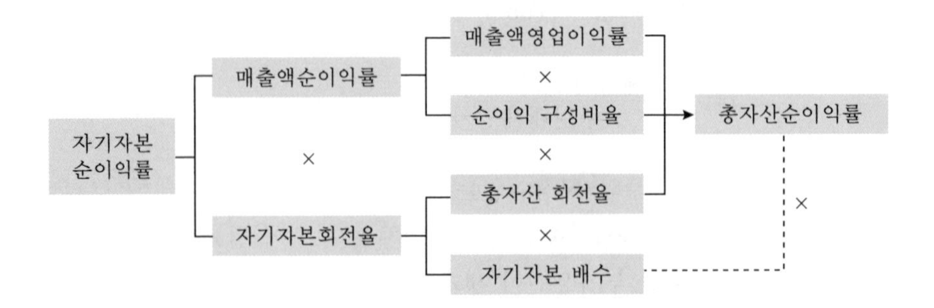

이와 같은 방법을 주당배당(*DPS*)에 적용시켜 보면 듀퐁시스템체계의 유용성이 더욱 확대될 수 있을 것이다.

$$DPS=\frac{\text{배당총액}}{\text{발행주수}}=\frac{\text{순이익}}{\text{발행주수}}\times\frac{\text{배당금}}{\text{순이익}}=(EPS)\times(POR)$$

$$=\frac{\text{순이익}}{\text{매출액}}\times\frac{\text{매출액}}{\text{총자본}}\times\frac{\text{총자본}}{\text{자기자본}}\times\frac{\text{자기자본}}{\text{발행주수}}\times\frac{\text{배당금}}{\text{순이익}}$$

$=$ (매출액순이익률)×(총자본회전율)×(자기자본배수)×(주당 장부가치)×(배당성향)

인경기업의 경우를 듀퐁체계에 적용시켜 보면 [그림 3-3]과 같다.

그림 3-3 **인경기업의 ROE변동원인분석**

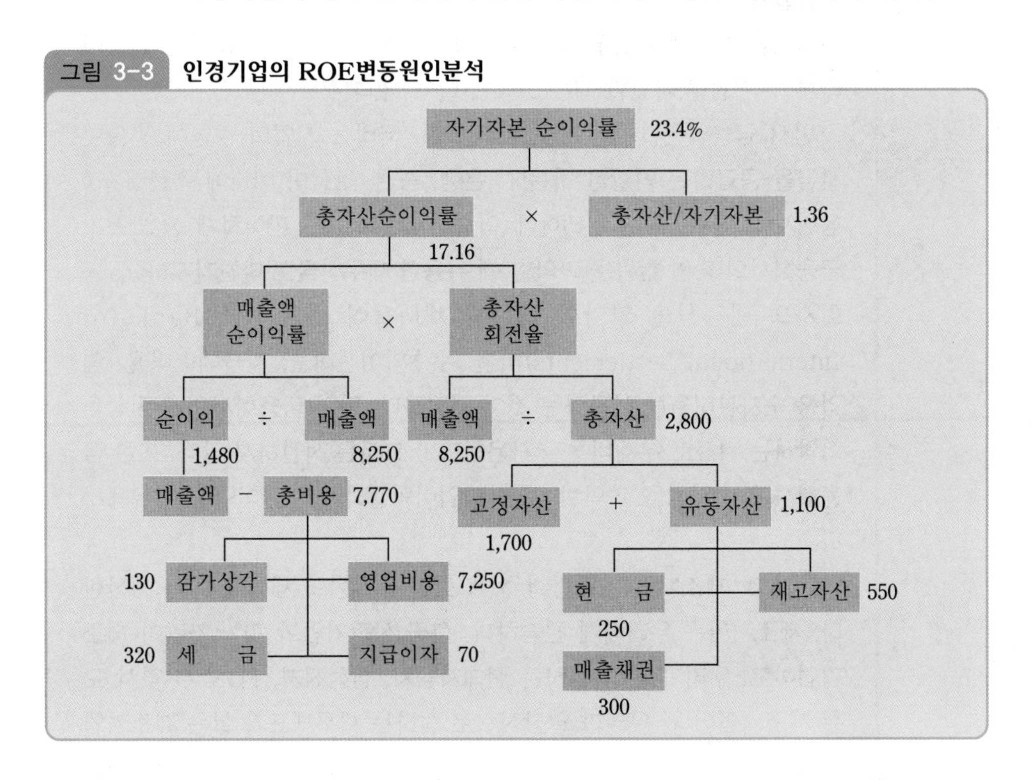

사·례·연·구

한국에 상장된 기업만 해도 1,900개를 넘어선다. 이 모든 기업을 분류하는 기준은 여러 가지가 있을 수 있으나, 재무제표와 재무비율을 기준으로 해서 기업들을 분류할 수가 있다. 기업들을 사업의 본질적 특성에 따라 분류하면 금융, 제조, 수주, 소매유통, 서비스 다섯 가지 업종으로 분류할 수 있다. 이 다섯 유형의 기업들은 같은 업종 내에서는 동일한 재무제표를 사용하며 동일한 재무비율을 사용할 수 있다. 하지만 업종이 다른 두 기업을 비교할 때는 그렇게 할 수 없다.

먼저 금융업은 제조, 수주, 소매유통, 서비스 기업의 경영에 필요한 자금을 공급하는 역할을 하는데, 은행, 증권, 보험이 여기에 속한다. 금융회사의 재무제표는 우리에게 익숙한 재무제표와 판이하게 생겼으며, 금융회사의 경영 현황을 파악할 때 유용한 재무비율도 마찬가지다. 금융회사의 안정성을 파악할 때는 부채비율이 아닌 BIS(Bank for International Settlements)비율, 무수익여신비율, 지급여력비율, 영업용 순자본비율을 사용하는 것이 적절하다. 만약 금융회사의 안정성을 파악하는 지표로 부채비율을 사용한다면 그것은 적절하지 않다. 또한 금융회사의 수익성을 파악할 때는 영업이익률과 총자산이익률이 유용하다.

둘째로, 제조기업은 인간의 눈에 보이는 유형의 제품을 대량 생산한다. 제조기업은 우리에게 친숙하다. 한국 상장기업의 70% 가량이 제조기업이고, 우리가 흔히 접하는 현대자동차, 삼성전자, POSCO 역시 모두 제조기업이다. 우리가 일상적으로 접하는 재무제표가 실은 제조기업의 재무제표인 것이다. 기업의 안정성을 파악할 때 부채비율은 우선적으로 떠올리는 이유도 이 비율이 제조기업에 유용한 지표이기 때문이다. 제조기업의 안정성을 파악하는 지표로는 부채비율 말고도 유동성비율 순이자보상비율이 있다. 제조기업의 수익성을 파악하는 지표로는 영업이익률과 자기자본이익률이 유용하다

셋째, 수주업은 물품 제조에 앞서 고객의 선주문(pre-order)을 필요로 하는 업종을 말하며 대표적으로 조선업과 건설업이 여기에 속한다.

수주기업은 인간의 눈에 보이는 무언가를 만들어내는 점에서는 제조기업이지만 고객의 선주문을 필요로 한다는 특성 때문에 제조기업과 다른 길을 걷고 있다. 수주기업의 재무제표 상 가장 큰 특징은 선수금이 존재한다는 사실이다. 선수금은 수주기업이 고객과 제품 제조에 관련된 계약을 맺을 때 받는 계약금을 말한다. 선수금은 부채로 분류되기 때문에 선수금이 증가하면 수주기업의 부채비율이 높아진다. 그러나 이는 수주기업에게 좋은 신호로 인식되어야 한다. 따라서 수주기업의 경영 안정성을 파악할 때 유용한 지표로는 유동성비율, 순이자보상비율이며 수익성을 파악할 때 유용한 지표는 영업이익률과 자기자본이익률이다.

넷째로 소매유통업은 제조기업이 생산한 물품의 판매활동을 돕는 사업을 말하며 백화점, 할인점, 홈쇼핑기업 등이 여기에 속한다. 소매유통기업의 가장 큰 특징은 제조활동은 없고 구매활동과 판매활동만이 존재한다는 사실이다. 제조기업이 만들어내 제품(Goods)을 소매유통기업이 매입하면 상품(Merchandise)이 된다. 소매유통기업의 재무제표를 보면 기초상품재고액, 당기상품매입원가, 기말상품재고액 같은 소매유통기업만의 고유한 계정과목을 볼 수 있다. 소매유통기업의 경영 안정성을 파악할 때 유용한 지표는 영업현금흐름비율, 순이자보상비율, 부채비율이다. 소매유통기업이 수익성을 파악할 때 유용한 지표는 영업이익률과 자기자본이익률이다.

마지막으로, 서비스업은 고객의 눈에 보이지 않는 무형의 용역을 제공하는 업종을 말하는데 인류 역사 상 가장 최근에 등장했다. 서비스기업에 속하는 산업으로는 교육과 게임이 대표적이고 이 밖에 의료, 관광, 방송 및 콘텐츠, 광고, 회계서비스, 경영 컨설팅 건축설계업이 있다. 서비스 기업 재무제표의 가장 큰 특징은 재무상태표에 재고자산이 없다는 점이다. 간혹 서비스업의 재무상태표에 재고자산이 있는 경우도 있는데 그 액수는 무시해도 괜찮을 정도로 미미하다. 서비스기업의 경영 안정성을 파악할 때 유용한 지표는 유동성비율, 순이자보상비율, 부채비율이고, 수익성을 파악할 때 유용한 지표는 영업이익률, 자기자본이익률이다.

위에서 서로 다른 업종에 속한 기업들을 분석할 때, 동일한 재무비율로 비교하면 오류를 범할 수 있다고 설명했다. 대표적으로 혼동을 일으킬 수 있는 재무비율은 부채비율이다. 재무비율이 제조기업 기준에서 봤을 때 적정한 것이 수주기업에서는 안 좋게 보이고 제조기업 기준에서 안 좋은 신호가 수주기업에서는 좋은 신호일 수도 있기 때문이다. 제조기업을 보는 관점으로 금융기업 기업의 부채비율을 본다면 거의 의미를 가지기 힘들다. 이와 같이 재무비율은 업종마다 의미하는 바가 매우 다를 수 있기 때문에 재무비율, 그 숫자 자체에 집중하는 것보다 그 비율이 실제로 그 기업에서 어떤 의미를 갖는지에 집중하여 보는 것이 매우 중요하다는 것이다.

발췌: 대한민국 업종별 재무제표 읽는 법(이민주 지음)

연습문제

1 우리나라 기업회계기준에서 정한 재무제표는 무엇이며 재무분석에서 재무제표를 사용할 때 특히 유의하여야 할 사항들을 열거하시오.

2 재무비율분석으로 이용되는 대표적인 비율의 종류를 분류하고 그 비율의 특성을 설명하시오.

3 재무비율분석에서 표준비율은 왜 필요한가? 설명해 보시오.

4 듀퐁체계가 재무비율분석에 기여한 바가 무엇인지 논하시오.

5 *ROI*, *ROE* 그리고 부채비율간의 관계를 설명하시오.

6 현재의 재무비율들이 기업의 장래 재무상태를 예측할 수 있는 능력이 있는지에 관한 기존 연구를 설명하고 그 한계성을 논하시오.

7 순운전자본의 변동을 가져오는 거래들을 나열하시오.

8 제일기계공업사와 기계산업의 재무비율은 다음과 같다. 상호비교하여 제일기계공업사의 강점과 약점을 검토하고 종합적으로 평가하시오.

재무비율	제일기계	기계산업
유동비율	1.32	1.1
당좌비율	0.57	0.6
부채비율	0.37	0.2
이자보상비율	11.0	4
재고자산회전율	2.1	6
평균매출채권회수기간	50.4일	55일
고정자산회전율	1.9	1.5
총자산회전율	1.1	2
매출액순이익률	5%	5%
총자산순이익률	6.7%	10%
자기자본이익률	8.7%	11%

9 다음의 자료를 이용하여 재무상태표를 완성하시오.

매출액=1,500,000 매출채권회전율=5 매출액순이익률=5% 재고자산회전율=3 유동비율=2.0 총자산회전율=0.4 당좌비율=1.3 부채비율=0.5 유동부채비율=0.2

재무상태표

현 금	유 동 부 채
매 출 채 권	장 기 부 채
재 고 자 산	총 부 채
유 동 자 산	자 기 자 본
비 유 동 자 산	부 채 와 자 본
총 자 산	

10 제일산업의 부분적인 재무상태분석을 통해 다음과 같은 비율을 얻을 수 있었다.

유동비율=2.5 당좌비율=2.0 재고자산회전율=4.0 매출액순이익률=10% 법인세율(t)=20% 기타 유동자산은 없으며 만약 유동부채가 600만원이고 영업비용이 1,000만원이며 이자비용을 50만원이라고 한다면 이 회사의 매출액과 납세전 순이익(*EBT*)을 구하시오.

확실성하의 투자결정: 자본예산

개 요

재무의 기본 영역 중 하나인 기업재무 분야는 기업의 유지 및 발전을 위한 자본의 수요/조달과 지불 수단의 수요/조달을 잘 조정하는 일이다. 만약 여러분이 사업을 시작한다면 몇 가지 중요한 질문에 대한 대답이 필요할 것이다.

하나, 어떤 장기 투자를 할 것인가? 다시 말해, 어떤 종류의 사업을 할 것이며 어떤 종류의 빌딩, 기계, 장비를 필요로 하는가?

둘, 투자를 지원하기 위한 장기 자금을 어디서 구해야 하는가? 다른 사람과 공동으로 기업을 소유하는 것으로 하여 자금을 조달할 것인가, 아니면 돈을 빌려서 할 것인가?

셋, 고객으로부터 대금을 회수하고 원재료 공급자에게 대금을 지급하는 것과 같은 매일의 재무 활동을 어떻게 관리할 것인가?

즉, 기업재무는 장기투자대상, 장기 자금 조달 방법, 일상의 재무 활동 운영에 관련된 의사결정을 말한다. 본서에서는 4장, 5장, 6장에 걸쳐 기업재무의 주된 의사 결정의 기본 틀을 다루고자 한다.

자본예산의 기본개념과 현금흐름의 측정

제 1 절 자본예산의 기본개념과 중요성

1 자본예산의 의의와 중요성

현대기업이 치열한 경쟁 속에서 살아남거나 계속 성장하기 위해서는 수익성이 높은 자산에 투자하여야 한다. 공장, 기계, 기구, 설비와 같이 영업수익을 위해 필요한 고정자산과 주식, 회사채를 포함한 투자자산을 합쳐 자본자산이라 부르지만 재화와 용역을 생산하는 과정에 투입되는 고정자산이 그 주종을 이룬다. 이러한 고정자산에는 거액의 자금이 투하되어야 하기 때문에 기업은 고정자산에 대한 지출을 주의 깊게 살펴보아야 하는데 이와 같이 자본적 지출에 대한 계획을 자본예산(capital budget)이라고 하고, 자본자산에 얼마나 많이 지출할 것인가와 어떤 자산을 취득할 것인가를 결정하는 과정을 자본예산편성(capital budgeting)이라고 한다.

자본예산편성은 투자대상인 자본자산의 선정에서 그 경제적 · 기술적 타당성의 검토를 거쳐 투자시기, 자본조달방안의 계획 등 최종적으로 투자를 결정할 때까지 필요한 일체의 계획수립과정을 말한다. 이 경우 투자대상에는 투자로 인한 영향이 1년 이상에 걸쳐 나타나는 연구개발투자나 장기운전자금의 투자, 광고시장조사를 위한 지출계획도 포함된다. 또한 설비투자의 경우에는 새로운 설비의 구입이나 설치뿐만 아니라 기존시설의 개체와 확장도 포함된다. 보통 협의로 말하는 자본예산편성을 시장조사와 기술적 타당성을 분석 · 평가하고 타당성이 있다고 판단되는 경우 이를 장기재무계획으로 구체화하는 경영관리시스템으로 이해할 수 있다. 자본적 지출은 지출의 효과가 단기간에 걸쳐 나타나는 경영적 지출과는 달리 그 효과가 장기간에 걸쳐 나타나고 지출규모가 대단위이기 때문에 투자안 평가에도 과학적 방법이 요구된다.

이처럼 재무관리에서 자본예산이 중요한 분야로 인식되어 있는 이유는 다음과 같다.

첫째, 고정자산에서의 투자는 그 효과가 장기간에 걸쳐 나타나는 것으로 투자의 회수에 필요한 기간인 회임기간이 장기적이다. 더구나 경제적으로 내용연수의 적용에 따른 진부화가 촉진되므로 한번의 투자실패라도 기업의 생존자체를 위협받게 된다.

둘째, 고정자산의 투자는 일반적으로 거액의 자금이 소요되기 때문에 기업의 자금사정과 유동성에 큰 영향을 미친다.

셋째, 자본예산을 수립 · 운영하게 되면 수요변화에 신속하게 대처할 수 있고, 양질의 설비를 구입할 수 있어서 경쟁의 우위를 확보할 수 있게 된다.

2 자본예산의 편성절차

자본예산을 시행하는 과정은 기업의 내외적 환경의 변화에 따라 조금씩 다르지만 일반적으로 다음과 같은 7가지 절차를 거치게 된다.

첫째, 투자목적을 명확히 설정해야 한다. 기업을 둘러싸고 있는 경제적, 법적, 사회적, 문화적 환경 등의 변화를 면밀히 검토하여 기회와 위협요인을 분석하고, 시설, 자금, 인력 면에서 기업의 내부역량을 분석하여 그 장 · 단점을 파악하여 자기자본이익률(ROE) 10% 증가, 기업가치 15% 증가 등과 같이 구체적인 투자목적을 설정해야 한다.

둘째, 투자대상을 탐색해야 한다. 설정된 투자목적을 달성하려면 투자대상을 찾아내야 한다. 투자대상에 대한 아이디어를 주로 고객의 소리를 경청하든지, 경쟁업체의 동향을 파악하든지, 생산부서 현장에서 얻을 수 있다. 이들에 대한 시장성과 기술적 타당성을 살펴본 후 경제적 타당성 분석이 필요한 투자대상을 찾아낸다.

셋째, 투자안을 분류한다.

- 투자안을 투자목적에 따라 다음과 같이 네 가지 유형으로 분류한다.

① 신규투자: 신제품 개발과 새로운 시장 확장을 위한 투자

② 대체투자: 비용절감 등을 목적으로 기존의 기계나 설비를 바꾸는 투자

③ 확장투자: 수요확대에 대비하고 시장점유율을 높이기 위해 기존의 생산규모를 늘리는 투자

④ 전략적 투자: 수익성 목적에 의한 것이 아니라 전략적 목적에 의한 투자. 예컨대, 수직적 합병, 공동연구개발, 사회간접자본투자 등이 이에 속한다.

- 투자안의 상호의존관계를 고려하여 투자유형을 분류하면 다음과 같다.

① 독립적 투자(independent investment): 투자안 상호간에 직접적인 관계가 없어서 투자안 채택여부에 서로 영향을 주지 않는 투자

② 상호배타적 투자(mutually exclusive investment): 특정 투자안이 채택되면 다른 투자안들은 자동적으로 기각되어지는 투자

③ 종속적 투자(dependent investment): 공장건설과 공해방지시설의 설치처럼 다른 투자안이 반드시 채택되는 투자

넷째, 현금흐름과 위험을 측정한다.

각 투자안의 투자결과로 기대되는 현금흐름과 그 불확실성에 따른 위험을 측정한다.

다섯째, 투자안의 경제성을 평가한다.

각 투자안마다 예상되는 미래의 현금흐름에 대해 시간과 위험을 고려하여 기업가치 증가에 얼마나 기여하는지를 여러 가지 경제성 평가방법을 활용하여 평가한다.

여섯째, 최적 투자안을 결정한다.

여러 투자안 중에서 기업 가치를 극대화할 수 있는 투자규모를 갖고 있는 최적의 투자안을 선택한다. 일단 선택된 투자안은 투자시기 및 투자자금의 조달계획을 면밀히 검토하여 실행되어야 한다.

일곱째, 투자 후 재평가와 통제를 실시한다.

채택된 투자안을 실행하다보면 기대했던 것보다 투자효과가 적거나 비용이 추가로 발생하는 경우가 종종 있게 된다. 이러한 여건 변화를 충

분히 감안하여 채택된 투자안이 기업 가치를 달성할 수 있도록 지속적으로 재평가하고 통제해야 한다.

본 장과 제 5 장에서는 새로운 투자안들이 주어졌다는 전제하에서 이들의 미래현금흐름추정과 이를 토대로 여러 가지 경제성 평가방법을 적용하여 기업가치 증가에 크게 기여하는 투자안을 채택하는 과정을 논의하고자 한다.

제 2 절 현금흐름의 측정

1 현금흐름의 측정원칙

현금흐름은 현금유출(cash outflow)과 현금유입(cash inflow)으로 구분되고 현금유입과 현금유출의 차를 순현금흐름(net cash flow)이라고 하며, 간단히 현금흐름이라고도 한다.

순현금흐름 = 현금유입 − 현금유출

투자안의 평가기준으로 회계적 순이익을 사용하지 않고, 현금흐름을 사용하는 이유는 회계적 이익은 일정한 회계기준에 근거하여 추정되는 인위적인 수치이며 투자로 인한 실질적인 가치변동은 미래현금흐름이 결정하기 때문이다.

일반적으로 투자는 기초현금유출(initial cash outflow) 즉, 순투자(net investment)가 필요하게 되고 그 성과로서의 현금유입이 장래 상당기간에 걸쳐 실현되는 것이다.

현금흐름의 유형은 크게 나누어 정상적 현금흐름과 비정상적 현금흐름으로 구분해 볼 수 있는데 [그림 4-1]은 정상적 투자안(normal capital investment project)에서의 현금흐름을 보여주고 있고 〈표 4-1〉은 비정상적 현금흐름을 예시한 것이다.

[그림 4-1]의 투자안은 1억원의 기초투자가 이루어지고 나면, 5년 동안 매년 말 5백만원의 순현금흐름이 유입되고 있다. 이와 같은 형태의 투자안을 정상적 투자안이라고 한다. 〈표 4-1〉은 비정상적 형태의 투자

그림 4-1 투자안의 정상적 현금흐름 (단위: 만원)

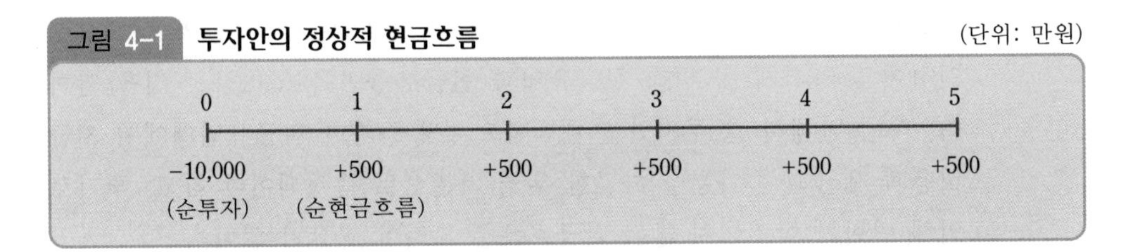

표 4-1 투자안의 비정상적 현금흐름 (단위: 만원)

연 도	0	1	2	3	4	5
투자안						
W	-10,000	-3,000	-2,000	5,000	15,000	20,000
X	-10,000	8,000	6,000	-5,000	7,500	6,000
Y	-20,000	15,000	5,000	4,000	3,000	-20,000
Z	-15,000	-2,000	-2,000	-2,500	-2,500	-3,000

안의 현금흐름을 보여주고 있다. *W* 투자안은 연구개발을 위한 R&D투자와 같이 여러 해에 걸쳐 투자자금이 소요되고 나서야 현금유입이 수반되는 형태이고 *X* 투자안은 특정설비가 못쓰게 되어 3년 만에 신 설비로 대체한 경우의 예이며, *Y*투자안은 광업권(mining property)처럼 일정한 기간이 지난 후 새로운 투자가 필요한 예이고 *Z* 투자안은 공해방지시설투자와 같이 매년 현금 유출이 필요한 경우이다.

이와 같은 형태의 현금흐름을 갖는 투자안을 비정상적 투자안(non-normal project)이라고 한다.

(1) 현금흐름 측정의 기본원칙

투자안에서 기대되는 현금흐름의 형태가 정상적이든 비정상적인 경우이든 간에 현금흐름을 측정함에 있어서 유의하여야 할 기본원칙은 다음과 같이 네 가지로 구분해 볼 수 있다.

① 납세후 기준(after tax basis)

② 증분현금흐름 기준(incremental cashflow basis)

③ 자본비용(지급이자와 배당금)의 현금유출 불포함 기준

④ 비지출적 비용(감가상각비 등)의 현금유출 불포함 기준

첫째, 납세후 기준(after tax basis)으로 측정되어야 하는 이유는, 소득세는 기업이 실제로 지급하는 현금유출이기 때문이다.

둘째, 증분기준(incremental basis)이라 함은 특정투자안의 채택으로 인하여 달라지게 될 미래 현금유입과 현금유출만을 고려하는 것을 말하며, 다시 말해서 그 투자안을 채택함으로써 증가한 현금유입액에서 지급비용과 세금의 증가분을 차감한 후의 기준으로 측정되어야 하고, 투자로 인해 변화가 야기되지 않는 현금흐름은 고려할 필요가 없다.

셋째, 지급이자와 배당금 등의 자본비용은 실질현금지출이지만 현금흐름에서 차감되지 않는다. 왜냐하면 이자비용과 배당금은 미래현금 흐름을 할인하여 현재 가치화하는 과정에서 할인율인 자본비용계산에 이미 반영되었으므로 현금흐름추정에서 이자비용과 배당금을 현금유출로써 차감하면 이중계산(double counting)이 된다.

이자지급비용은 투자자금을 타인자본으로 조달할 경우의 자본비용으로 투자수익과 비교되어야 하므로 이자지급비용을 현금유출로 계산하게 되면 이자비용만큼 투자수익을 과소평가하는 결과가 된다.

넷째, 감가상각비는 비현금적 비용(noncash expenses)으로서 실제로 현금이 기업 밖으로 유출되는 것이 아니므로 현금유출에 포함시켜서는 아니 된다. 여러 유형의 감가상각방법은 소득세효과를 통해 현금흐름에 영향을 미친다. 그러나 감가상각비는 회계상 비용으로 처리되기 때문에 소득세 산정에 영향을 미치고 따라서 납세후 현금흐름에 영향을 미치게 되어 어떤 감가상각방법을 선택하느냐에 따라 동일한 투자안이라 하더라도 현금흐름의 양이 달라질 수가 있다. 보다 구체적인 내용은 다음의 제 3 절에서 다룬다.

(2) 현금흐름측정시의 고려사항

증분기준으로 현금흐름을 측정하고자 할 때 반드시 포함되어야 하는 항목을 열거하면 다음과 같다.

① 매몰원가(sunk costs)

매몰원가는 폐기된 유전의 탐사비용처럼 당해 투자와는 관계없는 과거투자로부터 발생된 것이나 회수할 수 없는 비용을 말한다. 따라서 매몰원가는 새로운 투자안의 선택과는 아무런 관계가 없기 때문에 현금흐름에 포함되어서는 안된다. 그러나 경영자들은 자신들의 경영성과나 명예회복을 위해 매몰원가의 회수를 위한 지속적인 투자를 고려할 우려가 있으므로 이에 대한 적절한 제어와 통제장치가 마련되어야 한다.

② 기회비용(opportunity costs)

새로운 투자안의 선택으로 이미 다른 용도로 이용되고 있는 자산이나 유휴자산을 사용하게 될 경우 이 자산의 기회비용도 현금흐름에 고려해야 한다. 예를 들어 기업이 이미 소유하고 있는 창고에 새로운 기계생산라인을 설치할 경우 이 창고를 매각하거나 다른 용도로 사용하면 받을 수 있는 대가의 현재가치는 기회비용에 해당하며 기계설치결정의 현금유출에 포함해야 한다. 자산시장이 형성되어 있으면 기회비용은 자산의 시장가격이나 수익률을 자산가치로 환원시켜 측정할 수 있다. 자산시장이 형성되어 있지 않으면 자본시장에서 그와 비슷한 특성을 가진 금융자산의 기대가격과 기대수익률을 기준하여 기회비용으로 이용할 수 있다.

③ 부차적 효과(잠식비용과 증분효과)

새로운 투자안의 선택으로 야기되는 부차적 효과들도 고려되어야 한다. 이들 중 중요한 효과는 다른 부문의 현금유입을 잠식(erosion)하거나 현금유입의 증가를 가져오는 경우이다. 예를 들면 자동차회사가 새로운 차를 생산 판매하여 매출을 신장하였는데 사실은 기존 차의 판매를 잠식하고, 나아가서 기존 차의 판매부진을 가져왔다면 이러한 잠식비용을 새 차의 투자결정에 고려해야 한다. 또 다른 효과인 증분효과(incremental effects)는 예컨대, 버스회사가 지선을 개설하는데 있어 지선자체만을 평가하면 수익성이 없으나 지선의 개설로 본선의 이용승객이 증가하고 회사전체로 수입이 증가한다면 지선의 개설에 따른 증분수익도 현금유입으로 고려되어야 한다.

④ 순운전자본(net working capital)

현금흐름추정시 순운전자본소요액(유동자산-유동부채)도 포함하는 것을 잊어서는 안된다. 통상 투자안 선택으로 초기에 추가적인 순운전자본이 많이 소요되며 이들은 대부분 내용연수내에 회수되므로 명목상의 현금유출과 현금유입의 크기는 같을 수 있다. 그러나 이 경우에도 운전자본 투자와 회수의 시점이 다르므로 화폐의 시간적 가치를 감안하면 같지 않을 수도 있다.

⑤ 간접비용(overhead costs)

일반관리비, 임차료, 광열비 등 특정투자안과 전혀 상관없이 지급되는 비용은 현금유출에서 제외되며 증분현금기준에 따라 특정투자안의 선택으로 발생한 추가적인 경비만 고려해야 한다.

2 현금흐름의 측정

앞에서 설명한 현금흐름추정의 기본원칙이 실제로 어떻게 적용되는지를 살펴보기로 한다. 먼저 ΔS 만큼 매출액이 증가하고 ΔC 만큼 영업비용이 증가하는 투자안이 있다고 하자. 세금을 고려하기 전에는 이 투자안의 현금흐름 증분은 $\Delta S-\Delta C$ 이다. 세금효과를 계산하면 매출액 증분에서 영업비용 증분(ΔC)과 감가상각비 증분(ΔD)을 뺀 과세대상 현금흐름의 증가분(incremental taxable cashflow)에다 기업의 소득세율(t)을 곱해야 한다.

$$t(\Delta S-\Delta C-\Delta D)$$

따라서 세후 현금흐름 증분 ΔCF는 다음과 같은 등식이 된다.

$$\Delta CF=(\Delta S-\Delta C)-t(\Delta S-\Delta C-\Delta D)=(\Delta S-\Delta C)(1-\mathrm{t})+t\Delta D \quad (4\text{-}1)$$

식 (4-1)에서 투자안의 세후 증분현금흐름은 (1) 세금을 고려한 증분현금흐름인 $(\Delta S-\Delta C)(1-t)$, (2) 감가상각비의 절세효과(depreciation tax shield)인 $t\Delta D$로 분해되며 감가상각비가 현금흐름 추정에서 중요한 것은 $t\Delta D$ 만큼 세금을 줄여주기 때문이다. 특정 투자안에 투자함으로써 기대되는 현금흐름과 관련된 손익계산서 관계계정을 예시하면 〈표 4-2〉와 같다.

아래의 자료를 이용하여 세후 증분현금흐름을 계산하면 다음과 같다.

표 4-2 현금흐름과 관련된 손익계산서 관계계정 (단위: 백만원)

(ΔS)	매출액 증분	15,000
(ΔC)	영업비용 증분	−10,000
(ΔD)	감가상각비 증분	−2,000
($\Delta EBIT$)	이자 및 세금공제전이익 증분	3,000
($t=34\%$)	소득세	−1,020
(ΔEAT)	순이익 증분	1,980

$$\Delta CF = (\Delta S - \Delta C)(1-t) + t\Delta D$$
$$= (15{,}000 - 10{,}000)(1-0.34) + 0.34(-2{,}000)$$
$$= (5{,}000 \times 0.66) + (0.34 \times 2{,}000)$$
$$= 3{,}300 + -680$$
$$= 2{,}620(\text{백만원})$$

증분현금흐름 26억 2천만원은 투자안이 존속하는 한 매년 유입되는 금액이다.

지금까지 투자안의 현금흐름추정에서는 운전자본을 고려하지 않았다. 특정 투자안으로부터 지속적인 현금유입을 유지하기 위해서는 재고자산 등과 같은 운전자본의 투자를 수반하게 되며, 투자가 종결되면 운전자본에 대한 투자액은 모두 회수된다.

다음에는 전항에서 설명한 현금흐름추정의 기본원칙들이 어떻게 적용되는지를 예를 들어 설명하기로 한다.

인경사는 1억원을 투자하여 공정자동화를 위한 설비를 구입하려고 한다. 이 설비를 가동할 경우 앞으로 5년간 매년 5천만원의 인건비를 절약할 수 있다. 이 설비의 감가상각은 정액법에 의하고 잔존가치는 없으며 이 투자로 인한 순운전자본수준의 변동은 없다. 새로운 설비구입에 필요한 자금은 은행으로부터 연 14% 이자로 차입하기로 하였으며 소득세율은 40%이다. 〈표 4-3〉은 설비구입이 없는 경우의 다음 해의 추정손익계산서이다.

표 4-3 인경사의 추정손익계산서 (단위: 만원)

매출액	100,000
매출원가	40,000
매출총이익	60,000
인건비	30,000
감가상각비	8,000
이자비용	2,000
세전이익	20,000
소득세	8,000
납세후순이익	12,000

〈표 4-3〉에서 이자비용은 현금흐름에서 제외되므로 이자비용에 대한 절세효과는 앞에서 설명된 현금흐름의 측정원칙에 따라 제거한다. 따라서 〈표 4-4〉는 새로운 기계구입으로 인한 현금흐름증분만을 보여주는 증분현금흐름표이다.

〈표 4-4〉에서 증분현금흐름(ΔCF)을 구하면 다음과 같다.

$$\begin{aligned}\Delta CF &= (\Delta S - \Delta C)(1-t) + t\Delta D \\ &= (0-(-5{,}000))(1-0.4) + 0.4(2{,}000) \\ &= 3{,}800\text{만원}\end{aligned}$$

표 4-4 인경사의 증분현금흐름표 (단위: 만원)

	기계 구입전	기계 구입후	현금흐름증분
매출액	100,000	100,000	0
매출원가	40,000	40,000	0
매출총이익	60,000	60,000	0
인건비	30,000	25,000	5,000 절약
감가상각비	8,000	10,000	2,000 증가
이자및세공제전 이익	22,000	25,000	3,000 증가
소득세	8,800[a)]	10,000	1,200 증가
순이익	13,200	15,000	1,800 증가
감가상각비	8,000	10,000	2,000 증가
순현금흐름 (이자비용제외)	21,200	25,000	3,800 증가

a) 수정전의 법인소득세에서 이자비용에 대한 절세효과(2,000×0.4)만큼 합친 금액이다.

(단위: 만원)

연도	0	1	2	3	4	5
순현금흐름	−10,000	3,800	3,800	3,800	3,800	3,800

위의 표는 새로운 설비를 구입함으로써 매년 3천 8백만원의 추가적인 현금유입이 현금유입 증분의 형태로 이 설비의 내용연수 기간 동안 지속됨을 보여주고 있다.

제 3 절 현금흐름측정시의 유의사항

1 세금과 감가상각비

감가상각비는 비지출적 비용항목이므로 현금흐름의 계산에 별다른 영향을 주지 않으나 한 가지 면에서 중요성을 갖는다. 제 2 절의 식 (4-1)을 풀어 써 보자.

$$\begin{aligned}\Delta CF &= (\Delta S - \Delta C)(1-t) - \Delta D(1-t) + \Delta D \\ &= (\Delta S - \Delta C)(1-t) + \Delta D \times t\end{aligned}$$

이 식으로부터 감가상각비가 현금흐름에 미치는 영향을 찾아볼 수 있다. 감가상각비는 과세대상소득을 줄여준다. 소득세가 없다면 감가상각비는 현금흐름에 영향을 주지 못하지만, 소득세 때문에 감가상각방법에 따라 세금을 고려한 후의 실질적인 감가상각비의 부담이 다르게 되고 여기서 새 연도의 현금흐름에 차이가 생긴다. 감가상각비로 인하여 과세대상이 되는 순이익의 축소효과를 절세효과(tax shield)라고 하며 위 식에서 $\Delta D \cdot t$로 나타나고 있다.

표 4-5 감가상각비와 절세효과

감가상각방법	정액법		정률법		연수합계법		이중체감잔액법	
년	감 가 상각비	절세 효과	감 가 상각비	절세 효과	감 가 상각비	절세 효과	감 가 상각비	절세 효과
1	200	80	419	167.6	333.3	133.3	440.0	176.0
2	200	80	259	103.6	266.7	106.7	264.0	105.6
3	200	80	161	64.4	200.0	80.0	158.4	63.4
4	200	80	99	39.6	133.3	53.3	95.0	38.0
5	200	80	62	24.8	66.7	26.7	42.6	17.0
총 계	1,000	400	1,000	400	1,000	400	1,000	400

1,000억원의 고정자산에 투자한 경우, 내용연수가 5년이고 잔존가치가 100억원이며 법인세율이 40%일 때 감가상각방법에 따른 절세효과의 크기를 각 감가상각방법별로 비교하여 나타낸 것이 〈표 4-5〉이다.

감가상각의 방법에는 크게 취득원가에서 잔존가치를 뺀 금액을 내용연수로 나눈 금액으로 균등 상각하는 정액법(straight-line method), 매년 미상각잔액에 적절한 비율을 곱하여 감가상각비를 구하는 정률법과 가속상각법(accelerated depreciation method)이 있다. 가속감가상각법은 다시 내용연수의 각 연도를 합하여 분모로 하고 매년에 있어서 자산의 남은 연한을 분자로 하여 이에 취득원가에서 잔존가치를 공제한 상각액을 곱하여 감가상각비를 구하는 연수합계법(sum-of-the-year's digits method)과 매년 자산의 장부가치의 두 배를 내용연수로 나누어 감가상각비를 계산하는 이중체감잔액법(double declining balance method)이 있다.

예를 들어 〈표 4-5〉와 [그림 4-2]에서 보는 바와 같이 정액법은 감가상각비가 투자안의 내용연수동안 일정하지만 정률법과 가속상각법은 내용연수 초반에는 감가상각비가 많으나 후반에는 적어져서 빠른 투자원금회수를 위해 적합한 감가상각방법임을 알 수 있다.

그림 4-2 **각 감가상각비와 절세효과의 경향**

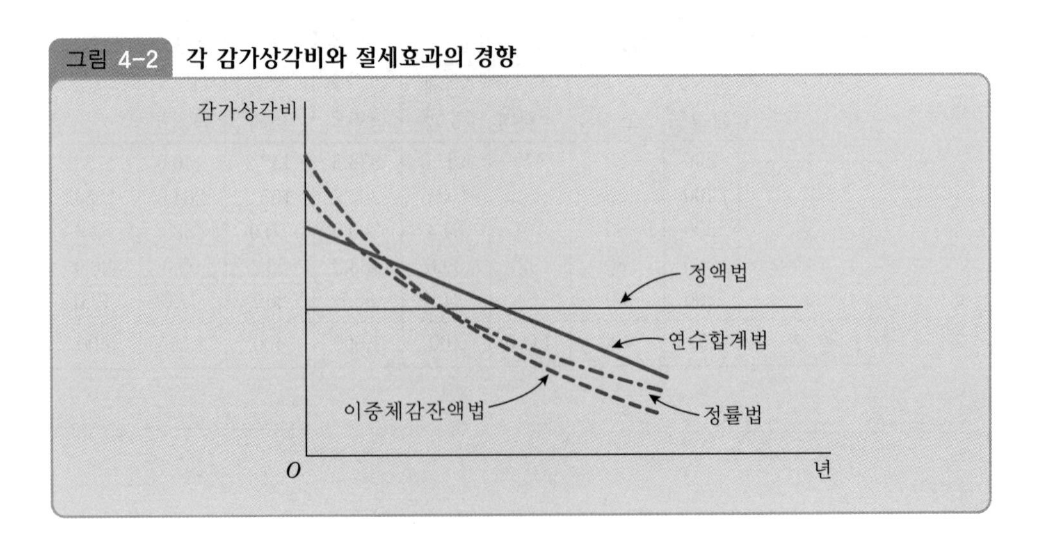

2 운전자본의 증감

새로운 설비구입으로 2천만원에 해당되는 원재료 재고의 증가가 즉각적으로 필요하고 1년 후에 천만원의 추가적인 원재료 재고가 요구되며, 이 경우 5백만원의 외상매입금 증가가 당장 발생하고 1년 후 2백 5십만원의 외상매입금의 증가가 예상된다고 하자.

따라서 유동자산에서 유동부채를 뺀 순운전자본의 변화는 천 5백만원이고 1년 후는 7백 5십만원이 된다. 이와 같은 부수적인 투자는 그 발생시점에서 현금유출로 처리하여야 한다. 그리고 재고자산에 대한 투자액은 기계를 처분하게 되면 더 이상 필요치 않아 내용연수 말에 회수되므로 현금유입으로 간주된다. 이상의 운전자본증가를 고려하여 〈표 4-4〉에서 계산된 순현금흐름을 수정하면 다음과 같다.

(단위: 만원)

년	0	1	2	3	4	5
순현금흐름	-11,500	3,050	3,800	3,800	3,800	6,050(3,800 + 2,250)

3 설비자산의 처분가치

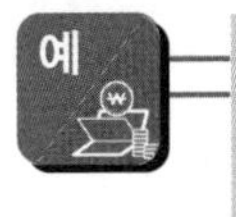

제 2 절의 인경사의 경우 설비의 장부가치를 5천만원이라고 하고 계속 사용시 앞으로 5년 동안의 매년 감가상각비는 천만원이며 잔존가치는 없고 현재의 처분가치는 3천만원이라는 사실을 추가한다.

이 경우 $t=0$ 시점에서 현금유출은 1억원에서 구설비처분가치를 뺀 7천만원이 된다. 그러나 처분가치가 장부가치와 차이가 있다면 처분에 따른 양도차익이나 차손이 발생하게 되는데, 이러한 처분손익에 따라 세금이 달라지고 현금흐름도 영향을 받기 때문에 $t=0$ 시점에서의 현금유출에 추가되어야 한다. 구설비처분에 따른 손익을 계산하면 처분가치 3천만원에서 장부가치 5천만원을 뺀 2천만원의 처분손실이 발생했음을 알 수 있다. 이 손실에 대한 세금절약액은 2천만원에다 법인세율 40%를 곱한 8백만원이 되어 이를 $t=0$ 시점의 현금유출에서 감해야 한다. 이를 정리하면 다음과 같다.

$t=0$시점의 현금유출 (단위: 만원)

신설비의 구입	-10,000
구설비 매각	3,000
매각에 따른 세금혜택	800
순현금유출	6,200

만약 구설비처분가치를 6천만원이라 한다면 천만원의 양도이익이 발생하여 4백만원의 세금을 추가적으로 부담해야 한다.
$t=0$ 시점의 순현금유출은 4천 4백만원(-10,000+6,000-400)이 된다.

이처럼 구설비의 처분가치가 실제 장부가치와 다를 경우에 법인세 절감효과가 발생한다. 이때의 증분현금흐름을 등식으로 나타내면 다음과 같다.

$$CF = SV - (SV - BV)t$$
$$= BV + (SV - BV)(1 - t)$$

단, SV: 시장가치
BV: 장부가치

만약 구설비가 대체되지 않으면 계속적으로 매년 감가상각비 천만원에다 법인세율을 곱한 4백만원의 절세혜택을 받을 수 있을 것을, 새로운 설비구입으로 절세혜택을 잃게 되었으나 새로운 2천만원에 대한 8백만원의 절세혜택이 발생하였으므로 감가상각비 절세혜택증분은 4백만원이며 이것은 매년 현금유입액을 계산하면 3천 8백만원이 아니라 3천 4백만원이 된다.

4 잔존가치

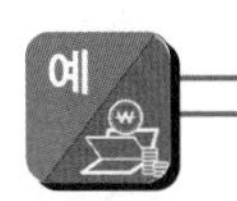

지금까지는 신 · 구설비의 잔존가치가 없는 것으로 가정하였다. 그러나 구설비의 잔존가치는 없는 것으로 예상되나 신설비의 잔존가치는 천만원으로 추정된다고 가정하자.

본절 제 1 항에서 감가상각방법 중 자세히 설명된 정액법 사용시 잔존가치가 없을 경우 신설비의 매년 감가상각비는 2천만원이었으나 잔존가치가 천만원이면 매년 감가상각비가 천 8백만원이 된다. 이처럼 잔존가치는 현금유입액에 영향을 준다.

이 밖에도 투자세액공제제도, 투자재원의 일부를 차입금으로 충당하는 경우 원금상환분의 처리 등에 유의해야 한다.

투자세액공제제도(Investment Tax Credit: *ITC*)는 기업의 투자를 촉진하기 위해 정부가 투자액의 일부를 세금에서 공제해주는 제도이다. 투자세액공제를 받는 경우, 공제받은 금액을 현재 또는 1년 후의 과세대상이익이 동 공제액을 충당하기에 부족하고, 차기이월공제가 허용되면 그 해당기의 세금에서 순차적으로 공제하면 된다. 그리고 투자회수기간 중에 차입원금이 상환되는 경우 이자비용처럼 현금유출로 처리되지 않는다. 즉 투자에 소요되는 자금은 일단 모두 투자기간중 전액 사용되는 것으로 간주하기 때문이다.

이상의 현금흐름측정의 기본원칙, 고려사항, 유의사항을 감안하여 투자안의 증분현금흐름추정식을 기간별로 표시하면 다음과 같다.

(1) 시작연도의 증분현금흐름(ΔCF_0)

$$\Delta CF_0 = -I_0 + SV_0 - (SV_0 - BV_0)t - [\Delta WC] + ITC$$

I_0: 투자액, 구입가격
WC: 운전자본
ITC: 투자세액공제액

(2) 정상영업연도의 증분현금흐름($\Delta CF_{1\sim n-1}$)

$$\begin{aligned}\Delta CF_{1\sim n-1} &= (\Delta S-\Delta C-\Delta D)(1-t)+\Delta D-[\Delta WC]\\ &= (\Delta S-\Delta C)(1-t)+\Delta D\cdot t-[\Delta WC]\end{aligned}$$

(3) 최종연도의 증분현금흐름(ΔCF_n)

$$\Delta CF_n=(\Delta S-\Delta C)(1-t)+\Delta D\cdot t+SV_n-(SV_n-BV_n)t+\Delta WC_n$$

WC_n : 운전자본회수액

연습문제

1 자본예산편성의 중요성을 설명하고 자본예산편성과 기업가치와의 관계를 설명하시오.

2 자본예산편성에서 중요시되는 것은 현금흐름인데 비현금흐름인 감가상각을 고려해야 하는 이유를 설명하고 운전자본이 처리되는 방법도 논하시오.

3 투자안 평가에서 회계적 이익을 사용하지 않고 현금흐름을 그 가치평가의 기준으로 하는 근거는 무엇인가?

4 증분기준으로 현금흐름을 추정할 때 오해될 수 있는 원가 중 매몰원가와 기회원가가 있는데 이들을 구별하여 설명하시오.

5 이자비용이 현금유출임에도 불구하고 납세 전 현금흐름에서 이자비용이 차감되지 않는데 그 이유를 설명하시오.

6 폐기자산의 처분가치가 장부가치와 차이가 있을 때 세금처리문제를 설명하시오.

7 현금흐름을 추정할 때 유의하여야 할 기본원칙에 관해서 설명하시오.

8 범양식품회사는 보다 효율적인 새로운 기계로 구기계를 대체할 것을 고려하고 있다. 구기계는 5년 전에 1억원에 구입하였으며 잔존가격 천만원으로 15년간에 걸쳐 정액법으로 감가상각이 되어진다. 그리고 지금 매각할 경우 3천만원을 받을 수 있다. 새 기계는 1억 3천 5백만원의 원가에다 운송비 5백만원, 설치비 천만원 등 도합 1억 5천만원의 비용이 들며 새 기계는 천만원의 잔존가격으로 10년간에 걸쳐 상각되어질 것이다. 그리고 투자금액에 대해 10%에 해당하는 투자세액공제효과를 누릴 수 있다. 새 기계 도입으로 판매액에는 영향을 주지 않으나 매년 운영비용 1천 2백만원 정도 절약할 수 있을 것이다. 법인

세율 45%, 자본비용 12%일 때 순현금흐름을 추정하시오.

9 (주)제일물산은 취득원가 2억원, 경과년수 5년인 기계를 신기종으로 대체하고자 한다. 구기계의 내용연수는 10년, 잔존가치는 5천만원이고 정액법에 의한 감가상각을 하고 있으며 현재의 시장가치는 7천만원이다. 신기계의 구입비용은 3억원이며 내용연수는 5년이고 잔존가치는 7천 5백만원이며 정액상각을 하게 될 것이다. 신기계의 도입에 의한 운전자본의 추가투자 예상액은 2천 5백만원이고 10%의 투자세액 공제의 혜택이 있으며 이 기업의 한계법인세율은 40%이다. 신기계의 도입에 의한 영업수익의 증가효과는 영업비용의 증분없이 매년 7천 5백만원이다. 순현금흐름을 추정하시오.(자본비용 10%)

투자안의 평가방법

자본예산편성에서 가장 중요한 단계는 투자로부터 예상되는 현금흐름을 측정하여 기업가치를 극대화하는 가장 경제적인 투자안을 결정하는 일이다. 이와 같은 투자안을 선택할 수 있는 타당한 투자분석 방법인가를 판단할 수 있는 네 가지 기준은 다음과 같다.

첫째, 미래에 실현되는 투자안의 모든 현금흐름을 측정할 수 있을 것

둘째, 모든 현금흐름은 시장에서 결정되는 자본의 기회비용에 의해서 할인될 수 있을 것

셋째, 상호배타적인 투자안의 경우에는 기업의 가치를 극대화 해주는 투자안을 선택할 수 있을 것

넷째, 상이한 투자안들로 구성된 결합투자안의 가치합계는 개별투자안의 가치를 단순 합계 한 것과 같을 것. 이를 가치합산원칙(value additivity principle)이라 하며, 만약 두 개 이상의 개별 투자안이 결합하여 투자될 경우 가치합산의 원칙이 성립되지 않으면 개별 투자안의 가치를 일일이 재평가해야 하는 번거로움이 있게 된다.[1)]

본 장에서는 투자안을 선택하는 기법들을 설명 비판하고 어느 기법이 위의 기준을 충족시키는 최상의 투자평가방법인지 비교분석하고자 한다. 본 장의 투자안 평가에 있어서는 미래의 현금흐름을 의사결정시점에서 확실히 알 수 있다는 가정 아래 미래의 불확실성은 고려하지 않는다.

---

1) Thomas E. Copeland and J. Fred Weston, Financial Theory and Corporate Policy, 4rd ed., Reading, Massachusettes: Addison Wesley Publishing Co., 2004, p. 26.

제 1 절 투자안의 평가방법

경제성이 있는 투자안을 선택하는 방법으로는 크게 두 가지로 나눌 수 있다. 그 하나는 전통적 방법이요 다른 하나는 화폐의 시간적 가치를 고려하여 투자안을 선택하는 현금흐름할인법(discounted cashflow method)이다. 전통적 방법으로는 회수기간법, 회계이익률법이 있고, 일반적으로 투자의사의 결정기준으로 이해되고 있는 현금흐름할인법에는 내부수익률법, 순현재가치법, 수익성지수법 등이 있다.

1 전통적 평가방법

(1) 회수기간법(Payback Period Method)

회수기간법은 투자에 소요되는 자금을 회수하기까지의 기간을 계산하여 회수기간이 짧은 투자안에 대하여 투자의 우선순위를 부여하는 방법이다.

현금흐름이 매년 일정할 때의 회수기간은 투자액을 일정현금흐름으로 나누어서 구할 수 있다. 매년의 현금흐름이 일정하지 않을 때는 매년의 현금흐름을 합산하여 회수기간을 계산한다. A, B 투자안에 동일한 금액 5억원을 각각 투자하게 되면 〈표 5-1〉과 같은 현금흐름을 얻을 수 있다고 할 경우 두 투자안의 회수기간을 구해보자.

투자안 A와 B의 투자액은 5억원으로 같으나 그 현금흐름의 형태가 다르다. A 투자안에는 매년 동일한 순현금흐름이 있고 B 투자안은 불규칙한 현금흐름의 형태를 보이고 있다. A 투자안의 경우, 회수기간은 50,000/12,500=4년이 된다. 그러나 투자안 B는 매년의 순현금흐름이 불규칙하기 때문에 다음의 공식에 의해서 회수기간(Payback Period: PB)을 구할 수 있다.

$$PB = t + \frac{b-c}{d-c}$$

- t: 누적순현금흐름이 투자액에 가장 접근한 연수
- b: 투자액

- c : t시점의 현금흐름
- d : $t+1$시점의 누적현금흐름

따라서, 투자안 B의 회수기간은 다음과 같다.

$$PB = t + \frac{b-c}{d-c}$$
$$= 4 + \frac{50{,}000 - 45{,}000}{70{,}000 - 45{,}000} = 4.2\text{년}$$

회수기간법으로 투자대상을 평가하는 방법은 다음과 같이 투자유형에 따라 달라진다. 독립적 투자에 대한 의사결정의 경우에는 그 기업이 설정한 최대허용 회수기간(maximum acceptable payback)을 기준으로 한다. 투자안의 회수기간이 기업의 최대허용회수기간보다 길 때는 그 투자안은 기각된다. 〈표 5-1〉의 예에서 만일 해당기업의 최대허용회수기간이 5년이라면 독립 투자안 A와 B는 모두 채택된다.

표 5-1 A, B 투자안의 현금흐름 (단위: 만원)

연 도	투자안 A		투자안 B	
	세후순현금흐름	누적순현금흐름	세후순현금흐름	누적순현금흐름
1	12,500	12,500	5,000	5,000
2	12,500	25,000	10,000	15,000
3	12,500	37,500	15,000	30,000
4	12,500	50,000	15,000	45,000
5	12,500	62,500	25,000	70,000
6	12,500	75,000	30,000	100,000

다음으로 여러 개의 투자안 가운데서 하나의 투자안을 선택하는 상호배타적 투자의사결정의 경우에는 회수기간이 가장 짧은 투자안이 채택된다. 앞의 예에서 A안이 선택되고 B안은 기각된다.

투자안의 경제성을 측정하는 방법으로서 회수기간법이 지닌 문제점은 다음과 같다.

첫째, 회수기간법은 투자비용의 회수시점 이후의 현금흐름을 전혀 고려하지 않고 있다.

〈표 5-2〉에서 두 개의 투자안 C와 D는 회수기간이 모두 2년으로 동

일하지만 D안의 경우 2년 이후에도 계속 4년째까지 현금흐름이 있어, 실질적으로 D안이 C안보다 유리한 투자임을 알 수 있다. 그러나 회수기간법은 D, C안을 동일한 가치의 투자안으로 평가한다.

표 5-2 각 투자안의 현금흐름 (단위: 만원)

년	C안	D안
0	-5,000	-5,000
1	3,000	2,000
2	2,000	3,000
3		4,000
4		5,000
회수기간	2년	2년

둘째, 회수기간법은 화폐의 시간적 가치를 무시하고 있다. 따라서 연구개발과 같은 장기성 투자안에 대한 올바른 투자결정을 할 수 없게 된다. 이 문제점은 미래현금흐름을 현재가치로 환산하여 회수기간을 계산하는 할인회수기간(discounted payback period)법을 이용하면 시정할 수 있다.

셋째, 기업이 미리 설정한 최대허용회수기간에 대한 과학적인 근거가 없다는 점이다. 대부분의 경우 경영자가 임의적으로 회수기간을 설정하는데 그 기간 내에 자금이 회수되어야 기업의 가치가 극대화 된다는 근거가 명확하지 않다.

넷째, 회수기간만을 고려하기 때문에 투자안의 수익성 자체는 무시되고 투자규모가 상이한 투자안을 구별하지 못한다.

이상과 같은 여러 가지 단점이 있음에도 불구하고 이 회수기간법이 자주 이용되고 있는 이유는 다음과 같다.

첫째, 계산이 간단하며 이해하기 쉽다. 여러 소규모의 투자안을 평가할 경우 비용과 시간을 절약할 수 있으며 경험이 없는 업무담당자도 경제성이 있는 투자안을 쉽게 선택할 수 있어 자본예산편성의 결정을 하부조직에 맡길 수 있는 이점이 있다.

둘째, 해당투자안의 위험도에 대한 정보를 제공한다. 회수기간은 투자자금의 구속기간을 의미하므로 그 기간이 장기일수록 장래의 현금흐름과 기술의 진부화 등에 대한 우려가 높아져서 투자안의 위험도가 높아지기 때문이다.

셋째, 간접적으로 유동성 상태를 나타내 준다. 회수기간이 짧을수록 자금의 회수가 빨라지므로 새로운 투자기회에 투자할 수 있으며 자금 운용상의 경직성을 줄일 수 있다.

(2) 회계적 이익률법(Accounting Rate of Return Method: ARR)

회계적 이익률법은 평균이익률법(average rate of return method)이라고도 하며, 회계적 이익률법은 다음과 같이 정의된다.

$$\text{회계적 이익률법} = \frac{\text{평균세후순이익}}{\text{평균투자액}} = \frac{\text{평균세후순이익}}{\text{총투자액}/2}$$

여기에서 말하는 순이익은 감가상각비를 공제한 세후 순이익을 말한다. 예컨대 기계구입가격은 천오백만원이고, 그 내용연수는 5년, 잔존가치는 없으며, 정액법으로 감가상각을 하고, 5년간 매년 삼백만원의 법인세후 순이익이 있다고 할 때의 회계적 이익률법은 다음과 같다. 정액법에 따라 감가상각하므로 투자시점에서 장부상의 투자액은 1,500만원, 1년 말의 장부상의 투자액은 감가상각비 300만원을 공제한 1,200만원, 2년 말에는 900만원, 3년 말에는 600만원, 4년 말에는 300만원, 5년 말에는 투자액 전액이 감가상각되어 장부가액은 0이 된다. 따라서 연평균 투자액은 750만원$\left(= \frac{1{,}500+1{,}200+900+600+300+0}{6}\right)$이 된다. 투자시점과 5년 말의 장부가액이 포함되어 있으므로 6으로 나누는 점에 유의해야 한다. 한편 법인세 납세 후 순이익은 매년 300만원이므로 5년간의 연평균순이익은 300만원이다. 따라서 회계적 이익률은 다음과 같이 40%로 계산된다.

$$\text{회계적 이익률} = \frac{300}{750} = 40\%$$

연평균 투자액 대신 총투자금액을 사용하면 20%가 된다.

$$\text{회계적 이익률} = \frac{300}{1{,}500} = 20\%$$

회계적 이익률의 투자의사결정기준은 다음과 같다. 독립 투자안에 대하여는 투자안의 회계적 이익률이 기업에서 미리 설정해 놓은 목표 이익률(target accounting rate of return)보다 크면 투자가치가 있는 것으로 평가한다. 상호배타적인 투자안들의 경우에는 회계적 이익률이 목표이익률 보다 큰 투자안 중에서 회계적 이익률이 가장 큰 투자안을 선택하게 될 것이다. 회계적 이익률법의 장점은 간편하여 이해하기 쉽다는 점이 있으나 다음과 같은 단점을 가지고 있어 투자안의 경제성을 평가하는 합리적인 방법이라고 하기가 어렵다.

첫째, 현금흐름에 기초를 두지 않고 회계적 이익에 바탕을 두고 있다.

둘째, 화폐의 시간적 가치를 무시하고 있다.

셋째, 회수기간법에서의 경우와 같이, 의사결정의 기준이 되는 목표이익률 설정이 임의적이라는 문제점을 지니고 있다.

2 현금흐름할인법

(1) 내부수익률법(Internal Rate of Return Method: IRR)

내부수익률이란 투자안으로부터 실현되는 미래현금흐름인 기대현금유입의 현가와 투자액에 해당하는 현금유출의 현가를 일치시키는 할인율로서 투자안의 순현가(*NPV*)를 0이 되게 하는 할인율이다. 이와 같이 내부수익률법은 투자안의 가치를 현가로 나타내는 단 하나의 할인율을 발견하는 것이며 투자안이 지니고 있는 할인율과 시장이자율(market interest rate)을 비교하여 투자결정을 하기 때문에 할인율의 계산에는 시장이자율이 필요하지 않다. 따라서 내부수익률의 계산에서는 투자안의 현금흐름만을 고려한다. *IRR*을 계산하는 식은 다음과 같다.

$$NPV=\sum_{t=1}^{n}\frac{C_t}{(1+IRR)^t}-C_0=0 \qquad (5\text{-}1)$$

- C_t: t시점의 현금흐름
- C_0: 투자액의 현재가치
- IRR: 내부수익률

*IRR*의 개념은 투자기간이 1년인 투자안의 경우, 쉽게 이해될 수 있다. 현재 C_0를 투자함으로써 1년 후의 C_1의 현금흐름을 기대할 수 있다면 이 투자안의 수익률은

$$투자수익률 = \frac{C_1}{C_0} - 1$$

이 되며 이 투자안의 *IRR*을 식 (5-1)로부터 계산하면 다음과 같다.

$$NPV = \frac{C_1}{1+IRR} - C_0 = 0$$

$$IRR = \frac{C_1}{C_0} - 1$$

따라서 *IRR*이 투자안의 수익률과 같게 되므로 결국 *IRR*은 투자안의 투자수익률(Return on Investment: *ROI*)을 의미하게 된다. 투자기간이 2년 이하인 투자안의 경우에 *IRR*은 계산이 쉽게 되지만 3년 이상의 경우에는 부록에 게재된 현가표를 이용하여 여러 가지 값을 대입하여 보는 원시적인 방법인 시행착오법(trial and error method)으로 계산하게 된다.

다음의 예에 의해서 *IRR*을 구해보자. 어떤 투자안 C는 0시점에서 1,000억원을 투자하여 각 연도 말에 〈표 5-3〉에서 보는 바와 같은 현금흐름이 기대될 경우의 *IRR*을 구해보자.

부록의 현가표를 이용하면 시행착오를 통하여 투자의 순현재가치를 0으로 하는 근사점의 *IRR*을 찾을 수 있고 정확한 *IRR*은 보간법(interpolation)에 의해서 구한다.

다음 공식과 같이 순현가 91.13억원에서 순현가 0이 되는 *IRR*을 찾기

표 5-3 투자안 C의 내부수익률 (단위: 억원)

연도	현금흐름	10%		20%		25%		22.9%	
		현가계수	현가	현가계수	현가	현가계수	현가	현가계수	현가
0	−1,000	1.000	−1,000.00	1.000	−1,000.00	1.000	−1,000.00	1.000	−1,000.00
1	100	.909	90.90	.833	83.33	.800	80.00	.814	81.40
2	200	.826	165.20	.694	138.80	.640	128.00	.663	132.60
3	300	.751	225.30	.579	173.70	.512	153.60	.540	162.00
4	400	.683	273.20	.482	192.80	.410	164.00	.440	176.00
5	1,250	.621	776.25	.402	502.50	.328	410.00	.358	447.00
		순현가=530.85		순현가=91.13		순현가=−64.40		순현가=0.00	

위해서는 〈표 5-3〉에서 0이 포함되는 실현순현가변동폭(91.13+64.40)중에서 순현가 0까지의 요구순현가변동폭(91.13-0)이 차지하는 비율에다 할인율변동폭을 곱하고 두 할인율 중 더 낮은 비율을 더해주면 된다.

$$IRR = \frac{\text{요구순현가변동}}{\text{실현순현가변동}} \times \text{할인율변동} + \text{더 낮은 할인율}$$

$$IRR = \frac{91.13-0}{91.13+64.40} \times (25-20) + 20$$

그러나 이와 같은 시행착오법과 보간법의 과정은 시간이 걸리고 짜증나는 작업이지만 컴퓨터 엑셀프로그램에 의해 복잡한 과정을 거치지 않고 계산할 수 있게 되었으므로 문제가 되지 않는다.

투자수익이 매년 일정하게 발생되는 투자안의 *IRR*은 보다 쉽게 계산되어진다. 예를 들어 투자비용이 300억원이고 투자수명이 6년이며, 6년동안 매년 72억원의 투자수익이 기대되는 *IRR*은 다음과 같다.

$$-300 + \sum_{t=1}^{6} \frac{72}{(1+IRR)^t} = 0$$

따라서 $-300 + 72 \times$ 연금현가계수$(IRR, 6) = 0$이다.

이를 연금현가계수에 대해서 정리하면,

$$\frac{300}{72} = 4.1667 = \text{연금현가계수}(IRR, 6)$$

여기서 4.1667은 기간이 6년인 연금현가계수를 나타내므로 이를 연금의 현가계수표에서 찾으면 할인율(*IRR*)이 10%와 12% 사이에 있음을 발견할 수 있다. 보간법을 활용하면 약 11.5%임을 알 수 있다.

내부수익률법이 투자안의 경제성을 평가하기 위하여 이용될 때, 투자안의 채택 또는 기각의 결정은 해당 내부수익률과 기업에서 정해둔 최저필수수익률을 비교하여 결정하게 된다. 상호독립적 투자안들 중에서 선택하는 경우는 간단히 *IRR*이 필수수익률보다 크면 채택하고 그 반대이면 기각하게 된다. 그러나 상호배타적인 투자안들의 경우는 가장 높은 *IRR*의 투자안을 선택하며 물론 이 *IRR*이 필수수익률보다 커야 한다.

(2) 순현가법(*NPV*)

순현가법이란 투자에 의해 발생하는 미래현금흐름을 적절한 할인율 또는 필수수익률로 할인한 현재가치에서 투자금액을 차감한 잔액으로 투자가치를 평가하는 방법이다. 순현가는 다음의 식으로 구한다.

$$NPV = \sum_{t=0}^{n} \frac{C_t}{(1+k)} - C_0 \tag{5-2}$$

- C_t : t시점의 현금흐름
- k : 필수수익률(자본비용)
- C_0 : 투자원금

여기서 미래 현금유입의 현재가치를 계산하기 위한 할인율인 필수수익률은 각 투자안의 위험수준을 적절히 반영하고 있다. 만약 투자안들의 위험도가 같으면 필수수익률은 기업의 가중평균자본비용과 같아진다.[2)]

순현가법에서의 투자기준에서 순현재가치가 정(+)의 값으로 나타날 때는 그 투자안을 선택하게 되며, 순현재가치가 부(-)의 값인 경우에는 기각하게 된다. 이와 같이 각 투자안의 순현가에 의해 투자가치를 평가하되 투자안들이 상호독립적이고 필요한 자본조달이 무한히 가능한 경우에는 $NPV > 0$인 모든 투자안을 선택한다.

〈표 5-4〉에서 투자안 *A*는 *NPV*가 0보다 작으므로 기각되고 투자안 *B*와 *C*는 상호독립적 투자일 경우 모두 선택되어야 하고, 상호배타적인 경우에는 *NPV*가 가장 큰 투자안 *B*가 선택된다.

표 5-4 순현가의 계산 (단위: 억원)

연도	현가계수 (10%)	투자안 A		투자안 B		투자안 C	
		현금흐름	현 가	현금흐름	현 가	현금흐름	현 가
0	1.0000	−1,000	−1,000.00	−2,000	−2,000.00	−1,000	−1,000.00
1	.9091	300	272.73	1,000	909.10	500	454.55
2	.8264	400	330.56	800	661.12	400	330.56
3	.7513	400	300.52	600	450.78	300	225.39
4	.6830	100	68.30	100	68.30	100	68.30
		순현가=−27.89		순현가=89.30		순현가=78.80	

2) 가중평균자본비용은 10장에서 자세히 설명됨.

순현재가치 계산시 활용되는 할인율인 자본비용은 새로운 투자로 기업의 가치를 하락시키지 않게 하는 최저필수수익률이기 때문에 *NPV*가 0보다 큰 투자안의 선택으로 기업가치가 증가된다는 이론적 근거를 마련해 준다. 순현재가치법이 앞에서 설명한 여타 평가방법보다 우수한 것은 화폐의 시간적 가치가 고려되며, 현금흐름과 자본비용만이 고려될 뿐 회계적 수치와는 무관하고, 가치합계의 원칙이 적용된다. 더 나아가 채택된 모든 투자안의 *NPV* 합계는 곧 기업의 가치가 되므로 $NPV > 0$인 투자안들은 모두 기업가치 증가에 기여한다. 따라서 *NPV*법은 기업가치 극대화라는 기업목표에 가장 부합하는 방법일 뿐 아니라 본장의 서두에서 정리한 최상의 방법이 되기 위한 네 가지 기준을 완벽하게 충족시켜주고 있다.

(3) 수익성지수법(Profitability Index: *PI*)

투자안을 평가하는 또 하나의 방법으로 수익성지수법이 있다. 이는 미래현금흐름의 현가를 초기투자원금으로 나눈 상대적 비율로써 1보다 클 때 경제성이 있으며 *NPV*법과 이론적 접근방법이 같다. 그러나 수익성지수법은 *IRR*법과 마찬가지로 가치합산의 원칙이 유지되지 않는다. 수익성지수법을 일반식으로 쓰면 식 (5-3)과 같다.

$$PI = \frac{PV}{C_0} = \sum_{t=1}^{n} \frac{\frac{C_t}{(1+k)^t}}{C_0} \tag{5-3}$$

〈표 5-5〉의 세 가지 투자기회에 적용할 수 있는 자본비용이 12%일 경우 투자안들이 상호배타적이 아니라면 모든 투자안들은 순현가가 0보다 크며, 순현가가 0보다 클 때 수익성지수는 1보다 크므로 전부 채택할 수 있지만 투자금액이 20억원밖에 없다면, 세 투자안을 모두 선택할 수는 없다. 순현가의 관점에서 보면 B와 C투자안이 개별로는 A투자안 보다 순현가가 낮으나 B와 C투자안의 순현가를 합산하면 A투자안의 순현가보다 크다. 따라서 B와 C투자안을 함께 채택하는 것이 유리하다.

그러나 투자자금이 제한되어 있을 때는 순현가에 기초한 투자안 선택보다는 수익성지수에 기초하여 가장 높은 지수를 갖는 투자안을 선택해

표 5-5 수익성 지수법 적용 예 (단위: 억원)

투자안	C_0	C_1	C_2	순현가(12%)	수익성지수
A	−20	70	10	50.5	3.53
B	−10	15	40	35.3	4.53
C	−10	−5	60	33.4	4.34

야 한다. 위 예의 경우 B투자안의 수익성지수가 가장 높으며 투자자금의 제한이 있을 경우 B투자안이 A투자안 보다 유리하다. 즉, 투자자금에 제한이 있을 경우 수익성지수법이 순현가법을 조정하는 유용한 방법이지만 투자자금이 초기를 지나 다음기까지 제한이 될 경우는 수익성지수법도 쓸모가 없는 투자평가방법이 된다. 위의 예에서 C투자안이 다음기까지 15억의 자금이 필요한데 이 자금이 없다면 기각되어져야 한다. 따라서 수익성지수법은 여러 기간 동안 자금이 제한되어 있는 경우에는 사용할 수 없다.

〈표 5-5〉에서 보듯이 투자자금에 제한이 없을 때 *NPV*법으로는 A투자안을, 수익성지수법으로는 B투자안을 채택하여 두 투자안 평가방법간에 투자안 채택이 상충하는데 이는 수익성지수법은 두 투자안의 투자규모를 고려하지 않고 상대적으로 투자규모가 적은 투자안(B투자안)에 투자할 경우 남은 유휴자금(10억원)의 기회비용이 고려되지 않기 때문이다. 따라서 투자규모를 정확하게 고려한 수정수익성지수를 계산하면 다음과 같다.

$$\text{B투자안의 수정 } PI = \frac{10}{20}(4.53) + \frac{20-10}{20}(1) = 2.76$$

수정수익성지수에 의하면 *B*투자안보다는 *A*투자안이 선택되어야 하는 것을 알 수 있다.

제2절 순현재가치법과 내부수익률법의 비교

*NPV*법과 *IRR*법은 모두 투자수익흐름을 기초로 하여 투자의 수익성을 평가한다. 그리고 두 투자평가방법은 똑같이 화폐의 시간적 개념을 고려하고 있다. 그러나 항상 똑같은 투자결정으로 귀결되지 않을 수 있다. 따라서 본 절에서는 어떠한 경우에는 그와 같은 현상이 발생하는지 검토하고 그에 대한 대응방안을 살펴 보고자 한다.

1 상호독립적인 투자안의 경우

상호독립적인 투자안들 중에서 투자를 선택할 경우에는 *NPV*법과 *IRR*법에 의한 평가결과가 특수한 경우를 제외하고는 일반적으로 같게 나타난다. *NPV*가 정(+)의 값을 가진다면($NPV > 0$) *NPV*를 0이 되게 하는 할인율인 *IRR*은 자본비용(k)보다 커야 한다. 바꾸어 말하면 *IRR*이 자본비용보다 크다면($IRR > k$) 자본비용으로 할인되어 계산된 *NPV*는 0보다 크다. 이를 〈표 5-6〉과 [그림 5-1]에서 분명히 하고 있다.

〈표 5-6〉은 투자안 A의 할인율인 자본비용(k)이 10%, 20%, 22.8%, 25%로 올라감에 따라 *NPV*가 점차 감소하고 있음을 보여주며, 이를 그림으로 나타내면 [그림 5-1]과 같은 곡선이 된다. [그림 5-1]에서 *NPV*가 0이 되는 할인율인 22.8%가 투자안 A의 *IRR*이다. 자본비용(k)이 투자

표 5-6 투자안 A의 자본비용과 *NPV* (단위: 억원)

연도	현금흐름	k=10%		k=20%		k=22.8%		k=25%	
		현가계수	현가	현가계수	현가	현가계수	현가	현가계수	현가
0	−1,000	1.000	−1,000.00	1.000	−1,000.00	1.000	−1,000.00	1.000	−1,000.00
1	100	.909	90.90	.833	83.33	.814	81.40	.800	80.00
2	200	.826	165.20	.694	138.80	.663	132.60	.640	128.00
3	300	.751	225.30	.579	173.70	.540	162.00	.512	153.60
4	400	.683	273.20	.482	192.80	.440	176.00	.410	164.00
5	1,250	.621	776.25	.402	502.50	.358	447.00	.328	410.00
		순현가=530.85		순현가=91.13		순현가=0.00		순현가=−64.40	

그림 5-1 자본비용에 따른 *NPV*의 변동

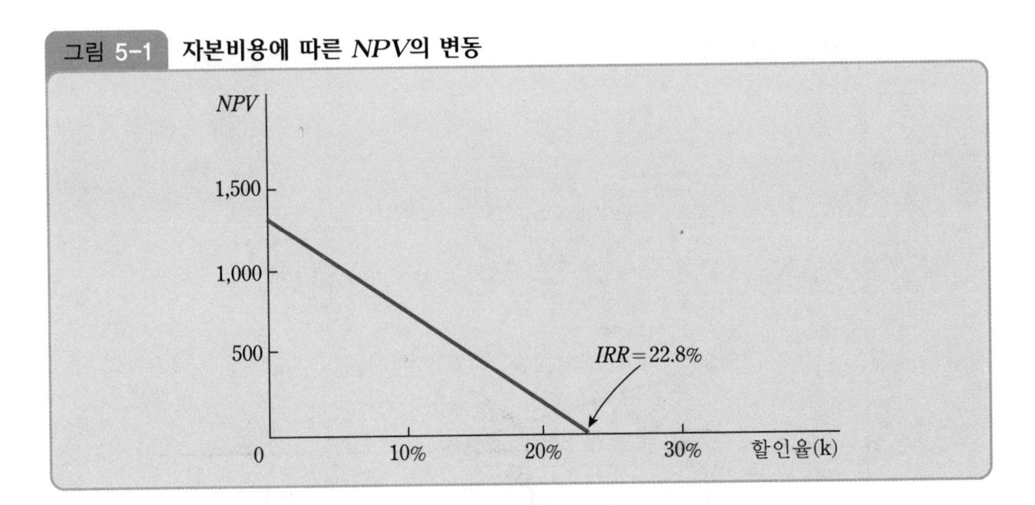

안 A의 *IRR* 22.8%보다 작을 경우는 *NPV*가 0보다 크게 되어 이 투자안은 채택되어지고 내부수익률법에 의해서도 *IRR*이 *k*보다 크게 되어 이 투자안이 선택된다. 또한 자본비용이 *IRR*보다 클 경우 *NPV*는 0보다 작게 되어 이 투자안은 기각된다. 따라서 상호독립적인 투자안들을 평가할 때는 두 평가방법은 같은 결과를 가져온다.

2 상호배타적인 투자안의 경우

상호배타적인 투자안의 경우에 *NPV*법과 *IRR*법에 의한 결과가 달라지는 경우가 있다. 즉 제안된 투자들 중에서 최선의 투자안을 선택해야 할 때 투자우선순위(ranking)를 매겨 그 중 가장 높은 순위의 투자안이 선택되어야 하는데 두 평가방법의 우선순위가 바뀌는 경우를 말한다.

예를 들어 상호배타적인 투자안 *B*와 *C*를 가정하자. 각 투자안들의 투자원금과 현금흐름은 〈표 5-7〉과 같으며 이를 그림으로 나타내면 [그림

표 5-7 *NPV*법과 *IRR*법의 비교 (단위: 억원)

투자안	연도별 투자액				*NPV*			*IRR*
	0	1	2	3	0%	10%	15%	
B	−10,000	10,000	1,000	1,000	2,000	669	109	16.04%
C	−10,000	1,000	1,000	12,000	4,000	751	−490	12.90%
C−B	0	−9,000	0	11,000	2,000	82	−599	10.60%

그림 5-2 *NPV*법과 *IRR*법의 관계

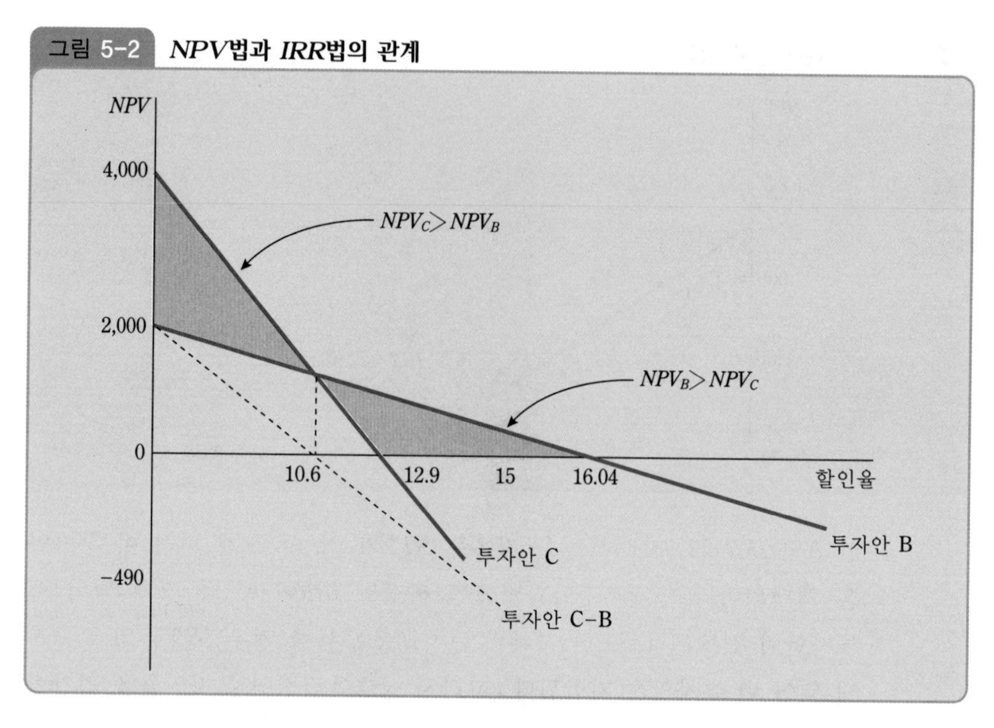

5-2]와 같다.

〈표 5-7〉에서 알 수 있듯이 B의 *IRR*은 16.04%이고 투자안 C의 *IRR*은 12.9%이므로 *IRR*법에 의하면 투자안 B가 선택되어야 한다. 그러나 언제나 가장 높은 *IRR*을 가진 투자안을 선택하는 것이 유리한 것만은 아니다.

[그림 5-2]를 주목해 보면 두 투자안의 *NPV*선이 각 투자안의 *IRR*보다 작은 10.6%의 할인율에서 교차(crossover)하고 있다. 이처럼 *NPV*가 일치하는 할인율을 「피셔의 할인율」(Fisher's discount rate)이라고 한다.

교차점의 할인율보다 낮은 할인율에서는 투자안 C의 *NPV*가 더 크다. 다시 말해서 투자안 C는 교차점의 할인율보다 낮은 할인율에서 유리하고 투자안 B는 높은 할인율에서 유리하다. 이는 현금흐름을 보면 알 수 있다. 투자안 B는 현금흐름이 초기에 크므로 일찍 투자원금이 회수되어 재투자가 되므로 높은 할인율을 가정하면 투자안 B의 현재가치가 크다. 반면에 투자안 C는 4년째에 현금흐름이 가장 크므로 투자안의 현재가치는 낮은 할인율을 가정할 때 크다.

이와 같이 교차점이 발생할 경우 교차점보다 낮은 할인율에서 *IRR*법과 *NPV*법에 의한 투자안 선택이 상반되고 있다. 즉, *IRR*법이 상호 배타적인 투자안의 선택에서 옳은 결정을 내리지 못하고 있음을 볼 수 있다.

그러나 평균투자수익률 개념인 *IRR*법도 증분접근법(incremental approach)을 사용하게 되면 한계투자수익률 개념으로 전환되어 위와 같은 상황에도 올바른 선택을 할 수 있다. 즉, 〈표 5-7〉에서 보는 바와 같이 *IRR*이 낮은 투자안 C에서 *IRR*이 높은 투자안 B의 투자원금과 현금흐름을 각각 차감하면 C투자안을 기준으로 한 증분투자액과 증분현금흐름을 갖는 투자안 (C－B)를 만들 수 있는데 이는 투자안 B를 포기하는 대신 C에 투자할 때 얻을 수 있는 추가투자의 *IRR*을 의미한다. 이 증분투자안의 *IRR*을 계산하면 10.6%가 된다.

이는 위 그림에서 교차점의 *IRR*이다. 그리고 투자안의 할인율인 자본비용이 *IRR* 10.6%보다 낮으면 *NPV*(C－B)＞0이므로 투자안 C는 B보다 유리하다. 그러므로 증분 *IRR*법(incremental *IRR* method)과 *NPV*법에 의한 투자안 선택은 동일하다.

단순히 가장 높은 *IRR*을 가진 투자안을 선택하는 것이 문제가 되는 상황은 위의 예와 같이 투자규모와 투자안의 수명은 동일하지만 한 투자안의 현금흐름은 감소하나 다른 투자안의 현금흐름은 증가하는 경우와 같이 투자안들의 현금흐름형태가 크게 차이가 있는 경우만 있는 것이 아니고 투자안들간에 투자규모가 현저히 차이가 있거나 투자규모는 동일한데 투자안의 수명이 다른 경우도 위와 같이 교차점이 발생하여 *IRR*법에 의한 투자안 선택이 잘못될 수 있다.

그렇다면 순현재가치법과 내부수익률법에 의한 투자안 평가결과가 상반되는 이유는 무엇일까? 이 질문에 대한 해답은 투자로부터 들어오는 현금유입을 재투자할 때 가정하는 재투자수익률(reinvestment rate)에서 찾을 수 있다. 순현재가치법은 투자안으로부터 실현되는 현금흐름이 자본비용으로 재투자됨을 분명히 가정하고 있지만 *IRR*법이 가정하는 재투자수익률은 내부수익률 그 자체이다. 따라서 재투자율에 관한 서로 다른 가정은 필연적으로 두 평가기법의 투자안 평가 결과를 상반되게 할 수밖에 없다.

③ *NPV*법과 *IRR*법의 비교우위

*NPV*법과 *IRR*법 중 어느 방법이 우월한지는 *IRR*법이 갖고 있는 단점을 지적함으로써 기업가치를 극대화하는 방향으로 투자안을 채택하기 위해서 사용해야할 가장 합리적인 투자안평가기법을 3가지 관점에서 설명하고자 한다.

첫째, 위에서 언급한 바와 같이 *NPV*법이 보다 논리적인 재투자수익률을 가정하고 있다. 즉, *IRR*법은 각 투자안의 투자기간내의 투자로부터 기대되는 현금유입을 그 투자안의 *IRR*로 재투자한다고 가정하고, *NPV*법은 투자로부터 취득해야 할 최저필수수익률인 시장에서 결정된 자본비용으로 재투자된다. 따라서 동일한 위험을 가진 투자안들은 동일한 투자율로 재투자되어야 한다는 논리에 따르면 *NPV*법이 보다 합리적이다. 또한 상호독립적인 각 투자안들은 제각기 상이한 *IRR*을 가지므로 *IRR*법에 의한 재투자율이 투자안마다 다르게 되어 적용할 재투자율이 여러 개 존재하게 되지만 *NPV*법에서는 시장에서 결정된 투자율만을 재투자율로 가정함으로써 재투자를 일관성 있게 적용할 수 있다.

둘째, 개별 투자안들의 결합으로 구성된 결합투자안들 중에서 선택할 때 *NPV*법은 단순히 각 투자안의 순현가 합을 비교하여 선택하여도 되지만 *IRR*법은 내부수익률의 크기에 따라 투자안을 조합해서 선택할 수 없으므로 *IRR*법은 앞에서 언급한 가치합산의 원칙(value additivity principle)을 충족시킬 수 없다.

〈표 5-8〉은 *NPV*법이 가치합산(value additivity)을 충족시켜 주는 점을

표 5-8 IRR법이 가치합계성을 위반하는 예 (단위: 억원)

연도	현금흐름						현가계수
	투자안	*A*	*B*	*C*	*A*+*C*	*B*+*C*	*k*=10%
0		−100	−100	−100	−200	−200	1.000
1		0	225	450	450	675	.909
2		500	0	0	550	0	.826
NPV(%)		354.30	104.53	309.05	663.35	413.58	
IRR(%)		135.50	125.00	350.00	212.80	237.50	

예시한 것이지만 동시에 *IRR*법이 가치합산을 위반하는 예증이 되기도 한다. 즉, 투자안 A와 B는 서로 배타적이고 투자안 C는 A와 B에 독립적이라고 할 때 A와 C 또는 B와 C의 두 대안 중 어느 것을 선택할 것인가를 보여준다.

*NPV*법에 의하면 투자안 A와 C를 조합한 경우 순현가는 663.35억으로 투자안 A의 순현가 354.30억원과 투자안 C의 순현가 309.05억원을 합한 것과 같다. 마찬가지로 투자안 B와 C를 조합한 경우의 순현가 413.58억원은 투자안 B의 순현가 104.53억원과 투자안 C의 순현가 309.05억원을 합한 것과 같다. 따라서 *NPV*법에 의하면 순현가가 큰 투자안 A와 C의 조합을 선택하게 되어 *NPV*법은 가치합산의 원리에 충실하다. 반면에 *IRR*법은 이 원리를 만족시킬 수 없다. 즉 투자안 A와 B 중에서 투자안 A를 선택하나 독립투자안인 C와의 조합에서는 투자안 B를 선택한다. 따라서 경영자는 투자안의 모든 조합의 *IRR*을 빠짐없이 다시 계산해서 가장 큰 *IRR*을 가지는 투자안 조합을 선택해야 하는데 투자안이 많을 경우 계산해야 하는 조합은 기하급수적으로 증가한다.

셋째, *IRR*법은 투자안에 따라서 복수의 *IRR*이 있거나 아예 없는 경우도 있다. 예로써, 광산업의 경우 첫 해에서는 광맥을 찾는데 기초투자가 필요하다. 두번째 기에서는 채굴로써 수익을 올린다. 그러나 세번째 기에서는 땅을 다시 확보해야 하며 환경보호법을 충족시키기 위한 상당한 투자를 해야 한다. 이처럼 두번 이상의 투자지출을 수반하는 경우 복수의 *IRR*이 존재할 수 있다. 이 경우 현금흐름이(−100억원, 230억원, −132억원)이라면 *IRR*은 [그림 5-3]에서 보는 바와 같이 10%와 20%로 두 개의 수익률이 존재하며 따라서 *NPV*는 할인율이 10%와 20% 사이이면 정(+)의 값이 되고 할인율이 이 영역을 벗어나면 부(−)의 값이 된다. 이처럼 현금흐름의 부호가 두번 바뀌면 두 개의 할인율이 존재한다.

그렇다면 두 개의 *IRR* 중에서 어느 것을 사용해야 하는가? 가령 *IRR* 10%를 사용하고 자본비용이 10%와 20% 사이에 있다면, 비록 *IRR*이 자본비용보다 작지만($IRR < k$) 정의 *NPV*를 가지게 되어 올바른 결정을 한 결과가 되지만 이 경우에도 자본비용이 10% 이하이면 *IRR*이 자본비용보다 크지만($IRR > k$) 잘못된 의사결정을 하게 된다.

또한 현금흐름이 (−51억원, 100억원, −50억원)일 경우 *IRR*을 계산하

그림 5-3 복수의 *IRR*

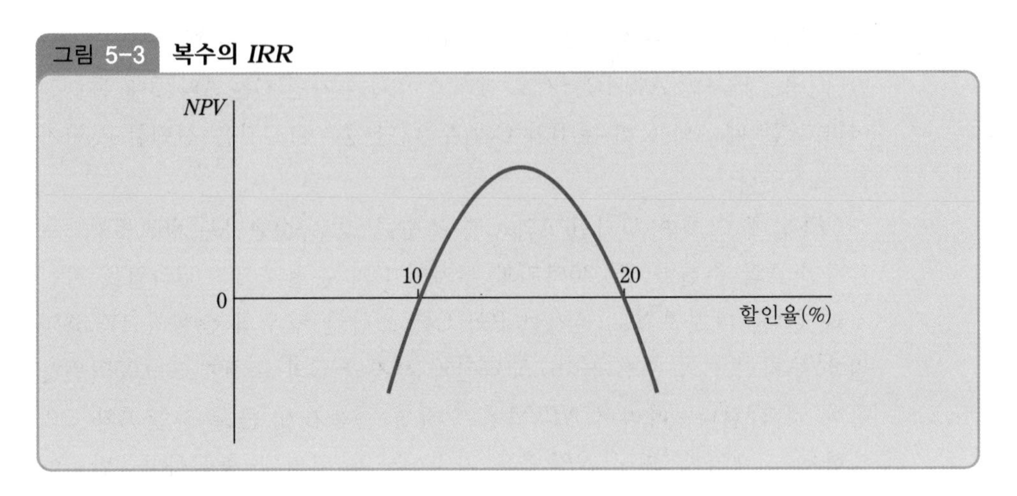

면 *IRR*이 전혀 존재하지 않는 것을 발견하게 된다. 따라서 *NPV*법에 근거한 투자결정이 바람직하다.

제 3 절 자본예산기법의 활용현황

기업 가치를 극대화 하려면 이론적으로는 *NPV*가 0보다 큰 투자안을 선택해야 한다. 최근의 미국기업 392개의 재무담당임원(Chief Financial Officer: *CFO*)을 대상으로 한 조사에 따르면(중복응답) 조사기업의 75%가 *NPV*법과 *IRR*법을 똑같은 비중으로 사용하고 있는 것으로 밝혀졌다. 대기업들이 중소기업보다 *NPV*법을 더 많이 사용하고 있으며, 부채비율이 높거나 배당을 지급하는 기업들이 *NPV*법과 *IRR*법을 사용하여 투자안을 평가하는 것으로 조사되었다.[3] 이는 부채비율이 높은 기업은 그렇지 않은 기업보다 투자안 선택에 신중을 기하고 있음을 의미한다. 배당지급기업들도 부채비율이 높기 때문에 기업규모와 상관없이 *NPV*법과 *IRR*법을 사용하고 있다. *NPV*법과 *IRR*법 이외에는 회수기간법을 55%의 기업들이 자주 사용하는 투자안 평가기법이었다. 회수기간법이 갖고 있는 단점에도 불구하고 대기업보다 투자안의 불확실성이 심한 중소기업들이 주로 사용하고 있는 것으로 나타났다.

---

3) L. Gitmann and C. Harvey, “How do CFOs make Capital Budgeting and Capital Structure Decision?,” Journal of Applied Corporate Finance, Vol 15(2002), pp. 8~23.

연습문제

1 자본예산(capital budget)과 자본예산편성(capital budgeting)의 차이점을 설명하시오.

2 기업의 자본비용 감소는 순현재가치와 고려중인 투자대안의 채택확률을 증가시킨다. 그렇다면 자본비용의 변화가 내부수익률법을 사용한 투자안 채택에 영향을 주는지 설명하시오.

3 회수기간법은 그 방법이 가지는 여러 가지 결점에도 불구하고 현실적으로 많이 이용되는데 그 이유를 열거하시오.

4 투자안의 평가방법으로서의 *NPV*법의 우월성을 지적하고 그럼에도 불구하고 실질적으로 *IRR*법이 많이 사용되는 이유를 설명하시오.

5 *NPV*법과 *IRR*법이 투자안평가에서 서로 상반되는 결과를 가져오는 경우, 이를 해결할 수 있는 방법을 설명하시오.

6 다음과 같은 현금흐름을 가지는 두 개의 상호배타적인 투자안 중에서 *NPV*법과 *IRR*법에 의한 평가결과가 일치하는지 살펴보고, 일치하지 않으면 그 이유를 설명하고 이 경우 당신은 어떠한 투자안을 선택할지를 결정하시오.(자본비용=12%, 단위: 만원)

A	−3,000	900	900	900	900	900
B	−2,000	610	610	610	610	610

7 동양물산은 다음과 같은 수익흐름을 가지는 상호배타적인 두 개의 투자안 중에서 하나를 선택해야 한다. 자본비용이 15%라면 어느 투자안을 선택해야 하는가?

기 간	투자안 *X*	투자안 *Y*
0	₩−100,000	₩−100,000
1	50,000	10,000
2	40,000	30,000
3	30,000	40,000
4	10,000	60,000

8 인경기업은 2,000만원짜리 기계설비의 구입을 고려하고 있는 중인데, 비용을 차감하게 되면 현금흐름과 이익은 다음과 같이 증가하게 될 것이다.

연 도	현금흐름	이 익
1	₩12,000,000	₩4,000,000
2	8,000,000	3,000,000
3	5,000,000	2,000,000

자본비용이 12%라고 가정하여 1) 회수기간, 2) 회계적 이익률, 3) 내부수익률, 4) *NPV*를 계산하시오.

9 명성기업은 13,575만원의 비용으로 새로운 기계에 투자할 기회를 가지게 되었다. 그 기계의 내용연수는 7년이고, 4,500만원의 현금흐름이 있을 것으로 기대된다. 자본비용은 16%이다.

(1) 이 투자안의 순현재가치를 계산하시오.

(2) 이 투자안의 내부수익률을 계산하시오.

(3) 명성기업은 이 기계를 구입하여야 하는가? 그 이유는 무엇인가?

10 (주)선명은 두 개의 상호배타적인 투자안을 고려중에 있는데 모두 500만원의 투자비용이 요구되고 순현금흐름은 다음과 같다.

연 도	투자안 *A*	투자안 *B*
1	₩2,000,000	₩3,000,000
2	3,000,000	2,000,000
3	1,500,000	1,500,000

(주)선명의 자본비용은 10%이다.

(1) 각 계획의 회수기간과 순현재가치를 계산하시오.

(2) 1)의 결과에 대하여 설명하시오.

11 서림산업(주)은 두 개의 상호배타적인 투자안 중에서 하나를 선택하여야만 한다. 두 투자안은 모두 최소비용으로 1,000만원이 요구된다. 투자안 C는 5년 동안 매년 400만원의 현금흐름이 기대되고 자본비용은 12%이다. 투자안 D는 위험성이 더 높아서 14%의 요구수

익률을 가지며, 3년 동안 매년 600만원의 현금흐름이 기대된다. 서림산업은 어느 투자안을 택해야 하는가?

12 광명기업은 두 개의 상호배타적인 투자안을 평가하고 있다. 두 투자안의 투자금액은 1,600만원이고, 현금흐름은 다음과 같다.

연 도	투자안 *A*	투자안 *B*
1	₩8,000,000	₩1,000,000
2	8,000,000	3,000,000
3	2,000,000	4,000,000
4	2,000,000	7,000,000
5	1,000,000	9,000,000

(1) 자본비용이 0, 6, 10, 12%일 때 각 계획의 총현재가치와 순현재가치를 계산하시오.

(2) 각 투자안의 내부수익률(*IRR*)을 계산하시오.

(3) 1)의 결과를 횡축은 자본비용을 표시하고, 종축은 순현재가치를 나타내는 그래프를 그리시오.

(4) 만약 광명기업의 자본비용이 13%라면, 어느 투자안이 선택되어져야 하는가?

13 인경기업이 고려하고 있는 상호배타적인 투자안 *A*와 *B*의 현금흐름은 다음과 같다.

연 도	0	1	2	3
투자안 *A*	−60	20	25	30
투자안 *B*	−100	30	40	55

이 투자안들에 적용되는 자본비용은 연 10%이다.

(1) *NPV*를 이용하여 투자가치를 평가하시오.

(2) 수익성지수법을 이용하여 투자가치를 평가하시오.

(3) 1)과 2)에서의 *NPV*법과 수익성지수법에 의한 평가결과는 일치하는가? 만약에 평가 결과가 일치하지 않는다면 이유는 무엇인가?

(4) 3)의 문제를 해결하기 위하여 수정수익성지수를 이용하여 투자가치를 평가하시오.

투자안분석의 현실문제

제5장에서 다룬 투자안의 평가방법은 장래의 현금흐름들을 의사결정 시점에서 확실히 알 수 있다는 확실성하의 투자결정이란 가정을 기초로 평가방법의 비교우위를 집중 논의하였다.

본 장에서는 실무적 차원에서 대두되는 여러 문제 가운데서도 내용연수가 다를 경우, 투자자금에 제한이 있는 투자할당의 경우, 인플레이션이 진행될 경우, R&D나 소프트웨어 투자처럼 무형적인 효익(效益)도 투자평가에 고려하여야 하는 경우 등과 같이 네 가지 유형의 문제를 투자분석의 현실적 해석이란 관점에서 재론하고자 한다.

제1절 내용연수가 서로 다른 투자안의 선택

지금까지는 내용연수가 동일한 투자안의 선택에 관해서만 살펴보았으나 내용연수가 상이한 경우가 오히려 일반적이다. 투자안의 선택이 상호 독립적인 경우에는 각 투자안의 현금흐름을 분석하여 선택하는 것이므로 내용연수가 다르더라도 문제가 되지 않으나 투자안의 선택이 상호배

인경산업은 내용연수가 상이한 설비 A, 설비 B 두 설비 중 어느 설비를 구입해야 하는지를 결정해야 되는데, 설비 A의 내용연수는 2년이고, 설비 B의 내용연수는 4년으로, 두 설비로부터 예상되는 현금흐름은 〈표 6-1〉과 같다.

표 6-1 기대현금흐름 (단위: 억원)

기계 \ 연도	0	1	2	3	4	순현가(10%)
설비 A	−1,000	900	900	−	−	562
설비 B	−1,500	685	685	685	685	671

표 6-2 연속대체후 예상현금흐름 I (단위: 억원)

기계 \ 연도	0	1	2	3	4	순현가(10%)
설비 A	−1,000	900	900	−	−	562
설비 A*			−1,000	900	900	464
설비 A+설비 A*	−1,000	900	−100	900	900	1,026
설비 B	−1,500	685	685	685	685	671

타적인 경우에는 내용연수가 상이함을 고려해야 한다.

❶ 공통연속대체법(common replacement chain)

10%의 자본비용의 경우 설비 B의 현가가 더 높기 때문에 설비 B가 선택되어야 할 것 같으나 이와 같은 분석은 불완전하다. 왜냐하면 두 가지 설비로부터의 기대현금흐름을 그 설비에 투자한 시간을 고려함이 없이 똑같이 비교하고 있기 때문이다. 만약 인경산업이 설비 A를 4년 동안 필요로 하는데 이 설비를 2년 동안 사용하고 그 후 내용연수가 같고 똑같은 현금흐름이 예상되는 설비를 구입할 수 있다면, 내용연수가 같아진 설비 A와 설비 A*의 현가와 설비 B의 현가를 상호 비교하여야 올바른 선택을 할 수 있게 된다.

따라서 〈표 6-2〉에서 보는 바와 같이 설비 A와 설비 A*의 현가는 1,026억원이고 설비 B의 현가는 671억원이므로 전자의 선택이 당연하다.

두 설비의 내용연수를 같게 하여 선택하는 경우 공통내용연수(common year)를 구해야 하는데 만약 설비 A의 내용연수가 5년이고 설비 B의 내용연수가 7년이면 미래의 공통내용연수가 35년(=5×7)이 된다. 동일 설비를 연속대체 할 때 똑같은 예상현금흐름을 기대할 수 있는가 하는 점이 문제가 되지 않는다면 공통연속대체(common replacement chain)방법에 의하여 투자안을 비교하는 것이 적절하며 다음 항에서 설

표 6-3 연속대체후 예상현금흐름 Ⅱ (단위: 억원)

기계 \ 연도	0	1	2	3	4	5	순현가(10%)
설비 A	−2,500	1,300	1,300	1,300			733
설비 A*				−1,500	1,400	2,000	1,071
설비 A+설비 A*	−2,500	1,300	1,300	−200	1,400	2,000	1,804
설비 B	−4,000	1,500	1,500	1,500	1,500	1,500	1,686

a) 현금흐름 1,400억원에 기계매각대금 600억원을 합한 금액이다.

명할 등가연금흐름법(annual equivalent annuity method)에 의해서 더욱 더 간편하게 계산할 수 있다. 그렇지 않다면 기업이 필요로 하는 내용연수동안만 연속대체 되어야 한다. 예를 들어 인경산업에서 7년 동안 설비를 필요로 한다면, 한 가지 선택은 내용연수 5년의 설비 A를 구입하고 그 후 설비 A를 재구입하여 2년 후인 7년 만에 매각하는 방법이고, 또 다른 선택은 내용연수 7년의 설비 B를 구입하는 것이다.

또 하나 유의하여야 할 점은 연속대체시 동일한 현금흐름을 가정한 것인데 기술적인 진보와 시장상황의 급속한 변화 때문에 이러한 가정은 비현실적이다. 그러므로 미래의 설비대체로부터 예상되는 현금흐름을 구체적으로 계산하여야 한다.

〈표 6-3〉의 예시를 통하여 보다 구체적인 설명을 해보면, 선택 가능한 방법은 두 가지이다. 첫째, 3년 내용연수의 설비 A를 구입한 후 3년 후 구입가격은 싸면서도 현금흐름은 증가하는 최신기계인 설비 A*로 대체한다. 회사는 이 기계를 5년 동안만 필요로 하므로 5년 말에 600억으로 매각하는 것이다. 둘째의 방법은 5년 내용연수를 가진 설비 B를 구입하는 것이다. 그러나 10%의 자본비용에서는 설비 A+설비 A*와 설비 B의 현가를 비교해 보면 설비 A로 연속대체하는 방법이 유리하다.

2 등가연금흐름법(annual equivalent annuity method)

연속 설비대체시 설비의 구입가격과 현금흐름이 동일하다고 예상되면 보다 간편한 방법으로 공통 내용연수 대신 등가연금흐름 개념을 이용할 수 있다. 등가연금흐름(EA)이란 설비내용연수 동안의 순현가와 동등한 값을 가지게 하는 매년 회수해야 될 연금상당액을 말한다. 이것을 등식으로 표시하면 다음과 같다.

$$NPV = \frac{EA}{1+k} + \frac{EA}{(1+k)^2} + \cdots\cdots + \frac{EA}{(1+k)^n} \quad (6-1)$$

n : 기계의 내용연수
EA : 등가연금흐름

다시 정리하면, $NPV = EA \times$ 연금현가계수$(k\%, n)$ (6-2)

$$\text{따라서,} EA = \frac{NPV}{\text{연금현가계수}} \quad (6-3)$$

〈표 6-1〉의 예를 이용하여 등가연금흐름을 계산하면

$$EA(\text{설비 A}) = \frac{NPV(\text{설비 } A)}{PVFA(10\%, 2)} = \frac{562}{1.7355} = 324(\text{억원})$$

이다. 똑같이 설비 B 등가연금흐름을 계산하면,

$$EA(\text{설비 B}) = \frac{NPV(\text{설비 } B)}{PVFA(10\%, 4)} = \frac{671}{3.1699} = 212(\text{억원})$$

이 되고 등가연금이 영원히 계속된다면 2장에서 설명한 영구연금형태가 되어 등가연금흐름현가는 등가연금흐름을 자본비용(10%)으로 나눈 값이 된다. 따라서 등가연금흐름현가가 더 많은 설비 A의 선택이 우위에 있게 됨을 알 수 있다.

지금까지의 내용을 〈표 6-4〉와 같이 요약할 수 있는데, 즉 *EA*현가에 따른 선택이 *NPV*에 따른 선택과 상이함에 유의해야 한다.

*EA*현가에 의한 선택은 연속기계대체시 순현가의 매년등가연금흐름을 고려함으로써 내용연수 차이를 고려하지 않은 순현가(*NPV*)기준과 상이한 결과를 가져온다.

표 6-4 설비 A, B의 *EA*계산요약 (단위: 억원)

기 계	내용연수	순현가(10%)	등가연금흐름현가
설비 A	2	562	324
설비 B	4	671	212

제2절 예산제약하의 투자안 채택: 자본할당

현실적으로 기업의 투자자본은 한정되어 있으므로 *NPV*>0인 모든 투자안을 선택할 수가 없고 제한된 투자자금의 한도 내에서 기업의 가치를 극대화 할 수밖에 없다. 이처럼 주어진 자본을 투자에 합리적으로 배분하는 것을 자본할당(capital rationing)이라 한다. 예산규모의 제한은 미래에 대한 중간관리자들의 과도한 낙관적 예측을 예방하고 사전에 투자우선순위를 정하도록 동기를 부여하는 하나의 방안으로 이용될 수 있다.

자본예산의 규모가 한정되어 있는 경우에도 최고의 *NPV*를 갖는 투자안의 조합을 선택하면 된다. 〈표 6-5〉와 같은 투자자금과 *NPV*를 가지는 상호독립적인 4개의 투자안을 고려하고 있는 경우를 생각해 보자.

만약 이 기업이 조달할 수 있는 자금이 300억원으로 제한되어 있다면 자금조달제한을 충족시키면서 가장 *NPV*가 큰 투자안의 조합을 구성하여 선택하여야 한다. 가능한 투자안 조합을 만들어 보면 〈표 6-6〉과 같다.

표 6-5 독립적 투자에 대한 자본할당 (단위: 억원)

투자안	투자자금	*NPV*
A	100	25
B	60	40
C	130	60
D	200	110
합 계	490	235

표 6-6 가능한 투자조합 (단위: 억원)

투자안	투자자금	*NPV*
A+B	160	65
A+C	230	85
A+D	300	135
A+B+C	290	125
B+C	190	100
B+D	260	150

이상적인 투자안 조합은 B+D 투자안이며 소요되는 투자자금은 260억원으로 40억원이 남게 된다. 유휴자금 40억원은 0의 순현재가치를 가지는 것으로 간주해야 한다.

실제로 많은 대기업들은 위의 예에서 가정한 300억원 이상을 투자할 경우 4개의 투자안 보다 훨씬 더 많은 투자안을 검토하게 된다. 따라서 이러한 예산제한과 많은 투자기회가 있는 복잡한 계산을 위해서는 선형계획모형(Linear programming model)을 이용하여 최대의 *NPV*를 가지는 투자안의 조합을 선택하게 된다.

제3절 인플레이션하의 투자안 평가

인플레이션은 평균물가수준이 상승함으로써 상대적으로 화폐의 구매력이 감소되는 것을 말한다. 그런데 투자안의 현금흐름을 구성하는 수익은 제품판매를 통하여 실현되며, 이것은 미래의 제품가격에 영향을 준다. 한편 비용에 있어서 원자재비나 인건비 등은 인플레이션의 영향을 받지만 감가상각비와 잔존가치는 설비자산의 취득시점에서 확정된 취득원가를 기준으로 하는 것이기 때문에 인플레이션의 영향을 받지 않는다. 그러므로 인플레이션의 영향을 받는 항목은 매출수익, 매출수익의 변화에 따라 비례적으로 변동하는 영업비용, 운전자본 및 생산설비의 처분가격이며, 인플레이션에 영향을 받지 않는 항목은 감가상각비와 잔존가치이다.

따라서 인플레이션을 고려하여 투자안을 평가할 경우는 명목상의 화폐적 현금흐름(money cash flows)을 실질적 현금흐름(real cash flows)으로 환산하여야 한다.

먼저 인플레이션이 할인율에 미치는 영향을 살펴보기로 한다. 연말에 16.6%의 수익률을 보장하는 투자안에 백만원을 투자했다고 하자. 이 경우 연말의 총현금흐름은 1,166,000원이 되고 만약 물가가 6% 증가한다면 연말의 1,166,000원에 대한 구매력은 연초의 1,100,000원의 구매력과 같게 된다. 따라서 인플레이션이 고려된 연말순이익률은 16.6%가 아니라 10%이다. 기대인플레이션이 h이고 명목수익률(명목이자율)이 k, 그리고 실질수익률이 k^*인 경우 다음과 같은 등식으로 표시할 수 있다.

$$1+k^* = \frac{1+k}{1+h} \text{ 혹은 } k^* = \frac{1+k}{1+h} - 1 \tag{6-4}$$

이 등식에 위 예의 숫자를 대입하면

$$k^* = \frac{1.166}{1.06} - 1 = 0.10 = 10\%$$

이다. 여기서의 수익률은 이자율 또는 할인율과 같은 개념이므로 이를 일반식으로 나타내면 명목이자율(k), 기대인플레이션(h), 실질이자율(k^*) 간에는 다음과 같은 관계가 성립하는데 이를 피셔효과(Fisher effect)라 한다.

$$(1+k) = (1+k^*)(1+h) \tag{6-5}$$

식 (6-5)에 따르면 실질이자율이 고정되어 있는 경우, 명목이자율은 기대인플레이션의 변동에 따라 변한다. 최근에는 실질이자율의 변동도 심각하나, 명목수익률에 미치는 영향은 미미하므로 명목수익률 계산시 기대인플레이션의 변동만 고려하면 된다.

이제 인플레이션이 투자안의 현금흐름에 미치는 영향을 분석하고자 한다. 인플레이션은 투자안의 수입비용구조에 영향을 주어 예상현금흐름에 변동을 가져온다. 비록 수입과 비용이 동일한 비율로 변화한다 하더라도 감가상각비로 인한 절세효과(depreciation tax shelter)는 역사적 원가에 근거하므로 물가변동의 영향을 받지 않는다.

인플레이션을 자본예산에 적용할 때는 인플레이션율을 ① 현금흐름과 할인율에 일률적으로 적용시키는 방법과, ② 현금흐름의 패턴(pattern)과 할인율에 대하여 차별적으로 적용시키는 방법이 있다. 전자의 방법 ①에서는 인플레이션을 적용하여 투자안의 순현가에는 영향을 미치지 않게 되지만 후자의 방법 ②에서는 인플레이션율을 적용할 경우 투자안의 순현가에 영향을 미치게 된다.

전자의 방법은 인플레이션의 적용자체가 투자안의 순현가에 미치는 영향이 없으므로 인플레이션이 없는 경우의 순현가(NPV_0)를 계산하는 식과 같게 된다. 이를 식으로 나타내면 식 (6–6)과 같다.

$$NPV_0 = CF_0 + \sum_{t=1}^{n} \frac{(1-k_c)CF_t}{(1+k^*)^t} + \sum_{t=1}^{n} \frac{t_c D_t}{(1+k^*)^t} \qquad (6-6)$$

- CF_0: 최초의 투자금액
- t_c: 소득세율

이제 인플레이션하의 현금흐름과 순현가의 계산으로 넘어가 보자. 먼저 t년도의 현금흐름은 $(1-t_c)CF_t(1+h)^t + t_c D_t$이다. 인플레이션이 없는 경우와 비교해 보면 세후 현금흐름이 증가하였으나 장부가격을 기준으로 하여 감가상각을 하기 때문에 감가상각으로 인한 절세효과에 변동이 없다. 명목현금 흐름은 명목이자율로 할인해야 하므로 인플레이션하의 순현가(NPV_1)는 다음과 같다.

$$NPV_1 = CF_0 + \sum_{t=1}^{n} \frac{(1-t_c)CF_t(1+h)^t}{(1+k)^t} + \sum_{t=1}^{n} \frac{t_c D_t}{(1+k)^t} \qquad (6-7)$$

$(1+k) = (1+k^*)(1+h)$이므로 위의 식을 다시 쓰면,

$$NPV_1 = CF_0 + \sum_{t=1}^{n} \frac{(1-t_c)CF_t(1+h)^t}{(1+k^*)^t(1+h)^t} + \sum_{t=1}^{n} \frac{t_c D_t}{(1+k^*)^t(1+h)^t}$$

혹은

$$NPV_1 = CF_0 + \sum_{t=1}^{n} \frac{(1-t_c)CF_t}{(1+k^*)^t} + \sum_{t=1}^{n} \frac{t_c D_t/(1+h)^t}{(1+k^*)^t} \qquad (6-8)$$

이다. 식 (6–6)과 식 (6–8)을 비교하면 $NPV_0 > NPV_1$ 임을 알 수 있다. 왜냐하면 인플레이션이 없을 경우의 절세효과가 인플레이션율이 증가하면 감소하기 때문이다.

6%의 기대인플레이션율의 경우 명목수익률을 계산하면,

$k = (1+k^*)(1+h) - 1 = (1.08)(1.06) - 1 = 0.1148 = 14.48\%$가 되며 이를 명목현금흐름을 할인할 때 적용해야 한다. 〈표 6–7〉에서 6% 인플레이션이 있을 때 실질현금흐름을 실질수익률 8%로 할인한 순현가는 명목현금흐름을 명목수익률 14.48%로 할인한 순현가와 같이 2,508,000원이 된다.

여기서 인플레이션이 없을 때는 순현가가 2,947,000원인데 6%의 인플

1,200만원의 투자금액이 필요하고 잔존가치가 없으면 내용연수 3년인 투자안이 있다고 하자. 정액법에 의한 매년 감가상각비의 절세효과 (0.4×4,000,000)는 1,6000,000원이 되며 매년의 세후 현금흐름은 4,200,000원이다. 이를 8%의 자본비용으로 순현가를 계산하면 인플레이션이 없는 경우 2,947,000원이 되고 매년 6%의 기대인플레이션의 경우 순현가는 2,508,000원이 된다.

표 6-7 인플레이션이 없을 때와 있을 때의 투자안의 현금흐름과 순현가

(단위: 천원)

연 도	0	1	2	3
현금흐름항목				
1. 인플레이션이 없을 때				
투자금액	(12,000)			
$(1-t_c)CF_t$		4,200	4,200	4,200
t_cD_t		1,600	1,600	1,600
세후현금흐름	(12,000)	5,800	5,800	5,800
순현가($k^*=8\%$)	$NPV=2.947$			
2. 인플레이션이 있을 때 ($h=6\%$)				
a. 명목접근방법				
투자금액	(12,000)			
$(1-t_c)\ CF_t\ (1+h)^t$		4,452	4,719	5,002
t_cD_t		1,600	1,600	1,600
세후현금흐름	(12,000)	6,052	6,319	6,602
순현가($k=14.48$)[a]	$NPV=2,508$			
b. 실질접근방법				
투자금액	(12,000)			
$(1-t_c)CF_t$		4,200	4,200	4,200
$t_cD_t/(1+h)^t$		1,509	1,424	1,343
세후현금흐름	(12,000)	5,709	5,624	5,543
순현가($k^*=8\%$)	$NPV=2,508$			

a. $k=(1+k^*)(1+h)-1$
$=(1.08)(1.06)-1$
$=0.1448\ =14.48\%$

레이션이 있을 때는 2,508,000원으로 감소하는 것은 감가상각비로 인한 절세효과가 감소하기 때문이다. 그러나 이것만이 유일한 영향이 아니다. 지금까지 가정한 수입과 비용에 인플레이션율이 똑같이 적용되지 않았다면 이 점도 충분히 고려해야 할 것이다.

요약하면 인플레이션을 고려하여 투자안을 평가할 때 유의할 점은 인플레이션을 현금흐름과 할인율에 일관성 있게 적용해야 하는 점이다. 즉, 명목가치로 추정한 현금흐름을 실질할인율로 할인하거나 실질가치로 추정한 현금흐름을 명목할인율로 계산하게 되면 왜곡된 투자결정이 될 수 있다.

제4절 새로운 제조환경하의 투자안 평가

오늘날처럼 기업의 내외적 제조환경이 급격히 변하고 있는 상황에서는 기업이 기술개발과 공장자동화에 대한 과감한 투자로서 적절히 대처하지 않으면 안된다. 그러나 자본적 지출은 그 규모가 방대하고 그 성과가 장기간에 걸쳐 나타나기 때문에 위험부담이 높은 반면 경쟁력 제고를 위해서는 불가피한 투자이므로 어디까지나 전략적인 관점에서 투자안을 평가하여야 한다.

따라서 이와 같은 새로운 제조환경하에서 투자안을 평가할 때는 종전과 같은 방법에 의한 투자안 평가방법은 투자평가 내용이 핵심을 상실한 것이 되므로 타당성 평가방법에 대한 전면적인 재검토가 요망된다.

이는 연구개발투자나 소프트웨어 투자가 설비투자의 상당부분을 차지하게 된 상황에서는 하드웨어만이 아닌 소프트웨어에 대한 투자효과도 고려해야 하기 때문이다.

따라서 기존의 *IRR*법(내부수익률법)이나 *NPV*법(순현재가치법)으로는 새로운 자동화 설비 투자의 경제성 평가를 수행하기 어렵다. 오히려 어떤 측면에서는 회수기간법을 이용하여 신규 투자의 타당성 평가를 하는 것이 효과적일 수 있다.

공장 자동화 영역에서는 신기술개발이 빠르면서도 수명이 짧고, 설비의 수명주기 또한 단축되었으며, 하이테크 제품에 대한 미래 수요 예측은 정확성이 낮기 때문에 회수기간법이 앞에서 지적한 단점에도 불구하고 많이 활용되고 있다. 또한 과거의 투자와 비교해 볼 때, 신규 설비 투자는 단순한 인력절감에 그치지 않고 품질향상, 납기단축, 재고감소, 유연성증대, 작업공간의 절감, 위험한 작업감소 등 원가계산요소에 포함시키기 어려운 간접적 혜택이나 무형의 이익이 많아 설비투자의 경제성 평가에 있어서는 이러한 무형적 요소들에 대한 평가가 불가피하다.

1 *NPV*기준이 내용연수가 서로 다른 상호배타적인 투자안들의 서열을 매기는 정확한 기준이 될 수 없는 이유를 설명하시오.

2 연간 등가연금흐름(*EA*)방법은 어떤 조건하에서 내용연수가 서로 다른 상호 배타적인 투자안들의 평가를 정확히 할 수 있는지를 설명하시오.

3 자본할당하에서는 흔히 *NPV*가 작은 투자안 보다 큰 투자안이 기각되는데 그 이유를 설명하시오.

4 (주)청록산업은 아래와 같은 순현금흐름을 가진 두 개의 상호배타적인 투자안을 평가하고 있다. 두 투자안의 자본비용은 모두 10%이다. 새로운 장비의 수명은 6년이나, 만약 A 투자안이 선택된다면, 연속대체 해야 한다. 청록산업은 어떤 투자안을 선택하여야 하는가? 그 이유는?

연 도	A 투자안	B 투자안
0	−₩5,000,000	−₩10,000,000
1	3,000,000	3,500,000
2	3,000,000	3,500,000
3	3,000,000	3,500,000
4	−	3,500,000
5	−	3,500,000
6	−	3,500,000

5 투자에 이용할 수 있는 자금이 제한되어 있을 때 합리적인 기준에 의해서 아래의 투자안들에 서열을 매겨 보아라. 아래 투자안들을 고려하고 있는 있는 기업이 이용 가능한 자본을 8억원으로 제한한다면 어떤 투자안들이 채택되어야 하는가?

투자안	최초투자금액(백만원)	순현재가치	IRR
1	100	8	13.9
2	400	43	14.4
3	300	25	16.0
4	200	23	14.1
5	200	21	16.1
6	200	19	15.7

6 화성농업(주)은 현재 사용 중인 휘발유 엔진차 대체용으로 태양열 엔진차의 구입을 고려 중에 있다. 이 회사는 새로운 차의 구입가격인 2,000만원에 대해서 10%의 투자세액공재혜택을 받을 수 있게 된다. 휘발유 엔진차의 수명은 10년 이상으로 예상되고, 현재의 순장부가치는 750만원이다. 태양열 엔진차는 내용연수가 10년이다. 10년째 연도 말에 두 차는 영(0)의 처분가치를 가지게 될 것으로 기대된다. 휘발유 엔진차는 갤런당 125원 하는 휘발유를 매년 18,000갤런을 소비한다. 새로운 차의 매년 운영 유지비용은 기존의 차보다 100만원 적게 될 것으로 기대된다. 기존차의 현재시장가치는 300만원이다.
이 회사의 투자에 대한 요구수익률은 14%이며 법인세율은 40%이고 감가상각방법은 정액법을 사용하고 있다.
(1) 태양열 엔진차를 구입하여야 할 것인가?
(2) 휘발유 값이 매년 18% 상승할 것으로 기대된다고 가정하여 보자. 이러한 상황이 투자결정에 어떻게 미칠 것인가?

7 학익회사의 최고경영자는 다음과 같은 수익흐름, 내용연수와 투자금액의 정보를 가지고 상호배타적인 두 개의 투자안을 두고 결정을 내려야 한다. 자본비용이 10%일 때 어떠한 투자안을 선택해야 하는가?

	A 투자안	B 투자안
투자수익흐름	1,000,000원	1,500,000원
내용연수	3년	4년
투자금액	1,800,000원	4,000,000원

8 다음 주어진 자료를 이용하여 A와 B기계의 연간 등가연금흐름을 계

산하고 어느 기계를 구입할지를 결정하시오.(자본비용=12%)

	A 기계	B 기계
구입가격	-2,000,000	-3,000,000
매년 영업비용	5,000	6,000
내용연수	8년	10년

9 우주전자(주)는 다음 네 가지 독립투자안을 가지고 있다. 각 투자안은 똑같이 내용연수가 4년이며, 14%의 자본비용을 가진다.

투자안	투자금액	매년기대수익
W	50,000,000원	20,000,000원
X	35,000,000	15,000,000
Y	20,000,000	8,000,000
Z	15,000,000	5,000,000

(1) 각 투자안의 *NPV*를 계산하고, 그것들을 기준하여 투자안을 선택하시오.

(2) 투자가능 자본금이 70,000,000원이므로 자본할당을 해야 하는데 그렇다면 어떤 투 자안이 선택되어야 하는가?

10 어느 회사가 천만원의 투자가 소요되는 2년짜리 사업을 계획한다고 하자. 이 사업의 예상되는 현금유입은 감가상각과 납세 전 매년 8백만원이고, 이 현금유입에 기대되는 인플레이션은 매년 10%였다. 법인세율이 50%이고 감가상각을 매년 5백만원씩 정액법으로 한다면 이 사업의 순현재가치는 얼마인가? 기대인플레이션 반영할인율(자본비용)은 20%이다.

불확실성하의 투자결정

개 요

제2편에서는 투자자가 미래현금흐름을 확실히 알고 있다는 가정하에서 확실성하의 투자자산에 대한 결정문제를 다루어 보았으나 현실적으로 미래현금흐름을 확실하게 알 수 있는 투자는 거의 없으며 항상 불확실성이 수반된다.

제 7 장에서는 위험에 대한 정의와 그 측정방법 등을 설명하고, 제 8 장에서는 위험하에서의 투자자산의 선택원리와 방법을 분석하고, 제 9 장에서는 자본시장에서의 위험에 대한 가격원리를 설명하는 자본자산가격결정모형(CAPM)과 차익가격결정모형(APM)을 소개한다. 제 10 장에서는 투자안의 미래 현금흐름을 할인할때 사용하는 자본비용을 설명하고 위험개념을 도입하여 제 2 편에서 설명한 자본예산편성문제를 재조명하며, 제 11 장에서는 기업의 위험을 나타내는 지표와 측정방법을 소개한다.

위 험

본 장에서는 오늘날 재무관리에서 가장 중요한 개념이 되고 있는 위험에 대한 이론적인 의미를 살펴보고 위험측정문제를 개별자산의 경우와 다양한 자산들로 구성된 포트폴리오위험으로 나누어서 논의해 본다. 본 장의 마지막 부분에서는 체계적 위험과 비체계적 위험에 대해 설명한다.

제 1 절 위험의 의미

일반적으로 '위험'이란 장래에 어떤 불리한 사태가 발생할 가능성이 존재한다는 의미를 함축하고 있으며, 미래에 발생할 어떤 결과에 대한 불확실성 때문에 위험의 문제가 제기된다. 예컨대, 통화안정증권과 회사채에 대한 투자를 검토한다고 하자. 통화안정증권은 통화의 안정을 유지하기 위하여 한국은행이 발행한 증권이기에 이자 또는 원금에 대한 상환불능과 같은 불리한 사태가 발생할 가능성이 거의 없다. 한편, 사채는 기업이 일반대중으로부터 일정한 약관에 따라 원리금을 지급하는 조건으로 장기자금을 조달하기 위하여 발행하는 증권이기에 기업의 내·외적 환경변화에 따라 이자지급을 지연시키거나 경우에 따라서는 원금마저 상환하지 못하는 불리한 사태가 발생할 가능성이 있다.

따라서 통화안정증권과 같이 미래의 투자성과를 거의 확실하게 알 수 있는 증권을 위험이 없는 자산(risk free asset)이라고 하고, 반면에 사채와 같이 미래의 투자성과를 확실하게 예측할 수 없는 증권 등을 위험이 있는 자산(risky asset)이라고 한다. 투자성과에 대한 변동성은 미래의 불확실성

그림 7-1 **수익률의 확률분포**

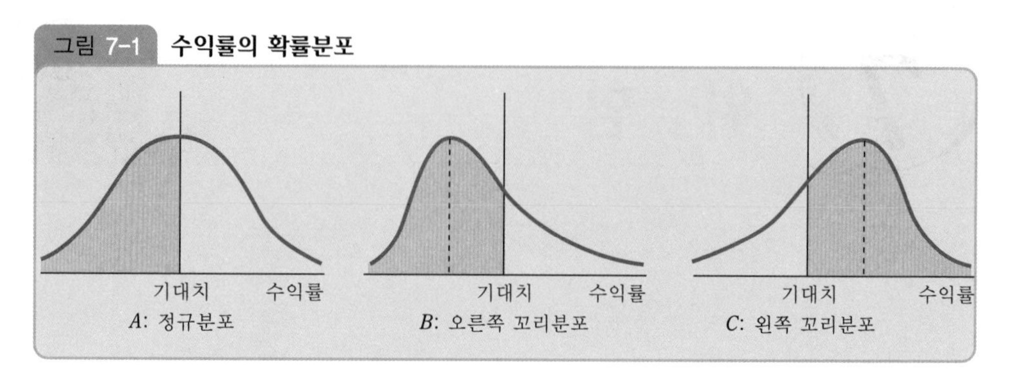

정도에 비례해서 커지게 된다. 투자성과의 변동성이 크다는 것은 곧 투자의 결과, 미래에 불리한 사태가 발생할 가능성이 크다는 것을 의미한다.

그러면 재무관리에서는 위험을 어떻게 정의하고 있는가? 현대재무관리에서는 위험을 발생가능한 미래수익의 변동가능성으로 정의하고 있다. 이러한 정의에는 미래에 가능한 수익의 확률분포가 정규분포를 이룬다는 가정에 근거하고 있다. 여기서, 정규분포란 [그림 7-1]의 A에서 보는 바와 같이 수익률의 확률분포가 기대치를 중심으로 대칭(symmetry)을 이루는 분포를 말하며, 반대로 B와 C는 각각 오른쪽, 왼쪽으로 분포가 치우친 비대칭(asymmetry)분포를 보이고 있다.

제 2 절 위험의 측정: 개별자산의 위험

1 확률분포의 추정

자산에 투자하는 경우 얻을 수 있는 미래의 가능한 투자수익을 확률분포로 나타낼 수 있고, 확률분포가 정규분포를 이룬다면, 미래투자수익의 위험도는 확률분포의 분산(variance) 또는 표준편차(standard deviation)로 측정할 수 있다.

위험을 분산 또는 표준편차로 측정할 때 가장 중요한 문제는 미래 투자성과의 확률분포를 추정하는 일이다. 확률분포를 추정하기 위하여는 먼저 가능한 모든 자료를 이용하여 미래의 가능한 상황하에서 얻을 수 있는 투자성과와 확률을 측정해야 한다. 확률분포를 측정할 때 흔히 사

표 7-1 가능한 투자성과(수익률)와 확률

경제상황	확 률	예상수익률	
		*A*자산	*B*자산
경기침체	0.2	−5.5%	35%
경기하강	0.2	0.5	23
정 상	0.2	4.5	15
경기상승	0.2	9.5	5
경기호황	0.2	16.0	−8

용되고 있는 확률의 개념에는 객관적 확률(objective probability)과 주관적 확률(subjective probability)이 있다. 객관적 확률이란 선험적 확률 또는 경험적 확률을 말한다. 선험적 확률은 누구든지 수학적 또는 이론적으로 계산할 수 있는 확률을 말한다. 예를 들어, 동전을 던질 때 앞 면이 나올 확률이 1/2이라든가, 주사위를 던질 때 1이 나올 확률이 1/6인 것과 같이 누구나가 선험적으로 시행결과에 대한 불확실성의 정도를 계산할 수 있는 확률을 말한다. 한편, 경험적 확률이란 과거의 자료(ex post data)를 통하여 특정상황이 발생할 불확실성의 정도를 계산할 수 있는 확률을 말한다. 따라서 경험적 확률은 과거의 경험에 따라 미래의 상황이 그대로 반복해서 일어난다는 가정에 기초하고 있다. 예를 들어, 자동차 사고발생률, 화재발생률, 인구사망률, 또는 인구출생률 등과 같이 과거의 경험을 기초로 하여 계산할 수 있는 확률이 경험적 확률의 대표적인 예이다.

그러나, 이와 같이 과거의 자료가 주어지지 않은 세계에서는 미래의 가능한 상황이 발생할 확률을 주관적으로 추정할 수밖에 없다. 의사결정자의 주관이나 개인적인 경험에 기초하여 추정한 확률을 주관적 확률(subjective probability)이라고 하는데, 재무의사결정에서 흔히 이용되는 확률의 대부분은 주관적 확률이다.

〈표 7-1〉은 *A*자산과 *B*자산에 투자하는 경우 경제상황에 따라 얻을 수 있는 가능한 투자성과와 주관적 확률을 예시한 것인데, 다음 항에서 설명할 개별자산위험과 포트폴리오의 위험계산에서 자료로 사용할 것이다.

2 위험의 측정

미래에 가능한 수익의 확률분포가 정규분포를 이룬다면, 정규분포의 기대치(expected value)와 표준편차(standard deviation)를 가지고 관련 투자안의 특성을 파악할 수 있다. 먼저 투자안의 기대수익률은 투자안으로부터 얻을 수 있는 가능한 수익률을 경제상황의 발생확률에 따라 가중평균하여 계산할 수 있는데, 이를 수식으로 나타내면 식 (7-1)과 같다.

$$E(R_i) = \sum_{i=1}^{n} R_i P_i \tag{7-1}$$

- $E(R_i)$: 기대수익률(가중평균수익률)
- R_i : i상황에서의 예상수익률
- P_i : i상황에서의 발생확률

식 (7-1)에 〈표 7-1〉의 자료를 대입하여 두 자산의 기대수익률을 구하면 다음과 같다.

$$\begin{aligned} E(R_a) &= 0.2(-0.055) + 0.2(0.005) + 0.2(0.045) + 0.2(0.095) + 0.2(0.16) \\ &= -0.011 + 0.001 + 0.009 + 0.019 + 0.032 \\ &= 0.05 \text{ 또는 } 5\% \\ E(R_b) &= 0.2(0.35) + 0.2(0.23) + 0.2(0.15) + 0.2(0.05) + 0.2(-0.08) \\ &= 0.07 + 0.046 + 0.03 + 0.01 - 0.016 \\ &= 0.14 \text{ 또는 } 14\% \end{aligned}$$

- $E(R_a)$: A자산의 기대수익률
- $E(R_b)$: B자산의 기대수익률

따라서 A자산의 기대수익률은 5%이고 B자산의 기대수익률은 14%임을 알 수 있다. 한편 분산(variance)과 표준편차(standard deviation)는 아래의 식을 이용하여 계산할 수 있다.

$$VAR(R_i) = \sum_{i=1}^{n} [R_i - E(R_i)]^2 P_i \tag{7-2}$$

- $\text{VAR}(R_i)$: i자산의 분산

$$\sigma(R_i) = \sqrt{VAR(R_i)} = \sqrt{\sum_{i=1}^{n} [R_i - E(R_i)]^2 P_i} \tag{7-3}$$

• $\sigma(R_i)$: i자산의 표준편차

〈표 7-1〉의 자료를 위의 식에 대입하여 두 자산의 분산과 표준편차를 구하면 다음과 같다.

$$VAR(R_a)=0.2(-0.055-0.05)^2+0.2(0.005-0.05)^2+0.2(0.045-0.05)^2+0.2(0.095-0.05)^2+0.2(0.16-0.05)^2$$
$$=0.002205+0.000405+0.000005+0.000405+0.00242$$
$$=0.00544$$
$$\sigma(R_a)=\sqrt{0.00544}=0.0737563\equiv 7.38\%$$
$$VAR(R_b)=0.2(0.35-0.14)^2+0.2(0.23-0.14)^2+0.2(0.15-0.14)^2+0.2(0.05-0.14)^2+0.2(-0.08-0.14)^2$$
$$=0.00882+0.00162+0.00002+0.00162+0.00968$$
$$=0.02176$$
$$\sigma(R_b)=\sqrt{0.02176}=0.1475127\equiv 14.8\%$$

이상에서 계산한 A, B자산의 기대수익률과 표준편차를 이용하여 확률분포를 유도하면 [그림 7-2]와 같다. [그림 7-2]에서 볼 수 있는 바와 같이 A자산의 수익률의 확률분포는 기대치를 중심으로 좁게 퍼져 있고 B자산의 수익률의 확률분포는 넓게 퍼져 있다.[1] 위에서 설명한 기대수익률과 표준편차는 투자의 결과 얻어지는 수익률이 정규분포를 이룬다

그림 7-2 **A, B자산의 기대수익률의 확률분포**

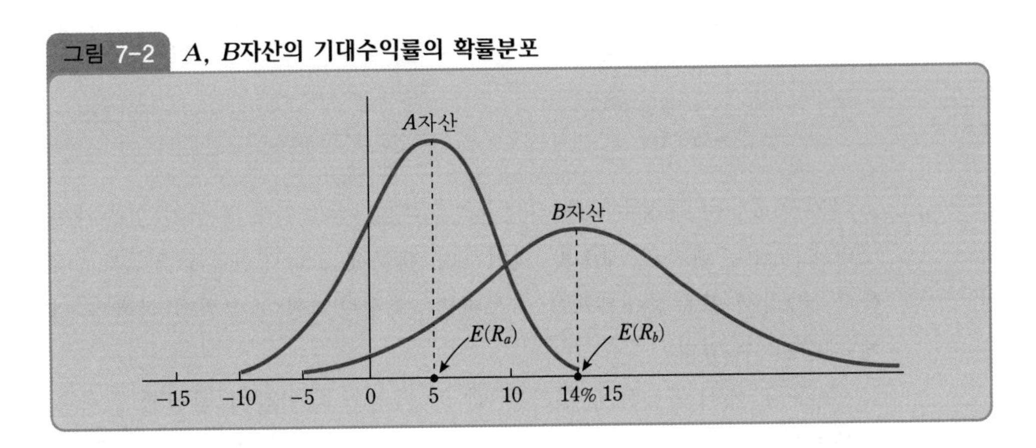

1) 이 경우 기대치가 동일하지 않으므로 어느 자산의 변동가능성이 더 큰지 절대적으로 비교할 수 없다.

그림 7-3 **표준정규분포**

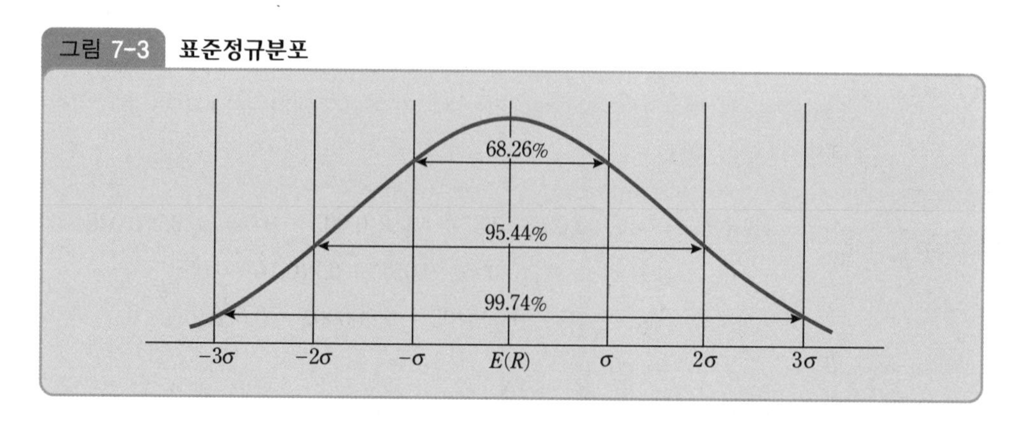

는 가정하에서 계산된 것이다. 정규분포는 종모양의 형태를 갖는 대칭분포의 특성을 갖는다. 어떤 자산에 투자할 때 예상되는 수익률의 분포가 정규분포를 따른다면, 표준정규분포를 이용하여 일정한 투자수익률이 기대수익률을 중심으로 하여 $\pm 1\sigma$의 범위에 있을 확률은 68.26%, $\pm 2\sigma$의 범위에 있을 확률은 95.44%, 그리고 $\pm 3\sigma$의 범위에 있을 확률은 99.74%이다. 이를 그래프로 나타내면 [그림 7-3]과 같다.

표준정규분포는 모든 정규분포를 평균이 0이며, 표준편차가 1이 되도록 표준화시킨 것이다. 측정단위가 서로 다른 (예를 들어, 측정단위는 무게, 시간, 길이, 또는 퍼센트) 확률변수의 정규분포를 표준정규분포로 선형전환하는 데에는 다음과 같은 공식이 이용된다.

$$Z = \frac{X - \mu}{\sigma} \tag{7-4}$$

- X : 확률변수
- μ : X의 평균
- σ : X의 표준편차

여기서 Z값은 특정수익률이 평균으로부터 어느 정도 떨어져 있는가를 나타내는 표준편차의 배수를 의미하기 때문에 표준정규분포를 Z분포라 한다. 따라서 표준정규분포를 이용하면, 특정수익률이 실현될 확률을 쉽게 계산할 수 있다.

〈표 7-1〉에서 A자산에 투자할 때 0%이하의 수익률이 실현될 확률을 계산하여 보자. 식 (7-4)에 A자산의 기대수익률과 표준편차의 값을 대입하면,

$$Z = \frac{0-0.05}{0.0738} = -0.678$$

따라서 0%의 수익률을 중심으로 하여 -0.678σ에 있음을 알 수 있다. 부록의 정규분포표에서 $Z=-0.678$과 관련된 확률을 구하면 0.2511이다. 따라서 0%이하의 수익률이 실현될 확률은 24.89%(0.5－0.2511)이고, 반대로 0%이상의 수익률이 실현될 확률은 75.11%(0.5 + 0.2511)이다.

제3절 위험의 측정: 포트폴리오위험

지금까지는 단일자산의 위험을 측정하는 문제를 중심으로 하여 설명하였다. 그러나 거의 대부분의 실물자산과 재무자산은 포트폴리오의 한 구성자산으로서 소유되는 것이 일반적이다. 기업은 여러 형태의 실물자산을 보유하며, 개인 투자자들도 여러 형태의 재무자산을 소유하는 것이 보다 일반적이기 때문에 기업이나 개인이 소유하는 개별자산은 포트폴리오의 구성자산으로서의 의미를 갖는다. 포트폴리오(portfolio)는 기업 또는 개인이 소유하고 있는 자산집합(combination of assets)을 말한다.

포트폴리오위험이 중요한 의미를 갖는 이유는 여러 형태의 자산을 소유할 때 위험이 감소하는 분산투자의 효과(diversification effect)가 존재하기 때문이다. 앞에서 예로 든 A 및 B 자산의 수익률 표준편차가 각각 7.38%와 14.8%이었다. 이들 두 자산에 각각 50%씩 투자하여 포트폴리오를 구성할 경우, 두 자산의 표준편차를 가중평균한 값은 11.09%이다.

$$\begin{aligned}\text{두 자산의 표준편차 가중평균} &= 0.5 \times 7.38\% + 0.5 \times 14.8\% \\ &= 11.09\%\end{aligned}$$

그러나 포트폴리오수익률의 표준편차를 계산하면 3.74%로서 두 자산의 표준편차를 가중평균한 값 11.09%와 비교할 때 포트폴리오위험이 현저하게 감소함을 알 수 있다. 이와 같이 둘 이상의 자산으로 포트폴리오를 구성할 때 위험이 감소하는 효과를 분산투자효과(diversification effect) 또는 포트폴리오효과(portfolio effect)라고 한다.

❶ 포트폴리오의 기대수익률

두 자산을 결합하여 포트폴리오를 구성하는 경우, 기대수익률은 각 자산에 대한 투자비율을 가중치로 하여 평균한 가중평균수익률이다. w_a와 w_b를 자산 A와 자산 B에 대한 투자비율이라고 하자. 두 자산을 결합하여 포트폴리오를 구성하는 경우 포트폴리오의 기대수익률은 다음과 같이 계산된다.

$$E(R_p) = w_a E(R_a) + w_b E(R_b) \tag{7-5}$$

- $E(R_p)$: 포트폴리오 기대수익률
- $E(R_a)$: A자산의 기대수익률
- $E(R_b)$: B자산의 기대수익률
- $w_a + w_b = 1$

그리고 A자산과 B자산의 기대수익률, 분산 및 표준편차를 다음과 같이 가정하자.

	A자산	B자산
기대수익률	5%	14%
분산	0.544%	2.176%
표준편차	7.38%	14.8%

A자산과 B자산에 각각 투자자금의 50%씩을 투자할 때 포트폴리오의 기대수익률은 9.5%이다.

$$\begin{aligned} E(R_p) &= w_a E(R_a) + w_b E(R_b) \\ &= 0.5 \times 0.05 + 0.5 \times 0.14 \\ &= 0.025 + 0.07 \\ &= 0.095 \text{ 또는 } 9.5\% \end{aligned}$$

만일 N개의 자산으로 포트폴리오를 구성한다면 식 (7-6)과 같이 포트폴리오의 기대수익률을 계산할 수 있다.

$$E(R_p) = \sum_{i=1}^{n} w_i E(R_i) \tag{7-6}$$

단, $\Sigma w_i = 1,\ 0 \le w_i \le 1$

- $E(R_p)$: 포트폴리오의 기대수익률
- w_i : 개별자산 i의 주식구성비율, 또는 가중치
- $E(R_i)$: i자산의 기대수익률

2 포트폴리오의 위험

포트폴리오의 기대수익률은 포트폴리오를 구성하는 개별자산의 기대수익률을 가중평균한 값이지만 포트폴리오의 위험은 구성자산간의 상관관계에 따라 달라지므로 다소 복잡한 과정을 거치게 된다. 구성자산의 수익률간의 상관관계가 낮을수록, 구성자산의 수가 증가함에 따라 포트폴리오의 위험은 분산투자효과에 의해서 점점 감소한다.

이와 같은 분산투자효과에 대하여는 제 4 절에서 보다 상세하게 설명하고, 여기서는 포트폴리오위험의 측정방법에 대하여 설명한다. 두 개의 자산으로 포트폴리오를 구성한다면, 식 (7-7)에 의하여 포트폴리오의 분산을 계산할 수 있다.

$$\sigma_p^2 = w_a^2\sigma_a^2 + w_b^2\sigma_b^2 + 2w_a w_b \rho_{ab}\sigma_a\sigma_b \tag{7-7}$$

- σ_p^2: 포트폴리오의 분산
- ρ_{ab}: A자산과 B자산과의 상관계수

상관관계(correlation)는 경제여건의 변화에 따라 두 자산의 수익률이 변동하는 상호관계를 나타낸다. 경제여건의 변화에 따라 두 자산의 수익률이 같은 방향으로 변화하는 경우 정(+)의 상관관계에 있다고 말하며, 두 자산의 수익률이 서로 반대의 방향으로 변화하는 경우 부(−)의 상관관계에 있다고 말한다. 그리고 두 자산의 수익률이 서로 독립적으로 움직일 때 영(0)의 상관관계가 있다고 말한다. 경제여건의 변화에 따른 두 자산수익률간의 상호관계변동을 측정하는 척도로는 상관계수(correlation coefficient)와 공분산(covariance)이 있다. 공분산은 두 자산 수익률의 편차평균의 곱을 상태의 발생확률에 따라 가중평균한 것으로 A, B 두 자산의 공분산은 식 (7-8)에 의해 계산된다.

$$COV(R_a R_b) = \Sigma[\{R_{ai} - E(R_a)\}\ \{R_{bi} - E(R_b)\}]P_i \tag{7-8}$$

- $COV(R_a, R_b)$: A, B 두 자산간의 공분산
- R_{ai}, R_{bi} : i상황에서의 A, B 두 자산의 예상수익률
- $E(R_a)$, $E(R_b)$: A, B 두 자산의 기대수익률

식 (7-8)에서 공분산이 정(+)의 부호를 갖는다면 경제여건의 변화에 따라 두 자산의 수익률이 같은 방향으로 변동함을 의미한다. 따라서 공분산은 경제여건의 변화에 따라 두 자산의 수익률이 어느 정도 함께 움직이는가를 측정하는 하나의 척도로 사용된다.

그러나 일반적으로 공분산의 크기는 변수의 측정단위에 따라 달라진다. 예를 들어 몸무게와 신장의 관계를 검토한다고 하자. 몸무게는 kg으로 그리고 신장은 cm 또는 feet로 측정된다. 신장을 cm로 측정할 때와 feet로 측정할 때 몸무게와 신장 사이의 공분산 값이 달라진다.

이처럼 측정단위가 공분산에 미치는 영향을 제거하기 위하여는 몸무게의 편차평균과 신장의 편차평균을 각각 표준편차로 나누어 이를 표준화하여야 한다. 표준화의 결과로서 얻어지는 값을 상관계수(correlation coefficient)라고 한다. 상관계수는 식 (7-9)를 이용하여 계산할 수 있다. 이 식에서 보는 바와 같이 두 자산간의 공분산은 상관계수 ρ에 각 자산의 표준편차를 곱한 값과 같다.

$$\rho_{ab}{}^{2)} = \frac{COV(R_a, R_b)}{\sigma_a \sigma_b} \tag{7-9}$$

상관계수는 어느 한 변수의 값이 변화할 때 다른 변수의 값이 어느 정도 변화하는가를 측정하는 상대적 척도로 -1과 1사이의 값을 갖는다.

〈표 7-1〉에서 만일 두 자산의 수익률간의 상관계수가 +1이라면 두 자산이 완전 정(+)의 상관관계(perfectly positive correlation)에 있다고

2) ρ는 로(Rho)라 발음하며

$$\rho_{ab} = COV\left[\left\{\frac{R_a - E(R_a)}{\sigma_a}\right\}, \left\{\frac{R_b - E(R_b)}{\sigma_b}\right\}\right]$$

$$= E\left[\left\{\frac{R_a - E(R_a)}{\sigma_a}\right\} \times \left\{\frac{R_b - E(R_b)}{\sigma_b}\right\}\right]$$

$$\because \frac{R_a - E(R_a)}{\sigma_a} \text{의 기대치} = 0$$

$$= \frac{E[\{R_a - E(R_a)\}\{R_b - E(R_b)\}]}{\sigma_a \cdot \sigma_b}$$

$$= \frac{COV(R_a, R_b)}{\sigma_a \cdot \sigma_b}$$

말하며, -1의 값을 갖는다면 완전 부(−)의 상관관계(perfectly negative correlation)에 있다고 한다.

한편, 두 자산의 수익률의 상관계수가 -1과 0 사이의 값을 갖는 경우 부(−)의 상관관계에, 0과 $+1$ 사이의 값을 갖는 경우 정(+)의 상관관계에, 그리고 0의 값을 갖는 경우 독립적인 관계에 있다고 한다. 이와 같은 관계를 그래프로 그리면 [그림 7-4]와 같다.

식 (7-7)에서 볼 수 있는 바와 같이 상관계수(ρ_{ab})는 두 자산으로 포트폴리오를 구성할 때 위험의 크기에 영향을 미치는 하나의 중요한 요인이다. 〈표 7-1〉의 자료를 이용하여 포트폴리오의 분산을 실제로 계산하여 보기로 하자. 먼저 A자산과 B자산 수익률의 공분산을 계산하면 다음과 같다.

$$
\begin{aligned}
COV(R_a,\ R_b) &= 0.2(-0.055-0.05)(0.35-0.14)+0.2(0.005-0.05) \\
&\quad (0.23-0.14)+0.2(0.045-0.05)(0.15-0.14)+0.2 \\
&\quad (0.095-0.05)(0.05-0.14)+0.2(0.16-0.05) \\
&\quad (-0.08-0.14) \\
&= -0.00441-0.00081-0.00001-0.00081-0.00484 \\
&= -0.01088 \\
\rho_{ab} &= \frac{-0.01088}{0.0737564 \times 0.1475127} = -1
\end{aligned}
$$

만일 A자산과 B자산에 각각 투자자금의 50%씩을 투자하여 포트폴리오를 구성한다면 포트폴리오의 분산은 다음과 같이 계산할 수 있다.

$$
\begin{aligned}
VAR(R_p) &= (0.5)^2 0.00544+(0.5)^2 0.02176+2(0.5)(0.5)(-1) \\
&\quad (0.0738)(0.1475) \\
&= 0.00136+0.00544-0.00544 \\
&= 0.00136 \\
\rho(R_p) &= \sqrt{0.00136} = 0.0369 \text{ or } 3.69\%
\end{aligned}
$$

앞에서 설명한 바와 같이 두 자산수익률간의 상관관계에 따라 포트폴리오의 위험이 달라진다. 예를 들어 X 및 Y 자산의 기대수익률이 5% 및 8%이고, 표준편차의 값이 각각 4%와 10%라고 할 때 두 자산에 투자자

그림 7-4 **상관관계**

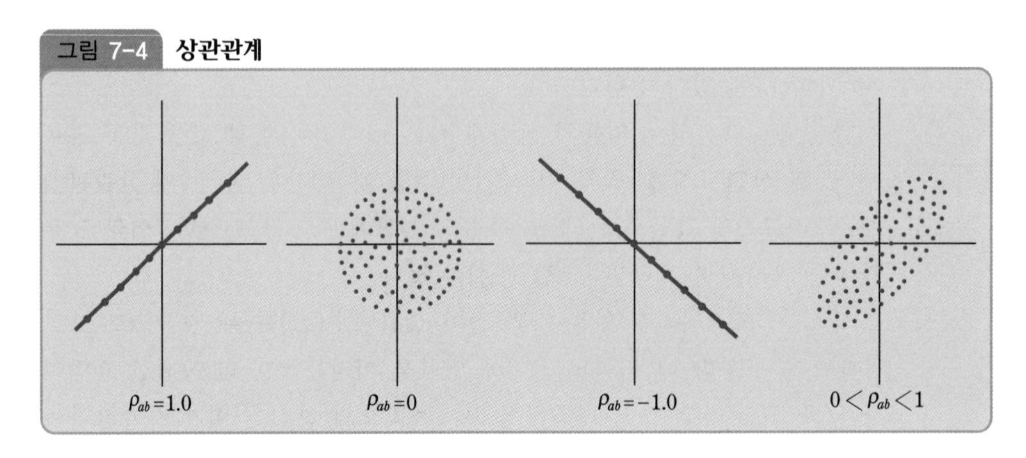

금의 50%를 각각 투자하는 경우 상관계수가 +1의 값을 갖는다면 포트폴리오의 표준편차는 7%, 상관계수가 0의 값을 갖는다면 표준편차의 값은 5.39%, 그리고 상관계수가 −1의 값을 갖는다면 표준편차의 값은 3%가 된다. 즉, 위의 계산결과는 두 자산이 완전히 정의 상관관계에 있지 않는 한 두 자산을 결합하여 포트폴리오를 구성할 때 위험이 감소한다는 것을 보여 주는 좋은 예이다.

그러면 두 자산의 기대수익률, 표준편차 그리고 상관계수를 알고 있을 때, 구성자산에 대한 투자비율을 달리하는 경우 포트폴리오의 위험이 어떻게 달라지는가?

〈표 7-1〉의 예를 가지고 투자비율을 달리함에 따라 변화하는 포트폴리오의 기대수익률과 분산의 값을 계산하여 정리하면 〈표 7-2〉와 같다.

다음 〈표 7-2〉에서 두 자산의 상관계수가 −1일 때 A자산에 투자자금의 2/3를 투자하고, 나머지 1/3을 B자산에 투자하면 $\sigma^2(R_p)$가 최소가 되

표 7-2 **투자비율 변화에 따른 포트폴리오의 기대수익률과 표준편차의 값**

A자산의 구성비	B자산의 구성비	$E(R_p)$	$\sigma(R_p)$
−50.0%	150.0%	18.50%	25.83%
0.0	100.0	14.00	14.75
25.0	75.0	11.75	9.21
50.0	50.0	9.50	3.66
66.7	33.3	8.00	0.00
100.0	0.0	5.00	7.38
150.0	−50.0	0.50	18.46

는 포트폴리오인 최소분산포트폴리오(minimum variance portfolio)을 구성할 수 있음을 알 수 있다.[3)]

N개의 자산으로 포트폴리오를 구성하는 경우 식 (7−10)을 이용하면 포트폴리오의 분산을 계산할 수 있다.

$$\sigma^2(R_p) = \sum_{i=1}^{n} \sum_{j=1}^{n} w_i w_j COV(R_i,\ R_j) \qquad (7-10)$$

- $\sigma^2(R_p)$: 포트폴리오의 수익률의 분산
- w_i : i자산에 대한 투자구성비율
- w_j : j자산에 대한 투자구성비율
- $COV(R_i,\ R_j)$: i자산과 j자산 수익률간의 공분산

식 (7−10)을 이용하여 A, B 두 자산간의 상관계수가 다를 경우, 이를 두 자산으로 구성된 포트폴리오의 기대수익률과 표준편차의 변화를 그래프로 나타내면 [그림 7−5]와 같다. 즉 상관계수가 낮을수록 위험(표준편차)의 크기도 작아진다.

그림 7−5 **상관계수의 변동에 따른 포트폴리오기대수익률과 표준편차의 변화**

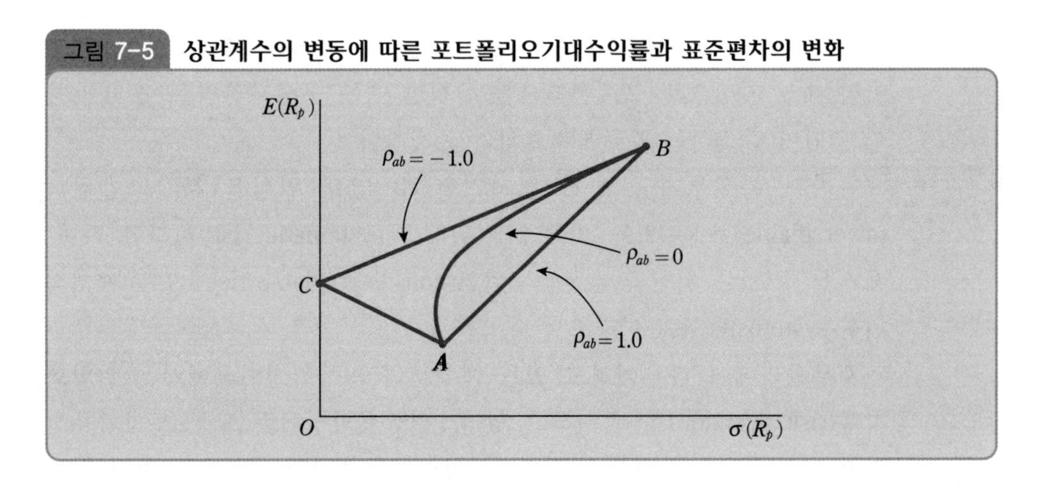

3) 상관계수가 주어졌을 때 A, B 두 자산으로 구성된 포트폴리오의 위험을 최소로 하는 투자비율 w_a는 식 (7−7)에서 w_b대신에 $(1-w_a)$을 대입하여 w_a에 대한 함수로 만들어 $\sigma^2(R_p)$를 최소로 하는 w_a를 구하므로 얻어진다. 이는 w_a에 관해서 1차 미분한 값을 제로(0)로 놓음으로써 산출된다.

$$\frac{d\sigma(R_p)^2}{dw_a} = 2w_a \sigma_a^2 + 2(1-w_a)(-1)\sigma_b^2 + 2\rho_{ab}\sigma_a\sigma_b - 4w\rho_{ab}\sigma_a\sigma_b$$
$$= 2w_a(\sigma_a^2 + \sigma_b^2 - 2\rho_{ab}\sigma_a\sigma_b) - 2\sigma_b^2 + 2\rho_{ab}\sigma_a\sigma_b = 0$$

이를 w_a에 대해서 정리하며 다음과 같다.

$$w_a = \frac{\sigma_b^2 - \rho_{ab}\sigma_a\sigma_b}{\sigma_a^2 + \sigma_b^2 - 2\rho_{ab}\sigma_a\sigma_b}$$

이와 같이 두 자산수익률간의 상관계수가 +1미만의 값을 갖는 경우 이들 자산으로 포트폴리오를 구성하면 포트폴리오위험은 두 자산의 위험을 투자비율에 따라 가중평균한 값보다 작은 값을 갖는다. 그러나 대부분의 자산은 시장전체의 수익률 변동과 어느 정도 정(+)의 상관관계를 갖기 때문에 구성자산의 수를 아무리 증가시킨다 할지라도 개별자산의 위험 전부를 제거할 수는 없다. 둘 이상의 자산에 투자자금을 분산하여 포트폴리오를 구성할 때 구성자산의 수가 증가함에 따라 위험이 감소하는데, 이와 같은 위험의 감소효과를 분산투자효과(diversification effect)라고 한다.

제 4 절 체계적 위험과 비체계적 위험

개별자산의 위험은 미래의 가능한 투자성과가 정규분포를 갖는다는 가정하에서 정규분포의 모수인 분산 또는 표준편차로 측정된다. 그러나 여러 개의 자산으로 포트폴리오를 구성할 때는 구성자산의 수에 비례하여 위험이 감소하는 분산투자효과가 존재한다.

따라서 분산투자를 통하여 제거할 수 있는 위험을 분산가능위험(diversifiable risk) 또는 비체계적 위험(unsystematic risk)이라고 하며, 제거할 수 없는 위험을 분산불능위험(non diversifiable risk) 또는 체계적 위험(systematic risk)이라고 한다.

재무관리에서 다루어지고 있는 대부분의 의사결정이론에서는 위험회피형(risk aversion)을 가정하고 있다. 위험회피성이란 모든 투자자들이 위험을 회피하는 성향을 말한다. 위험회피적 투자자들은 개별자산을 평가할 때 분산불가능위험 곧, 체계적 위험만 관심을 갖는다. 왜냐하면 분산가능한 위험은 포트폴리오 구성을 통하여 투자자들 스스로 거의 제거할 수 있기 때문이다([그림 7-6] 참조).

체계적 위험은 경제전반에 영향을 미치는 요인에 의해서 결정된다. 예컨대 경제가 침체국면으로 접어들 때는 거의 모든 기업의 수익력이 감퇴하여 증권시장에서 모든 주식의 가격이 하락한다. 그러나 경제가 호황국면으로 접어들 때 거의 대부분의 기업의 수익력이 개선되어 주식가격은

그림 7-6 **체계적 위험과 비체계적 위험**

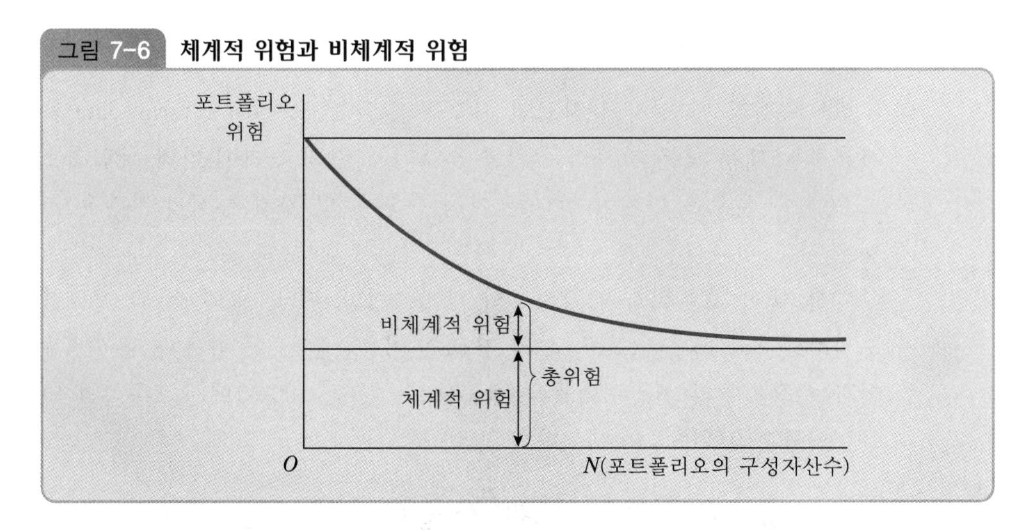

상승한다. 이자율의 변동, 구매력의 변동, 기타 전체 경제의 성과에 대한 시장의 기대변화 등에 의해서 결정되는 위험이다. 한편 비체계적 위험은 기업의 고유한 요인 또는 그 기업이 속하는 산업의 고유한 요인으로, 예를 들어 경영자의 경영능력, 태업, 원재료의 조달능력, 특정산업에 대한 환경오염규제, 기업 또는 산업의 대외경쟁력, 그리고 기업의 영업 및 재무레버리지 수준 등의 요인에 의해서 결정되는 위험을 말한다.

제 5 절 체계적 위험과 비체계적 위험의 측정

1 체계적 위험의 측정: 개별자산의 경우

지금까지는 개별자산 또는 포트폴리오의 위험이 체계적 위험과 비체계적 위험으로 구성되어 있음을 살펴보았다. 개별자산 또는 포트폴리오의 체계적 위험의 크기는 β로 측정할 수 있다. 그런데 β의 값은 시장지수의 수익률을 독립변수로 그리고 개별자산의 역사적 수익률을 종속변수로 하여 회귀분석하면 식 (7-11)과 같은 회귀식을 구할 수 있고, 이 회귀식의 기울기가 바로 β값이다. 이 회귀식을 증권특성선(security characteristic line)이라 한다. 증권특성선은 시장지수의 수익률이 변함에 따라 개별자산의 수익률이 변하는 정도를 표시한다.

$$R_i = \alpha_i + \beta_i R_m \tag{7-11}$$

β를 측정할 때 역사적 자료인 사후적 수익률(ex-post returns data)을 사용하는 데는 모든 자산의 수익률 분포가 시간의 경과에 따라 독립적으로 동일한 분포를 가져야 한다는 가정 이외에 몇 가지 통계적 가정을 전제로 하고 있다.

예를 들어, X주식과 시장지수의 과거 자료로부터 〈표 7-3〉의 자료를 수집하였다고 하자. 〈표 7-3〉의 자료를 이용하는 경우 다음과 같이 X주식과 시장지수의 연간수익률을 계산할 수 있다. 2001년에서 X주식의 연간수익률은 0.0708(7.08%)이다.

$$R_{xt} = \frac{P_{xt+1} - P_{xt} + d_{xt}}{P_{xt}} = \frac{49 - 48 + 0.05(48)}{48} = 0.0708$$

- P_t: X주식의 t시점에서의 가격
- d_{xt}: X주식의 t시점에서의 배당액

한편, 2001년도 시장지수의 연간수익률은 0.2164(21.64%)이다.

$$R_{mt} = \frac{P_{mt+1} - P_{mt} + d_{mt}}{55.85} = \frac{66.27 - 55.85 + 0.0298(55.85)}{55.85}$$
$$= 0.2164$$

표 7-3 개별주식과 시장지수

연 도	시장지수			X주식		
	가격	배당수익률	수익률	가격	배당수익률	수익률
2000	55.85	–	–	48	–	–
2001	66.27	.0298	.0708	49	.05	.2164
2002	62.38	.0337	.1212	52	.06	−.0250
2003	62.38	.0317	.4731	74	.05	.1518
2004	81.37	.0301	.2662	90	.05	.1947
2005	88.17	.0300	.1833	102	.05	.1136
2006	85.26	.0340	−.0971	87	.05	.0010
2007	91.93	.0320	−.0534	78	.05	.1102
2008	98.70	.0307	.0885	81	.05	.1043
2009	97.84	.0324	−.0264	74	.06	.0237
2010	88.22	.0383	−.0041	70	.05	−.1111

그림 7-7 **증권특성선**

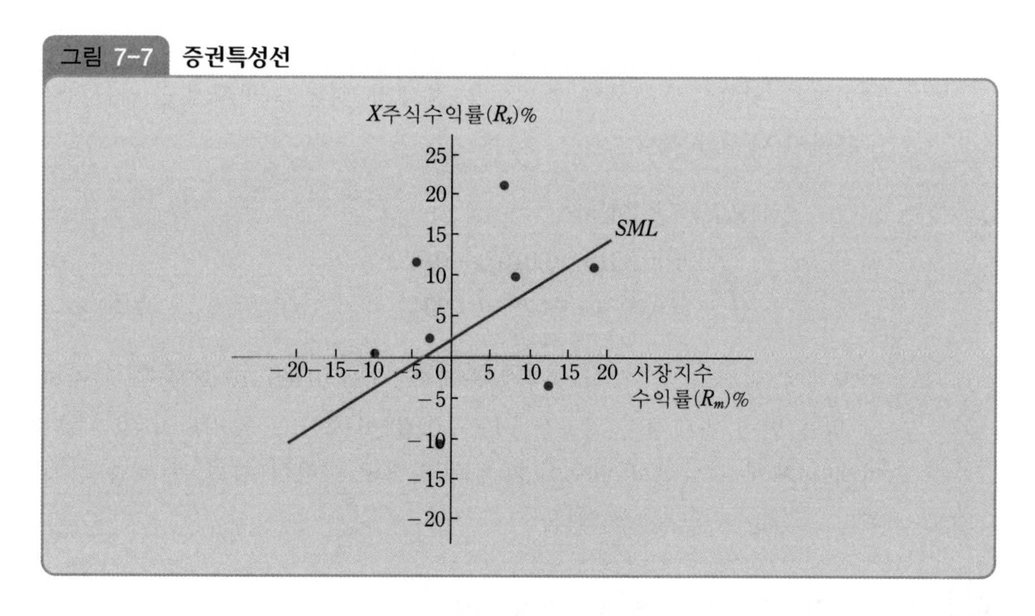

• P_{mt} : t시점에서 시장지수
• d_{mt} : t시점에서 전체시장의 배당액

X주식의 β계수를 구하는데 필요한 자료를 정리하면 〈표 7-3〉과 같고 이를 좌표상에 표시하면 [그림 7-7]과 같다.

〈표 7-3〉에서 시장지수수익률을 독립변수로 그리고 X주식의 수익률을 종속변수로 하여 회귀하면 다음과 같은 결과를 얻을 수 있다.

$$R_{xt} = 0.037 + 0.8318R_{mt}$$
$$VAR(R_x) = 0.0294, \ VAR(\varepsilon_x) = 0.0220, \ VAR(R_m) = 0.0107$$

따라서 X주식의 β계수가 0.8318임을 알 수 있다. 이는 시장지수가 10% 상승할 때 X주식의 가격이 그에 영향을 받아 8.32% 상승함을 의미한다. 이처럼 1보다 적은 β값을 갖는 주식을 방어적 주식(defensive stock)이라고 하며, 1보다 큰 β값을 갖는 주식을 공격적 주식(aggressive stock)이라고 한다.

X주식의 총위험은 0.0294이고, 시장지수의 총위험은 0.0107이다. 그러나 체계적 위험만을 고려한다면 시장지수보다 가격변동의 탄력성이 낮다고 말할 수 있다. 왜냐하면 X자산의 β계수가 1보다 작기 때문이다. 따라서 X자산의 총위험 0.0294 중에서 상당부분이 시장지수의 가격변동과

무관한 요인에 의해서 영향을 받고 있음을 알 수 있다. 이를 구체적으로 살펴보기 위하여 X주식의 총위험을 체계적 위험과 비체계적 위험으로 구분하면 다음과 같다.

$$\begin{aligned} VAR(R_i) &= \beta_x^2 VAR(R_m) + VAR(\varepsilon_i) \\ &= (0.8318)^2(0.0107) + 0.022 \\ &= 0.0074 + 0.022 = 0.0294 \end{aligned}$$

체계적 위험이 X주식의 총위험중에서 25.2%(0.0074/0.0294)를 차지하고 있는 반면 비체계적 위험은 74.8%(0.022/0.0294)를 차지하고 있다. 따라서 비체계적 위험의 비중이 체계적 위험에 비하여 훨씬 큰 비중을 차지하고 있는 것을 볼 수 있다.

2 체계적 위험의 측정: 포트폴리오의 경우

포트폴리오의 체계적 위험의 크기는 식 (7-12)를 이용해서 계산할 수 있다.

$$\beta_p = \sum_{i=1}^{n} w_i \beta_i \tag{7-12}$$

예를 들어 A자산과 B자산의 β계수가 각각 1.5와 0.5이고, 각 자산에 투자기금의 50%씩을 투자한다고 하자. 그러면 포트폴리오 β는 다음과 같이 계산할 수 있다.

$$\beta_p = 0.5 \times 1.5 + 0.5 \times 0.5 = 1.0$$

만일 A자산에 투자자금의 30%를 그리고 B자산에 70%를 각각 투자한다면, 포트폴리오 β는 0.8이 된다.

$$\beta_p = 0.3 \times 1.5 - 0.7 \times 0.5 = 0.8$$

따라서 포트폴리오 β는 각 구성자산에 대한 투자비율에 따라 달라진다는 사실을 알 수 있다. 그러므로 각 구성자산에 대한 투자비율을 조정함으로써 투자자가 원하는 체계적 위험수준을 유지할 수 있는 포트폴리오의 구성이 가능하게 되는 것이다.

1 재무관리에서 말하고 있는 투자위험의 개념을 설명하시오.

2 기업이나 개인투자자의 입장에서 포트폴리오위험이 중요한 의미를 갖는 이유를 설명하시오.

3 "주식 *A*와 주식 *C*의 표준편차가 같기 때문에 위험의 정도가 같다." 이 평가가 맞는지 틀리는지 설명하시오.

4 자산의 총위험을 체계적 위험과 비체계적 위험으로 나누어지는데 이 두 위험을 구별하고 이들 위험을 다른 말로 시장위험과 기업특유의 위험이라고도 하는데 그 이유를 설명하시오.

5 주식 *A*의 비체계적 위험은 주식 *B*의 두배가 된다. 그렇다면 주식 B의 위험보상(risk premium)은 주식 *A*의 몇 배인가?

6 주식 *A*는 다음과 같은 기대수익률의 확률분포를 가진다.

확 률	수익률
0.1	−15%
0.2	0
0.4	5
0.2	10
0.1	25

주식 *A*의 기대수익률과 표준편차는 어떻게 되겠는가?

7 자산 A와 B의 다음 해의 수익률에 대한 확률분포는 다음과 같다.

자산 A	확 률	자산 B
−5.00%	0.1	15.00%
0	0.2	10.00
11.25	0.4	8.75
15.00	0.2	5.00
20.00	0.1	0

(1) 자산 A와 B의 기대수익률은 얼마인가?

(2) 자산 A와 B의 수익률의 표준편차는 얼마인가?

(3) A, B 두 자산 수익률간의 공분산과 상관계수는 얼마인가?

8 시장포토폴리오와 Z주식의 수익률 확률분포는 다음과 같다.

확 률	Z주식 수익률	시장포트폴리오 수익률
1/8	−8%	−12%
1/8	12	14
1/8	10	8
1/8	2	−6
1/8	0	−2
1/8	−4	8
1/8	20	18
1/8	16	20

(1) 선형회귀법을 이용하여 Z주식의 분산불가능한 위험, 즉 체계적 위험을 추정하여 보아라.

(2) Z주식과 시장포트폴리오의 상관관계는 얼마나 되겠는가?

(3) Z주식의 총위험중 몇 %가 분산불가능한 위험이 되는가?

최적포트폴리오의 선택

제 7 장에서는 어떤 특정자산에 투자할 때 얻을 수 있는 미래투자수익이 정규분포를 이룬다는 가정하에서 개별자산 또는 포트폴리오 위험의 측정방법, 분산투자, 그리고 체계적 위험과 비체계적 위험에 관하여 설명하였다.

이제 이를 토대로 논의되어야 할 것은 이러한 위험이 투자자들의 투자형태에 어떻게 반영되어 위험자산의 가격이 형성되는가 하는 점이다. 따라서 위험자산의 가격형성과정을 이해하기 위해서는 먼저 위험에 대한 투자자들의 태도와 투자에 대한 기대수익과의 결합이 투자자들에게 주는 심리적인 만족감을 규명하여야 한다.

제 1 절 효용이론

1 효용함수

개인의 소비수준을 부(wealth)의 크기로 표현할 때 부의 크기가 증가할수록 개개인의 심리적 만족감, 즉 효용의 크기도 높아지는 관계를 함수로 표시한 것을 효용함수(utility function)라고 한다.

위험이 없는 확실성하의 세계에서는 투자자들의 투자목적은 투자안으로부터 실현되는 투자수익으로부터 얻는 효용을 극대화하는 데 있다. 그러나 위험이 있는 불확실성하의 세계에서는 해당투자의 기대수익 외에 기대수익의 실현 불확실성을 나타내는 위험을 동시에 고려하여 투자안으로부터 얻는 기대효용(expected utility)을 극대화하여야 한다. 즉 투자로 인한 미래수익률은 정확히 알 수 없으나 그 수익률의 확률분포는 알 수 있다는 전제하에 기대효용을 최대로 하는 투자안 또는 포트폴리오를 선택하는 것이다.

투자안의 기대효용은 미래수익이 실현되었을 때 투자자들이 느끼는 효용을 해당수익률이 실현될 확률에 의해서 가중평균한 것이며 이를 등식으로 표시하면 식 (8-1)과 같다.

$$E(U) = \sum_{i=1}^{n} U(R_i) \cdot f(R_i) \qquad (8-1)$$

- $E(U)$: 기대효용
- $U(R_i)$: i번째 수익이 실현되었을 때 개별투자자의 효용
- $f(R_i)$: i번째 수익이 실현될 확률

	대 안	상 태	확 률	수 익	기대수익	표준편차
정기예금	대안 1	–	1.0	₩ 50	₩50	₩ 0
주 식	대안 2	주가상승 주가하락	0.5 0.5	₩100 ₩ 0	₩50	₩50

투자자를 위험에 대한 태도에 따라 분류하면 위험회피형(risk averter), 위험추구형(risk taker), 위험중립형(risk neutralist)으로 구분할 수 있다. 위험회피형 투자자는 수익이 동일할 경우 위험이 적은 투자안을 선호하는 투자자를 말한다.

1년만기 정기예금에 투자하는 대안 1과 주식에 투자하는 대안 2가 있으며, 양 투자안의 투자수익은 앞의 표와 같다고 하자.

위험회피형 투자자는 기대수익이 동일한 투자안 중에서 위험이 없는 투자안인 정기예금(대안 1)을 선택한다. 그렇다면 왜 위험회피형 투자자는 대안 1을 선택하는가? 이를 [그림 8-1]의 위험회피형 투자자의 효용함수를 이용하여 설명하여 보자.

투자자가 대안 1을 선택하는 경우의 기대수익은 50원이고 그때의 효용값은 $U(50)=5$이다. [그림 8-1]에서 위험회피형 투자자의 효용함수는 수익의 증가에 따라 한계효용이 체감하는 오목형함수(concave function)

그림 8-1 **위험회피형 투자자의 효용함수**

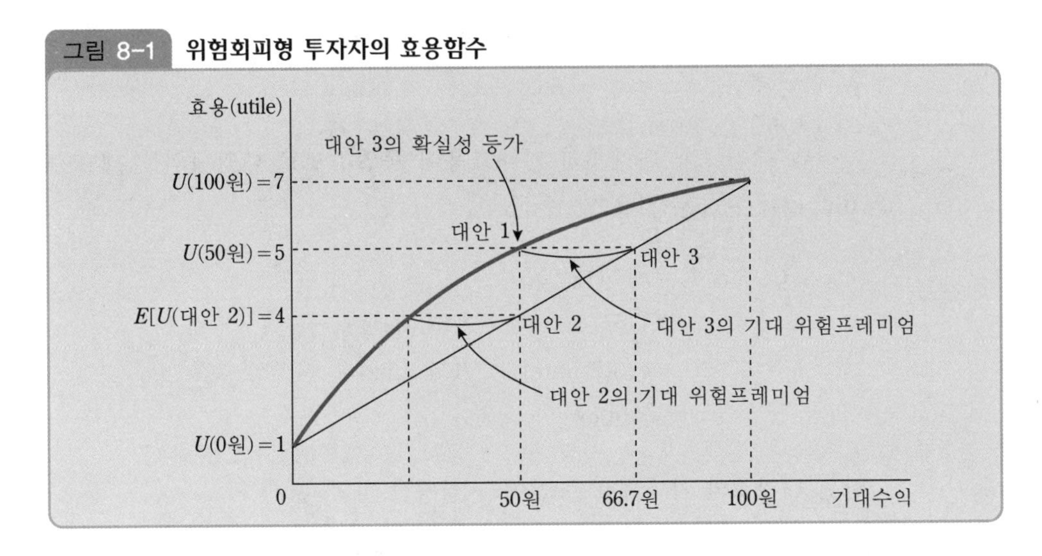

이고 기대수익에 대응하는 임의의 지수인 효용값(이를 효용지수 utility index라 한다)의 단위인 utile로 나타내면 기대수익 50원에 대한 효용 $U(50)=5$ utile이고, $U(0)=1$ utile, $U(100)=7$ utile이다.

투자자가 대안 2를 선택하는 경우에는 100원의 수익이 생길 수도 있고 0원의 수익이 생길 수도 있으므로 각 경우의 효용은 $U(100)$, $U(0)$가 된다. 따라서 식 (8-1)에 의해 각 효용에 확률을 곱한 $U(100)\times 0.5+U(0)\times 0.5=U^*$가 대안 2의 기대효용값이며

$$\begin{aligned} U^* &= E[U(\text{대안})] \\ &= 7\times 0.5+1\times 0.5 \\ &= 4 \end{aligned}$$

에서 대안 2의 기대효용값은 4 utile이다.

이것은 대안 1에 투자하였을 때의 효용이 대안 2에 투자했을 때의 기대효용보다 크다는 것을 의미하는 것이고 따라서 위험회피형 투자자가 대안 2를 선택하는 경우에는 50원 이상의 기대수익을 요구할 것이다.

주사위를 던져서 3 이상의 값이 나오면 100원을 받고, 2 이하의 값이 나오면 0을 받는 대안 3이, 확실한 현금 50원을 받을 수 있는 대안 1과 동일한 효용을 갖는다고 가정하자. 이 경우 기대수익은 66.7원이 된다.

$$\text{기대수익(대안 3)} = 4/6(100\text{원}) + 2/6(0\text{원}) = 66.7\text{원}$$

그런데 대안 1과 대안 3의 기대효용이 동일하므로 대안 1의 기대효용은 5 utile이 된다는 것을 알 수 있다.

$$\begin{aligned} U(\text{대안 1}) &= E[U(\text{대안 3})] \\ &= 4/6U(100\text{원}) + 2/6U(0\text{원}) \\ &= 4/6(7\text{ utile}) + 2/6(1\text{ utile}) \\ &= 5\text{ utile} \end{aligned}$$

한편 대안 2의 기대효용은 앞에서 설명한 바와 같이

$$\begin{aligned} E[U(\text{대안 2})] &= (0.5)U(100\text{원}) + (0.5)U(0\text{원}) \\ &= (0.5)(7\text{ utile}) + (0.5)(\text{utile}) \\ &= 4\text{ utile} \end{aligned}$$

확실한 대안 1을 선택하는 경우에는 5 utile의 효용을 얻을 수 있으나 불확실한 대안 2를 선택하는 경우에는 4 utile의 효용을 얻을 수 있다. 따라서 투자성과가 동일한 경우 확실한 대안을 선택할 때 더 큰 효용을 얻을 수 있기 때문에 위험회피형 투자자는 대안 1을 선택할 것이고 불확실한 대안을 선택하고자 하는 경우에도 대안 1의 50원보다 더 높은 기대수익 66.7원을 제공하는 대안 3을 선택할 때 비로소 대안 1과 동일한 효용을 얻을 수 있다.

위험회피형 투자자의 효용함수는 [그림 8-1]에서 보건대 기대수익의 수준이 증가함에 따라 한계효용이 체감하는 특성을 갖는다.

위험회피형 투자자의 경우에는, [그림 8-1]에서 보는 바와 같이 정기예금(대안 1)을 하였을 때 기대수익의 효용$U[E(R)]$이 주식투자(대안 2)로 인한 기대효용 $E[U(R)]$보다 항상 크다.

위험추구형 투자자는 위험 자체를 선호하는 투자자를 말하고, 그의 효용함수는 [그림 8-2]처럼 한계효용이 체증하는 볼록형 함수(convex function)형태를 갖는다. 즉, 위험선호자는 기대수익률이 동일하더라도 위험이 있는 투자안을 선택하여 기대효용을 증가시키고자 하는 사람이

그림 8-2 위험추구형 투자자의 효용함수

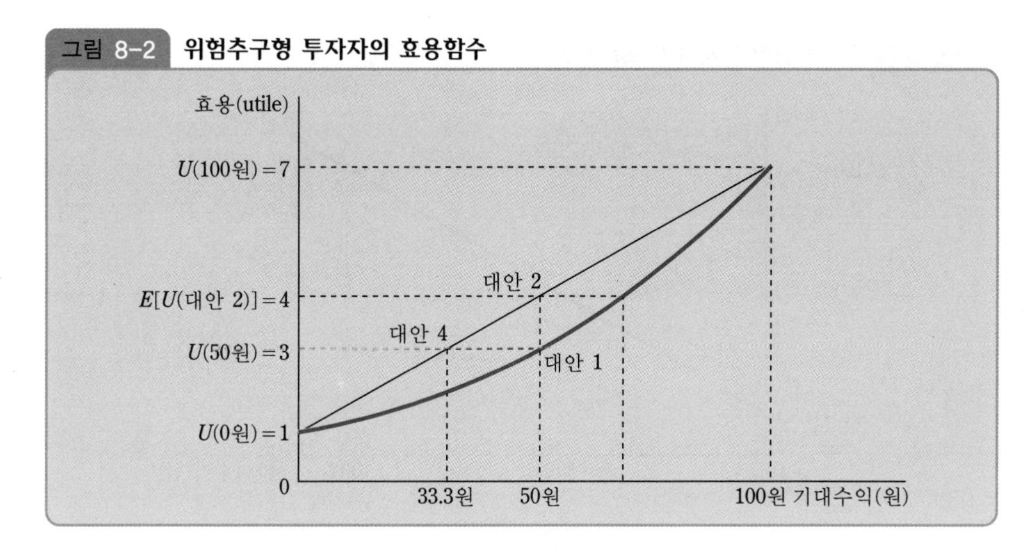

다. 위험회피자에 적용한 예를 그대로 위험선호자에 적용시켜 보면 [그림 8-2]와 같다.

위험회피자와는 정반대로 정기예금을 하였을 때 기대수익의 효용 $U[E(R)]=U(50=3$ utile)보다는 위험있는 주식투자로 인한 기대효용 $E[U(R)]=U^*$(4 utile)가 더 크다. 따라서 위험추구형 투자자는 위험이 큰 대안 2인 주식투자를 선택할 것이다.

주사위를 던져서 5이상의 값이 나오면 100원을 받고, 4이하의 값이 나오면 0원을 받는 대안 4가 확실한 현금 50원과 동일한 효용을 갖는다고 가정하자. 이 경우 대안 4의 기대수익은 33.3원이 된다.

$$\text{기대수익(대안 4)} = 2/6(100\text{원}) + 4/6(0\text{원}) = 33.3\text{원}$$

대안 1과 대안 4의 기대효용이 동일하므로 대안 1의 기대효용은 3 utile이 된다.

$$U[\text{대안 } 1] = E[U(\text{대안 } 4)] = 2/6(7 \text{ utile}) + 4/6(1 \text{ utile}) = 3 \text{ utile}$$

그림 8-3 **위험중립형 투자자의 효용함수**

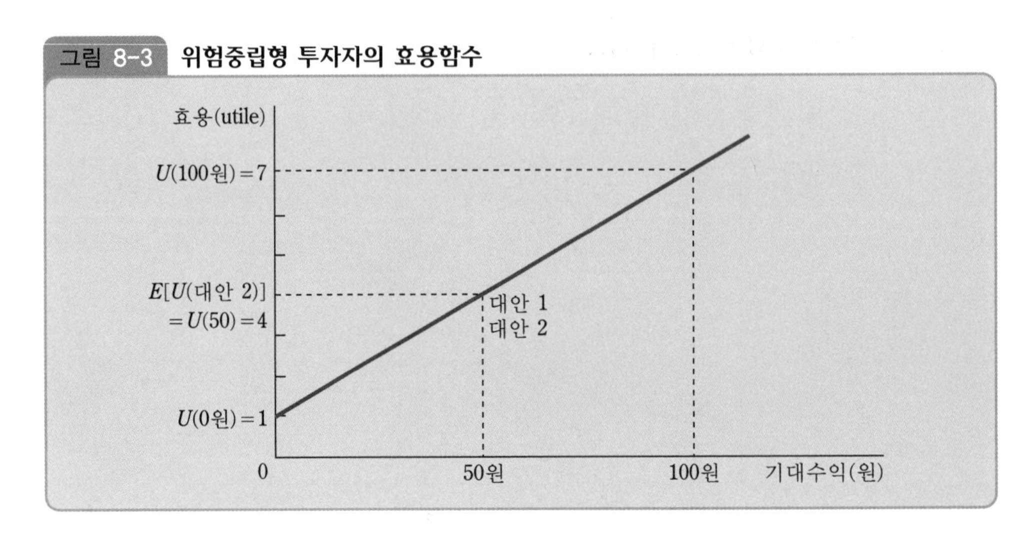

따라서 위험추구형 투자자의 효용함수는 부의 수준이 증가함에 따라 한계효용이 체증하며, 기대위험프리미엄은 언제나 부(-)의 값을 갖는다는 사실을 알 수 있다.

[그림 8-2]에서 볼 수 있는 것처럼 불확실한 대안 2의 효용이 확실한 대안 1의 효용보다 더 크므로, 대안 1을 선택할 때 얻을 수 있는 확실한 50원과 동일한 효용을 제공하는 불확실한 현금이 언제나 50원보다 적다는 사실을 알 수 있다. 따라서 위험추구형 투자자의 경우, 불확실한 현금 33.3원을 제공하는 대안 4의 확실성등가는 50원이다. 이 경우 대안 4의 기대위험프리미엄은 −16.7원이 된다.

위험중립형투자자(risk neutral investor)는 투자결정에서 위험을 고려하지 않는 투자자를 말하고, 그의 효용함수는 [그림 8-3]처럼 직선으로 표시된다. 즉, 이들은 위험수준과는 관계없이 기대수익만으로 투자를 결정한다. 위험중립자의 효용함수는 [그림 8-3]과 같이 직선으로 나타난다.

위험중립형의 투자자는 정기예금을 하든지 주식에 투자하든지 기대수익 50원에 대응하는 효용은 $U(50)=4$ utile 이어서 동일한 기대효용을 가진다. 따라서 위험중립형 투자자의 효용함수는 수익의 수준이 증가하더라도 한계효용이 일정하며, 기대위험프리미엄은 언제나 0의 값을 가짐을 알 수 있다.

2 무차별곡선(indifference curve)

앞서 설명한 것처럼 투자자의 효용함수가 주어지고 투자로부터 기대되는 수익의 확률분포를 알면 그 투자로부터 기대되는 효용을 측정할 수 있으며 더 나아가서 그 확률분포가 정규분포를 이룬다면 기대값과 분산만으로 투자자의 기대효용을 나타낼 수 있다. 이를 등식으로 표시하면 식 (8-2)와 같다.

$$E[U(R)]=f[E(R),\ \sigma^2(R)] \tag{8-2}$$

식 (8-2)처럼 미래수익의 확률분포와는 관계없이 미래수익흐름의 분산과 기대치, 두 요인만으로 기대효용을 결정하는 모형을 평균 분산모형이라 한다. 합리적인 투자자라면 동일한 기대값을 주는 투자안 중에서는 분산이 작은 투자안을 선택할 것이며, 같은 분산의 투자안 중에서는 기대값이 큰 투자안을 선택하게 되는데 이와 같은 투자선택의 원칙을 평균분산원리(mean variance rule)라고 한다.

이와 같은 투자형태가 일어나는 이유는 투자자가 위험을 나타내는 분산을 기피하고 기대수익을 선호하기 때문이며, 기대수익이 크면 클수록 그의 기대효용은 증가하고 반대로 투자수익의 위험도인 분산이 커짐에 따라 기대효용이 감소하게 된다. 따라서 기대수익률이나 위험의 정도가 서로 다른 여러 개의 투자안으로부터 동일한 효용을 얻기 위해서는 기대수익률이 낮으면 위험도도 낮아야 하고, 위험도가 높으면 그만큼 기대수익률도 높아야 한다. 이와 같은 위험도와 수익률의 관계를 위험도와 수익률의 상호보상관계(risk return trade off)라고 한다. 또한 기대효용이

투 자 안	경기상태	확 률	수 익	기대수익	표준편차
A	상승 하강	0.5 0.5	30 30	30	0
B	상승 하강	0.5 0.5	90 10	50	40
C	상승 하강	0.5 0.5	180 20	100	80

같은 평균 · 분산의 조합을 연결한 선을 평균 분산 무차별곡선(mean variance indifference curve)이라 한다.

무차별곡선을 설명하기 위해 다음과 같은 세 가지 투자안을 고려해 보자.

투자안 *A*는 경기상태의 변동과 관계없이 항상 일정한 수익을 주는 무위험자산으로 표준편차가 0이다. 투자안 *B*와 *C*는 모두 위험이 있는 자산들로서 투자안 *C*는 투자안 *B*와 비교할 때 기대수익과 표준편차가 모두 크기 때문에 둘 중 어느 것이 유리한가를 결정할 수 없으며 투자자의 위험회피 정도에 따라서 이들 중 어느 하나를 선택하게 될 것이다.

그림 8-4 **위험회피형 투자자의 기대효용**

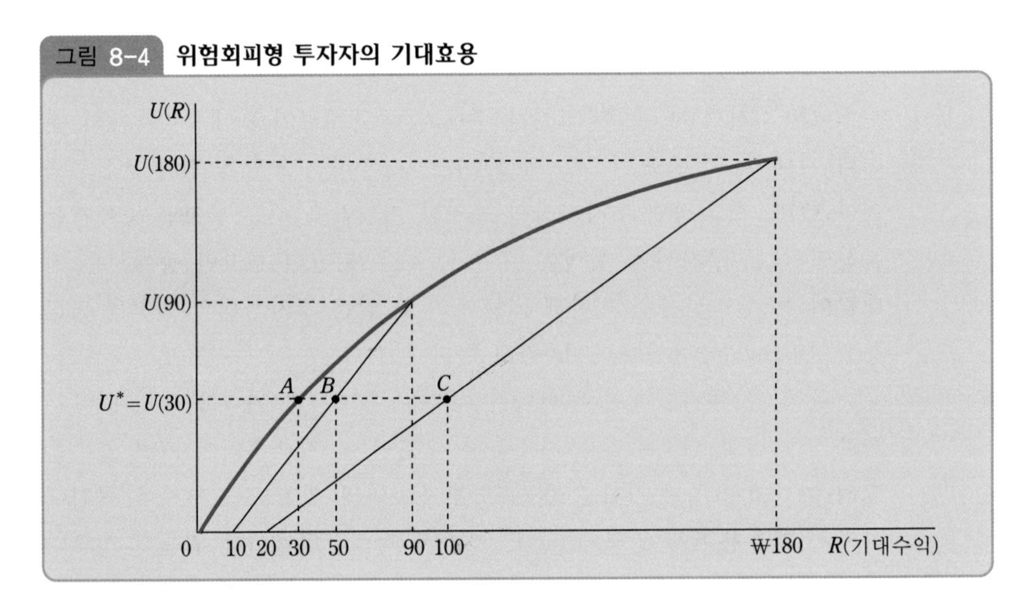

그림 8-5 **무차별곡선**

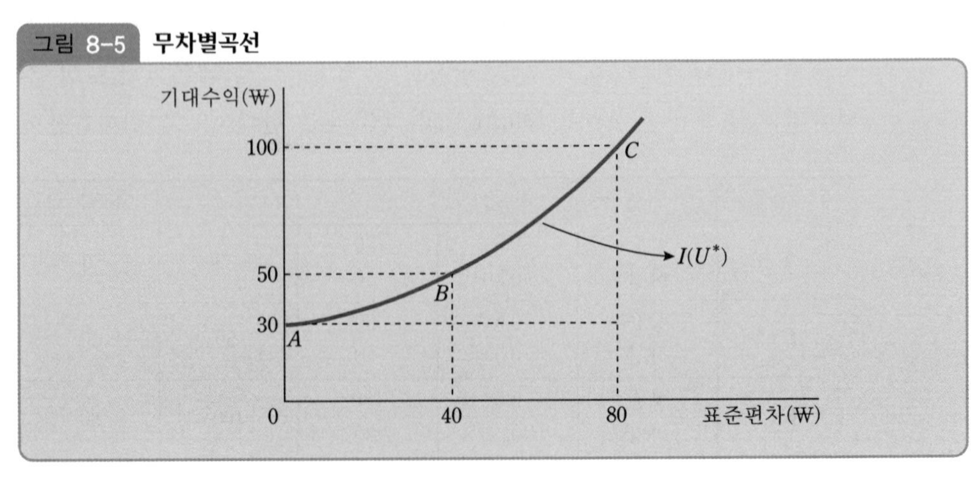

가령 위의 세 가지 투자안들이 위험회피형 투자자에게 동일한 수준의 기대효용을 준다면, 이 투자자의 기대효용과 투자안의 수익과의 관계를 [그림 8-4]와 같이 나타낼 수 있다.

세 투자안들로부터 얻는 기대효용은 모두 U^*수준에서 결정된다. 즉 확실한 수익 30원에 대한 효용과 불확실한 투자안들로부터의 기대수익 50원과 100원에 대한 기대효용이 동일하다. 위의 세 투자안을 비교한 표에서 보건대, 투자안 B는 A보다 높은 위험을 가지고 있음에도 불구하고 동일한 기대효용을 주는 이유는 높은 위험에 대한 보상으로 높은 기대수익을 제공하고 있기 때문이다. 즉 표준편차가 40단위 증가함에 따른 보상으로 기대수익이 20(=50−30)단위 증가하여 기대효용을 동일한 수준으로 유지시키고 있다. 투자안 B와 C의 경우에는 표준편차가 40단위 증가에 따른 기대수익이 50단위 증가하여 두 투자안에 대한 기대효용이 동일하게 되었다. 이와 같이 투자자들이 위험에 대한 보상으로 높은 기대수익을 요구하기 때문에 기대수익 · 표준편차 좌표상에 무차별곡선을 그려보면 [그림 8-5]에서와 같이 우상향하게 된다.

A, B, C 각 투자안은 모두 U^*값의 동일한 효용을 가지므로 동일한 무차별곡선 $I(U^*)$상에 놓이게 된다. 지금까지의 논리를 위험추구형 투자자와 위험중립형 투자자에게 적용하면 무차별곡선을 쉽게 도출할 수 있는데 이를 도시하면 [그림 8-6]과 같다.

위험중립형 투자자의 효용은 위험과는 관련없이 기대수익에만 의존하여 결정되므로 동일 기대수익률은 동일한 효용을 준다. 한편 위험추구형 투자자는 기대수익률을 희생하여서라도 위험을 추구하는 효용곡선을 갖는다.

그림 8-6 위험에 대한 태도가 다른 투자자들의 무차별곡선

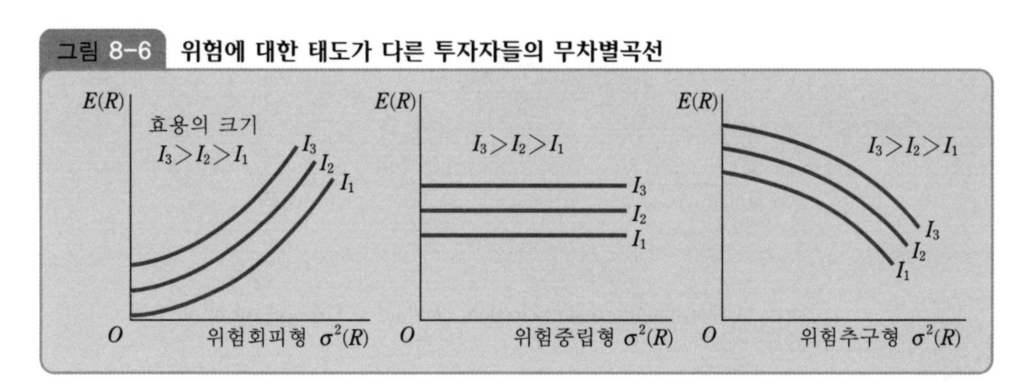

제 2 절 최적포트폴리오의 선택

1 효율적 투자선

포트폴리오 선택이론은 ① 일정한 위험수준에서 가장 높은 기대수익을 제공하고 ② 일정한 기대수익에서 가장 낮은 위험을 갖는 포트폴리오 집합 중에서 투자자의 기대효용을 극대화하는 포트폴리오를 선택하는 투자원칙을 설명하는 이론이다. 두 개 이상의 개별자산으로 구성된 포트폴리오의 기대수익률과 표준편차를 측정하여 그림으로 나타내면 [그림 8-7]과 같은 투자가능한 투자기회집합(investment opportunity set)을 얻을 수 있다. 투자기회집합내에 포함된 포트폴리오는 개별자산에 대한 투자비율을 달리함에 따라 수없이 많게 된다.

마코윗츠(Markowitz)는 그의 논문 『포트폴리오선택』(Portfolio Selection)[1]에서 어떤 자산에 투자하여 얻을 수 있는 미래수익률은 정규분포를 가지며, 그 확률분포의 모수인 기대수익률과 표준편차에 기초하여 의사결정을 하는 위험회피적 투자자의 포트폴리오의 선택과정을 설

그림 8-7 투자기회집합

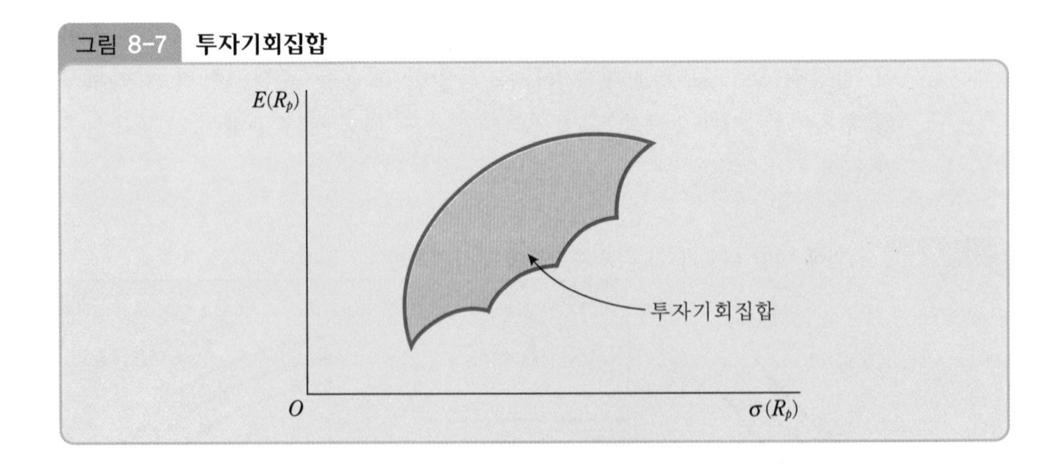

1) Harry Markowitz, "Portfolio Selection," *Journal of Finance,* vol. 3, no. 1(Mar. 1952), pp. 77~91.

명하였다.

즉, 그는 모든 투자자들이 평균 분산기준(mean-variance criteria)에 따라 투자한다고 가정하였다. 평균 분산기준이란 투자안의 위험을 분산으로 측정하며, 위험이 동일한 경우 기대수익이 가장 높은 투자안을 선택하며, 기대수익이 동일한 경우 위험이 가장 낮은 투자안을 선택하는 투자행동기준을 말한다.

〈표 8-1〉에 나타낸 4개의 대체적인 포트폴리오가 있다고 하자. 만일 투자자들이 마코윗츠의 투자선택기준에 따라 행동한다면 이들 4개의 포트폴리오 중에서 어느 포트폴리오를 선택하여야 할까?

포트폴리오 A와 B를 비교하여 보자. 양 포트폴리오에서 기대수익률은 동일하나 표준편차가 서로 다르다는 사실을 알 수 있다. 따라서 투자자는 표준편차가 작은 포트폴리오 A를 선택할 것이다. 한편 포트폴리오 C

표 8-1 포트폴리오의 기대수익률과 위험

포트폴리오	기대수익률	위험(표준편차)
A	0.2	0.50
B	0.2	0.60
C	0.4	0.80
D	0.8	0.80

그림 8-8 효율적 투자선

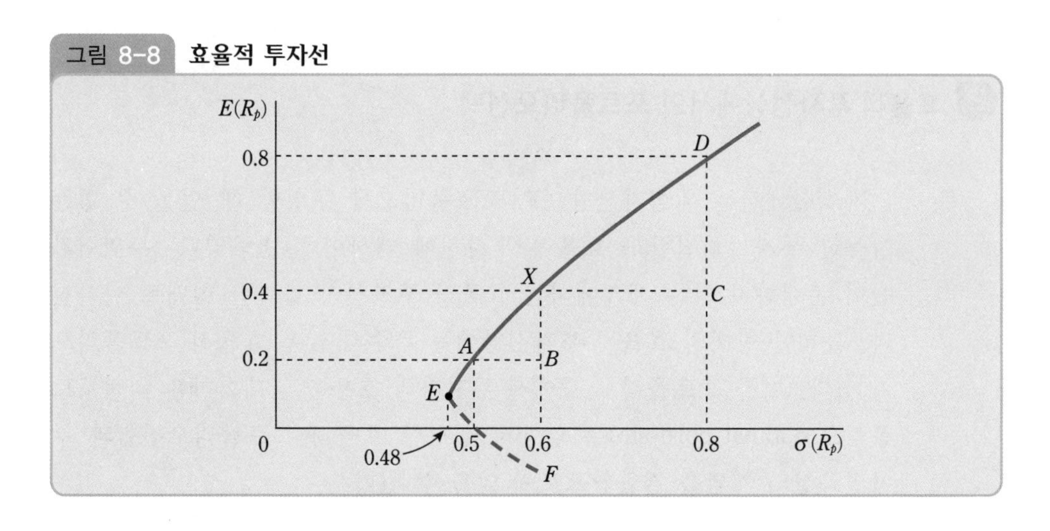

와 D에서는 표준편차는 동일하지만 기대수익률이 서로 다른 포트폴리오임을 알 수 있다. 따라서 투자자는 기대수익률이 높은 포트폴리오 D를 선택할 것이다.

이와 같이 기대수익률이 동일한 경우에는 위험이 낮은 포트폴리오가 위험이 높은 포트폴리오를, 그리고 위험이 동일한 경우에는 기대수익률이 큰 포트폴리오가 기대수익률이 작은 포트폴리오를 지배하고 있음을 볼 수 있는데, 이를 지배의 원리(dominance theorem)라고 한다.

점 E의 위쪽에 있는 곡선상에 위치한 포트폴리오집합은 동일한 기대수익률에서 위험이 가장 낮고 동일한 위험수준에서 기대수익률이 가장 높은 포트폴리오집합이다. 이처럼 지배의 원리를 충족시키는 포트폴리오집합을 효율적 포트폴리오집합 또는 효율적 투자선(efficient frontier)이라고 한다. 효율적 포트폴리오집합은 합리적(rational) 투자자들의 선택대상이 되는 포트폴리오집합이다.

[그림 8-8]상의 곡선 FED는 동일한 기대수익률 수준에서 최소의 위험도를 가진 투자기회를 연결한 선으로 최소분산선(minimum variance set)이다. 이 최소분산선 중에서 EF에 해당되는 부분은 EX상의 투자기회들보다 기대수익률이 낮으므로 효율적 투자선을 형성할 수 없다. 그렇다면 효율적 투자선상에 놓여 있는 포트폴리오집합 중에서 어떤 포트폴리오를 선택할 것인지는 투자자의 효용에 달려 있다. 투자자들은 효율적 투자선상에 있는 포트폴리오집합 중에서 그들의 효용을 극대화시켜주는 포트폴리오를 선택한다.

2 효율적 투자선상에서의 포트폴리오선택

제 1 절에서는 위험자산만으로 포트폴리오를 구성할 때 얻을 수 있는 가능한 투자기회집합과 효율적 투자선에 대하여 설명하였다. 무위험자산이 존재하지 않는 세계에서는 효율적 투자선이 볼록한 형태로 나타난다. 볼록한 형태의 효율적 투자선상에는 무수히 많은 효율적 포트폴리오가 있다. 이들 포트폴리오 중에서 투자자의 효용을 극대화하는 최적포트폴리오(optimal portfolio)는 앞에서 설명한 효율적 포트폴리오집합과 무차별곡선의 개념을 결합함으로써 얻을 수 있다.

그림 8-9 **무차별곡선과 최적포트폴리오의 선택**

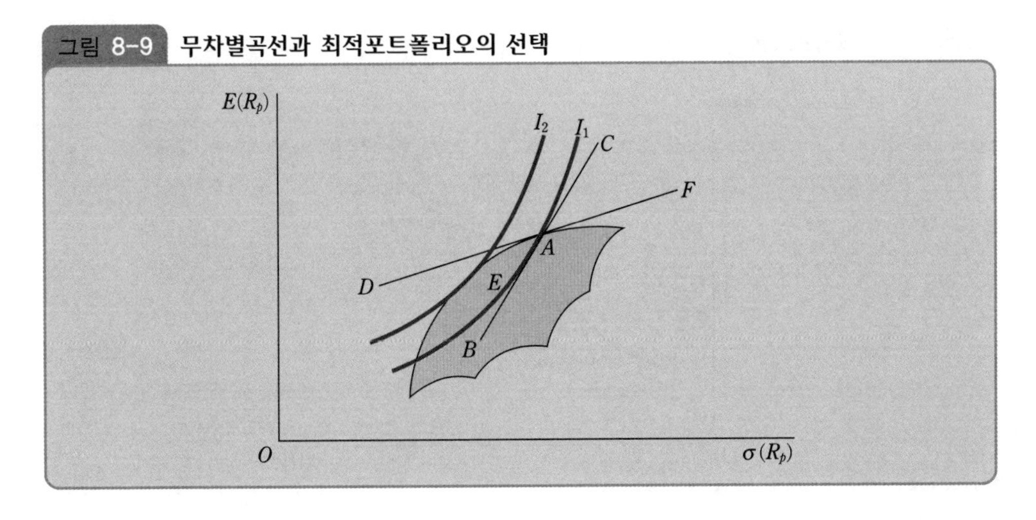

[그림 8-9]는 투자자가 효용을 극대화하기 위하여 최적포트폴리오를 선택하는 과정을 보여주고 있다. 투자자의 무차별곡선이 I_1 및 I_2이고 효율적 투자선상의 A포트폴리오를 선택한다고 하자. 효율적 투자선에서 점 A의 접선은 DAF이다. DAF는 시장의 투자기회가 제공하는 위험과 기대수익간의 한계변환율(Marginal Rate of Transformation: *MRT*)이라 볼 수 있다.

한편 무차별곡선 역시 효율적 투자선상의 점 A를 지난다. 점 A에서 무차별곡선의 접선은 BAC이다. BAC는 포트폴리오에 투자할 때 투자자가 요구하는 한 단위 위험의 증가에 대한 보상으로 기대수익률이 증가해야 하는 비율을 의미한다. 따라서 무차별곡선상의 기울기가 가파를수록 보다 높은 단위 위험당 기대수익률을 요구하고, 기울기가 완만할수록 요구하는 단위 위험당 기대수익률이 낮다는 사실을 알 수 있다. 무차별곡선상의 기울기를 투자자의 주관적 한계대체율(subjective Marginal Rate of Substitution: *MRS*)이라고 한다.

한계대체율은 위험이 증가할 때 체증적으로 증가하는 특징을 가지고 있다. 왜냐하면 위험회피적 투자자의 경우 위험이 증가할 때 그에 상응하는 보다 높은 기대수익률을 얻을 수 있어야만 동일한 효용을 기대할 수 있기 때문이다. [그림 8-9]에서 무차별곡선의 기울기가 높은 위험수준에서 점점 가파른 기울기를 갖는 것은 바로 이와 같은 이유를 반영한 것이다.

그림 8-10 **최적포트폴리오 선택의 분리**

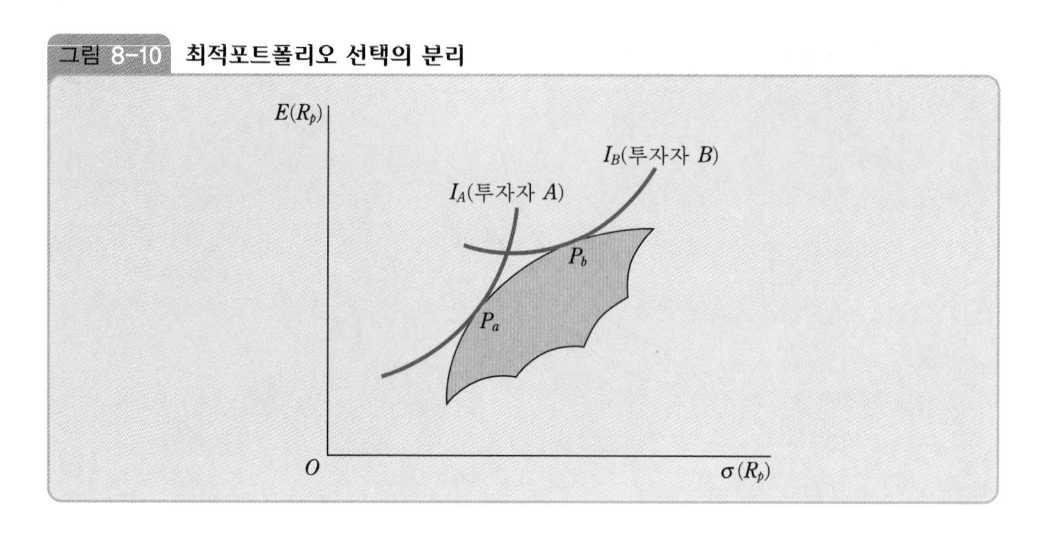

이제 투자자가 점 *A*에서 점 *E*로 이동하면 그가 원하는 단위위험당 기대수익률을 제공하는 포트폴리오를 구할 수 있다. 점 *E*에서 한계대체율이 한계변환율과 일치함을 볼 수 있다. 그리고 포트폴리오 *E*를 선택함으로써 효용이 I_1에서 I_2로 증가하고 있음을 볼 수 있다. 그리고 포트폴리오 *E*는 효율적 투자선상의 가능한 모든 포트폴리오 중에서 가장 높은 효용을 제공하는 유일한 포트폴리오이다. 이와 같이 투자자의 효용을 극대화는 포트폴리오를 최적포트폴리오(optimal portfolio)라고 한다.

최적포트폴리오는 투자자의 위험회피정도에 따라 달라진다. 위험회피성이 큰 투자자는 위험이 낮은 포트폴리오를 선택하며, 위험회피성이 낮은 투자자는 위험이 높은 포트폴리오를 선택한다. [그림 8-10]에서 투자자 *A*와 *B*의 무차별곡선은 I_A 및 I_B 와 같다. 투자자 *A*는 위험회피성이 높은 보수적인 투자자이고, 투자자 *B*는 위험회피성이 낮은 적극적인 투자자이다. 따라서 투자자 *A*는 위험이 적은 포트폴리오 P_a를 그리고 투자자 *B*는 포트폴리오 P_b를 선택함으로써 효용을 극대화할 수 있다.

3 무위험자산의 존재와 최적포트폴리오

마코윗츠(Markowitz)의 모형에서는 위험자산만을 투자대상으로 제한하였다. 그러나 투자대상으로 위험자산만 있는 것이 아니고 정부가 발행한 국채, 정부가 지급 보증한 사채나 정기예금처럼 확정된 수익이 보장

그림 8-11 **효율적 투자기회와 무위험자산과의 결합**

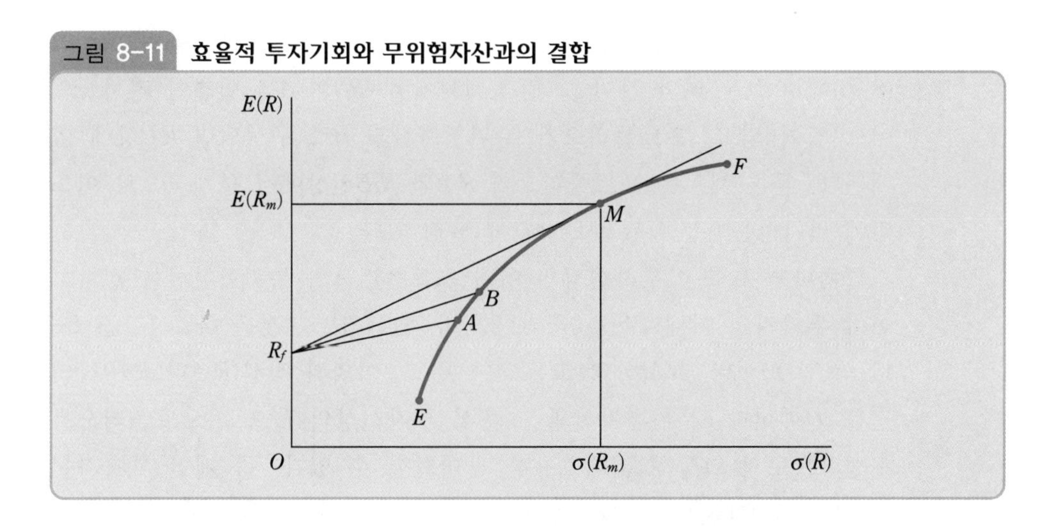

되어 미래 불확실성에 따른 위험이 없는 무위험자산(risk free asset)도 포함된다. 따라서 무위험자산을 고려하게 되면 효율적 투자선은 위험자산만을 투자대상으로 할 때와는 다르게 될 것이다. 이제 투자자들은 새로운 투자환경에서 무위험자산과 마코윗츠의 효율적 투자선상에 있는 위험자산을 결합하여 자신들에게 최대의 기대효용을 제공해주는 포트폴리오를 선택하려 할 것이다. 임의로 [그림 8-11]상의 마코윗츠의 효율적 포트폴리오인 A와 무위험자산을 결합하여 보자. 총투자금액중 무위험자산에 대한 투자비율을 w라 한다면 새로이 구성된 포트폴리오의 기대수익률과 표준편차는 다음과 같다.

$$E(R_p) = w \cdot R_f + (1-w) \cdot E(R_A) \tag{8-3}$$

$$\sigma_p = \sqrt{w^2\sigma^2(R_f) + (1-w)^2\sigma^2(R_A) + 2w(1-w)\rho\,\sigma(R_f)\sigma(R_A)} \tag{8-4}$$

식 (8-4)에서 $\sigma^2(R_f)$는 무위험자산의 분산이므로 $\sigma(R_f)=0$이다. 따라서 식 (8-4)는 다음과 같게 된다.

$$\sigma_p = \sqrt{(1-w)^2\,\sigma^2(R_A)} = [(1-w)]\,\sigma(R_A) \tag{8-5}$$

식 (8-5)를 w에 대해서 정리한 후 이를 식 (8-3)에 대입하면 다음과 같은 등식을 얻을 수 있다.

$$E(R_p) = R_f + \frac{E(R_A) - (R_f)}{\sigma(R_A)} \cdot \sigma_p \tag{8-6}$$

따라서 무위험자산과 포트폴리오 A를 결합한 새로운 포트폴리오는 식 (8–6)에서 보는 바와 같이 [그림 8–11]에서 (R_f)와 A를 연결한 직선상의 어느 점이 되고, 포트폴리오가 무위험자산과 B로 구성되면 R_fB상에 있게된다. 물론 새로운 포트폴리오가 R_fA와 R_fB선상에서 구체적으로 어느 점에 위치하는지는 투자비율 w값에 달려 있다.

그렇다면 효율적 투자선상의 어떤 포트폴리오와 무위험자산을 결합하여야 투자자의 기대효용을 극대화할 수 있는가? 그것은 바로 [그림 8–11]의 점 M이다. R_fM상의 모든 점들은 그 이외의 직선(R_fA나 R_fB)상의 점을 지배한다. 무위험자산과 효율적 투자선상의 M으로 포트폴리오를 구성함으로써 그들의 기대효용을 극대화할 수 있다. 즉 개인 투자자는 [그림 8–12]에서의 R_fMZ선상에서 무차별곡선과 접하는 포트폴리오를 선택한다.

왜냐하면 R_fMZ선상의 한 포트폴리오를 선택함으로써 보다 높은 효용을 얻을 수 있기 때문이다. 예를 들어 어느 투자자가 ENM의 곡선상에 있는 포트폴리오 N을 택한다고 하자. 포트폴리오 N을 선택함으로써 효용 I_1을 얻을 수 있다. 그러나 무위험자산이 존재한다면, 그는 R_fMZ선상에 있는 포트폴리오 P를 선택함으로써 보다 높은 효용 I_2를 얻을 수 있다.

무위험자산이 존재한다는 가정은 곧 모든 투자자들이 무위험이자율로 자금을 무제한으로 차입하거나 대출할 수 있다는 것을 의미한다. [그림 8–12]에서 R_fM선상의 포트폴리오를 선택하는 투자자는 무위험자산에

그림 8–12 **대출포트폴리오와 차입포트폴리오**

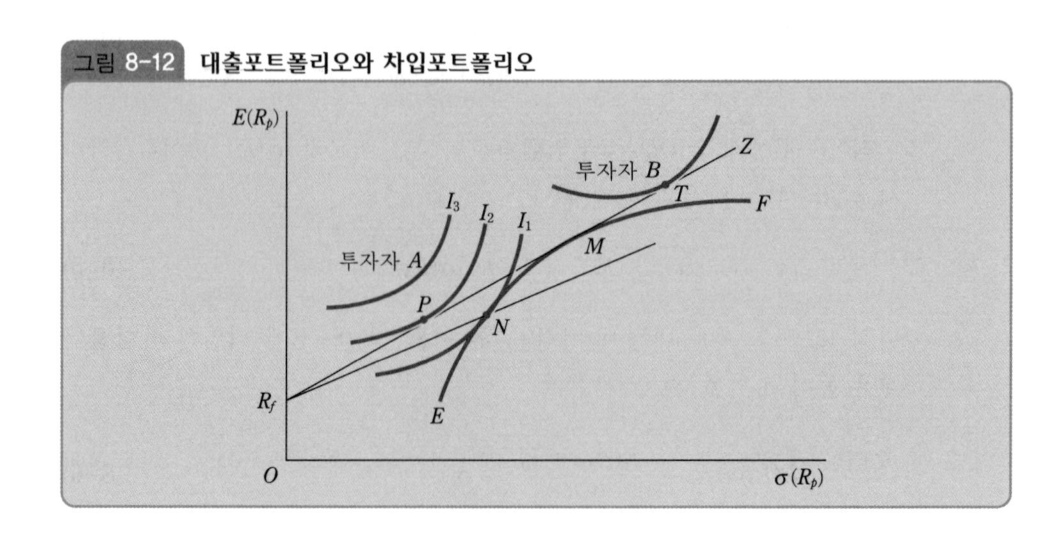

자금의 일부를 투자하고 나머지는 포트폴리오 M에 투자할 것이다. 무위험자산에 투자한다는 것은 곧 무위험이자율로 자금을 다른 사람에게 빌려준다는 것을 의미한다. 그러므로 R_fM선상에 있는 포트폴리오를 대출포트폴리오(lending portfolio)라고 한다. 한편 MZ선상의 한 포트폴리오를 선택하는 투자자는 무위험자산을 공매(short selling)하거나 또는 무위험이자율 R_f로 차입하여 투자자금을 조달한다는 것을 의미하므로, MZ선상에 있는 포트폴리오를 차입포트폴리오(borrowing portfolio)라고 한다.

대출포트폴리오를 구성할 것인가 아니면 차입포트폴리오를 구성할 것인가는 투자자의 위험회피성의 정도에 따라 결정된다. 예컨대, 위험회피성이 큰 투자자 A는 자기자금의 일부를 R_f로 대여하고 나머지만 위험자산에 투자하여 대출포트폴리오인 P점을 최적포트폴리오로 선택한다. 위험회피성이 작은 투자자 B는 이자율 R_f로 자금을 차입하여 자기자금과 함께 이를 전액 위험자산 M에 투자함으로써 차입포트폴리오인 T점을 최적포트폴리오로 선택한다.

이와 같은 포트폴리오 선택과정을 살펴보면 투자자들의 의사결정이 두 단계로 나누어져 있는 것을 볼 수 있다.

첫번째 단계는 투자자가 평균 분산기준에 따라 행동한다는 가정하에서 같은 위험수준에서 기대수익률이 높고, 같은 기대수익률에서 위험이 적은 포트폴리오 집합인 효율적 투자선을 구한다. 다시 말하면 지배의 원리를 충족시킨 포트폴리오집합을 말한다.

두번째 단계는 효율적 포트폴리오집합 중에서 가장 큰 효용을 제공하는 포트폴리오를 선택하는 단계이다. 최적포트폴리오는 무차별곡선의 기울기와 효율적 투자선의 기울기가 일치하는 수준에서 결정되며, 이는 투자자의 위험회피성의 정도에 의해서 결정된다. 이와 같이 최적포트폴리오의 선택과정이 서로 독립적인 두 단계로 분리되어 있는 현상을 분리이론(seperation theorem)이라고 한다.

포트폴리오선택과정의 분리이론은 토빈(Tobin)에 의해서 처음 지적된 것으로 무위험자산의 존재를 전제로 할 때 투자결정과 자본조달결정이 서로 별개의 결정요인임을 의미한다.

1 위험회피적 투자자들의 기대효용에 대한 위험과 수익의 보상관계(risk-return trade-off)를 설명하시오.

2 위험추구형 투자자의 효용함수와 무차별곡선에 관해 설명하시오.

3 효율적 투자선(efficient frontier)과 최소분산집합선(minimum variance set)을 비교 설명하시오.

4 무위험자산의 존재를 인식하였을 때 효율적 투자선은 무엇이며 최적 포트폴리오선택은 어떻게 이루어지는지 설명하시오.

5 토빈의 분리이론을 설명하시오.

6 아래의 그림은 위험회피형 투자자 X의 무차별곡선집합을 보여주고 있다.

(1) 투자자 X는 그래프상의 어떤 점을 가장 선호하겠는가? 그 이유는?

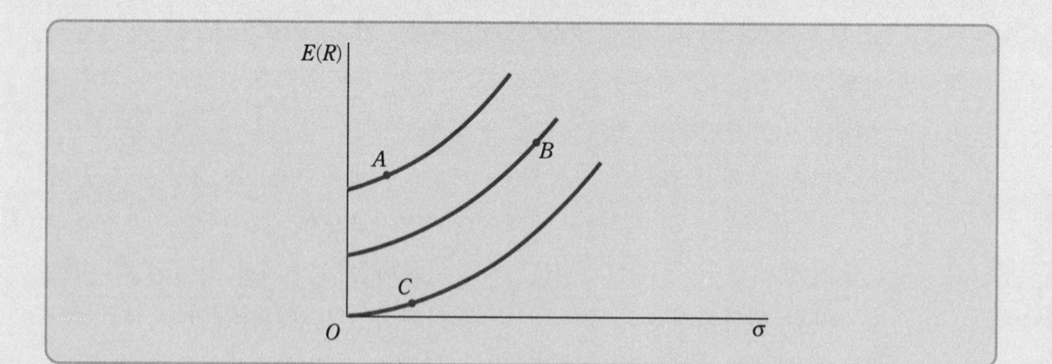

(2) C점과 B점 사이에서 무차별한 투자자 Y의 무차별곡선을 그려보시오.

(3) 투자자 X와 투자자 Y 중 어느 투자자가 보다 더 위험회피형인가? 그 이유는?

7 K투자자의 효용함수는 다음과 같다. w는 그의 총재산이다.

$$U(W) = 2W - 0.05W^2$$

그런데 이 투자자는 아래와 같은 확률분포를 가지는 두 투자안만을 고려하고 있다.

투자안 A		투자안 B	
확 률	W	확 률	W
0.3	−5	0.25	1
0.4	0	0.50	3
0.3	10	0.25	5

(1) K투자자의 효용함수를 그래프로 표시하고 그의 위험에 대한 태도를 판단하시오.

(2) 투자안 A, B 각각의 기대효용을 구하시오.

(3) 이 투자자는 어떤 투자안을 더 선호할 것인가?

자본자산가격결정모형(CAPM)과 차익가격결정모형(APM)

자본시장이론(capital market theory)이란 자본시장이 균형상태에 있을 때 가격이 어떻게 결정되는가를 설명하는 모든 이론을 총칭하며, 현대 투자론에서는 마코윗츠의 포트폴리오 선택이론 이후 개발된 자본자산의 균형가격 결정이론인 자본자산가격결정모형(Capital Asset Pricing Model: *CAPM*)과 차익가격결정모형(Arbitrage Pricing Model: *APM*)이 있다.

제 1 절 CAPM과 자본시장선

제 8 장에서는 포트폴리오의 기본이론을 기초로 하여 투자자들이 불확실성하에서 그들의 기대효용을 극대화하기 위해 어떻게 투자자산을 선택하는가를 살펴보았다.

자본시장이론이 불확실성하의 자본시장에서 형성되는 위험의 균형가격(equilibrium price of risk)을 설명하는 것이라면 *CAPM*은 개별증권이나 포트폴리오의 기대수익률과 위험간의 관계를 도출하여 그 가격결정 원리를 제시하는 것이다.

1 CAPM의 기본가정

복잡한 가격형성과정을 설명할 수 있는 모형을 개발하기 위하여는 환경요인을 단순화시키는 작업이 선행되어야 한다. *CAPM*에서 기초하고 있는 가정을 정리하면 다음과 같다.

① 투자자들은 마코윗츠의 평균-분산기준에 따라 행동하고, 동일한 단일기간(single period)을 가지며 위험회피적이다.

② 모든 투자자들은 무위험이자율(R_f)로 제한없이 차입하거나 대출할 수 있으며, 공매(short selling)에 대한 어떠한 제한도 받지 않는다.[1)]

③ 모든 투자자들은 투자의 결과 기대되는 수익률, 표준편차, 그리고 모든 자산수익률간의 공분산에 대하여 동일한 예상(homogeneous expectation)을 하고 있다.

④ 자본시장에서의 거래량은 일정하고 모든 자산을 무제한으로 분할할 수 있으며, 언제나 팔고 살 수 있다.

⑤ 자본시장은 완전시장이다. 즉 자산의 가격결정에 영향을 미치는 모든 정보는 비용부담없이 누구에게나 제공되어 있고 세금 및 거래비용이 없으며 이자율변동과 인플레이션은 존재하지 않는다.

⑥ 모든 투자자들은 가격순응자(price taker)이고, 따라서 어떠한 사람도 가격조작을 할 수가 없다.

이와 같은 가정은 상당히 비현실적이고 제한적인 가정들이지만 자본자산가격결정모형을 개발하는데 있어서 기본적 틀이 되고 있으며, 이들 가정을 현실적인 가정으로 대체할 때에도 자본자산가격결정모형의 기본적인 타당성은 파괴되지 않는다.

2 CAPM과 자본시장선

투자자들이 자본시장의 모든 개별증권이나 포트폴리오의 기대수익률과 위험도를 평가하여 그 중에서 여타의 투자기회를 지배하는 효율적 투자선상에 있는 최적의 포트폴리오를 선택하게 될 때 기본가정에서 언급한 것처럼 모든 투자자들은 기대수익률과 위험도에 대해 동일한 예측을 하므로 누구에게나 동일한 단 하나의 효율적 투자선, 곧 자본시장선이

1) 공매란 투자자들이 현재 소유하지 않는 주식을 증권회사 등으로부터 차입하여 이를 자기명의로 매각하고 일정기간내에 동일한 증권의 동일량을 상환하는 것이기 때문에 투기의 가능성이 있고 대개의 경우 만기일에 매매차익만 정산하므로 청산거래의 형태를 취한다.

존재하게 된다.

더 나아가서 무위험이자율 R_f로 무제한 차입이나 대출이 가능하다는 가정이 추가되면 투자자들이 위험자산으로는 효율적 투자선상의 오직 한 점인 M만을 선택하게 되고, 다만 개인의 위험선호 정도에 따라 무위험자산과 포트폴리오 M간의 투자비율만 달라질 뿐이다.

여기서 포트폴리오 M은 시장에서 거래되는 모든 증권을 포함하고 있는 시장포트폴리오(market portfolio)로 정의된다. 즉 시장포트폴리오는 시장에서 거래되는 각 개별자산의 시장가치비율에 따라 구성되는 포트폴리오이다. 시장포트폴리오가 모든 개별자산으로 구성된다 할지라도 각 구성자산에 동일한 비율로 투자하여 포트폴리오를 구성한다면 시장균형이 유지되지 않으므로 시장가치비율에 따라 투자한다는 가정하에서 시장포트폴리오가 구성되어야 한다. 따라서 균형시장에서 개별자산 i가 시장포트폴리오에서 차지하는 투자비율 w_i는 다음과 같다.

$$w_i = \frac{Q_i P_i}{\sum_{i=1}^{n} Q_i P_i} = \frac{\text{개별증권 } i\text{의 시장가치}}{\text{시장포트폴리오의 전체시장가치}}$$

• Q_i : i주식의 발행주식수
• P_i : i주식의 주당 시장가격

예컨대, 시장에서 다음과 같은 3개의 자산이 거래되고 있다고 하자.

1주당	가격(P_i)	발행주식수(Q_i)	시가총액(Q_iP_i)	투자비율(W_i)
A	10,000원	100,000주	10억	20%
B	25,000	100,000	25	50
C	15,000	100,000	15	30
총 계				100%

500만원을 가지고 이들 3개의 자산으로 시장포트폴리오를 구성한다면 A자산에 투자자금의 20%를, B자산에 50%를 그리고 C자산에 30%를 투자함으로써 시장포트폴리오를 구성할 수 있다.

지금까지의 논리에 따르면 투자자들은 그들의 효용을 극대화하기 위해 무위험자산과 시장포트폴리오에 대한 투자비율을 변동시키게 되며 이와 같은 효용극대화를 위한 투자기회는 [그림 9-1]에서의 R_fM선상에

그림 9-1 **자본시장선 I**

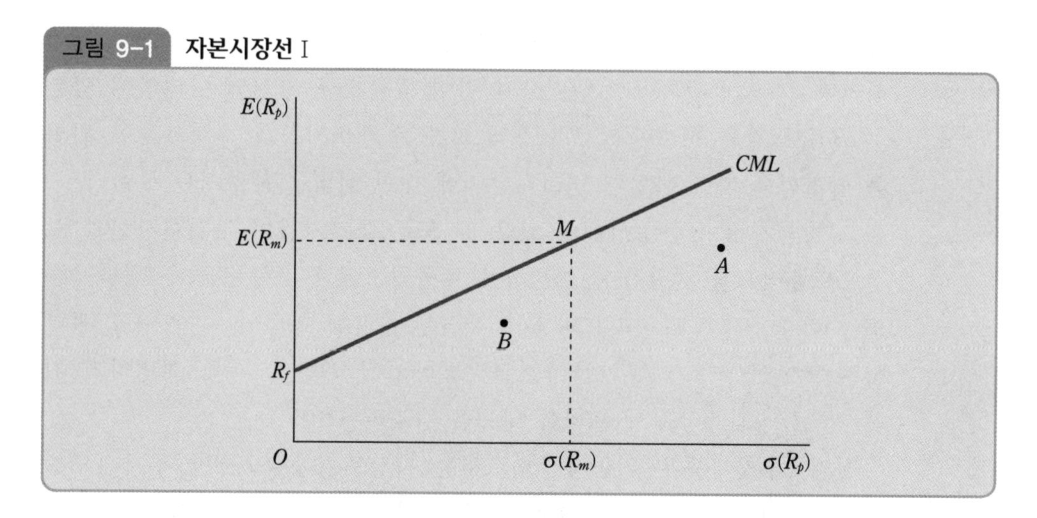

있게 되는데, 바로 이 직선이 자본시장선(Capital Market Line: *CML*)이다. 다시 말해서 자본시장선은 시장포트폴리오와 무위험자산으로 구성되는 효율적 포트폴리오의 기대수익률과 위험의 관계를 설명하는 모형이다. 자본시장선을 등식으로 나타내면 다음과 같다.

$$E(R_p) = R_f + \frac{E(R_m) - R_f}{\sigma(R_m)}\sigma(R_p)$$

위 식에서 $\sigma(R_p)$는 포트폴리오의 총위험을 의미하고, $[\mathrm{E}(R_m) - R_f]/\sigma(R_m)$은 *CML*의 기울기이며 단위위험당 위험프리미엄을 의미한다. 따라서 무위험자산과 시장포트폴리오의 결합에 의해서 얻어지는 효율적 포트폴리오의 기대수익률은 총위험이 증가할 때 자본시장선의 기울기인 $[E(R_m) - R_f]/\sigma(R_m)$만큼씩 비례적으로 증가함을 알 수 있다.

제 2 절 증권시장선

제 1 절에서는 모든 투자자들이 미래의 투자성과에 대하여 동질적 기대를 갖는 경우 무위험자산과 시장포트폴리오의 결합을 통하여 얻어지는 효율적 포트폴리오의 균형가격이 총위험에 따라 어떻게 형성되는가를 설명하는 자본시장선에 대하여 살펴보았다. 즉 자본시장선은 균형시

장에서 효율적 포트폴리오의 기대수익률과 총위험과의 선형관계를 설명하지만 [그림 9-1]에서 보는 바와 같이 효율적 투자선의 아래쪽에 있는 *A*, *B*점과 같은 비효율적 포트폴리오 또는 개별자산의 균형가격이 위험을 달리함에 따라 어떻게 변화하는지에 대한 설명을 해주지는 못한다.

그러면 시장이 균형상태에 있을 때 모든 투자자들이 무위험자산과 시장포트폴리오를 결합하여 효율적 포트폴리오에 투자하는 경우 개별자산 또는 비효율적 포트폴리오의 균형가격은 어떻게 형성되는가? 이를 설명하는 모형이 바로 자본자산가격결정모형(*CAPM*)인데, 이를 설명하기 위해 먼저 7장과 8장에서 논의한 내용을 정리해 보자.

첫째, 투자자들은 위험자산으로서는 시장포트폴리오에만 투자하므로 개별자산의 위험중 분산투자를 함에도 불구하고 제거되지 않고 시장포트폴리오에 남아 있는 위험은 체계적 위험(β_i)뿐이다.

둘째, β_i는 시장포트폴리오의 총위험에 대하여 개별자산의 위험이 기여하는 비율이며 증권특성선에서 보는 바와 같이 시장포트폴리오 수익률에 대한 개별수익률의 변화정도를 나타내는 척도이고, 시장포트폴리오의 총위험에 대한 개별자산의 수익률과 시장포트폴리오 수익률간의 공분산이다.

$$\beta_i = \mathrm{COV}(R_i,\ R_m) / \sigma^2(R_m)$$

셋째, 오직 무위험자산과 시장포트폴리오의 조합만으로 포트폴리오를 구성하기 때문에 자본시장선만이 모든 투자자들에게 유일한 효율적 투자선이다.

넷째, 자본시장선은 시장이 균형상태에 있을 때 포트폴리오의 기대수익률과 위험척도간의 1차 선형관계를 나타내므로 위험자산에 대한 투자에 대해서는 그에 상응한 보상(risk premium)을 지급하게 된다.

위의 내용을 근거로 하여 개별자산의 균형가격에 대한 모형을 구상해 보면 투자자들은 시장포트폴리오에만 투자하고 개별자산의 위험은 오직 체계적 위험의 크기 β_i만으로 실제위험을 평가하여야 하므로 시장균형하에서 그 위험에 상응한 보상을 기대수익률에 반영하게 되면 다음과 같은 등식을 얻을 수 있다.

$$R_i = R_f + \frac{E(R_m) - R_f}{\sigma^2(R_m)} COV(R_i,\ R_m) \qquad (9-2)$$

$$= R_f + \beta_i[E(R_m) - R_f] \qquad (9-3)$$

이것이 바로 증권시장선(Security Market Line: *SML*)이며 *CAPM*은 이 증권시장선이 의미하는 수익률과 체계적 위험(β_i)과의 관계를 설명하는 모형이다. 식 (9-3)을 도표로 표시하면 [그림 9-2]와 같으며 여기서 시장포트폴리오의 체계적 위험(β_m)의 값은 1이 된다.[2)]

증권시장선은 일반적으로 [그림 9-2]와 같이 자산의 기대수익률을 체계적 위험과의 관계로 나타낸 것인데, 식 (9-3)에서 $E(Rm) - R_f$는 β위험당 시장가격(market price per β-risk)이며 시장포트폴리오의 초과 수익률 또는 시장포트폴리오의 위험프리미엄이라고도 한다.

자본자산가격결정모형은 다음과 같은 몇 가지 중요한 특성을 가지고 있다.

첫째, 균형시장에서 모든 자산의 기대수익률은 증권시장선상에서 결정되고 시장에서 보상하는 위험은 단지 체계적 위험뿐이며 비체계적 위험은 보상되지 않기 때문에 비효율적 자산의 위험도는 체계적 위험만으

그림 9-2 **증권시장선**

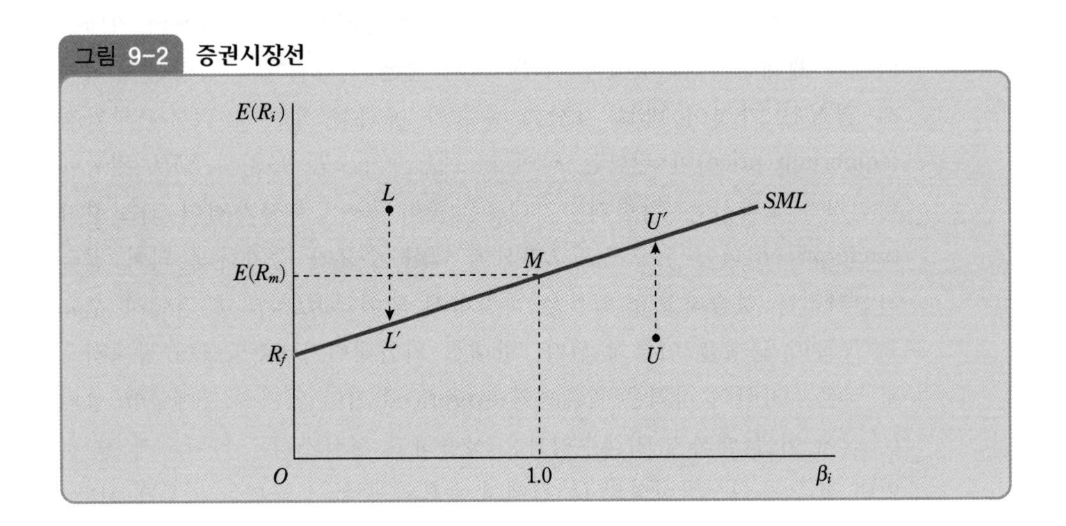

2) $\beta_m = \frac{COV(R_m, R_m)}{\sigma_m^2} = \frac{E[\{R_m - E(R_m)\}\{R_m - E(R_m)\}]}{\sigma_m^2} = \frac{E[R_m - E(R_m)]^2}{\sigma_m^2} = \frac{\sigma_m^2}{\sigma_m^2} = 1$

로 평가되며 수익과 위험간의 상호보상관계(return-risk trade off)에 의해 수익률이 결정된다.

둘째로 포트폴리오를 구성하는 경우 포트폴리오의 체계적 위험은 구성자산의 체계적 위험을 가중평균한 것과 같다.

$$\beta_p = \sum_{i=1}^{n} w_i \beta_i$$

철강회사의 총자산이 100억원이고 건설회사의 총자산이 50억원이라고 하자. 철강회사의 β계수가 1.5이고 건설회사의 β계수가 0.7이라고 하면, 두 기업을 합병한 후의 총자산은 150억원이 되고, β계수는 두 회사의 β계수를 가중 평균한 1.23이 된다.

$$\begin{aligned}\beta_p &= (100 / 150)(1.5) + (50 / 150)(0.7) \\ &= 1.00 + 0.23 \\ &= 1.23\end{aligned}$$

증권시장선이 의미하는 바는 시장이 균형상태일 때 각 자산의 기대수익률과 체계적 위험 사이에 식 (9-3)과 같은 선형관계가 성립되며 여기서 결정된 가격이 바로 자산의 수요와 공급을 일치시키는 균형가격(eqilibrium price)이 된다는 점이다. 예컨대 [그림 9-3]의 *SML* 위쪽에 자리잡은 *L*자산은 위험대비기대수익률이 높아 자산가격이 과소평가(underpriced)되어 있으므로 *L*자산에 대한 수요가 증가하게 되어 결국 자산가격은 상승하고 수익률은 하락하게 되어 *SML*상의 *L'* 점에서 수요와 공급이 균형을 이루게 된다. 반대로 위험대비기대수익률이 상대적으로 낮은 *U*자산의 가격은 과대평가(overpriced)되어 있기 때문에 *SML*상의 *U'* 점에 이를 때까지 기대수익률은 상승하고 자산가격은 하락하게 될 것이며 결국 증권시장선상의 *U'* 점에서 수요와 공급이 균형을 이루게 된다.

자산 A의 β는 2이고 투자자는 자산 A로부터 매년 600원씩 배당을 받으며 배당의 지속기간은 영구적이다. 현재 자본시장에서 무위험수익률 R_f는 5%이고 시장포트폴리오의 기대수익률은 10%이다. 자산 A의 가격을 결정하기 위해서는 배당의 자본환원가치, 곧 배당모델을 사용할 때, SML에서 자본환원율인 할인율을 찾아내야 하는데 할인율은 자본비용으로서의 기대수익률이며 A자산 기대수익률은 다음과 같이 15%이다.

$$\begin{aligned} E(R_A) &= R_f + [E(R_m) - R_f]\,\beta_a \\ &= 5\% + (10\% - 5\%)2 \\ &= 15\% \end{aligned}$$

따라서 자산 A의 가격 P_A는 배당모델을 사용하여 다음과 같이 4,000원이 된다.

$$P_A = \frac{\text{배당액}}{\text{자본화율}} = \frac{600}{0.15} = 4{,}000\text{원}$$

만약 자산 A의 가격이 과소평가되어 3,000원에 거래된다면 자산 A의 실제수익률은 600/3,000=20%가 되어 기대수익률 15%보다 높은 수익률을 실현하므로 투자자들은 자산 A를 매입하려고 할 것이다. 따라서 자산 A의 가격은 상승하여 실제수익률이 기대수익률과 같게 되는 4,000원까지 상승하게 된다.

이렇게 자산 A의 가격이 4,000원이 되면 수익률은 600/4,000=15%가 되어 자산 A의 수익률과 같게 된다. 만약 자산 A의 가격이 과대평가되어 5,000원에 거래되면 자산 A의 실제수익률은 600/5,000=12%가 되어 기대수익률 15%보다 작으므로 어느 누구도 자산 A를 매입하지 않을 것이다. 따라서 자산 A의 가격은 하락하여 균형가격인 4,000원에 접근하게 된다. 결국 시장균형상태에서의 모든 자산가격은 증권시장선상에 놓이게 된다.

제3절 차익가격결정모형

자본자산가격결정모형(*CAPM*)은 자본예산, 자본조달결정, 그리고 배당정책결정 등에서 매우 광범위하게 적용되고 있는 하나의 기초적인 이론으로 인정되고 있으나 *CAPM*이 과연 현실적으로 타당성이 있는가에 대하여는 많은 실증적 연구를 통하여 의문이 제기되고 있다. *CAPM*에 대한 많은 실증적 연구결과에 따르면 자산의 실제수익률은 시장포트폴리오 이외에도 다른 요인들, 예컨대, 기업규모, 주가수익률(*PER*), 그리고 가격의 계절적 변동요인 등에 의해서도 영향을 받고 있는 것으로 밝혀지고 있기 때문이다.

로스(S. Ross)에 의해서 제시된 차익가격결정모형(Arbitrage Pricing Model: *APM*)은 *CAPM*에서 지적되어온 이와 같은 구조상의 문제를 보다 체계적으로 정리한 자본시장이론의 하나로서 시장에서 거래되는 모든 자산의 실제수익률은 둘 이상의 여러 지수(multi-index)에 의해서 결정된다는 가정에 기초하고 있다.

본절에서는 먼저 *APM*을 이론적으로 설명한 뒤, *APM*과 *CAPM*을 비교 · 검토하고 *APM*의 한계점을 지적하고자 한다.

1 자산의 수익률결정 과정에 대한 가정

*CAPM*에서는 모든 자산의 수익률이 단일지수(single index)인 시장포트폴리오의 수익률변동에 의해서 결정된다고 가정하고 수익률결정모형으로서는 단일지수모형(single index model)을 사용하고 있는데, 식으로 나타내면 다음과 같다.

$$R_i = a_i + b_i R_m + \varepsilon_i \tag{9-5}$$

단일지수모형에서는 다음과 같은 사실을 가정하고 있다.

① 오차항의 평균값은 0이다[$E(\varepsilon_i) = 0$].

② 시장포트폴리오 수익률은 오차항과 독립적이다[$E(\varepsilon_i,\ R_m) = 0$].

③ 모든 자산의 수익률 오차는 상호 독립적이다[$E(\varepsilon_i,\ \varepsilon_j)=0$].

④ 모든 자산의 수익률 분포는 정규분포를 갖는다.

*APM*에서는 시장에서 거래되는 모든 자산의 실제 수익률은 다수의 공통요인(multiple common factors)에 의하여 결정된다는 가정하에 아래의 식 (9-6)과 같이 나타내어진다.

$$R_i = a_i + b_{i1}F_1 + b_{i2}F_2 \cdots\cdots + b_{ik}F_k + \varepsilon_i \qquad (9\text{-}6)$$

- R_i : 자산 i의 실제수익률
- a_i : 모든 공통요인의 값이 0일 때 자산 i의 기대수익률
- F_k : 모든 자산의 수익률에 공통적으로 영향을 미치는 k번째 요인의 실제값, 공통적 요인의 평균값은 0이다[$E(F_k)=0$].
- b_{ik} : k번째 공통요인에 대한 자산 i의 수익률의 민감도
- ε_i : 자산 i의 오차항으로 평균값이 0이다[$E(\varepsilon_i)=0$].

위의 모형에서 잔차항은 모든 공통요인 및 다른 자산의 잔차항과 독립적이라고 가정한다.

$$COV(\varepsilon_i,\ F_i)=0\ (j=1,\ \cdots\cdots,\ k)$$
$$COV(\varepsilon_i,\ \varepsilon_h)=0\ (i=h)$$

식 (9-6)에다 개별자산의 기대수익률[$E(R_i)$]을 대입하면 식은 아래와 같이 정리된다.

$$R_i = E(R_i) + b_{i1}F_1 + b_{i2}F_2 + \cdots\cdots\ b_{ik}F_k + \varepsilon_i \qquad (9\text{-}7)$$

식 (9-7)에서 볼 수 있는 바와 같이 개별자산의 수익률은 그 자산에 대한 기대수익률과 다수의 공통요인에 의한 영향으로 결정된다. 식 (9-7)에서 k개의 공통 요인의 값 F_k는 관찰할 수 있는 실제값이며, 다만 기대수익률 값은 관찰할 수 없는 사전적인 값을 갖는다.

2 차익목적포트폴리오의 구성

차익가격결정모형에서의 여러 가정을 정리하면 다음과 같다.

① 모든 투자자는 위험회피적 투자자이다.

② 시장에서 거래되는 모든 자산의 수익률에 대하여 모든 투자자들은 동질적 기대를 갖는다.

③ 자본시장은 완전시장이다.

④ 투자자산의 수(n)는 공통요인의 수(k)보다 커야 한다.

분산투자가 잘 된 포트폴리오를 소유하고 있는 어느 한 투자자가 추가적인 위험부담과 추가적인 투자없이 구성자산 일부를 처분하여 그 자금으로 포트폴리오의 구성자산 중에서 과소평가된 자산을 매입함으로써 포트폴리오를 수정하는 과정을 차익거래(arbitrage process)라고 하며, 수정된 포트폴리오를 차익목적포트폴리오(arbitrage portfolio)라고 한다. 차익목적포트폴리오는 추가적인 위험부담 없이 그리고 추가적인 투자 또한 없이 포트폴리오의 구성자산에 대한 투자비율만을 조정하여 구성하기 때문에 이를 무위험차익목적포트폴리오(riskless arbitrage portfolio)라고 한다.

포트폴리오의 구성자산의 수가 공통적인 요인의 수보다 많고 자산에 대한 공매가 인정되는 경우 무수히 많은 무위험 차익목적포트폴리오를 구성할 수 있다. 무위험 차익목적포트폴리오는 다음과 같은 3가지 조건을 고려함으로써 구성할 수 있다.

첫째, 추가적인 투자가 없어야 한다.

둘째, 각 공통요인에 대한 민감도계수(체계적 위험)의 가중평균이 0이 되도록 포트폴리오구성자산에 대한 투자비율을 조정할 수 있어야 한다.

셋째, 비체계적 위험이 0이 되도록 다수의 자산에 분산투자를 하여야 한다.

개별자산의 수익률 오차항은 상호독립적이므로 다수의 자산에 분산투자를 하게 되면 오차항의 가중평균은 0의 값을 갖게 된다.

이상에서 설명한 3가지 조건을 수식으로 나타내면 다음과 같다.

① $\sum_{i=1}^{n} w_i = 0$ (9-8)

w_i : 자산 i에 대한 투자비율의 변동분

② $\sum_{i=1}^{n} w_i b_{ik} = 0$ (단, $k=1, 2, \cdots\cdots, k$) (9-9)

③ $\sum_{i=1}^{n} w_i \varepsilon_i = 0$ (9-10)

그리고 차익목적포트폴리오의 수익률 R_p는 구성자산의 수익률을 w_i로 가중평균한 값으로 식 (9-7)을 이용하면, 식 (9-11)과 같다.

$$R_p = \sum_{i=1}^{n} w_i R_i = \sum_{i=1}^{n} w_i E(R_i) + \sum w_i b_i F_1 + \sum w_i b_{i2} F_2 + \cdots\cdots$$
$$+ \sum w_i b_{ik} F_k + \sum w_i \varepsilon_i \quad (9-11)$$

식 (9-11)에서 체계적 위험과 비체계적 위험은 0이므로 차익포트폴리오의 수익률은 다음과 같다.

$$R_p = \sum_{i=1}^{n} w_i E(R_i) \quad (9-12)$$

무위험차익목적 포트폴리오의 조건식 식 (9-8)과 식 (9-9)에 각각 임의의 상수 λ_0와 λ_1, λ_2, …, λ_k를 이용하여 차익가격결정모형의 일반식을 아래와 같이 도출할 수 있다.

$$E(R_i) = \lambda_0 + \lambda_1 b_{i1} + \cdots\cdots + \lambda_k b_{ik} \quad (9-13)$$

여기서 λ_1, $\lambda_2 \cdots$, λ_k는 체계적 위험에 대한 프리미엄으로 해석할 수 있다.

3 CAPM과 APM

모든 자산의 수익률이 단일 공통요인에 의해서 형성된다고 가정한다면 *APM*은 다음과 같이 나타낼 수 있다.

$$E(R_i) = R_f + [\delta_1 - R_f]\, b_{i1} \quad (9-14)$$

식 (9-14)에서 단일 공통요인이 바로 시장포트폴리오라면, 시장포트폴리오의 기대수익률 $E(R_m)$을 δ_1대신에 대입하면 *CAPM*과 동일한 형태를 얻을 수 있다.

$$E(R_i) = R_f + [E(R_m) - R_f]\, b_i \quad (9-15)$$

따라서 *CAPM*은 *APM*에서 공통적 요인이 단 하나 존재하는 특수한 경우에 해당함을 알 수 있다.

*APM*은 *CAPM*에 비하여 보다 일반화시킨 모형으로 평가되고 있는데

그 이유는 다음과 같다.

① *APM*에서는 자산의 수익률분포에 대한 어떠한 가정도 하고 있지 않다.

② *APM*에서는 효용함수에 대하여 어떠한 가정도 하지 않는다.

③ *CAPM*에서는 모든 자산의 수익률이 단일요인인 시장포트폴리오의 수익률의 변화에 의해서 결정된다고 가정하고 있는 반면에 *APM*에서는 자산의 수익률이 다수의 요인에 의해서 결정되고 있다는 가정에 기초하고 있다.

④ *CAPM*에서는 시장포트폴리오가 효율적이어야 하지만, *APM*에서는 시장포트폴리오가 특별한 역할을 하지 않는다.

⑤ *APM*은 일부 자산의 구성인 부분집합의 상대적 가격결정에 관하여도 설명할 수 있다. 따라서 이론검증을 위해 *CAPM*처럼 전체 자산집합을 측정할 필요가 없다.

⑥ *APM*에서는 다수기간으로의 확장이 용이하다.

*APM*은 위와 같은 장점이 있음에도 불구하고 요인분석에 의해 추출된 공통요인의 경제적 의미를 여전히 해석하지 못하는 한계점을 지니고 있다.

연습문제

1 자본시장선(*CML*)과 증권시장선(*SML*)의 차이를 설명하시오.(설명을 위한 그래프나 등식을 사용해도 됨)

2 시장포트폴리오 *M*이 사본시장에서 거래되는 모든 증권을 포함하는 포트폴리오임을 논리적으로 설명하시오.

3 *SML*과 *CML*을 구분하고, 언제 *SML*과 *CML*이 같아지는지 설명하시오.

4 *CAPM*은 자본자산가격결정시 유용하게 사용하고 있다. 그렇다면 이 모형이 현실적으로 의미하는 바가 무엇인지 설명하시오.

5 차익거래란 무엇이며 차익가격결정모형(*APM*)의 장·단점을 간단히 설명하고 *CAPM*과 *APM*을 비교하시오.

6 증권시장선(*SML*)이 의미하는 바를 설명하시오.

7 다음에 주어진 것을 참조하여 물음에 답하시오.

시장포트폴리오수익률	12%
시장포트폴리오 표준편차	20%
무위험수익률	8%
A주식과 시장포트폴리오와의 상관계수	0.8
B주식과 시장포트폴리오와의 상관계수	0.6
A주식의 표준편차	25%
B주식의 표준편차	30%

(1) A주식과 B주식의 베타값을 각각 구하시오.

(2) 각 주식의 필수수익률을 계산하시오.

8 자기자본만으로 구성된 X기업의 베타의 1.25이다. 이 회사가 자산의 10%를 팔아서 베타가 1.10인 기계를 구입한다면 X기업의 새로운 필수수익률은 얼마인가?($R_f=7\%$, $R_m=14\%$)

9 창공그룹은 5개의 기업을 가지고 있다. 각 기업의 시장가치와 베타는 다음의 표와 같다. 이 그룹주식 십만주가 주당 4,000원에 증권거래소에서 거래되고 있다. 시장포트폴리오의 수익률이 16%이고 무위험수익률이 12%일 경우 창공그룹의 베타와 기대수익률을 계산하시오.

기 업	시장가치(백만원)	베 타
A	120	0.5
B	100	2.0
C	80	3.0
D	50	4.0
E	50	1.5

10 삼경식품회사는 최근에 신제품을 생산하여 시장에 팔려고 내놓았다. 한달 지난 후 판매의 성과를 분석하고 경영자는 다음과 같은 결론을 내렸다. 만약 신제품 생산라인을 확장하면 회사의 체계적 위험인 베타는 1.1에서 0.9로 감소하여 좋으나 이윤의 감소로 성장률(g)이 8%에서 6%로 감소할 것이 예상된다. 다른 관련정보는 다음과 같다.

$R_m = 15\%$

$R_f = 6\%$

$D_o = 30$원

(1) 신제품을 생산하기 위해 시설을 확장해야 하는가?

(2) 시설확장이 좋은 결과를 가져오기 위해서는 베타가 얼마까지 내려가야 하는가?

11 인경주식회사의 주식이 베타계수는 2이고 배당금수익률이 8%, 예상배당금 성장률이 8%라 한다면 이 회사주식의 가격은 시장에서 균형상태에 있는지 설명하시오. 만약 균형상태에 있지 않다면 어떻게 균형상태로 돌아갈 수 있는지 설명하시오. 무위험수익률은 10%이고 시장포트폴리오수익률의 확률분포는 다음과 같다.

확 률	R_m
0.1	−15%
0.2	0%
0.4	15%
0.2	30%
0.1	45%

12 *CAPM*이 통하는 세상에서 두 개의 자산에 똑같은 투자비율로 투자하여 포트폴리오를 구성하고자 한다. 그 두 개 자산의 각각의 수익률은 7%, 15%이다. 이 포트폴리오의 기대수익률과 베타를 구하시오.

($R_f = 5\%$, $R_m = 9\%$)

자본비용과 불확실성하의 투자결정

제 1 절 자본비용의 의의와 기능

1 자본비용의 의의

자본비용(cost of capital)은 자본의 사용에 따른 비용으로서, 기업이 자본을 사용하는 대가로 자본제공자에게 지급하는 비용이라고 정의할 수 있다. 예를 들어, 자금을 차입할 경우 차입금에 대한 이자가 부채의 자본비용이 되며, 주식을 발행하는 경우에는 배당이 자기자본의 비용이 된다.

"자본비용"이라는 용어는 "자본"(capital)과 "비용"(cost)이라는 두 가지 의미를 포함하고 있다. 여기에서 "자본"이라 함은 기업의 장기자본(장기부채나 자기자본 등)을 뜻하며 이들 구성요소의 비용은 채권자와 주주들의 요구수익률을 기초로 하였기에 결국 자본조달과 관련된 모든 비용들이 그 기업의 자본비용을 구성하게 된다.

기업은 부채비용과 우선주 및 보통주의 비용을 부담할 수 있을 정도의 최소한의 수익을 획득해야 하는데, 그 까닭은 채권자나 자기자본 투자자가 요구하는 기대수익률이 곧 자본비용이기 때문이며, 따라서 자본비용은 투자자를 만족시키기 위해서 기업이 소유자산의 운용으로 획득하여야 하는 최저수익률(minimum rate of return)이라고 말할 수 있다.

2 자본비용의 기능

자본비용을 재무관리에서 중요하게 생각하는 이유는 대체로 다음과 같이 네 가지로 구분해 볼 수 있다.

① 자본비용은 기업가치평가의 기초가 되는 현가결정을 위한 할인율로서, 또는 자본환원율로서의 의미를 지닌다.

② 자본예산편성시 현금흐름할인법을 투자결정기준으로 사용할 경우 자본비용 k를 전제로 $IRR > k$, $NPV(k) > 0$인 투자안을 선택하게 됨으로써, 자본비용은 투자안에 대한 거부율(cut-off rate), 장애율(hurdle rate), 최저 요구수익률(minimum required rate of return)이란 성격을 갖는다.

③ 자본조달결정에서 가중 평균자본비용이 최저가 될 때 최적자본구조가 결정되는데 최적자본결정을 가늠하는 목표율(target rate)로서 자본비용을 사용하게 된다.

④ 리스(leasing), 사채차환(bond refunding), 운전자본정책을 포함한 여러 가지 형태의 의사결정을 위해서도 자본비용의 추정치가 필요하다

제 2 절 원천별 자본비용

1 타인자본비용

타인자본비용(cost of debt)은 차입자금에 대한 이자율로서, 기업이 타인자본을 이용할 때 지급하여야 하는 대가이다. 납세전 타인자본비용(before tax cost of debt: k_{db}), 즉 이자율은 다음과 같이 계산된다.

$$k_{db} = \frac{\text{매년이자금액}}{\text{차입원금}}$$

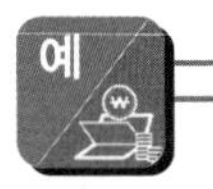

어떤 기업이 1년 동안 1억원을 차입하고 연말에 원금과 9백만원의 이자를 상환한다고 가정하여 보자. 그 이자율은 다음과 같이 계산된다.

$$k_{db} = \frac{₩9,000,000}{₩100,000,000} = 9\%$$

타인자본에 대한 이자는 필요경비로 인정을 받기 때문에 세후 타인자본비용(after tax cost of debt: k_d)은 세전 타인자본비용보다 낮아지므로 자본비용 계산에 있어서 사용할 적절한 측정치는 세후 타인자본비용이 되고, 식 (10-1)과 같이 세전 타인자본비용에 (1-법인세율)을 곱한 것과 같다. 즉

$$k_d = k_{db}(1-t) \tag{10-1}$$

세후 타인자본비용(k_d)은 세전 타인자본비용(k_{db})에 비하여 $k_{db} \cdot t$만큼 감소하게 된다. 예를 들어 어떤 기업이 은행으로부터 1,000만원을 연 12%의 이자율로 사용하고 있는데, 이 기업의 영업이익(*EBIT*)은 500만원이며 법인세율은 40%라고 할 때의 감세효과(tax shield)는 〈표 10-1〉과 같다.

앞에서 기업이 타인자본에 의해 자본을 조달할 경우에 감세효과가 있음을 보았으나 타인자본에 의한 조달액이 많아질수록 그 기업의 재무위험(financial risk)이 증가하게 되고 투자자들은 이를 보상받기 위하여 보다 높은 수익률을 요구하게 되며, 결국 타인자본조달로 증가되는 위험은 보통주 주주에 전가됨으로 해서 보통주의 자본비용이 상승하게 되는 점도 유의해야 한다.

표 10-1 이자비용의 감세효과

이자비용이 필요경비로 되지 못할 때		이자비용이 필요경비로 될 때	
영업이익	500만원	영업이익	500만원
세금	200	이자비용	120
이자공제전세후이익	300	세전이익	380
이자	120	세금	152
순이익	180	순이익	228

2 우선주의 자본비용

우선주의 자본비용은 기업이 발행한 우선주에 대해서 투자자들이 요구하는 요구수익률이다.

우선주 주주에 의한 요구수익률, k_p는 다음과 같다.

$$k_p = \frac{\text{우선주 배당}}{\text{우선주의 시장가격}} \tag{10-2}$$

기업에 의한 우선주자본비용, k_{pr}은 다음과 같다.

$$k_{pr} = \frac{\text{우선주 배당}}{\text{우선주의 시장가격} - \text{발행비용}} \tag{10-3}$$

우선주 자본비용의 계산방법을 알아보기 위해, 경인회사가 증권기관을 통하여 주당 20,000원에 우선주를 매각하였고, 매년 주당 2,000원의 배당금을 지급한다고 가정하자. 증권기관의 수수료가 주당 200원이었다면 경인회사가 받는 순수입금은 주당 19,800원이 된다. 식 (10-2)를 사용하면, 투자자의 요구수익률 k_p를 알 수 있다.

$$\begin{aligned} k_p &= \frac{₩2,000}{₩20,000} \\ &= 10\% \end{aligned}$$

식 (10-3)을 사용하면, 경인회사의 우선주 자본비용을 결정할 수 있다.

$$\begin{aligned} k_{pr} &= \frac{₩2,000}{₩19,800} \\ &= 10.10\% \end{aligned}$$

3 자기자본비용(cost of equity)

(1) CAPM을 이용하는 방법

투자자가 요구하는 수익률은 제 8 장에서 설명한 증권시장선을 이용함으로써 추정할 수 있는데 증권시장선 관계공식을 다시 쓰면 다음과 같다.

$$E(R_{ei}) = R_f + \beta_i[E(R_m) - R_f] \tag{10-4}$$

(2) **배당평가모형을 이용하는 방법**

보통주평가를 위한 배당평가모형(dividend valuation model)은 다음과 같다.

$$P_0 = \sum_{t=1}^{\infty} \frac{D_t}{(1+k_e)^t} \tag{10-5}$$

- P_0 : 주식의 현재가치 또는 현행시장가격
- D_t : t기에 지급받는 배당
- k_e : 투자자에 의한 요구수익률

이 등식이 바로 고든(M. Gordon)의 배당평가모형인데, 다음에 제시한 특수한 형태의 배당양상을 가지는 경우에는 배당평가 모형을 사용하여 자본비용을 추정할 수 있다.

첫째, 만약 주식이 일정배당(D)을 영속적으로 지급한다면 적절한 배당평가모형은 다음과 같다.

$$P_0 = \frac{D}{k_e} \tag{10-6}$$

따라서, 자기자본비용은 다음과 같이 계산된다.

$$k_e = \frac{D}{P_0} \tag{10-7}$$

둘째, 만약 기업의 미래 주당배당이 매년 일정한 비율, g만큼 연속적으로 각 기간마다 성장할 것으로 기대된다면, 배당평가모형은 다음과 같이 된다.

$$P_0 = \frac{D_1}{k_e - g} \quad (D_1 = D_0(1+g)) \tag{10-8}$$

아래 식 (10-9)는 자기자본비용을 계산하기 위하여 식 (10-8)을 변형시킨 것이다.

$$k_e = \frac{D_1}{P_0} + g \tag{10-9}$$

명일회사의 보통주가 현재 주당 25,000원에 매각되고 있다고 가정하자. 현재배당 D_0는 주당 2,000원이고, 기대배당성장률은 7%이다. 투자자의 기대수익률(즉, 기업의 자기자본비용)은 다음과 같이 계산된다.

$$k_e = \frac{₩2,000(1+0.07)}{₩25,000} + 0.07$$
$$= 0.156$$
$$= 15.6\%$$

제 3 절 가중평균자본비용과 계산상의 문제점

1 가중평균자본비용의 측정

기업전체의 자본비용을 결정하기 위해서는 각 원천별 자본비용을 결합한 가중평균자본비용(Weighted Average Cost of Capital: WACC)을 사용하는데 가중평균자본비용은 자본의 원천별로 계산된 원천별자본비용을 원천별 자본이 총자본에서 차지하는 비중인 자본구성비율로 가중평균한 것이다.

가중평균자본비용을 계산하기 위해서는 원천별 자본비용과 함께 부채, 우선주, 보통주, 유보이익 등 자본원천이 총자본에서 차지하는 목표자본구성비율을 알아야 한다. 예를 들어 기업이 부채, 우선주, 보통주 및 유보이익 등 네 가지 원천으로부터 자본을 조달하는 경우, 가중평균자본비용은 다음과 같다.

$$k_w = w_1 k_d + w_2 k_p + w_3 k_e + w_4 k_r$$

- w_1: 장기부채(D)의 비율: $\frac{D}{D+P+S+R} \times 100$
- w_2: 우선주(P)의 비율: $\frac{P}{D+P+S+R} \times 100$
- w_3: 보통주(S)의 비율: $\frac{S}{D+P+S+R} \times 100$
- w_4: 유보이익(R)의 비율: $\frac{R}{D+P+S+R} \times 100$
- $w_1 + w_2 + w_3 + w_4 = 1$

2 가중평균자본비용의 이용

가중평균자본비용은 새로운 투자안의 경제성분석에서 할인율로 사용하게 된다. 순현가법에서는 미래의 모든 현금흐름을 적절한 할인율, 즉 가중평균자본비용으로 할인한 현가를 기준으로 하고 내부수익률법에서는 미래의 현금유입의 현가와 현금유출의 현가를 일치시키는 할인율을 구하여 투자가치를 평가하기 때문에 자본비용은 거부율(cut-off rate)로서의 의미를 갖게 된다. 이러한 가중평균자본비용을 새로운 투자안의 경제성분석을 위한 투자대상의 현금흐름의 할인율로 사용하는 데에는 다음 세 가지의 조건이 충족되어야 한다.

첫째, 새로운 투자안을 위해 조달되는 자금은 기존의 자본구성비율, 곧 기존의 자본구조와 일치하여야 한다. 새로운 투자를 위한 자본조달이 기존의 자본구조와 달라지게 되면 새로운 투자안을 위한 가중평균자본비용도 달라지기 때문이다.

둘째, 새로운 투자안의 위험은 기업의 기존 경영위험(business risk)과 동일하여야 한다. 만일 기존사업의 위험과 새로운 투자안의 위험이 서로 다르다면, 이에 따라 투자안으로부터 요구되는 수익률도 달라질 것이기 때문이다.

셋째, 가중평균자본비용의 측정에 있어서 기초가 되는 원천별자본비용이 정확히 측정되어야 한다.

3 자본비용계산상의 문제점

본장에서는 자본비용에 관계되는 기초적인 과제를 중점적으로 거론하였는데 자본비용과 관련된 보다 복잡한 문제를 정리하면 다음과 같다.

첫째, 개인소득세의 문제를 들 수 있다. 자본비용을 논의할 때 법인세는 고려되었으나 개인소득세는 고려하지 않았다. 그러나 소득원천별 세율이 다른 경우에는 개인소득세를 반드시 고려하여야 한다.

둘째, 감가상각에 의해 기업내부에 적립되는 감가상각충당금(depreciation generated funds)도 많은 기업에서는 비중이 큰 자본조달원이 된다. 요컨대 감가상각으로 인한 현금흐름은 재투자되거나 투자자에게 귀속되는 것이기 때문이다.

셋째, 개인기업(privately owned firms)의 자본비용계산문제이다. 지금까지 상장기업의 자기자본비용을 주로 논의하였는데, 비상장기업의 자기자본비용은 어떻게 측정할 것인가에 대한 문제가 제기된다.

넷째, 서로 다른 위험을 가진 투자안에 대한 자본비용문제이다. 위험의 정도가 다른 투자안은 상이한 위험조정할인율(risk-adjusted discount)을 사용해야 한다.

다섯째, 자본구조가중치 계산문제이다. 목표자본구조(target capital structure)가 주어진 상황에서 가중평균자본비용(k_w)을 계산하기 위해서는 가중치를 결정짓는 목표자본구조의 구성이 우선과제가 되는 것이다.

이상의 문제점들을 해결하기 위해서는 엄격한 가정을 완화하거나 현실화한다는 관점에서 계속적인 검증이 뒤따라야 할 것이며 모형의 설명능력제고를 위해서도 부단한 노력이 경주되어야 할 것이다.

제 4 절 불확실성하의 자본예산기법

1 민감도분석

현금의 흐름을 추정하고자 할 때에는 미래에 일어날 수 있는 가능한 모든 상황을 고려하여야 한다. 왜냐하면, 미래의 가능한 상황에 따라 현금흐름의 추정가치가 달라지며, 현금흐름의 추정오차에 따라 투자안의 순현재가치가 크게 달라질 수 있기 때문이다.

예를 들어 (주)인경에서 현재 검토하고 있는 투자안 A의 투자분석자료가 다음과 같다고 하자.

투자안 A의 자본비용을 10%라고 한다면, 순현재가치는 103,000원이 되므로 투자안 A는 경제성이 있는 것으로 판단된다.

$$NPV_A = \sum_{t=1}^{10} \frac{9\text{만원}}{(1+0.1)^t} - 45\text{만원}$$

$$= 9\text{만원} \cdot \text{연금현가계수}(10\%,\ 10\text{년}) - 45\text{만원}$$

표 10-2 투자안 A의 분석자료 (단위: 천원)

	0년	10년간
1. 투자금액	450	–
2. 매출액		1,125
3. 고정비		90
4. 변동비		900
5. 감가상각비		45
6. 세전순이익		90
7. 법인세(세율=50%)		45
8. 세후순이익		45
9. 현금흐름(2–3–4–7)		90
10. 순현금흐름	–450	90

=9만원×6.145–45만원

=103,000원

그러나 현금흐름의 추정치는 장래예측에 의한 예상치이기 때문에 현금흐름과 관련된 불확실성 문제가 제기된다. 민감도분석은 이와 같은 불확실성을 해소하는데 사용되는 분석방법이다. 〈표 10-2〉에서 투자안 A의 현금흐름이 다음과 같은 자료에 기초하여 추정되었다고 하자.

첫째, 전체시장규모가 1만단위이고, 투자안 A의 시장점유율은 1%이며, 단위당 판매가격을 11,250원이라고 한다면 판매량과 매출액은 아래와 같이 계산된다.

판매량=시장점유율×전체시장규모

=0.01×1만단위

매출액=단위당 판매가격×판매량

=11,250×100단위

둘째, 감가상각은 정액법을 적용하여 연간 45,000원이며, 단위당 변동비는 9,000원이고, 연간 고정비는 9만원이다.

순현금흐름의 추정치는 전체시장규모, 시장점유율, 단위당 판매가격, 단위당 변동비와 고정비에 따라 좌우된다. 이러한 변수들은 영업환경에 따라 변하므로 순현재가치에 어떠한 영향을 미치는가를 살펴보기로 하자.

현금흐름을 추정하는 현재의 영업환경을 기준으로 미래에 호전되는 경우와 악화되는 경우로 구분하여 전체시장규모, 시장점유율, 단위당판매가격, 단위당변동비와 고정비의 예상치를 정리하면, 〈표 10-3〉과 같다. 경영여건이 악화될 때와 호전될 때 어느 한 변수값이 변화하고 다른 모든 변수값이 일정하다는 가정하에 〈표 10-1〉의 자료에서 현금흐름과 순현재가치를 구하면, 〈표 10-4〉와 같다.

〈표 10-4〉에서 보는 바와 같이 다른 모든 변수가 일정하고 영업환경이 악화되어 전체시장규모 변수만 9천단위로 감소하는 경우 현금흐름이 78.8천원으로 줄어들고 투자안의 순현재가치는 34.2천원이 된다. 영업환경이 악화되어 시장점유율이나 단위당 판매가격이 떨어지거나 단위당 변동비가 상승하는 경우 투자안의 순현재가치가 부(−)의 값을 갖게 된다는 것을 볼 수 있다. 이러한 사실은 투자안의 성공여부가 시장점유율, 단위당 판매가격과 단위당 변동비의 정확한 예측여하에 따라 좌우된다는 것을 의미한다.

지금까지 설명한 바와 같이 현금흐름이나 순현재가치에 영향을 미치는 여러 가지 미지의 변수를 확인하고, 투자결정과 관련된 불확실성을

표 10-3 경영여건변화에 따른 주요변수의 변화

	경영여건의 악화	현재의 경영여건	경영여건의 호전
전체시장규모	9천 단위	1만 단위	1만 1천 단위
시장점유율	0.4%	1%	1.6%
단위당 판매가격	10,500원	11,250원	11,450원
단위당 변동비	10,800원	9,000원	8,250원
고정비	12만원	9만원	6만원

표 10-4 경영여건변화에 따른 주요변수별 현금흐름과 순현가의 변동

(단위: 천원)

다른 변수일정시 변화하는 하나의 변수	현금흐름			순 현 재 가 치		
	악화	정상	호전	악화	정상	호전
시장규모	78.8	90	101.25	34.2	103	172.1
시장점유율	22.5	90	157.5	−311.7	103	517.7
단위당 판매가격	52.5	90	97.5	−127.4	103	149.1
단위당 변동비	0	90	127.5	−450.0	103	333.4
고정비	75.0	90	105	10.8	103	195.3

해소하는데 필요한 추가정보가 요구되는 변수가 어느 변수인가를 점검하는데 유용하게 사용되는 것이 바로 민감도분석이다.

이제 다른 각도에서 투자안의 민감도분석을 살펴보기로 하자. 여건악화시의 단위당 변동비 10,800원은 구매설비가 정상적으로 가동되지 않을 가능성이 있다는 생산부의 의견이 반영되어 추정된 것이라고 가정하고, 구매설비가 정상적으로 가동되지 않을 경우 매년 단위당 600원의 수리비용이 요구되며, 전문가에게 사전점검을 의뢰하면 이와 같은 불확실성을 해소할 수 있다고 하자. 첫해에 한번의 지출로 완료되는 설비의 점검에는 10,000원이 들고, 이 점검후에는 구매설비가 정상적으로 가동되지 않을 확률이 매년 10%에서 0%로 된다고 한다.

구매설비가 정상적으로 가동되지 않을 경우에는 매년 단위당 600원씩의 수리비용을 지출하여야 하고 수리비의 감세효과를 감안하면, 설비점검을 할 경우 절약가능한 현금흐름은 매년 30,000원이 된다.

$$\begin{aligned}\text{연간현금흐름의 절약가능액} &= \text{판매량} \times \text{단위당 추가비용} \times (1-\text{법인세율}) \\ &= 100\text{단위} \times 600\text{원} \times 0.5 \\ &= 30{,}000\text{원}\end{aligned}$$

구매설비가 정상적으로 가동되지 않을 경우 현금흐름이 매년 30,000원씩 감소하므로 투자안 A의 순현재가치는 184,338원만큼 감소하게 된다.

$$\begin{aligned}\text{절약금액의 순현재가치} &= \sum_{t=1}^{10} \frac{30{,}000}{(1.1)^t} \\ &= 184{,}338\text{원}\end{aligned}$$

구매설비가 정상적으로 가동되지 않을 확률은 10%였다. 따라서 투자안 A의 순현재가치가 184,338원만큼 증가할 확률이 10%임을 알 수 있다. 설비를 점검하는데 10,000원이 소요되므로 설비점검의 순이득은 다음과 같이 8,434원이 된다.

$$\begin{aligned}\text{설비점검의 순이득} &= 184{,}338(0.1) - 10{,}000 \\ &= 8{,}434\text{원}\end{aligned}$$

따라서 설비점검을 통하여 사전에 설비가동에 대한 불확실성을 해소시키는 것이 유리하다는 결론을 얻을 수 있다. 이와 같은 방법을 통하여 시장점유율이나 단위당 판매가격의 추정과 관련된 불확실성을 해소시킬 수 있다. 그러나 투자안 A의 경제성분석에서 전체시장규모나 고정비에 대한 추가정보의 필요성은 거의 없다. 왜냐하면, 이들 변수와 관련된 불확실성을 고려하더라도 〈표 10-4〉에서 보듯이 투자안의 순현재가치가 경영여건이 악화되는 경우에도 여전히 정(+)의 값으로 나타나기 때문이다.

이와 같이 민감도분석(sensitivity analysis)은 현금흐름이나 순현재가치에 결정적인 영향을 미치는 미지의 변수를 확인하여 어느 변수에 대한 추가적인 정보가 필요한가를 검토하는데 유용하게 사용되는 방법이다.

그러나 민감도분석은 다음과 같은 한계점이 있다.

첫째, 분석결과가 명료하지 않다는 점이다. 예컨대, 생산부에서 보는 영업환경의 악화와 판매부에서 보는 영업환경의 악화는 서로 다른 의미로 해석될 수 있다.

둘째, 현금흐름이나 순현재가치에 영향을 미치는 변수들은 서로 독립적인 관계에 있다고 가정한 점이다. 예컨대, 인플레이션으로 단위당 판매가격이 상승한다면, 고정비와 단위당 변동비도 상승할 것이며, 전체시장 규모가 증가하면, 수요증가에 따라 단위당 판매가격도 상승하게 될 것이다.

2 손익분기점분석

손익분기점(break-even point)이란 현금유입과 현금유출이 일치하는 판매량수준을 말한다. 따라서 투자분석에서 손익분기점분석을 이용하면, 추정된 판매량으로부터 실제판매량이 얼마나 감소할 때 순현재가치가 부(-)의 값을 갖게 되는가를 알 수 있다.

투자안 *A*의 경우 판매량의 변동에 따른 현금유입과 현금유출을 정리하면, 〈표 10-5〉와 같다.

판매량의 변화에 따라 현금유입과 현금유출의 현재가치를 그래프로 나타내면, [그림 10-1]과 같다. 그림에서 볼 수 있는 것처럼 판매량이 85단위일 때 현금유입과 현금유출의 현재가치가 일치하고 있다. 따라서 실제 판매량이 추정된 판매량 100단위로부터 15%이상 감소할 때 순현재가치가 부(-)의 값을 갖게 된다는 사실을 알 수 있다.

표 10-5 투자안 A의 판매량 변동에 따른 현금흐름과 순현가 (단위: 천원)

판매량 (단위)	현금유입	현금유출				현 가		*NPV*
	현금수익 (1~10년)	투자비용 (0년)	변동비 (1~10)	고정비 (1~10)	법인세 (1~10)	현금유입	현금유출	
0	0	450	0	90	−67.5	0	588	−588
100	1,125	450	900	90	12.0	6,913	6,810	103
200	2,250	450	1,800	90	157.5	13,824	13,032	792

그림 10-1 현재가치분기점 분석

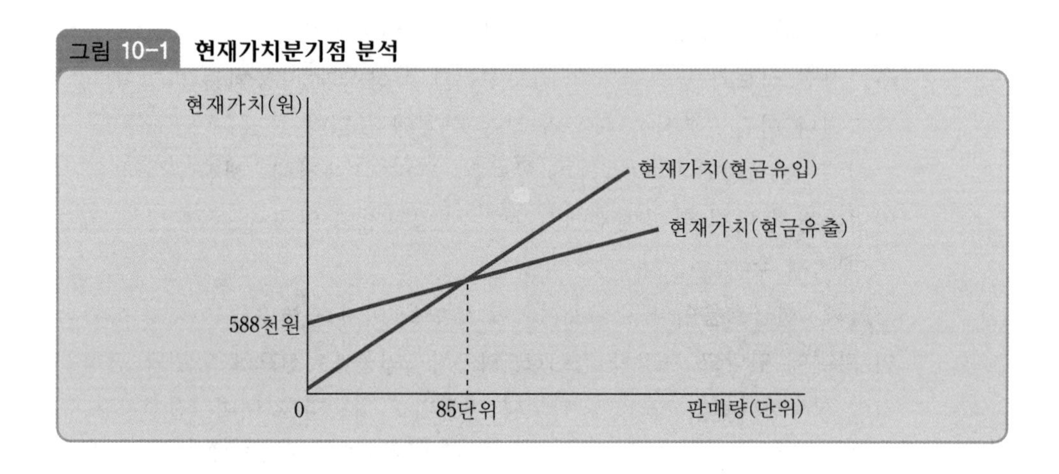

3 시뮬레이션분석

앞서 설명한 민감도분석은 현금흐름에 영향을 미치는 변수 중에서 어느 한 변수가 변화할 때 그것이 순현재가치에 결정적인 영향을 미치는 변수임을 확인하는데 이용되는 분석방법이다. 따라서 민감도분석은 현금흐름에 영향을 미치는 모든 변수들이 상호독립적인 관계에 있다는 가정에 기초하고 있다는 점에서 한계가 있다. 이러한 한계는 시뮬레이션을 통하여 극복할 수 있다. 시뮬레이션(simulation)분석이란 현금흐름에 영향을 미치는 모든 변수들의 상호관계를 고려하여 그것들이 순현재가치에 미치는 영향을 분석하는 방법이다.

즉 시뮬레이션분석은 순현재가치(*NPV*)를 결정하는 투자분석모형을 설계하고 컴퓨터프로그램을 이용하여 변수별로 무작위 표본값을 추출한 뒤 이를 근거로 순현가를 반복적으로 계산하여 순현가로 구성된 확률분포를 만든후 이를 이용하여 투자안의 순현가를 계산하는 방법이다.

시뮬레이션분석은 비용이 많이 소요되며, 모형을 설계하는데 시간이 많이 걸린다는 결점이 있다. 그러나 투자결정과 관련된 불확실성과 각 변수들간의 상호관계를 충분히 고려할 수 있다는 장점이 있다. 시뮬레이션분석은 시스템분석 또는 계량경영학에서 주로 다루기 때문에 상세한 내용은 생략한다.

4 의사결정수분석

투자안을 분석할 때 흔히 연속적인 의사결정을 요구하는 경우가 있다. 이와 같이 연속적인 의사결정이 요구되는 투자분석에서는 의사결정수분석(decision tree analysis)이 효과적이다. (주)인경에서는 현재 반도체의 시제품을 생산하여 시용판매를 한 후 그 결과를 보아 본격적인 생산을 하는 투자안을 검토하고 있다. 시용판매기간은 1년이고, 투자액은 2억 5천만원이며, 시용판매의 성공확률은 50%로 추정된다고 한다. 매년 할인률은 10%이다. 시용판매가 성공적인 경우 반도체생산판매로부터 매년 영구적으로 5억원의 현금유입이 기대되며, 시용판매가 실패하는 경우라도 반도체생산투자로부터 매년 1억 5천만원의 현금유입이 기대된다. 반도체생산투자에는 20억원이 소요된다고 한다.

반도체생산투자안에서는 2단계의 의사결정이 필요하다. 첫번째 단계는 시용제품생산에 대한 의사결정이고, 두번째 단계는 반도체생산에 대

그림 10-2 (주)인경의 의사결정

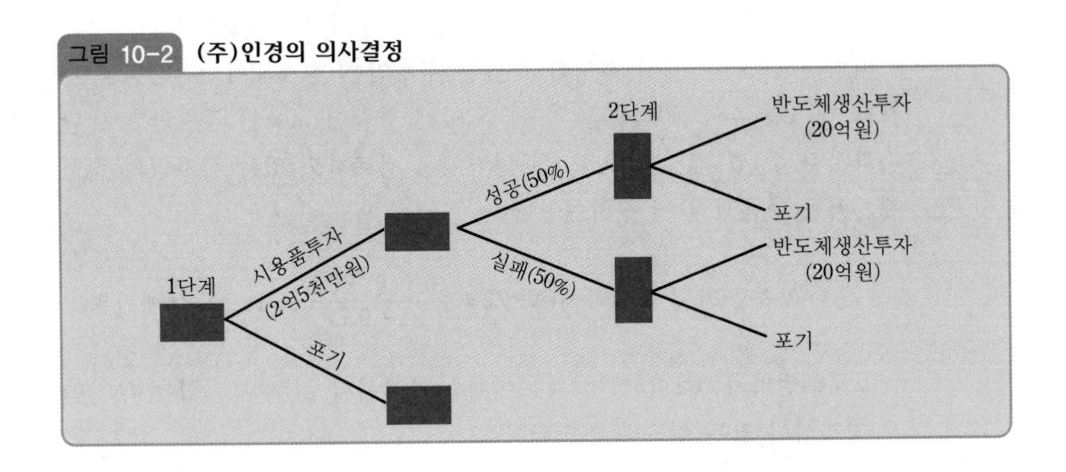

한 투자결정이다. (주)인경이 검토하고 있는 투자안을 그림으로 나타내면, [그림 10-2]와 같다.

먼저, 시용판매가 성공적인 경우를 살펴보기로 하자. 시용판매가 성공적인 경우에는 두번째 단계의 의사결정으로 반도체생산투자의 여부를 분석하여야 한다. 반도체생산투자의 현금흐름형태는 2년 후부터 매년 5억원의 현금흐름이 보장되는 영구채권의 현금흐름 형태와 같다. 따라서 반도체생산투자의 1년 후 순미래가치는 30억원이 된다.

$$\text{성공시의 1년 후 기대순현가}(NPV_1) = \frac{\text{5억원}}{0.1} - \text{20억원}$$
$$= \text{30억원}$$

반도체생산투자는 1년 후에 50억원의 현금을 제공하는 자산에 20억원을 투자하는 의사결정과 같다는 것을 알 수 있다.

다음에는 시용판매가 실패한 경우를 살펴보기로 하자. 시용판매가 실패할 경우, 반도체생산에 20억원을 투자할 때 2년 후부터 영구적으로 매년 1억 5천만원이 기대된다. 따라서 시용판매가 실패할 경우 반도체생산투자의 1년 후 순미래가치는 −5억원이 된다.

$$\text{실패시의 1년 후 순기대현가}(NPV_1) = \frac{\text{1억 5천만원}}{0.1} - \text{20억원}$$
$$= -\text{5억원}$$

시용판매가 실패한 경우에는 반도체생산투자가 포기되어야 한다는 것을 알 수 있다.

따라서 (주)인경에서 검토하고 있는 투자안은 현재 2억 5천만원을 투자할 때 1년 후에 30억원을 얻을 수 있는 확률이 50%인 투자안으로 단순화시킬 수 있다. 그러므로 (주)인경에서 검토하고 있는 투자안의 순현재가치는 다음과 같이 구하여진다.

$$\text{투자안의 순현재가치}(NPV_0) = \frac{\text{30억원} \times 0.5}{1+0.1} = \text{11억1천4백만원}$$

기대순현가가 0보다 크기 때문에 (주)인경에서 검토하고 있는 투자안은 경제성이 있는 것으로 판단된다.

연습문제

1 신규투자의 필수수익률을 기회비용이라 한다. 그 이유를 설명하시오.

2 재무관리에서 자본비용이 중요한 이유와 그 기능에 대해서 설명하시오.

3 타인자본비용의 법인세감세효과에 대해서 설명하시오.

4 "기업의 가중평균자본비용(WACC)을 최소화하는 것이 기업의 주가를 최대화한다"라는 주장이 맞는지 틀리는지 그 이유를 설명하시오.

5 자기자본비용을 측정하는 방법으로 *CAPM*을 이용하는 방법과 항상성장모형을 이용하는 방법 두 가지가 있다. *CAPM*은 위험보상(risk premium)을 직접적으로 측정하는데, 항상성장모형도 위험보상을 측정할 수 있는지 설명하시오.

6 자본예산편성시 시뮬레이션방식의 적용상의 장점과 단점을 들어 보시오.

7 연속적인 의사결정에 있어서의 의사결정수 분석의 중요성을 설명하시오.

8 삼경전자회사의 올해 예상되는 순이익은 1,714,286원이며, 이 중 30%는 배당금으로 지불되고 나머지는 사내에 유보될 것이다. 그리고 법인세율은 40%이고 순이익과 배당금은 매년 9%로 성장할 것이다. 이 회사는 지난해 주당 360원의 배당금을 지불했으며 현재 주당 주가는 6,000원이다. 이 회사의 적정자본구조는 부채 25%, 우선주 15%, 보통주 60%이며, 부채비용은 12%이고 우선주배당은 주당 1,100원이며 우선주가격은 10,000원이다. 또한 발행비용은 보통주의 경우 10%이고 우선주의 경우 5%일 때,

(1) 부채비용(k_d), 우선주비용(k_p), 유보이익비용(k_r), 신규보통주비용(k_s)을 각각 계산하시오.

(2) 신규자본조달을 위한 주식발행전에 유보이익으로 자금을 조달할 수 있는 순 최대투자액은 얼마인가?

(3) 기업이 부채, 우선주와 유보이익으로 자금조달할 경우의 $WACC_1$, 기업이 부채, 우선주 그리고 신규보통주로 자금을 조달할 경우의 $WACC_2$를 각각 계산하시오.

9 컴퓨터제조업체인 인경기업의 자본예산담당이사는 늘어나는 수요에 대처하기 위해서 생산설비를 확장하려는 계획을 고려중에 있다. 그 기업의 목표자본구조는 부채/자기자본비율이 0.8이 되도록 하는 것이다. 인경기업은 현재 25년 후에 만기가 되고, 연 이자율이 7%이고 액면가가 100,000원인 발행사채를 가지고 있는데, 그 사채는 현재 80,400원에 판매되고 있다. 이 기업은 항상 6%의 성장률을 유지하고 있으며 다음기의 기대배당은 200원이고, 현재의 주가는 4,000원이다. 법인세율을 40%라 할 때, 인경기업의 가중평균 자본비용은 얼마나 되겠는가?(우선주는 없다고 가정한다.)

10 서울산업의 다음기의 기대배당 D_1은 2,500원이며, 과거 7년 동안 변함없이 50%의 배당성향을 유지하여 왔다. 7년 전 그 기업의 주당이익(EPS)은 1,500원이었으며, 베타계수는 1.2이다. 또한 평균적으로 주식에 대한 요구수익률은 13%이고, 무위험이자율은 7%이다. 현재 서울산업의 사채수익률은 10%이고, 현행주가가 30,000원일 때, 서울산업의 유보이익자본비용을 계산하시오.

11 다음의 자료는 (주) 고려산업의 자본조달 관계사항을 요약한 것이다.

유동부채	5,000,000원
장기부채	20,000,000
자 본 금	50,000,000
잉 여 금	30,000,000

이 회사는 발행주식이 1,000주이며, 장기부채에 대한 이자 지급액은 연간 3,000,000원이다. 이 회사의 추정에 의하면 예상되는 순이익이 20,000,000원이며 법인세율은 40%이다.

(1) 이 회사의 부채비용은 얼마인가?

(2) 이 회사의 자기자본비용(잉여금포함)은 얼마인가?

(3) 가중평균자본비용($WACC$)을 계산하시오.

레버리지 분석

제 1 절 기업위험과 레버리지

기업의 위험을 대별하면 경영위험(business risk)과 재무위험(financial risk)으로 나누어 볼 수 있는데 경영위험은 기업의 생산량이나 매출액의 변화에 대한 기대영업이익, 곧 이자 및 법인세 공제전 이익(Earning Before Interest and Tax: *EBIT*)의 변동가능성을 나타낸 것이고, 재무위험은 재무레버리지[1]가 높아짐으로써 야기되는 추가적인 위험을 말한다.

경영위험을 나타내는 지표를 영업레버리지도(Degree of Operating Leverage: *DOL*)라 하는데, 재무상태표의 왼쪽부분인 기업실체(business entity)로서의 자산 운용능력 즉, 사업성을 나타내는 것으로 고정자산의 보유로 인한 고정비의 존재 때문에 발생된다.

재무위험을 측정하는 지표로는 재무레버리지도(Degree of Financial Leverage: *DFL*)를 사용하는데, 부채의 기여도 내지는 부채의 손익확대효과를 통한 자본조달의 유효성을 나타낸다.

따라서 영업레버리지도와 재무레버리지도를 곱하게 되면 생산량이나 매출액 증가가 주당 이익에 미치는 영향을 바로 알 수가 있는데 이를 결합레버리지도(degree of combined leverage) 또는 총레버리지도(Degree of Total Leverage: *DTL*)라 하며, 위의 설명을 그림으로 나타내면 [그림

---

1) 일반적으로 부채비율을 나타낸 것으로 본서에서는 부채구성비율=부채/총자산과 부채비율=부채(D)/자기자본(E)로 구분하여 사용해 왔는데, 단순히 타인자본의 사용을 의미하기도 한다.

그림 11-1 영업레버리지와 재무레버리지의 개념

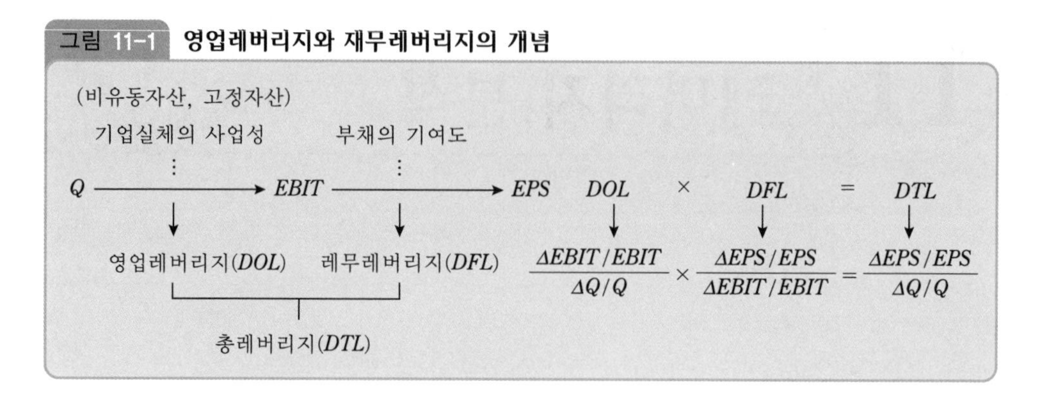

11-1]과 같다.

제2절 경영위험과 영업레버리지

1 경영위험

경영위험은 미래의 영업이익, 또는 이자 및 법인세공제전 이익(*EBIT*)이 불확실하여 고정영업비용을 보상할 수 없는 위험으로 경영위험을 결정하는 주요한 요인을 열거하면 다음과 같다.

① 수요변동가능성(demand variability): 다른 요인이 일정하다면, 제품에 대한 수요가 안정적일수록 그 기업의 경영위험은 낮아진다.

② 판매가격의 변동가능성(sales price variability): 제품의 가격이 매우 불안정한 기업의 위험을 말한다.

③ 원재료 가격의 변동가능성(input price variability): 원재료 가격이 매우 불안정한 기업의 위험 정도를 나타낸다.

④ 원재료 가격의 변화에 따른 출고가격의 조정능력: 다른 요인이 일정하다고 할 때 출고가격의 조정능력이 클수록 경영위험도 낮아진다.

⑤ 영업비용의 조정화 정도(the extent to which costs are fixed): 고정비의 비중이 높으면 수요가 감소하더라도 고정비는 하락하지 않기 때문에 상대적으로 높은 경영위험을 갖게 된다.

2 영업레버리지와 영업레버리지도의 계산

레버리지(leverage)란 지렛대의 사용을 의미하는 것으로 영업레버리지도가 높다는 것은 매출액의 변화에 따른 영업이익(*EBIT*)의 변동정도가 크다는 뜻이며, 만약 기업의 총비용 중 많은 부분이 고정비라면 그 기업은 높은 영업레버리지도를 가지고 있다고 말할 수 있다. 영업레버리지를 측정하기 위해서 사용되는 지표인 영업레버리지도(*DOL*)는 다음과 같이 매출량의 변화율 또는 총수익의 변화율에 대한 영업이익의 변화율로써 계산된다.

그림 11-2 영업레버리지의 예

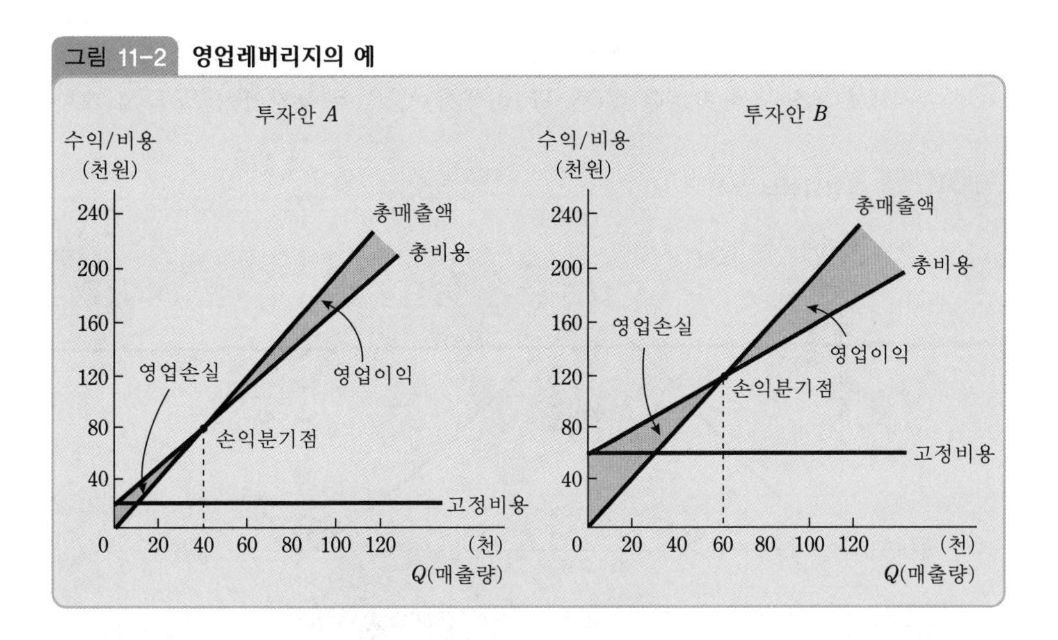

매출량 (*Q*)	매출액	매출원가	영업이익 (*EBIT*)
0	₩0	₩20,000	−₩20,000
40,000	80,000	80,000	0
60,000	120,000	110,000	10,000
110,000	220,000	185,000	35,000
160,000	320,000	260,000	60,000
180,000	360,000	290,000	70,000
220,000	440,000	350,000	90,000

매출량 (*Q*)	매출액	매출원가	영업이익 (*EBIT*)
0	₩0	₩60,000	−₩60,000
40,000	80,000	100,000	−20,000
60,000	120,000	120,000	0
110,000	220,000	170,000	50,000
160,000	320,000	220,000	100,000
180,000	360,000	240,000	120,000
220,000	440,000	280,000	160,000

$$\text{영업레버리지도} = \frac{\text{영업이익의 변화율}}{\text{매출량 변화율 또는 총수익의 변화율}}$$

[그림 11-2]는 인경기업에서 영업레버리지도가 서로 다른 *A*, *B* 두 투자안을 비교하는 경우를 그림으로 나타낸 것이다. *A*투자안의 고정자산 투자비중은 상대적으로 낮아 감가상각비, 유지비, 재산세와 같은 고정비의 부담이 낮으므로 *A*투자안의 총비용선은 상대적으로 가파른 기울기를 갖게 되며 손익분기점은 40,000단위에서 결정되나 *B*투자안에는 보다 많은 자동화장비가 소요되어 상대적으로 높은 고정비를 부담하게 됨으로써 *B*투자안의 손익분기점은 *A*투자안의 경우보다 높은 수준인 60,000단위에서 결정된다.

다른 요인이 일정하다면 영업레버리지가 증가될수록 그 기업의 경영위험 또한 높아지는데 [그림 11-3]에서 A, B 두 투자안의 *EBIT*에 대한

그림 11-3 경영위험의 분석

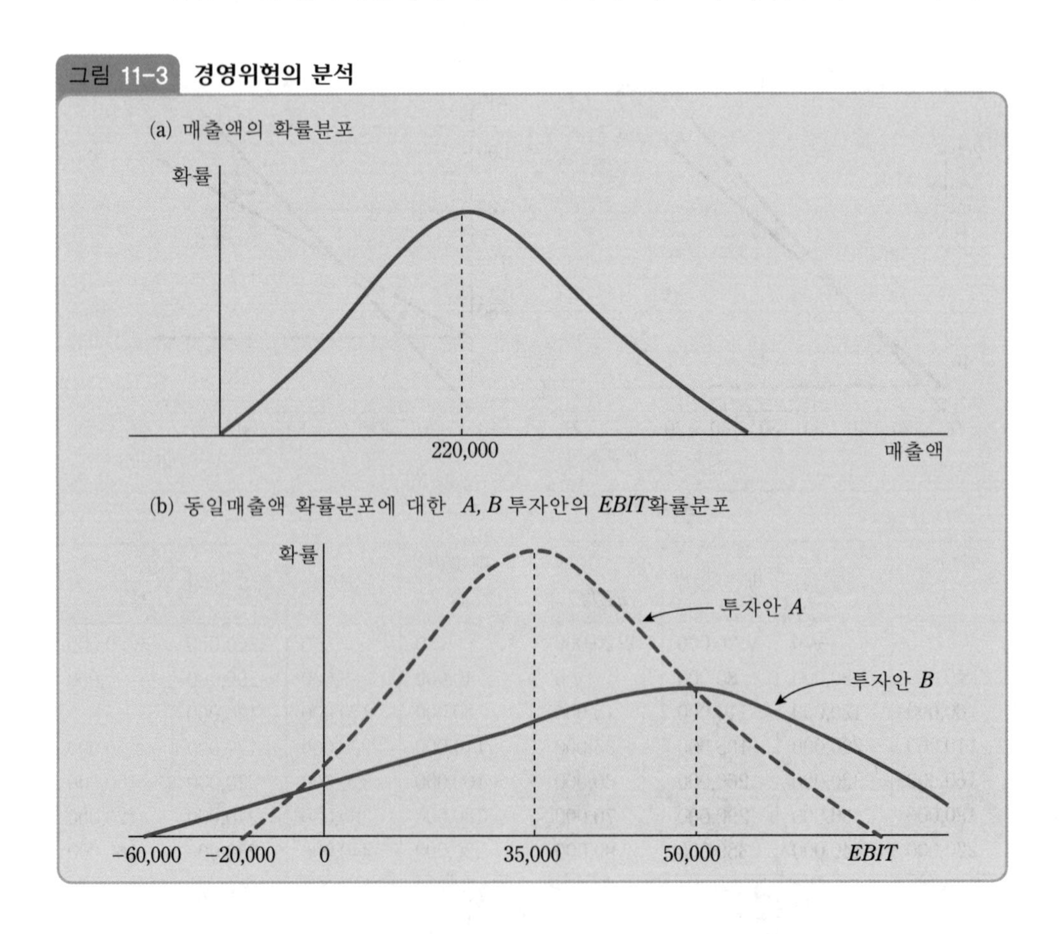

확률분포를 보게 되면 이 사실을 확인할 수 있다.

[그림 11-3a]는 매출액의 확률분포를 나타낸 것인데 투자안 A나 투자안 B와는 무관한 것으로 제품수요의 변동만을 나타내는 것이기 때문에 두 투자안의 매출액확률분포는 동일하다.

[그림 11-3b]는 매출액확률분포에 따른 $EBIT$의 확률분포를 나타낸 것인데 투자안 B는 투자안 A보다 높은 $EBIT$의 기대수준을 가지고 있으나 확률분포가 넓게 분포되어 있으므로 투자안 A의 경우보다 높은 경영위험을 가지고 있음을 알 수 있다.

영업레버리지도(DOL)는 주어진 매출량(Q)의 변화율에 대응한 영업이익의 변화율로 정의한 바에 따라 다음과 같이 구할 수 있다.

$$DOL_Q = Q\text{점에서의 영업레버리지도}$$

$$= \frac{\text{영업이익}(EBIT)\text{의 변화율}}{\text{매출량의 변화율 또는 총수익의 변화율}}$$

$$= \frac{Q(p-v)}{Q(p-v)-F}$$

$$= \frac{EBIT+F}{EBIT} \qquad (11-1)$$

또는

$$= \frac{S-V}{S-V-F}$$

$$= \frac{\text{공헌이익}}{EBIT} \qquad (11-1a)$$

- Q : 매출량
- p : 단위당 평균 판매가격
- v : 단위당 변동비
- F : 고정비용
- S : 매출액
- V : 총변동비

식 (11-1)을 유도하는 단계를 정리하면 다음과 같다.

① 먼저 매출량의 변화를 ΔQ라고 하고 $EBIT$의 변화를 $\Delta EBIT$라 하면 영업레버리지도는 다음 식과 같이 구할 수 있다.

$$DOL_Q = \frac{\Delta EBIT/EBIT}{\Delta Q/Q}$$

② $EBIT = Q(p-v)-F$에서 고정비는 항상 일정하므로 영업이익의 변화 즉 $\Delta EBIT = \Delta Q \times (p-v)$가 된다. 따라서 영업이익의 변화율은 다음과

같이 된다.

$$\frac{\Delta EBIT}{EBIT} = \frac{\Delta Q \times (p-v)}{Q \times (p-v) - F}$$

③ 매출량의 변화율로써 매출량의 변화에 대한 영업이익의 변화율을 나누게 되면 다음과 같이 된다.

$$DOL_Q = \frac{\frac{\Delta Q \times (p-v)}{Q \times (p-v) - F}}{\frac{\Delta Q}{Q}} = \left[\frac{\Delta Q \times (p-v)}{Q \times (p-v) - F}\right]\left[\frac{Q}{\Delta Q}\right]$$

$$= \frac{\Delta Q \times (p-v)}{Q \times (p-v) - F} = \frac{EBIT + F}{EBIT}$$

식 (11-1)에서 보건대 고정비의 존재로 인하여 영업레버리지가 결정되며 DOL은 고정비가 존재하는 한 1보다 커짐을 알 수 있으며 따라서 영업레버리지는 고정비의 영업이익확대효과라고 할 수 있다.

[그림 11-3]의 예에서 $Q=110,000$에서의 투자안 A, B의 DOL을 계산하면 다음과 같다.

$$DOL_{A,\ Q=110,000} = \frac{110,000(2-1.50)}{110,000(2-1.50)-20,000} = 1.57$$

$$DOL_{B,\ Q=110,000} = \frac{110,000(2-1.00)}{110,000(2-1.00)-60,000} = 2.2$$

투자안 A의 DOL이 1.57이라는 것은 매출량이 110,000단위인 현 수준에서 매출량이 변화할 때 영업이익의 변화율이 매출량변화률의 1.57배로 나타난다는 것을 의미한다. [그림 11-3]에서 투자안 A의 매출량이 110,000단위에서 45% 정도 증가한 160,000단위가 되면 이때의 영업이익은 35,000원에서 71%(45%×1.57)정도 증가한 60,000원이 된다는 것을 알 수 있다.

DOL은 매출액변화율에 대한 $EBIT$의 변화율이고 이 변화율은 손익분기점을 지나면서 1보다 커지며 손익분기점에 도달하기까지의 DOL은 마이너스(−)값을 갖는다. 마이너스값의 DOL의 의미는 매출액의 증가율에 따른 $EBIT$의 손실폭이 그만큼의 비율로 감소한다는 뜻이지 $EBIT$가 감

소한다는 의미는 아니다.

여기에서 주의하여야 할 것은 영업레버리지가 높다는 것은 그 기업의 영업이익이 많다거나 기업운영이 좋다는 것을 나타내는 것이 아니라 단순히 매출액의 증가에 대한 영업이익의 증가속도를 의미하는 것이다.

제 3 절 재무위험과 재무레버리지

재무위험(financial risk)이란 앞에서도 정의된 바와 같이 재무레버리지를 사용함으로써 야기되는 추가적인 위험으로 기업의 부채사용결정의 결과 보통주 주주에게 전가되는 추가적인 위험을 말한다. 영업레버리지가 고정자산의 사용과 관련된 것이라면 재무레버리지는 고정소득증권(fix income securities), 즉 타인자본과 우선주 등의 사용에 따른 고정재무비용(이자비용 등) 때문에 영업이익의 변화폭이 확대되어 나타나는 것을 말하고, 이와 같이 고정재무비용의 지급으로 인한 영업이익(*EBIT*)변화율에 대하여 납세후 순이익(또는 *EPS*)의 변화율을 확대하는 작용을 재무레버리지효과(financial leverage effect)라고 한다.

1 주당이익(EPS)에 대한 재무레버리지효과

타인자본의 사용 정도가 달라지게 되면 우선 주당 이익이 변화되고 나아가서는 주가가 변동하게 된다. 레버리지를 사용하게 되면 기대 *EPS*는 일정수준까지 증가하나 위험도 또한 증가하기 때문에 한계위험과 한계수익률이 일치될 때 비로소 주가의 극대화가 도모될 수 있을 것이다.

이 사실은 부채구성비율을 달리할 때 인경기업의 주가가 어떻게 변동하는가를 보여주는 〈표 11-1〉을 통하여 밝힐 수가 있다.

이론적으로나 실증적으로나 기업의 베타는 재무레버리지도에 따라 증가하는 것으로 알려져 있는데 4번째 열에서 주어진 β값들은 이러한 관계의 특성을 보여주고 있다. 5번째 열은 인경기업에 대한 요구수익률(k_e)을 계산한 것으로 부채가 전혀 사용되지 않을 경우의 k_e는 12%가 되고, 총자본의 60%를 타인자본으로 조달할 때의 k_e는 16.8%가 됨을 알 수 있다.

그림 11-4 자본구조 *EPS*, 자본비용, 주가와의 관계

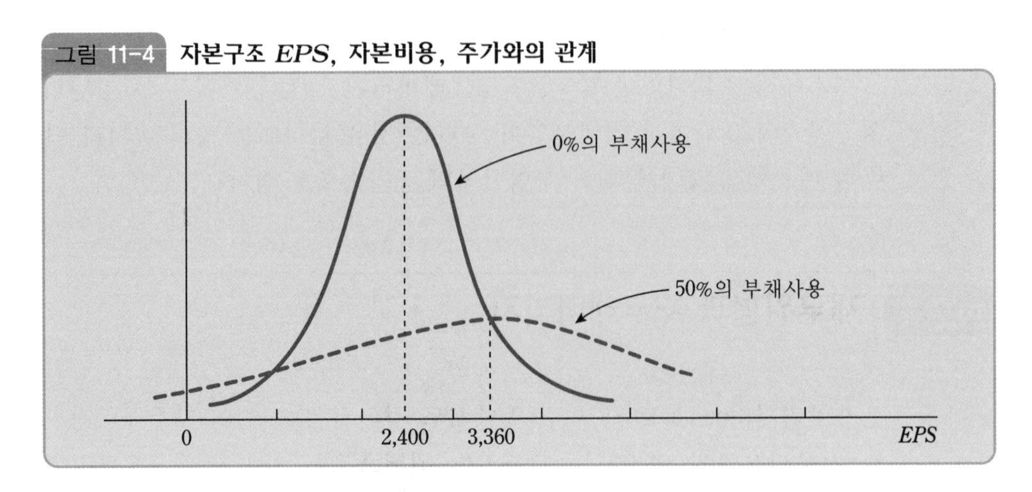

6번째 열은 제로성장주식평가모형을 사용하여 추정주가를 계산한 것이다. 여기에서 추정된 기대주가는 처음에는 재무레버리지에 따라 상승하다가, 부채구성 비율이 40%일 때에 22,860원으로 절정을 이루고 난 다음 하락하기 시작한다. 따라서 인경기업의 최적자본구조는 총자본의 40%를 타인자본으로 조달했을 때 달성된다.

7번째 열에서 보여주는 주가수익배율(*PER*)은 추정주가를 기대 *EPS*로 나눈 것인데 일반적으로 *PER*은 기업의 위험이 증가함에 따라 감소하는 바 여기에서 보여주는 *PER*도 재무레버리지의 변화에 따른 일반적인 제로성장기업의 *PER*과 일치하고 있어서 7번째 열의 자료는 6번째 열의 추

표 11-1 인경기업: 부채구성비율 변화에 따른 주가추정치

부채구성 비율 (1)	부채비용 (k_d) (2)	*EPS* (3)	추정베타 (β) (4)	자기자본[a] 비용(k_e) (5)	추정주가[b] (6)	*PER* (7)	가중평균[c] 자본비용(k_w) (8)
0%	–	2,400	1.50	12.0%	20,000	8.33	12.00%
10	8.0%	2,560	1.55	12.2	20,980	8.20	11.46
20	8.3	2,750	1.65	12.6	21,830	7.94	11.08
30	9.0	2,970	1.80	13.2	22,500	7.58	10.86
40	10.0	3,200	2.00	14.0	22,860	7.14	10.80
50	12.0	3,360	2.30	15.2	22,110	6.58	11.20
60	15.0	3,300	2.70	16.8	19,640	5.92	12.12

a) $R_t=6\%$, $R_m=10\%$를 가정한다. 자기자본비용 $k_e=[R_f+\beta(R_m-R_f)]$로 계산한다.

b) 추정주가$(P_0)=\frac{\text{EPS}}{k_e}$로 계산된다.(*EPS*=*DPS*이며 제로성장가정)

c) $k_w=w_d\cdot k_d(1-t)+w_e\cdot k_e$

그림 11-5 자본구조 EPS, 자본비용, 주가와의 관계

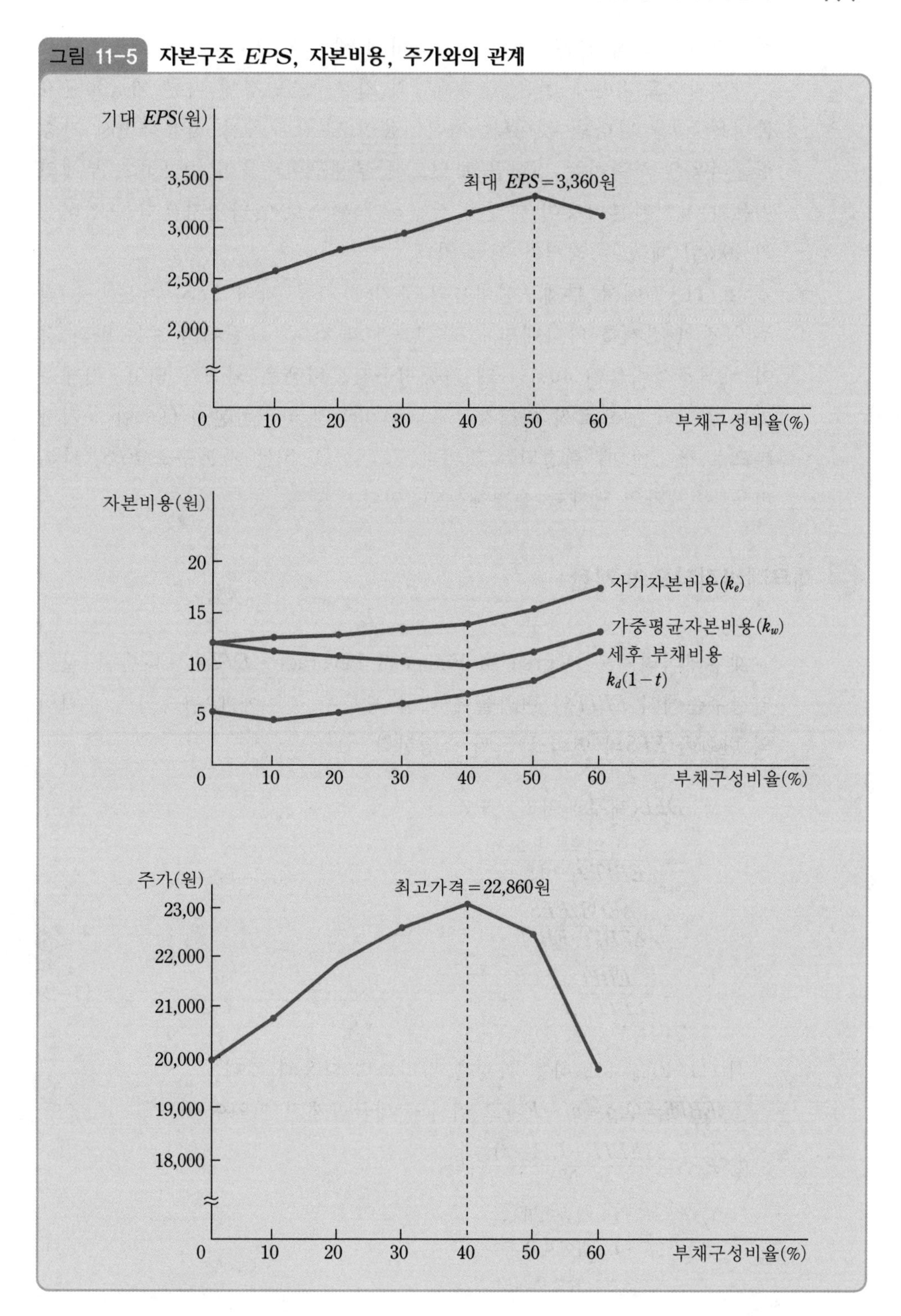

정가격이 합리적이라는 판단을 가능하게 해 주고 있다.

마지막으로 8번째 열은 인경기업의 자본구조변경에 따른 가중평균자본비용(k_w)을 나타낸 것이다. 자본비용이 낮은 부채를 사용하면서 가중평균비용은 하락하는 경향을 보였으나 부채구성비율이 증가하고 부채의 비용과 자기자본비용이 다같이 상승하게 됨으로써 타인자본의 구성비율이 40%일 때 k_w는 최저가 되고 있다.

〈표 11-1〉에서 부채구성비율의 증가에 따른 기대 *EPS*, 자본비용 및 주가 간의 관계를 나타내면 [그림 11-4]와 같다. 그림에서 보는 바와 같이 부채구성비율이 40%일 때 가중평균자본비용은 최소가 되고, 기대주가는 최대가 됨으로써 최적자본구조는 40%의 타인자본과 60%이 자기자본으로 구성될 때 결정되는 것이다. [그림 11-5]는 자본구조 *EPS*, 자본비용, 주가와의 관계를 설명해 주고 있다.

2 재무레버리지도의 계산

재무레버리지도(Degree of Financial Leverage: *DFL*)는 다음과 같이 일정수준에서 *EBIT*의 변화율에 대한 보통주 주주에게 귀속되는 순이익의 변화율(*EPS*의 변화율)로써 측정한다.

$$DFL(\text{재무레버리지도}) = \frac{\text{순이익의 변화율}}{EBIT\text{의 변화율}} = \frac{\Delta EPS/EPS}{\Delta EBIT/EBIT} = \frac{EBIT}{(EBIT-I)} \qquad (11\text{-}2)$$

식 (11-2)을 유도하는 과정을 정리하면 다음과 같다.

① $EBIT = Q(p-v)-F$이고 이자와 세금공제전 이익이다

② $EPS = \frac{(EBIT-I)(1-t)}{N}$이다.

- I: 지급이자
- t: 법인세율
- N: 발행주식수

③ I가 일정하면 EPS의 변화율인 ΔEPS는 더 이상의 이자지급이 불필요하게 됨으로 다음과 같아진다.

$$\Delta EPS = \frac{\Delta EBIT(1-t)}{N}$$

④ EPS의 변화율은 ΔEPS를 당초의 EPS로 나눈 것이다.

$$\frac{\Delta EBS}{EPS} = \frac{\Delta EPS = \dfrac{\Delta EBIT(1-t)}{N}}{\dfrac{(\Delta EBIT-I)(1-t)}{N}} = \frac{\Delta EBIT}{EBIT-I}$$

⑤ 재무레버리지도는 EPS변화율을 EBIT변화율로 나눈 것이다.

$$DFL = \frac{\dfrac{\Delta EBIT}{EBIT-I}}{\dfrac{\Delta EBIT}{EBITI}} = \frac{EBIT}{EBIT-I}$$

식 (11-2)에서 보듯이 DFL은 타인자본의 손익확대효과를 나타내는 것으로 부채를 사용하는 한 1보다 크다.

제4절 영업레버리지와 재무레버리지의 결합

이상에서 논의한 바와 같이 영업레버리지의 $EBIT$확대효과와 재무레버리지의 EPS확대효과를 결합하게되면 매출수준을 조금만 변화시켜도 폭넓은 EPS의 변동을 가져오게 될 것이다.

일정수준에서의 매출량의 변화가 EPS에 미치는 정도를 총레버리지효과(total leverage effect)라고 하는데 식 (11-1)의 영업레버리지도와 식 (11-2)의 재무레버리지를 곱하여 식 (11-3)과 같이 총레버리지도(degree of total leverage: DTL)를 구할 수 있다.

$$DTL(\text{총레버리지도}) = DOL \times DFL$$
$$= \frac{EBIT+F}{EBIT} \times \frac{EBIT}{EBIT-I}$$

$$= \frac{EBIT+F}{EBIT-I} \text{ 또는 } \frac{S-V}{S-V-F-I} \qquad (11-3)$$

이와 같이 총레버리지도 개념은 첫째, 매출량의 변화는 부채의 비율과 상관없이 *EBIT*에 영향을 주지만 고정비의 존재로 인해 궁극적으로 *EPS*에 변화를 주게 되어 *DOL*은 주주의 이익을 불안정하게 하거나 그와 관련된 자본비용에까지 영향을 미치게 됨을 알려주고, 둘째, 영업레버리지와 재무레버리지간의 상호관계를 보여준다는 점에서 그 유용성을 찾아야 할 것이다.

1 경영위험과 재무위험의 개념을 설명하고 그 차이점을 밝히시오.

2 영업레버리지가 경영위험을 초래한다. 그렇다면 경영위험은 영업레버리지가 없으면 존재하지 않는지 설명하고, 다른 어떤 요인들이 경영위험을 초래하는 지도 설명하시오.

3 재무레버리지의 개념을 정의하고, 재무레버리지도는 어떻게 측정되는지를 설명하시오.

4 재무레버리지의 변화가 기업의 자기자본비용에 어떻게 영향을 주는지 설명하시오.

5 신라기업은 휴대용 전자계산기를 제조해서 판매하는 회사이다. 신라기업은 계산기 한 대당 5만원의 가격으로 100,000대의 계산기를 판매하였는데 신라기업의 손익계산서는 다음과 같다. 신라기업의 영업레버리지도, 재무레버리지도 및 결합레버리지도를 계산하시오.

〈손익계산서〉

매출			₩5,000,000,000
	(−)변동비	₩2,500,000,000	
	고정비	1,500,000,000	4,000,000,000
EBIT			1,000,000,000
	(−)이자		125,000,000
EBT			875,000,000
	(−)법인세(40%)		350,000,000
NI			525,000,000
EPS(100,000주)			₩5,250

6 대일전자회사의 현재 매출량(Q)은 100,000단위이며 개당가격(p)은 10원, 변동비는 5원, 고정비는 200,000원이다. 이 회사는 연 10% 이자를 부담하는 부채 2,000,000원을 차입하고 *EPS*(주당이익)는 5원이다.

(1) 영업레버리지도(DOL), 재무레버리지도(DFL), 결합레버리지도(DTL)를 구하시오.

(2) 내년도의 매출액이 10% 증가할 것으로 예상될 때 새로운 $EBIT$와 EPS을 구하시오.

기업의 재무정책

개 요

재무관리의 중요한 기능을 투자결정과 자본조달결정으로 구분할 때 제 2 편에서는 확실성하의 투자결정문제를 다루었고 제 3 편에서는 현대재무관리의 기본적 전제인 불확실성하의 투자결정문제를 논의하였다.

제 4 편에서는 재무상태표의 오른쪽, 즉 자본의 구성문제로 관심을 옮겨 기업 가치의 극대화를 위한 최적자본구조의 존재유무와 주주부의 극대화와 관련한 배당정책의 방향을 살펴 보고자 한다. 제12장에서 자본구조에 관한 이론을 중심으로 한 최적자본구조를 조명하게 되며, 제13장에서 배당정책문제를 다루고, 제14장에서는 장기자본조달을 설명한다.

자본구조이론

제 1 절 자본구조의 기본개념

1 자본구조의 의의

자본구조(capital structure)란 영구적인 단기부채(permanent short term debt),[1] 장기부채, 우선주, 보통주 및 유보이익과 같은 자본조달원천의 구성형태를 말하며 엄격하게는 재무구조(financial structure)와 구분하여 사용된다.

재무구조는 총유동부채, 장기부채, 보통주, 우선주, 유보이익 등 재무상태표의 대변에 나타나는 모든 항목들을 망라한 것으로 외상매입금, 지급어음 등의 매입채무와 같이 비용이 발생되지 않는 내부자금조달원천의 일부까지 포함하고 있기 때문에 자본구조는 재무구조의 일부분으로서 기회적인 자본비용이 발생되는 영구적인 자본조달원천을 나타내는 것이다.

기업의 자본구조에 대해서 관심을 갖게 되는 이유 중의 하나는 실제적으로 조달된 자본의 비용이 최소화되는 최적자본구조가 존재하게 됨으로써 기업의 가치를 극대화시킬 수 있다는 믿음 때문이나 최적자본구조의 존재여부에 대해서는 많은 논란이 제기되어 왔다.

1) 영구적인 단기부채는 계절적 자금수요의 변동에 따른 단기부채(seasonal short term debt)와 구별되며 기업내에 항상 체류하는 단기부채의 평균잔액이라는 의미를 부여할 수 있다.

2 자본비용과 자본구조

비록 목표가중치(target weights)를 사용하여 가중평균자본비용을 계산하더라도 기존의 자본구조를 변동시키게 되면 새로운 조달원천의 자본비용도 영향을 받게 된다. 예를 들면 앞에서 공부한 CAPM으로부터 투자자는 보통주에 대하여 무위험수익률에 위험프리미엄을 합한 것 만큼의 수익률을 요구하는데 위험프리미엄은 그 기업의 재무위험 정도를 반영하며, 재무레버리지(financial leverage)의 영향으로 부채가 있는 기업의 베타는 다른 모든 조건이 동일하다면 부채가 없는 기업의 베타보다 더 높게 나타난다. 재무레버리지를 가진 기업의 베타는 식 (12-1)과 같이 표현할 수 있다.

$$\beta_L = \beta_U[1 + (D/E)(1-t)] \qquad (12\text{-}1)$$

- β_L : 부채를 사용하는 기업의 베타
- β_U : 부채를 사용하지 않는 (100% 자기자본) 기업의 베타
- D/E : 부채의 시장가치/자기자본의 시장가치
- t : 법인세율

시장가치기준에 의한 부채비율(D/E)이 0.85인 기업의 베타를 1.51, 법인세율을 40%라 한다면 오로지 자기자본에만 의존하여 부채를 사용하지 않을 경우의 베타(β_U)는 다음과 같이 계산된다.

$$\beta_l = \beta_u[1 + (D/E)(1-t)]$$

$$1.51 = \beta_u[1 + 0.85(1-0.40)]$$

$$\beta_u = \frac{1.51}{[1 + 0.85(1-0.40)]}$$

$$= 1.00$$

이처럼 자본구조의 변동은 베타에 영향을 주어 보통주 자본비용의 변동을 가져온다. 어떤 기업에서 부채와 자기자본의 구성형태를 변경함으로써 기업의 자본비용에 미치는 영향을 검토하기 위하여 [그림 12-1]에 세 가지의 부채비율에 따른 자본비용을 그림으로 표시하였다.

그림 12-1 **부채비율에 따른 자본비용**

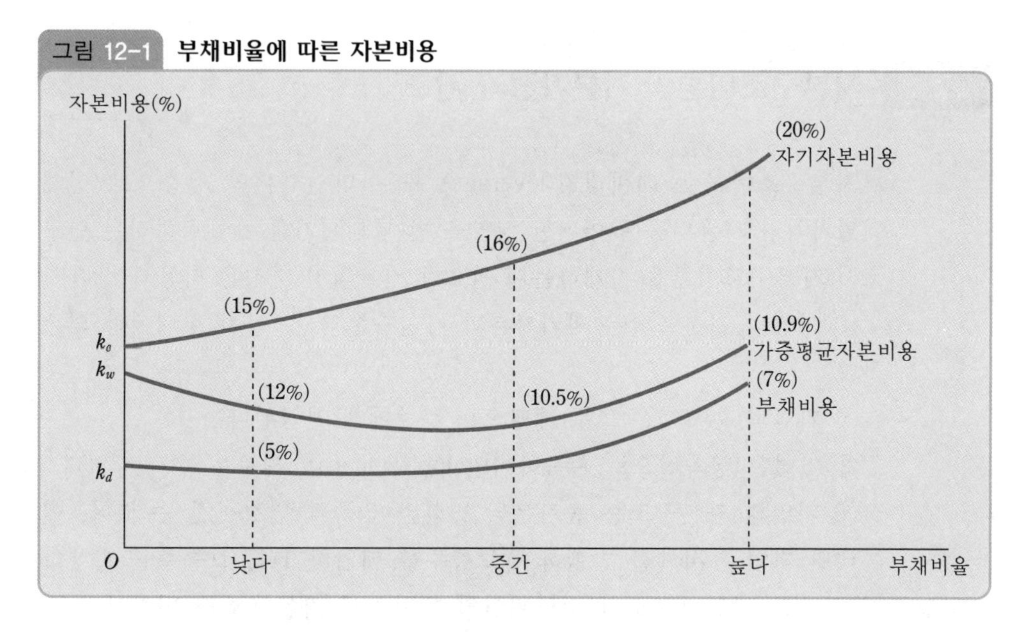

첫번째 것은 총자본의 30%를 부채, 70%를 자기자본으로 한 자본구조를 갖게 될 경우로, 재무위험에 따른 보통주의 요구수익률도 상대적으로 낮아 자기자본 비용은 15%이고 가중평균자본비용은 12%가 된다.

부채구성비율이 50%가 되면 보통주의 주주들은 증가된 재무위험에 따라 보다 높은 16%의 수익률을 요구하지만 타인자본의 비용에는 변동이 없다고 할 경우, 자본구조의 보다 많은 부분이 자본비용이 낮은 부채로 조달되기 때문에, 가중평균자본비용은 10.5%로 떨어진다.

이와 같이 부채사용의 증가에 따라 가중평균자본비용은 어떤 점까지는 계속 낮아지게 될 것이나 어떤 적정수준을 넘어서게 되면, 채권자는 증가된 위험을 인식하게 되어 [그림 12-1]에서와 같이 70%의 부채와 30%의 자기자본으로 구성되는 경우 타인자본비용은 7%로 증가되고, 자기자본비용은 20%로 증가됨으로써 가중평균자본비용은 전보다 다소 높은 10.9%가 되는 것이다.

제 2 절 자본구조이론의 기본가정과 기초

자본구조이론은 레버리지(leverage) 또는 타인자본의 사용으로 인해 기업가치나 자본비용이 어떠한 영향을 받게 되는가를 체계화하려는 연구로서 자본구조이론을 전개하는데 필요한 기본적인 가정은 다음과 같다.

① 기업의 자본조달은 자기자본과 타인자본의 두 가지 형태에만 의존한다.

② 기업의 순이익은 모두 배당으로 주주에게 지급된다.

③ 기업은 영속적으로 존속하며(going concern), 새로운 투자는 없다.

④ 기업의 자본구조는 총자본의 변화없이 즉각 변경시킬 수 있다. 이를테면 기업은 사채를 발행하여 보통주를 매입하거나, 보통주를 발행하여 사채를 상환함으로써 경영위험의 변화없이 자본구조를 변경시킬 수 있다.

⑤ 동일기업의 영업이익에 대한 예측은 투자자마다 동질적이다.

또한 자본구조이론을 이해하기 위해서는 여러 가지 가치평가관계식(valuation equations)을 알아두어야 하는데 이와 같은 평가등식에 사용될 주요 변수는 다음과 같다.

E: 자기자본의 시장가치

D: 타인자본의 시장가치(편의를 위해서 우선주를 무시하고 단지 한 가지 유형의 타인자본만을 사용하는데 그것은 영구연금(perpetuity)이라고 가정한다.)

$V=D+E$: 기업의 총시장가치

$EBIT$: 이자 및 법인세공제전 이익, 또는 순영업이익(NOI)으로 나타내며 $EBIT$의 기대값은 항상 일정하다고 가정한다.

k_d: 기업의 영구적인 타인자본에 대한 이자율

k_e: 자기자본비용, 또는 기업의 보통주에 대한 요구수익률

k_w: 가중평균자본비용

t: 법인세율

위의 변수정의에 따라 가중평균자본비용을 산출해 보면 아래와 같다.

$$\begin{aligned} k_w &= w_d \cdot k_d(1-t) + w_e \cdot k_e \\ &= \frac{D}{\mathrm{D+E}}\, k_d(1-t) + \frac{D}{\mathrm{D+E}}\, k_e \\ &= \frac{D}{\mathrm{V}}\, k_d(1-t) + \frac{E}{\mathrm{V}}\, k_e \qquad (12-2) \end{aligned}$$

식 (12-2)는 부채비율의 변화가 기업의 평균자본비용에 어떻게 영향을 미치는가를 검토하는데 사용된다.

제3절 전통적 자본구조이론

자본구조에 관한 전통적 이론은 자본구조가 기업가치에 영향을 미치며 따라서 기업가치를 극대화하는 자본구조가 존재한다고 주장한다. 전통적 견해로는 기업이 부채를 많이 사용할수록 기업가치가 증가한다는 극단적 주장을 하는 순이익 접근법(Net Income Approach: *NI*접근법)과 부채의 사용은 기업가치에 영향을 주지 않는다는 순영업이익접근법(Net Operating Income Approach: *NOI*접근법) 그리고 이와 같은 양 극단적 견해의 중간형태를 취하는 전통적 접근법(traditional approach) 등이 있다.

1 순이익접근법

순이익접근법은 첫째로 순이익을 자본화하는 자기자본비용(k_e)은 일정하며 둘째로 일정률의 부채비용(k_d 일정)으로 모든 타인자본을 조달할 수 있다는 가정에 기초하고 있다.

k_e와 k_d는 일정하며, 타인자본비용이 자기자본비용보다 낮기 때문에 기업이 타인자본을 많이 사용할수록 식(12-2)에서의 가중평균자본비용(k_w)은 내려가게 되고 타인자본의 증가에 따른 k_w의 하락은 그 기업의 가치를 더욱 증가시키게 되는 것이다.

[그림 12-2]의 a에서 보는 바와 같이 0%의 부채비율을 100%의 부채비율로 이동시킴에 따라 가중평균자본비용은 계속 감소하게 되고 그 기

그림 12-2 **레버리지효과**

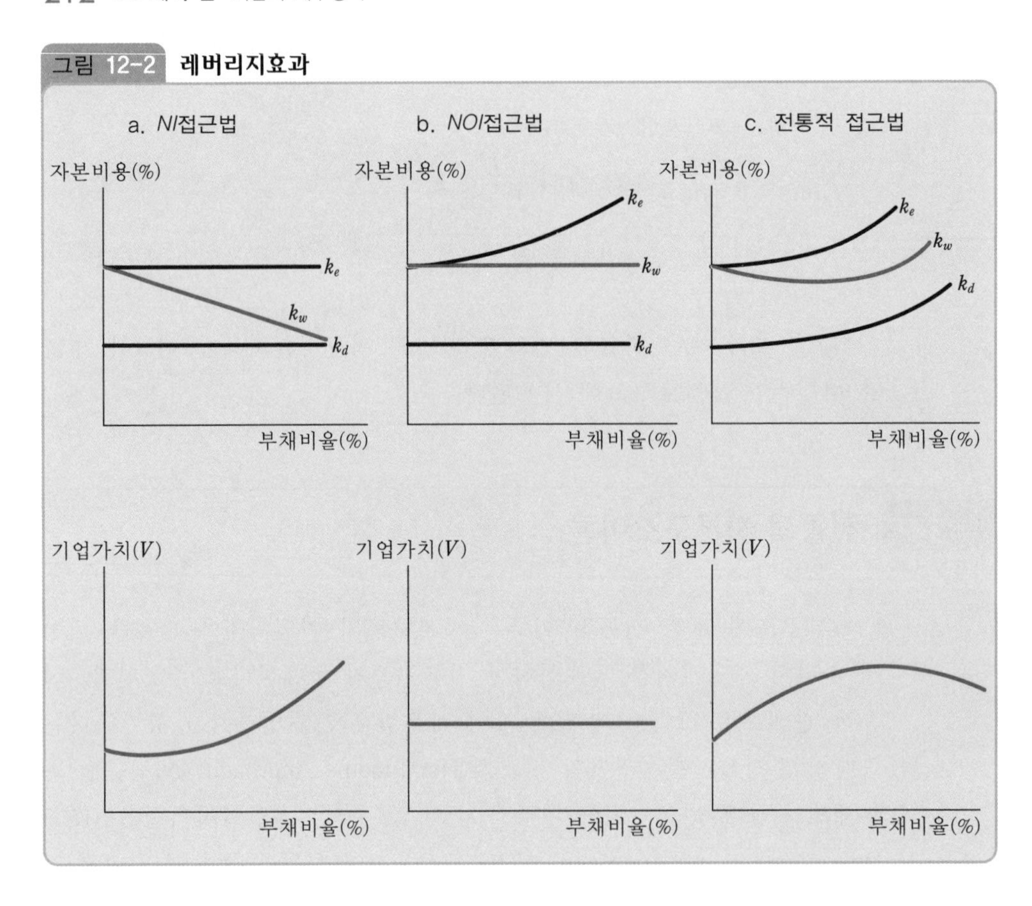

업의 가치는 계속 증가된다. 만약 *NI*접근법이 기초한 가정들이 정확하다면, 기업의 가치를 최대화하기 위해서는 거의 100%의 타인자본을 사용하여야 할 것이다.

그러나 일반적으로 타인자본의존도가 증가하면 재무위험이 높아져서, 주주나 사채권자들은 이에 대한 보상을 요구하게 되어 자기자본비용(k_e)과 타인자본비용(k_d)은 증가하는 경향을 나타내므로 *NI*접근법은 현실적으로 타당하지 못하다는 비판을 받고 있다.

2 순영업이익접근법

순영업이익 접근법(net operating income approach)에서는 k_d와 k_w가 레버리지와 관계없이 일정하다는 가정에 기초하고 있으므로 기업의 가치는 일정률의 k_w로서 *NOI*(또는 *EBIT*)를 자본화한 가치이다. *NOI*접근법에서 ① k_w가 일정하다는 것은 타인자본의 사용에 관계없이 기업의 가치는 변함이 없으며, ② k_w가 일정하다는 말은 주주들이 레버리지를 사용하게 되면 현금의 흐름에 대한 위험이 증가된다고 믿기 때문에 레버리지의 증가는 곧 k_e의 증가를 뜻하게 된다. 바꾸어 말하면 주주들은 추가적인 부채부담으로 인한 위험의 증가 때문에 보다 높은 수익률을 요구하게 되는 것이다.

*NOI*접근법에 따르면 레버리지의 증가는 곧 자기자본비용의 증가를 가져오기 때문에 타인자본비용의 이점을 정확히 상쇄시키게 되므로 가중평균자본비용인 k_w는 자본구조와 무관하게 되며 따라서 기업의 가치는 자본구조와 무관하다는 결론에 이르게 된다. *NOI*접근법은 *MM*이론의 기초가 되었다.

❸ 전통적 접근법

전통적 접근법(traditional approach)은 *NI*법과 *NOI*법을 절충한 것으로 타인자본을 적절히 사용하면 기업의 가치를 극대화시킬 수 있는 최적자본구조가 존재한다는 주장을 기초로 하고 있다.

[그림 12-2]의 C 그래프는 전통주의자들의 견해를 나타낸 것으로 적절한 수준의 레버리지는 사채권자나 주주들의 위험을 급격하게 증가시키지 않고 k_d와 k_e는 일정수준까지는 비교적 안정되지만 특정타인자본비율을 초과하게 되면, 타인자본비용과 자기자본비용이 다 함께 상승하기 때문에 결국에는 저렴한 타인자본비용의 이점을 상쇄하게 된다. 따라서 가중평균자본비용(k_w)은 U자모양의 곡선을 그리게 되고, 타인자본비율이 증가함에 따라, 기업의 가치는 처음에는 상승하다가 절정에 이른 다음 하락하기 때문에 기업의 가치를 최대화하는 적절한 자본구조, 즉 최적자본구조가 존재하게 된다는 것이다.

제4절 MM의 자본구조이론

1 MM이론의 가정과 명제

앞에서 설명한 전통적인 자본이론은 투자자의 행위가설을 바탕으로 한 것이어서 논리전개상의 한계를 갖고 있었다. 1958년 이후 모딜리아니와 밀러(Modigliani and Miller: MM)는 *NOI*법이 기초로 하고 있는 기업가치와 타인자본비용간의 무관함을 자본시장의 차익거래를 통하여 설명해 기업가치평가를 위한 이론적 체계화를 이룩하는 계기를 마련하였다.

MM이 설정한 가정들은 다음과 같이 엄격한 것이었으나 추후에 그 중의 일부는 가정의 현실화를 위하여 완화되었다.

① 기업의 영업위험(business risk)은 측정가능하며 같은 영업위험도를 가진 기업은 동질적 위험집단(homogeneous risk class)으로 구분한다.

② 투자자들은 미래의 기대이익과 기대이익의 위험에 대하여 동질적인 기대치(homogeneous expectation)를 갖는다.

③ 완전자본시장(perfect capital market)을 전제로 하기 때문에 거래비용이 없고 법인세가 존재하지 않으며 개인투자자이든 기관투자자이든 기업과 같은 이자율로 차입할 수 있다.

④ 기업과 개인의 부채에 대한 이자율은 무위험이자율(risk free rate)을 적용하며 이러한 상황은 부채비율에 관계없이 유효하다.

⑤ 현금흐름은 일정하고 영구적이다.

MM은 위에서 나열한 가정들을 기초로 다음과 같은 세 가지 명제(propositions)를 제시하고 이를 증명하였다.

명제 I (기업가치에 대한 명제): 기업가치는, 자본구조와 무관하며, 기대영업이익($NOI=EBIT$)을 그 기업이 속한 위험집단(risk class)에 적용되는 할인율, 곧 가중평균자본비용(k_w)으로 자본화한 것이다.

$$V=\frac{EBIT}{k_w}$$

명제 Ⅰ에서 기업의 가치는 부채비율, 곧 레버리지와 무관하기 때문에 기업의 가중평균자본비용은 ① 그 기업의 자본구조와는 완전히 독립적이고 ② 동일한 위험집단내에서는 부채를 사용하지 않는 기업의 자본화율(capitalization rate)과 같다는 것을 의미한다. 따라서 MM의 명제 Ⅰ은 *NOI*접근법의 가설과 일치한다.

> **명제 Ⅱ**(자기자본비용에 대한 명제): 부채사용기업의 자기자본비용은 무부채기업의 자기자본비용에 그 기업의 재무레버리지도에 의해 좌우되는 위험프리미엄(risk premium)을 더한 것과 같다.

$$k_{eL} = k_{eU} + \text{위험프리미엄}$$
$$= k_{eU} + (k_{eU} - k_d)(\mathrm{D/E})$$

• L과 U는 동일위험집단내에서 부채를 사용하는 기업과 무부채기업을 나타낸다.

명제 Ⅱ는 부채비율의 증가에 따라 자기자본비용이 부채비율에 따라 $(k_{eU} - k_d)$만큼씩 증가한다는 것을 밝히는 것으로 두 명제를 일괄해서 말한다면 보다 저렴한 부채를 사용할 경우의 혜택도 자기자본비용의 증가에 의해 정확히 상쇄되기 때문에 법인세가 없을 경우 기업의 가치와 가중평균자본비용은 자본구조에 의해 전혀 영향을 받지 않게 되는 것이다.

> **명제 Ⅲ**(가중평균자본비용에 대한 명제): 새로운 투자안에 대한 거부율(cut off rate)을 뜻하는 최저필수수익률은 투자자금의 조달방법과는 상관없이 투자안의 영업위험에 따라 결정된다.

명제 Ⅲ은 자본구조이론을 새로운 투자안의 평가에 적용시킨 것으로 새로운 투자안의 가치도 기업의 가치와 마찬가지로 자본구조와 무관하며 새로운 투자안에 대한 거부율은 그 투자안의 필수수익률, 곧 가중평균자본비용이 된다. MM은 이러한 명제를 증명하기 위해서 투자자의 차익거래(arbitrage transaction)를 가정하게 된다.

이상에서 설명한 MM의 자본구조이론이 시사하는 내용은 [그림 12-3]과 같다.

그림 12-3 부채증가에 따른 수익률의 변화

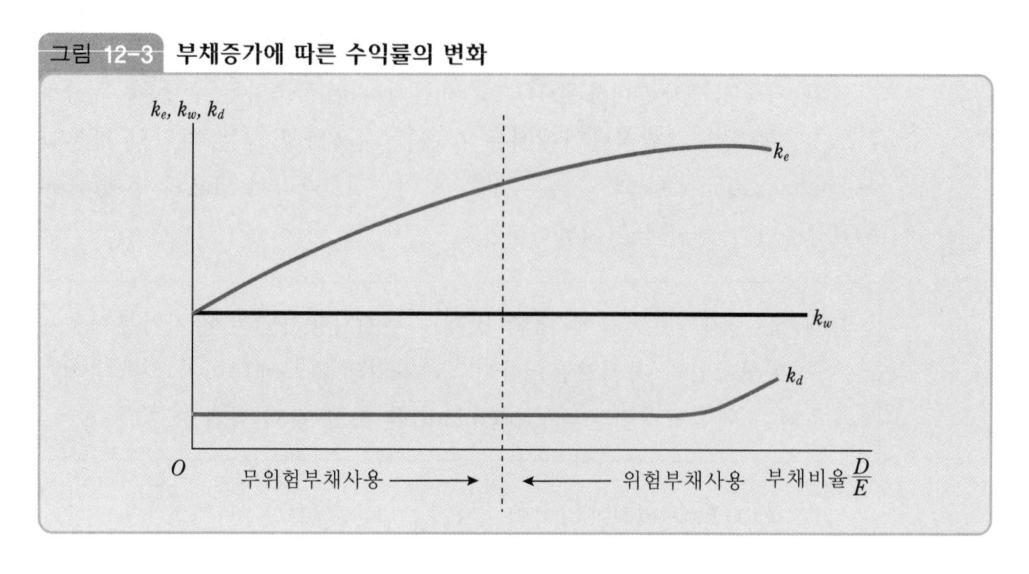

[그림 12-3]에서 볼 수 있는 것처럼 일정한 부채수준까지는 무위험부채로서 자금을 조달하며 그 수준까지는 부채수익률(k_d)은 부채비율과 관계없이 일정하나, 기대 자기자본수익률(k_e)은 부채비율이 증가한 만큼 재무위험이 증가하기 때문에 비례적으로 상승한다. 한편 기업이 일정한 수준 이상에서 위험부채를 사용하더라도 역시 부채의 사용이 기업가치에 영향을 미치지 않는다. 왜냐하면 기업이 일정한 수준을 초과하여 위험부채를 사용하는 경우, 기업의 채무불이행 위험이 증가함에 따라 부채수익률은 상승하지만, 기대 자기자본수익률은 체감할 것이기 때문이다. 즉, 기업이 위험부채를 사용하는 경우에는 채권자들이 영업위험의 일부를 부담하기 때문에 주주들의 기대수익률이 부채비율에 따라 체감하고 가중평균자본비용(k_w)은 일정수준을 유지하게 된다.

2 MM의 차익거래

MM은 완전시장에서 자본구조의 변경이 기업가치에 어떠한 영향도 미치지 않는다는 자본구조의 무관련이론을 제시하였으며 그들이 주장한 명제의 타당성을 밝히기 위해 차익거래(arbitrage transaction)의 논리를 제기하고 있다. 차익거래란 자본시장에 내재적 가치(intrinsic value)가 동일한 증권들의 가격에 차이가 있다면, 투자자들은 증권간의 가격차익을 획득하기 위하여 주식이나 채권들을 매매하는 행위를 말한다.

먼저 법인세가 존재하지 않는 경우의 명제 Ⅰ과 명제 Ⅱ를 증명하기 위하여 MM의 차익거래증명(arbitrage proof)을 인용해 본다.

(1) 명제 Ⅰ의 증명

MM이 설정한 가정하에서, 만약 두 기업이 자본조달방법의 차이만으로 기업가치가 달라지면 투자자들은 내재가치와 비교하여 과대평가된 기업의 주식은 팔고 과소평가된 기업의 주식은 매입하게 될 것이며 이러한 과정은 두 주식의 시장가치가 일치될 때까지 계속될 것이다. 왜냐하면 개인과 기업이 모두 무위험이자율로 자금을 차입하거나 대출할 수 있는 완전시장에서는 *U*기업과 *L*기업의 시장가치는 동일해야 하기 때문이다.

부채를 사용하는 *L*기업은 이자율이 7.5%인 4백만원의 부채를 가지고 있는 반면에, 무부채사용 *U*기업은 100% 자기자본만으로 조달하였으며 두 기업의 *EBIT*는 똑같이 9십만원이고 두 기업의 영업위험은 동일하므로 같은 위험집단에 속하게 된다.

어떠한 차익거래도 발생하기 전인 최초의 상황에서 두 기업의 $k_{eL}=k_{eU}$이 되는 자기자본환원율(equity capitalization rate)을 10%라고 가정한다. 위의 조건으로 법인세를 제외하여 정리하면 다음과 같다.

$$\text{기업 } U\text{: 기업 } U\text{의 주식가치} = E_U = \frac{EBIT - k_d \cdot D}{k_{eU}} = \frac{₩900{,}000 - 0}{0.10}$$

$$= ₩9{,}000{,}000$$

$$\text{기업 } U\text{의 총시장가치} = V_U = DU + E_U = 0 + 9{,}000{,}000 = ₩9{,}000{,}000$$

$$\text{기업 } L\text{: 기업 } L\text{의 주식가치} = E_L = \frac{EBIT - k_d \cdot D}{k_{eL}}$$

$$= \frac{₩900{,}000 - 0.075(4{,}000{,}000)}{0.10}$$

$$= ₩6{,}000{,}000$$

$$\text{기업 } L\text{의 총시장가치} = V_L = D_L + E_L = 4{,}000{,}000 + 6{,}000{,}000$$

=₩10,000,000

따라서, 차익거래가 발생하기 전에는, 기업 L의 가치가 기업 U의 가치를 초과하게 되는데 MM은 이러한 현실은 지속될 수 없는 불균형(disequilibrium)상황이라고 주장한다. 예컨대, 어떤 사람이 L기업의 주식의 10%를 보유하고 있을 경우 그 주식의 시장가치는 600,000원(=6,000,000×10%)이 되는데 이 사람은 재무위험이 증가되지 않는 한 ① L기업의 주식을 600,000원에 매각하고, ② L기업의 부채중 10%에 해당되는 400,000원을 개인적으로 시장에서 차입한 다음 ③ 총자금 1,000,000원 가운데에서 U기업주식의 10%를 900,000원으로 구입하고 나머지 100,000원은 수익률이 7.5%인 무위험증권에 투자하게 되면 다음 계산에서 보듯이 7,500원의 초과이익을 얻을 수 있게 된다.

기 존 이 익	=L기업의 주식 600,000원에 대한 10% 이익		₩60,000
새로운이익	=U기업의 주식 900,000원의 10%에 대한 이익	₩90,000	
	(−)타인자본 400,000원에 대한 7.5%이자	−30,000	
	(+)나머지 금액 100,000원에 대한 7.5% 이자	7,500	
	새로운 순이익		₩67,500
	차익거래로 인한 초과이익		₩7,500

위의 예에서 완전시장에서는 기업이 부채를 사용하지 않는다 하더라도 주주들 스스로가 언제라도 자본시장에서 기업과 동일한 조건으로 자금을 차입하거나 대출할 수 있기 때문에 L기업의 기업레버리지 4,000,000원의 10%에 해당하는 자기몫인 400,000원을 자가부채(homemade leverage)로 대위시킴으로써 자신의 부채구성비율을 기업의 부채구성비율과 동일하게 조정하게 되어 실질적(effective)인 부채나 위험에는 조금도 변화를 주지 않고 초과이익을 얻을 수 있게 된 것이다.

MM은 이러한 차익거래절차가 실제로 일어나게 되면 L기업의 주가는 하락하게 되고 U기업의 주가는 상승하게 되어 두 주식의 가치가 동일하게 될 때 비로소 균형이 이루어지며 따라서 균형상태하에서는 기업가치와 가중평균자본비용은 자본구조와 아무런 관계가 없게 되는 것이다.

명제 Ⅰ은 자본구조의 변경이 기업가치와 독립적이며, 기업가치는 투자결정에 따라 좌우된다는 것을 의미한다.

(2) 명제 Ⅱ의 증명

부채사용기업의 자기자본 비용식은 다음과 같다.

$$k_{eL}=\frac{EBIT-k_d\cdot D}{E}$$

명제 Ⅰ의 등식 $V=EBIT/k_w$로부터 부부채 사용기업의 가치로 바꾸어 쓰면 다음과 같다.

$$V=E+D=\frac{EBIT}{k_{eU}}$$

$$\therefore\ EBIT=k_{eU}(E+D)$$

이 식을 앞 식의 $EBIT$에 대입시키면 다음과 같이 된다.

$$k_{eL}=\frac{k_{eU}(E+D)-k_d\cdot D}{E}$$

$$=\frac{k_{eU}\cdot E}{E}+\frac{k_{eU}\cdot D}{E}-\frac{k_d\cdot D}{E}$$

$$=k_{eU}+(k_{eU}-k_d)(D/E)$$

위 식에서 자기자본비용은 기업의 부채비율과 선형함수관계임을 말해 주며 동시에 명제 Ⅱ가 증명됨을 보여주고 있다.

3 법인세절감효과와 MM이론

(1) 법인세 절감효과

법인세를 부담하는 기업이 부채를 사용할 때에는 법인세절감효과를 얻을 수 있다. 기업이 부채를 사용하는 대가로 지급하는 이자는 배당과는 달리 세금공제성 비용이므로 부채사용 기업은 법인세를 적게 지불하는 세금절감효과(tax shield effect)를 얻을수 있다.

〈표 12-1〉은 U기업과 L기업의 법인세 납부액을 보여주고 있다.

U기업과 L기업의 영업위험은 동일하며, 매년 20억원씩의 영업이익을 영구적으로 얻는다고 하자. U기업은 부채를 전혀 사용하지 않고 있으며, L기업은 40억원의 부채를 사용하고 있다. 두 기업의 법인세율은 40%이며, 부채비용은 10%라고 한다. 부채의 사용이 법인세에 어떠한 영향을 미치는가에 대하여 살펴보기로 하자.

표 12-1 법인세율이 50%일 때 법인세 납부액

구 분		U기업(부채=0원)	L기업(부채=40억원)
영업이익	(NOI)	20억	20억
지급이자	(I)	–	4억
법인세공제전 순이익	($EBIT$)	20억	16억
법인세	(t=50%)	10억	8억
법인세공제후 순이익	(EAT)	10억	8억

〈표 12-1〉에서 볼 수 있는 것처럼 U기업은 10억원의 법인세를 납부하고 있고, L기업은 8억원의 법인세를 부담하고 있어서 L기업이 U기업보다 2억원만큼의 법인세를 덜 부담하고 있음을 알 수 있다. U기업과 L기업의 법인세 차액 2억원은 L기업이 부채를 사용함으로써 얻는 법인세절감액(tax shield)이다.

(2) 법인세절감효과와 MM명제

앞에서 설명한 MM이론은 법인세가 존재하지 않는 경우였는데 1963년 MM이 발표한 수정논문에서 법인세를 고려할 경우의 자본구조문제를 다루고 있다.

MM은 법인세를 고려하게 되면 이자비용의 세금절감효과 때문에 부채사용은 기업의 가치를 증가시킨다는 결론을 내리면서 앞서의 MM명제를 다음과 같이 수정하고 있다.

명제 Ⅰ : 부채를 사용하지 않는 기업의 가치(V_U)는 납세후 영업이익을 그 기업의 자기자본비용으로 나눈 것이 된다.

$$V_U = \frac{EBIT(1-t)}{k_{eU}} \qquad (12-3)$$

반면에 부채사용기업의 동일 위험집단내에서 무부채사용기업의 가치에 법인세절감액(tax saving)을 합한 것과 같다.

$$V_L = V_U + t \cdot D \qquad (12-4)$$

• $t \cdot D$: 이자비용으로 인한 법인세절감액 흐름의 현재가치

명제 Ⅱ: 부채를 사용하는 기업의 자기자본비용은 동일 위험집단내에서 부채를 사용하지 않는 기업의 자기자본비용에 재무레버리지도와 법인세율에 의해 좌우되는 위험프리미엄을 합한 것과 같다.

$$k_{eL} = k_{eU} + (k_{eU} - k_d)(1-t)(\mathrm{D/E}) \qquad (12-5)$$

따라서 법인세를 고려한 명제에 따르면 기업이 부채비율을 높여감에 따라 자기자본비용도 따라서 상승하지만 세금이 존재하지 않을 경우보다 더 느린 비율로 상승하기 때문에 명제 Ⅰ에서 본 바와 같이 부채가 증가함에 따라 기업의 가치는 증가하게 되는 것이다.

MM이론에서 법인세를 고려하게 되면 재무레버리지가 매우 중요하다는 사실을 알 수 있으며 실질적으로 100% 타인자본을 사용할 때 가중평균자본비용을 최소화하고 기업가치를 극대화하는 자본구조가 되는 것이다.

그러나 기업이 100% 부채를 사용하는 것이 현실적으로 불가능하므로 법인세절감효과로는 부채의존도가 너무 높은 이유를 충분히 설명하지 못한다고 볼 수 있다.

4 MM이론에 대한 비판

MM의 결론은 논리적인 전개과정을 통하여 유도된 것임에는 틀림이 없으나 실질적으로 어떠한 기업도 MM의 이론에 따르지 않는다는 사실을 두고 MM명제의 타당성에 대한 회의를 품어왔는데, 특히 MM이론의 비현실적인 가정에 대한 비판 가운데 중요한 내용을 정리해 보면 다음과

같다.

① MM이론에서 개인부채와 기업부채는 완전대체(perfect substitution)가 가능하다고 하지만 현실적으로 무한책임을 부담하는 개인부채와 유한책임을 지는 기업부채는 동등대체가 되지 못한다.

② MM이론에서는 차익거래시에 거래비용이 없다고 가정하였으나 현실적으로 거래비용이나 세금문제 때문에 차익거래는 장애를 받게 된다.

③ MM이론에서는 기업이든 개인이든 모든 투자자는 무위험이자율로 무제한차입이 가능하다고 가정하고 있으나 투자자의 신용에 따라 차입규모나 이자율차이가 존재하며 기관투자자의 경우에는 차입에 제도적 제한을 받게 되는 것이 일반적이다.

④ MM이론에서 부채사용의 증가에도 불구하고 타인자본비용은 일정하다고 가정하였으나, 부채의 한계비용은 체증하는 것이 현실적이다.

⑤ MM이론에서 *EBIT*는 타인자본의 규모에 관계없이 일정하다고 가정하였지만 부채금액이 일정수준을 넘어서게 되면 기업내에의 신뢰도가 저하되고 경영조건이 악화됨으로써 *EBIT*의 축소를 가져올 것이기 때문에 *EBIT*가 일정하다는 가정의 타당성이 약해진다.

이상과 같이 시장의 불완전성을 고려할 경우 MM의 세 가지 명제의 현실적 의미는 크게 약화되지만 자본구조이론의 기초가 된다는 점에서 MM이론의 학문적 가치를 인정하고 있다.

제 5 절 MM 이후의 자본구조이론

지금까지 살펴본 MM이론은 완전자본시장을 기초로 한 것이지만, MM이론의 비판내용에서 본 바와 같이, 현실적으로 자본시장은 여러 가지 이유로 해서 완전하지 못하며 자본시장을 불완전하게 하는 주요한 요인을 들면 다음과 같다.

① 기업의 파산비용

② 대리비용

③ 개인소득세의 존재

④ 거래비용 및 정보수집비용의 존재

⑤ 기관투자자들에 대한 규제

⑥ 법인세로 인한 이자비용의 절세효과

⑦ 개인부채와 기업부채간의 불완전대체(차입규모 및 이자율의 차이)

법인세를 고려한 MM가정하에서는 $V_L = V_U + t \cdot D$관계가 성립되어 이자비용으로 인한 법인세절감효과(tax shield) 때문에 부채규모(D)가 최대가 될 때 V_L도 최대가 되었으나 MM에 의해 무시되었던 다음의 모든 요인들을 고려하게 되면 타인자본비용이 증가함에 따라 V_L을 하락시킬 수 있다.

즉 ① 잠재적인 파산비용의 현재가치, ② 많은 부채로 인한 기업내외의 신뢰도 저하의 결과로 초래되는 기대 *EBIT*의 축소효과, ③ 대리비용, ④ 누진적 세율구조로 인한 기업의 개인소득세 부담 등이다. 따라서 이상의 요인을 고려할 경우 부채레버리지 사용에 따른 기업의 가치는 다음과 같이 변형될 것이다.

$V_L = V_U + t \cdot D -$ 기대파산비용의 현가 $-$ *EBIT*축소에 따른 기업가치의 감소 $-$ 대리비용에 의한 기업가치 감소 $-$ 기타 타인자본비용의 증가에 따른 기업가치의 감소 (12-6)

식 (12-6)을 그림으로 나타낸 [그림 12-4]에서 살펴보면 법인세절감효과는 전체적으로 타인자본비율이 A지점에 이르기까지 현저하게 나타

그림 12-4 **법인세효과 및 재무적 곤경비용을 고려할 경우의 레버리지와 기업가치와의 관계**

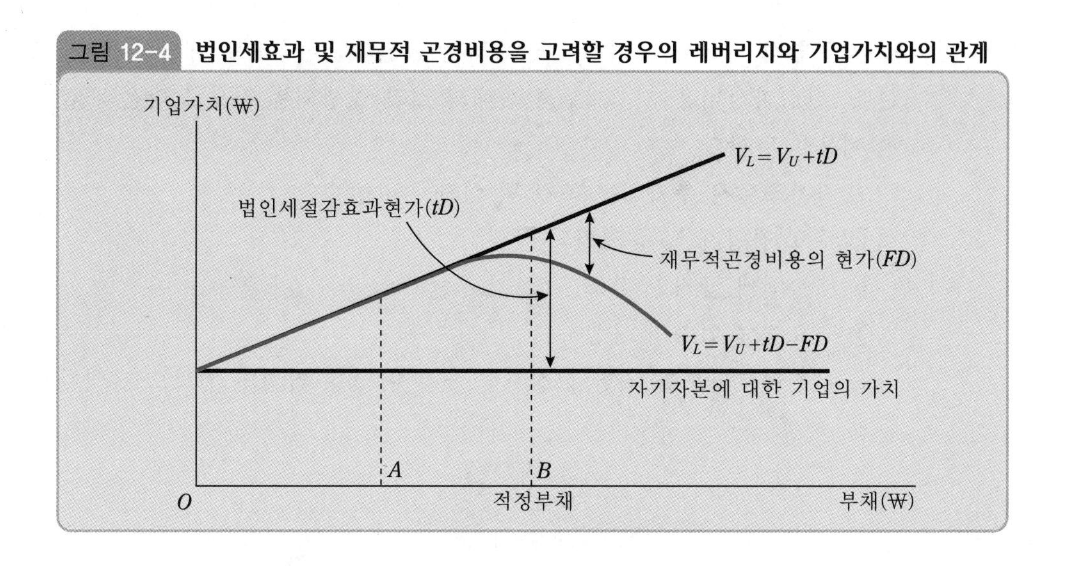

나다가 A점을 지나면서 파산비용 등 재무적 곤경비용의 점차적인 확대로 법인세절감효과의 잇점을 상쇄하게 되어 B점을 넘어서면, 이러한 부채의 불리한 점이 절세효과를 압도하게 된다.

본절에서는 파산비용과 대리비용, 그리고 개인소득세와 관련된 자본구조이론을 살펴보고, 마지막에 정보비대칭과 신호표시이론을 소개한다.

1 파산비용(bankruptcy costs)

기업의 파산은 주주들이 채무를 이행하지 못하게 된 경우로 기업가치가 부채원금보다 적어서 주주들이 기업의 소유권을 포기하기 때문에 발생한다. 주주들이 소유권을 포기하게 되면 채권자들에게도 기업이 넘어가게 된다. 파산선고는 이처럼 기업가치가 부채의 액면가 이하로 하락하여 채무불이행이 될 때 채권자들이 기업을 인수할 수 있도록 해주는 법률적 장치인 것이다.

파산비용이란 파산절차를 진행하는데에 수반하는 비용을 말한다. 기업이 많은 부채를 사용할 경우 영업환경이 악화되면 채무를 변제하지 못할 확률은 증가하고 이로 인해 파산비용의 현재가치가 증가하여 기업가치를 하락시키게 된다. 파산비용은 기업비용과 재조직(reorganization)에 관련된 법적비용, 회계비용과 기타 행정비용과 같은 직접파산비용과 실질적인 법적 파산절차 이전에 발생되는 간접파산비용으로 대별할 수 있는데, 간접파산비용에는 재무적 실패의 결과 발생되는 것으로 다음과 같은 비용을 말한다.

① 자본조달시 추가되는 조건 및 이자율의 상승

② 주요 경영자 및 종업원의 상실

③ 매출액의 급격한 감소

④ 주요 납품업자의 상실

⑤ 운전자본확보를 위한 고정자산 처분시 낮은 가격의 매각으로 인한 손실

5년후의 기업가치가 10억원으로 기대되며 파산비용이 기업가치의 14%이고 파산확률이 20%라고 하자. 이 경우 기대파산비용은 2천8백만원이 된다.

$$\begin{aligned}\text{기대파산비용} &= \text{파산확률} \times \text{파산비용} \\ &= 0.2 \times 0.14 \times 10\text{억원} \\ &= 2{,}800\text{만원}\end{aligned}$$

기대파산비용의 발생확률이 15%라면 파산비용의 현재가치는 다음과 같다.

$$\begin{aligned}\text{기대파산비용의 현재가치} &= \frac{2{,}800\text{만}}{(1.15)^5} \\ &= 1{,}392\text{만원}\end{aligned}$$

파산비용은 부채비용과 자기자본비용에 영향을 주어 채권자의 요구수익률은 파산의 가능성에 따라 증가하고 주주들 또한 파산확률의 증가에 따른 보상으로 보다 높은 수익률을 요구하게 된다. 따라서 부채사용으로 인한 법인세절감효과가 파산비용을 완전히 상쇄하는 점에서 적정자본구조가 결정되는 것이다. 즉 법인세절감효과로 인한 한계이익과 파산으로 인한 한계비용이 같아지는 수준에서 기업가치를 최대로 하는 최적자본구조가 결정되는 것이다.

2 대리비용(agency cost)

기업이 재무적 곤경(financial distress)에 처할 경우 주주와 채권자들 사이와 같이 이해관계자들의 이해가 상충될 개연성이 있기 때문에 발생하는 추가적인 비용을 대리비용(agency cost)이라고 한다.

예를 들면 부채가 많은 기업은 과소투자의 문제에 직면하게 된다. 기업이 순현가가 정(+)인 투자안이 있어도 투자하지 않을려고 한다. 투자이익은 대부분이 채권자에게 돌아가고 주주들의 몫은 없기 때문에 경영자는 투자할 유인이 없다. 경영자들은 주주이익을 위하여 많은 배당을 지급하거나, 기업분할 등의 조치를 취하는데 이는 채권자들의 가치를 떨어뜨리게 된다.

채권자들은 이러한 경영자들의 행동으로부터 그들의 채권을 보호하기 위해서 여러 가지 엄격한 약관(bond covenants)을 요구하게 되는데, 이와 같이 약관의 작성과 시행에 필요한 비용도 대리비용에 속하며 이러한 비용은 채권자를 통한 자본조달비율이 높아질수록 증가하며 채권자들의 채권확보에 대한 강도에 따라 요구수익률도 달라지게 될 것이다.

젠센과 메크링(Jensen & Meckling)은 기업과 관련된 이해관계자들 사이의 이해문제는 다음과 같은 기업내외의 계약관계(contractual relation)를 통하여 효율적으로 조정될 수 있다고 주장하였다.[2)]

주인(principal)으로서의 주주들은 대리인이 되는 경영자에게 적절한 유인(incentives)을 제공하거나 대리인의 월권적 행동을 제한하기 위한 감시비용(monitoring cost)을 부담하고자 할 것이고, 대리인으로서의 경영자도 자신의 정당성을 주장하기 위해서나 주주에게 기업의 재무상태를 보고하거나 외부인으로 하여금 기업의 회계상황을 감시하게 하는 보증비용(bonding cost)을 기꺼이 지급하게 됨으로써 주인과 대리인은 정(+)의 감시비용과 보증비용을 발생시키게 되지만 대리인의 의사결정과 주인의 부를 최대화하는 의사결정 사이에는 어떤 괴리(divergence)가 존재할 가능성도 있는데, 이러한 괴리로 인하여 상실된 주인의 부를 현금등가한 금액 또한 대리관계의 비용이 되며 이것을 잔여손실(residual loss)이라고 한다. 따라서 대리비용은 다음 세 가지 비용의 합으로 정의된다.

① 주인(주주)에 의한 감시비용

② 대리인(경영자)에 의한 보증비용

② 잔여손실

젠센과 메크링은 기업의 외부금융원천을 외부주식과 부채로 구분하고, 외부주식과 부채간의 최적비율은 총대리비용이 최소가 될때 결정된다고 주장하고 있다.

외부주식, 즉 신주를 발행하여 자기자본을 조달하게 되면 소유경영자

---

2) M. Jensen and W. Meckling, "Theory of Firm: Managerial Behavior, Agency Costs and Ownership Structure," *Journal of Financial Economics*(Oct. 1976), pp. 305~360.

그림 12-5 **대리이론하에서의 최적자본구조의 결정**

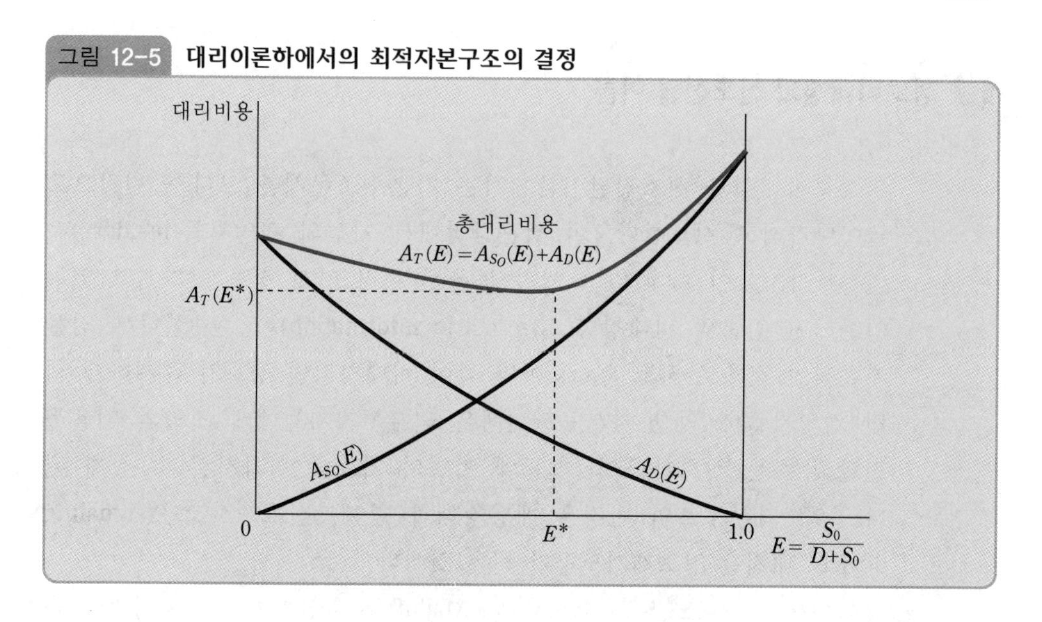

의 지분이 작아지면 질수록 외부주주들의 권익을 침해하여 경영자 자신의 이익을 추구할 가능성이 커지게 된다(사치비용, 과잉투자, 무모한 M&A)

[그림 12-5]는 대리비용을 두 개의 개별구성요소별로 분류한 것인데, 이 그림에 나오는 기호는 다음과 같이 정의한다.

$A_{S_O}(E)$: 외부주주 몫의 부를 소유경영자가 편취(exploitation)함으로써 발생되는 대리비용($E = \frac{S_O}{D+S_O}$)

$A_D(E)$: 타인자본의 존재에 따른 대리비용

$A_T(E)$: 총대리비용$[= A_{S_O}(E) + A_D(E)]$

- S_O: 외부자기자본
- D: 타인자본
- $D+S_O$: 총외부자본
- E: 총외부자본 중 외부자기자본의 비중

$A_T(E)$곡선은 외부자기자본과 부채조달의 결합으로부터 발생되는 대리비용의 합을 나타낸다. 따라서 외부자본조달의 최적비율 E^*에서의 $A_T(E^*)$점에서, 외부자본조달에 대한 총대리비용의 최소가 되는 최적자본구조가 결정되는 것이다.

3 정보비대칭과 신호전달 이론

정보비대칭과 신호전달이론에서는 자본구조문제를 보다 근원적으로 풀어나가려고 시도한다. 이 접근방법에서 기업의 경영자들(insiders)은 외부투자자들이 미처 알고 있지 못하는 여러 가지 정보를 가지고 있는 이를테면 정보의 비대칭성(asymmetric information)이 존재한다는 점을 기본적인 전제로 하고 있다. 이와 같이 비대칭적인 정보가 존재하게 되면 경영자들에 의한 자본구조선택은 외부투자자들에게 기업의 내용을 전달해 주는 신호가 되기 때문에 기업의 가치를 변화시킬 수 있게 된다.[3] 즉 자본구조의 변경은 배당정책과 함께, 신호표시도구(signaling device) 내지는 정보제시도구가 되는 것이다.

마이어스와 마즈러프(Myers and Majluf)는 자산가치와 투자성과에 대한 내부정보를 확보하고 있고 투자재원의 조달을 위한 신주발행을 구상하고 있는 경영자들은 진정 주주들의 이익을 대변한다면 자사주식이 시장에서 과대평가되었을 때만 신주를 발행하고 과소평가되어 있으면 비록 *NPV*가 0보다 큰 좋은 투자기회가 있더라도 발행하지 않아야 한다고 주장함으로써 기업이 왜 목표자본구조보다 더 많은 부채를 사용하고 있는지에 대한 이유를 밝혀주고 있다.

그 이유는 부채발행으로 과소평가된 주식발행을 피할 수 있기 때문이며 이 논리가 타당하다면 기업의 부채사용은 그 주식이 시장에서 과소평가되고 있다는 사실을 신호하는 것으로서 주가의 상승을 암시하게 된다. 이 이론은 현실적으로 신주발행 소식이 그 기업의 주식가격을 하락시키는 현상에 대한 설명을 해주고 있으며, 나아가서 기업의 투자재원 조달순위가 내부유보자금, 부채 다음으로 신주발행을 고려하게 됨을 강조하고 있다. 이것을 자본조달 순위이론(pecking order theory)이라고 한다.

이처럼 기업이 내부유보자금을 가장 선호하는 이유는 긴급시에 부채로 소요자금을 조달할려고 할때 부채조달여력을 이미 소진해 버렸으면 신주를 발행할 수밖에 없게 되어 시장에 나쁜 정보를 신호하게 되기 때

---

3) S. Myers & N. Majluf, "Corporate Financing and Investment Decisions When Firms Have Information Investors Do Not Have," *Journal of Financial Economics* 13(1984).

문이다. 그러나 내부자금, 부채, 신주발행 순서로 자본을 조달하게 되면 경영자들은 최적자본구조를 고려할 필요가 없게 된다.

제 6 절 적정자본구조의 결정요인

지금까지 자본구조와 기업가치의 관계를 설명하는 이론들을 고찰해 보았는데 이론적으로는 기업가치를 극대화하는 최적자본구조가 존재하지만 현실적으로 특정기업의 최적자본구조를 정확히 산출하기가 힘들다. 그러므로 적정자본구조를 결정하는데 있어서는 다음과 같은 일반적인 사항을 고려하여 정책적 방향을 설정하여야 할 것이다.

① 매출의 안정성: 안정적인 이자비용의 지급이 가능한지를 고려한다.

② 자본구조: 총자산중 무형자산(intangible assets)의 비율이 높은 기업에서는 낮은 부채비율을 유지하여야 한다. 왜냐하면 이러한 기업이 재무적 곤경에 처하거나 파산하게 되면 무형자산의 시장가치는 낮기 때문에 무형자산의 상대적 비중이 큰 광고회사, 제약회사, 자문회사, 무역회사 등의 경우에는 되도록 부채비율을 낮추어야 한다.

③ 영업레버리지: 영업레버리지도가 높은 기업의 경우에는 매출액감소에 따른 재무적 곤경의 위험이 크므로 낮은 수준의 부채비율을 유지하여야 한다.

④ 성장률: 다른 조건이 동일하다면 성장이 빠른 회사일수록 외부자본에의 의존도가 높게 된다.

⑤ 수익성: 수익성이 높은 회사는 내부유보자금으로 자본조달이 가능하기 때문에 부채비율을 낮출 수가 있다.

⑥ 세　금: 부채사용으로 인한 절세효과는 법인세를 지급하는 경우에만 발생하므로 법인세를 납부할 만큼의 충분한 영업이익의 실현이 예상되어야 절세효과도 커진다.

⑦ 경영지배권: 기존주주들이 기업에 대한 지배권을 유지하기 위해 더 이상의 자기자본을 증가시키지 않으려 한다면 부채에 대한 자본조달이 선호된다.

⑧ 경영자의 주관적 태도와 판단: 자본구조변경으로 주가상승이 보장

되지 않는 한 경영자는 적절한 자본구조에 대하여 주관적인 판단에 의존할 수밖에 없다.

이 외에도 자본시장의 상황변화, 기업의 내부상황 등도 적정자본구조의 결정요인이 될 수가 있다.

연습문제

1 최적자본구조이론을 설명하는 순이익접근법(*NI*), 순영업이익접근방법(*NOI*), 그리고 전통적 접근방법들의 각각의 경우에서 자본구조의 변화가 자본비용(*WACC*)과 기업가치에 어떻게 영향을 미치는지 설명하고 최적자본구조가 무엇인지 설명하시오.

2 MM의 자본구조에 관한 제 1 명제, 제 2 명제를 설명하시오.

3 대리비용이 무엇인지 설명하고 적정자본구조와의 관계를 설명하시오.

4 *U*기업과 *L*기업에서 *U*기업은 부채를 사용하지 않고 *L*기업은 18억원의 부채를 10%의 비용으로 사용하고 있다는 사실을 제외하고는 두 기업이 같다. 그리고 다음 사항들을 가정한다.

- 법인세를 가정한 MM이론이 적용된다.
- 두 기업의 법인세율은 40%로 같다.
- *EBIT*는 3억 5천만원으로 같다.
- *U*기업의 자기자본비용은 12%이다.

(1) 각 기업의 가치는 얼마인가?
(2) *L*기업의 자기자본비용을 계산하시오.
(3) *L*기업의 가중평균자본비용을 계산하시오.

5 부채로 자금조달할 경우, 법인세 절세효과를 상쇄시키는 두 가지 비용이 무엇인지 제시하고 각 비용을 자세히 설명하시오.

6 자기자본만으로 구성된 *U*회사의 시장가치는 5억원이고 법인세율은 40% 적용을 받으며, *EBIT*는 1억원이다. 그러나 *L*회사는 *U*회사와 똑같은 운영을 하고 있고 똑같은 법인세율을 적용받으나 부채 2억원을 사용하고 있으며 매년 1천 6백만원의 이자를 지급하고 있다. *U*회사의 자기자본비용은 12%이고 MM이론이 통하는 세상을 가정하여 다음 물음에 답하시오.

(1) L회사의 가치는 얼마인가?

(2) L회사의 자기자본비용을 계산하시오.

(3) L회사의 가중평균비용을 계산하시오.

(4) L회사 투자자의 개인소득세율이 이자소득에 대해서 50%이고 주식투자소득에 대해서 30%일 때, Miller model을 사용해서 L회사의 가치를 구하시오.

7 우리나라 기업의 자본구조와 외국기업들의 자본구조를 비교설명하시오.

배당정책

제 1 절 배당정책의 의의

배당정책이란 기업의 당기순이익을 배당금과 미래의 재투자를 위한 유보이익으로 나누는 재무적 의사결정으로서 미래의 기대현금배당(expected cash dividend)은 경영자와 투자자들이 주가를 결정할 때 사용하는 주요 변수가 된다.

기대현금배당은 주주들에게 귀속되는 현금흐름의 원천일 뿐만 아니라 주주들에게 기업의 현재와 미래의 성과에 대한 정보를 제공해 주게 된다. 배당정책의 결과로 기업내부에 유보되는 유보이익은 내부자본조달(internal financing)의 원천이 되기 때문에 배당수준을 어떻게 결정하느냐에 따라 기업의 외부자금조달결정에 중대한 영향을 미치게 된다.

따라서 배당정책이란 기업이 얻은 이익을 사내에 많이 유보하고 배당을 적게 지급할 것인가, 아니면 높은 배당을 지급하고 부족한 자금을 외부로부터 도입할 것인가를 결정하는 문제이기 때문에 유보이익과 배당을 어떻게 조화시키느냐 하는 문제는 자금조달과 관련된 배당수준의 결정문제로 해석하여야 한다. 기업가치를 극대화시킬 수 있는 배당정책을 선택하고자 할 때 여타 조건이 동일한 동종기업의 배당성향(dividend payout)[1]에 따라 기업가치가 어떻게 달라지며, 배당성향이 기업가치에 영향을 미친다면 기업의 가치를 극대화하는 적정배당기준에 관한 문제

1) 배당성향은 기업이 당기순이익중 얼마를 배당으로 지급하는지를 나타내는 비율로서 배당지급액을 당기순이익으로 나눈 값이다.

가 배당정책의 중요한 논쟁이 된다.

제 2 절 배당지급절차

1 배당지급의 일반적 절차

기업이 당기순이익 혹은 축적된 이익잉여금으로부터 배당을 지급하는 데는 일정한 절차를 거친다. 배당지급에 있어서 가장 중요한 것은 배당결의의 시기와 그 주체인데 우리나라의 제도와 미국의 제도가 이 점에 있어서 차이를 보인다. 그러나 배당지급은 대체로 배당공시일(declaration date), 배당락일(ex dividend date), 배당기준일(record date), 배당지급일(payment date)의 순서로 이루어진다.

2 미국의 배당지급절차와 배당락제도

미국의 경우 배당결의는 이사회에서 이루어지며 결산기와는 상관없이 아무 때나 배당결의가 허용된다. 그러므로 중간배당이 언제든지 가능하며, 실제로 미국에서는 대부분의 기업이 분기별 배당을 실시하고 있다.

미국 기업의 일반적인 배당지급절차를 그림으로 표시하면 아래와 같다. 배당락일은 배당기준일(주주명부 폐쇄일) 약 4일전에 있으며 배당락일 이후에 주식을 매입한 사람들은 배당받을권리를 상실하기 때문에 이렇게 부르게 되었다.

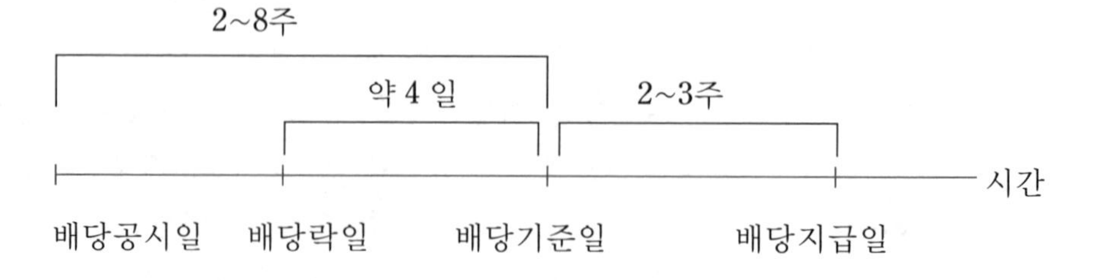

3 우리나라 기업의 배당지급절차

현행 우리나라 상법의 제354조에 의하면 배당지급에 관한 사항을 매 사업년도 종료일로부터 3개월 내에 열리는 주주총회에서 의결하도록 되어 있으며, 상법 462조 3항에 의거하여 연 1회 결산을 하는 회사는 영업연도 중 1회 이사회 결의로서 중간 배당도 할 수 있다. 또한 배당기준일이 매 사업년도의 말일이고 결산기 이후에 개최되는 주주총회에서 배당결의가 이루어지기 때문에 배당금의 확정 이전에 배당락이 일어난다. 미국의 경우 이사회의 결의로 배당금의 수준과 배당기준일이 정해지고 이에 의해 배당락이 결정되는 것과는 달리 우리나라는 배당락이 먼저 결정되고 그 후에 배당에 관한 제반사항이 의결된다. 우리나라의 배당지급절차는 다음과 같다.

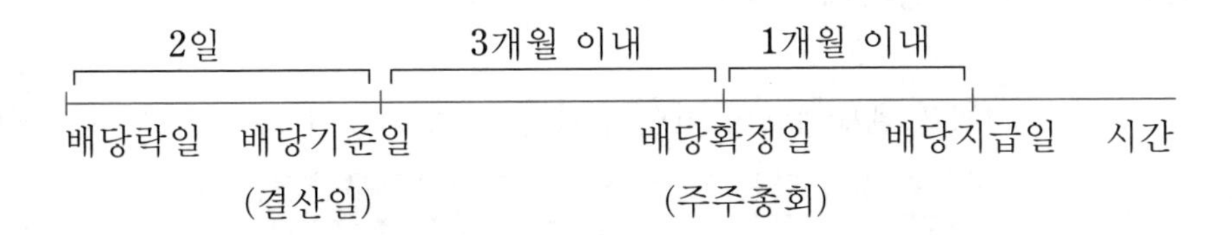

우리나라의 현행 배당제도하에서는 배당락이 이루어지는 날짜와 실제로 배당에 관한 제반사항이 결정되는 날 사이에는 상당한 시차(보통 3개월)가 존재한다. 이와 같이 배당금이 확정되지 않은 상태에서 투자자들의 배당에 대한 예측을 근거로 배당락주가가 형성되기 때문에 현행배당제도에서는 정확한 배당락주가가 형성되기 힘들다.

제3절 배당이론

배당정책이 기업가치에 영향을 미치느냐 하는 문제를 두고 많은 연구와 논쟁이 진행되어 왔다. 밀러와 모딜리아니(Miller & Modigliani: MM)가 1961년의 논문에서 완전시장하에서의 배당정책은 기업의 가치와 무관하다는 주장을 한 이후, 이론적으로는 널리 받아들여지고 있으나, 불완전시장하의 배당정책에 대한 논쟁은 최근에도 진행되고 있는데 크게 네 가지 견해가 있다.

첫째, 배당정책은 기업의 가치와 아무런 관련이 없다.

둘째, 배당지급은 기업의 가치에 유리한 영향을 준다. 주주들은 이익유보에 따르는 미래의 불확실성보다는 확실한 현재의 수입을 더 선호하기 때문에 배당성향이 높은 기업의 주가가 보다 높게 형성된다.

셋째, 배당지급이 기업의 가치에 영향을 미치되, 기업의 새로운 투자기회에 따라 그 영향이 달라질 수 있다.

넷째, 배당소득세율과 매매차익에 대한 자본소득세율(capital gain tax)의 차이 때문에 일반적으로 높은 세율이 적용되는 배당은 기업가치에 불리한 영향을 준다.

이에 관한 여러 가지 배당이론들을 차례로 살펴보기로 한다.

1 완전자본시장하에서의 배당이론: MM모형

MM은 배당정책이 기업의 주가나 그 기업의 자본비용에 아무런 영향을 미치지 않는다는 배당정책의 기업가치무관련을 주장하였다. MM은 기업의 가치는 그 기업의 기본적인 수익성과 위험 정도에 따른 투자결정에 의해서 결정되는 것이지 당기순이익을 단순히 배당과 유보이익으로 나누는 재무정책과는 무관하다고 하였다.

(1) MM이론의 가정

MM이론은 완전자본시장을 전제로 하고 있다. MM이론 이후 불완전자본시장하의 이론과 비교하여 MM이론에서 설정한 가정을 해석하면 다음과 같다.

첫째, 대리인비용(agency cost)이 존재하지 않는다. 즉 경영자, 주주, 채권자와 같은 이해관계자집단 사이에 어떠한 충돌도 발생하지 않고 주주집단과 채권자집단은 그들의 대리인인 경영자집단의 행동을 충분히 관찰할 수 있으며, 채권자집단에 대해서도 완전한 약관이 존재하기 때문에 잠재적인 이득의 발생소지가 없고 기업의 부를 재분배하려는 어떠한 동기(incentive)도 존재하지 않는다.

둘째, 세금이 존재하지 않는다.

셋째, 충분한 정보(full information)가 제공된다. 미래투자, 이익과 배당금 등 기업의 모든 내부정보가 이해관계자들에게 완전히 공개되므로 경영자집단과 주주집단간 또는 주주집단과 채권자집단 사이에 비대칭적인 정보(asymmetric information)가 존재하지 않는다.

넷째, 전환비용(transformation cost)이 존재하지 않는다. 개별투자자들이 추가적인 비용부담 없이도 지급받은 배당금으로 주식을 취득함으로써 주식으로 전환하거나, 배당금이 기대수준 이하이면 주식을 처분시에도 중개인의 수수료(broker's commision)가 존재하지 않는다. 마찬가지로 이익유보를 통한 내부금융(internal financing)만큼을 신주발행과 같은 외부금융(external financing)으로 대체하는 경우에도 추가적인 비용이 발생하지 않는다.

다섯째, 투자와 자본조달결정은 배당문제와는 무관하다. 기업의 투자와 자본조달결정은 별개의 문제로 배당정책의 변동에 의한 영향을 받지 않는다.

(2) MM이론

MM은 그 기업의 주가는 기업의 배당결정과 독립적이며 주주가 받는 배당은 주식의 기말가치의 하락으로 정확히 상쇄된다고 하였다. MM에 의하면 기업의 배당정책과 주주들이 원하는 배당수준이 다를 때 주주들은 자기가 선호하는 배당수준으로 자유로이 조정할 수 있는 소위 자가배당금(homemade dividend)으로 해결된다고 한다.

이를테면 주주들이 원하는 수준 이상으로 배당금이 지급되면 초과배당금으로 새로운 주식을 구입하고 배당이 기대수준에 미달하면 미달액만큼의 주식을 매각함으로써 사실상의 배당효과를 거두기 때문에 기업이 어떠한 수준으로 배당을 하든지 상관하지 않고 주주들은 그들이 원하는 일정배당수준을 유지할 수 있게 된다. 이처럼 주주들은 기업이 어떠한 배당정책을 사용하더라도 자가배당조정에 의해 자기가 원하는 배당수준으로 완전하게 대체할 수 있으므로 배당정책으로 기업가치를 변경할 수는 없다. 그러나, MM이 설정한 가정들은 너무 엄격하며 비현실적이어서 많은 논쟁의 소지가 있다.

2 불완전자본시장하에서의 배당이론

앞 항에서 본 바와 같이, MM모형은 완전자본시장 가정하에서는 거의 모든 사람이 동의하고 있지만 대리비용, 차등세율, 발행비용, 불완전한 정보 그리고 기타 시장불완전성(market imperfections)이 존재하는 경우의 배당정책의 중요성에 대한 논쟁은 계속 진행되고 있다. 따라서 본항에서는 이러한 불완전성들을 검토해 보고, 배당정책에서 이들이 가지는 의미를 평가해 보기로 한다.

(1) 낮은 배당을 옹호하는 이론

낮은 배당성향(low dividend payout)을 옹호하는 주장은 크게 두 가지로 나누어 볼 수 있는데, 하나의 주장은 배당소득과 자본소득은 같은 세율로 과세되지 않는다는 사실에 기초하고 있고, 다른 하나의 주장은 유보이익에 의한 내부자기자본(internal equity)조달을 이용하는 것이 외부자기자본(external equity)으로 조달하는 것보다 항상 거래비용이 적게 든다는 점을 강조하고 있다.

1) 배당소득세율과 자본소득세율의 차이

자본소득은 실현되었을 때에만 과세되기 때문에 세율이 낮은 기간으로 자본소득의 발생시점을 이연시킬 수가 있으며 그 결과, 자본소득이 이론적으로 배당과 똑같은 세율로 과세된다 할지라도 자본소득에 적용하는 유효세율(effective tax rate)은 일반적으로 낮기 때문에 투자자들은 배당소득보다 자본소득을 더 선호하게 되는 것이다.

2) 높은 신규자기자본비용

낮은 배당성향(dividend payout)을 선호한다는 주장은 내부자기자본비용(cost of internal equity)과 외부자기자본비용(cost of external equity)과의 차이에 그 주장의 기초를 두고 있다. 신규자기자본의 조달시에는 많은 발행비용(floatation cost)이 수반되는데, 신주발행 대신에 유보이익과 같은 내부자본원천을 사용하게 되면 이러한 발행관계비용을 절약할 수 있으므로 낮은 배당을 선호한다는 주장이다.

(2) 높은 배당을 옹호하는 이론

현실적으로 많은 투자자들은 소유주식을 처분해서 필요한 자금을 확보하고자 할 경우에는 주식매도와 관련된 거래비용과 원금손실의 위험을 부담하여야 하기 때문에 현재소득원인 배당을 선호하는 경향도 있다.

높은 배당을 옹호하는 학자들의 주장은 대체로 현재배당선호설(bird in the hand argument)과 재무적 신호표시설(financial signaling argument)에 그 근거를 두고 있다.

1) 현재배당선호설

현재배당선호설에서는 배당은 수중에 있는 현금(cash in the hand)으로 미래에 실현되는 불확실한 자본소득보다 훨씬 더 안전하기 때문에 투자자들은 그들의 지분이 불확실한 미래의 투자기회에 재투자되는 것보다는 안전한 배당으로 지급받기를 선호한다.

고든(Gordon)은 주식의 가치는 기대현금배당의 할인가치(discounted value)라고 한다. 고든모형에서 배당은 주주가 주식을 매각할 때까지 받게 되는 유일한 현금수익이기 때문에 주가는 배당수익에 의해 결정되어지며 투자자는 불확실한 미래의 소득보다는 현재의 현금배당을 더 선호한다는 관점에 기초를 두고 있다.

2) 배당에 관한 신호표시이론

배당정책은 경영자에게는 알려져 있지만 투자자나 채권자에게 공개되어 있지 않은 미래배당수준과 같은 기업내부 정보를 전달하는 효과적인 도구로 활용할 수 있다. 배당을 재무적 신호표시로 받아들이려고 하는 신호표시접근방법(signaling approach)에서는 투자자들이 배당을 기업의 진정한 현재이익 수준과 미래 기대수익에 대한 신호(signal)로서 해석한다는 확신을 기초로 하고 있다.

3 불완전자본시장에서의 배당무관련설: 고객효과

(1) 고객효과(Clientele effect)

완전자본시장하에서의 배당무관련설은 이미 앞절에서 MM모형을 통하여 살펴보았는데 불완전자본시장에서도 배당무관련설이 주장될 수 있다.

이러한 견해를 주장하는 학자로는 MM과 블랙과 숄스(Black and Scholes) 등이 있으며, 이들의 주장은 고객효과를 기초로 하고 있다.[2)]

배당정책에 관한 의견은 기업마다 달라서 어떤 기업들은 높은 배당성향을, 다른 기업들은 낮은 배당성향을 지니고 있으며 투자자들도 그들의 배당선호도가 각기 다르다. 소득수준에 따른 적용세율의 차이, 배당소득과 자본소득간의 차등세율적용, 투자형태(investment patterns)와 거래비용상의 차이 및 기업정보수집상의 난이도 등에 따라 투자자의 선호도가 달라지기 때문에 기업마다 다른 배당성향에는 서로 다른 고객(clientele)이 존재하는 것이다.

(2) 배당소득세의 회피

차별적 세율구조 하에서 배당소득에 대한 세금비용이 존재함에도 불구하고 대부분의 기업에서 배당을 지급하고 있는 이유는 무엇일까? 밀러와 숄스는 배당소득세를 회피할 수 있는 제도적 장치 즉, 면세금융자산에 투자하는 방법으로 배당소득세를 회피할 수 있기 때문에 배당정책이 기업가치와 무관하다고 주장하였다.[3)]

4 배당의 잔여이론(residual theory)

경영자가 배당정책을 수립할 때에는 투자정책, 부채정책과 같은 주요 재무결정변수들 사이에 존재하는 상충관계(trade off)를 고려하여야 한다. 장기적으로 보면, 수익성 있는 투자기회에 우선순위를 부여해야 되는데 고율배당을 하게 되면 그만큼 신규자본을 조달하여야 하므로 신주발행에 따르는 추가비용이 소요되거나 최적부채를 유지하기가 어렵게 되기 때문에 배당정책은 항상 잔여정책(residual policy)으로 다루어져야 한다. 따라서 장기목표로서의 배당성향은 기업의 투자소요자금과 목표

---

2) Merton H. Miller and Franco Modigliani, "Dividend Policy, Growth and the Valuation of Shares," *Journal of Business* 34(Oct. 1961), pp. 411~433; Fisher Black and Myron S. Scholes, "The Effects of Dividend Yield and Dividend Policy on Common Stock Prices and Returns," *Journal of Financial Economics* 1(May 1974), pp. 1~22.

3) Merton M. Miller and Myron S. Scholes, "Dividends and Taxes," *Journal of Financial Economics* 6(Dec. 1978), pp. 333~364.

자본구조(target capital structure)의 부산물(byproduct)로서 결정되는 것이다. 배당의 잔여이론(residual theory of dividends)은 받아들일 수 있는 모든 투자기회에 투자하고 여유자금이 있을 때에만 배당을 지급한다는 이론으로서 기업의 의사결정과정에 있어서 배당의 결정은 수동적인 위치에 있는 것으로 보는 견해인데 히긴스(Robert C. Higgins)에 의하여 최초로 주장되었다.[4)]

제 4 절 배당정책결정

1 배당의 안정성(Dividend smoothing)

현실적으로 대부분의 기업들과 주주들은 당기순이익의 수준과는 관계없이 안정된 배당정책을 선호하는 경향이 있다. 배당금의 안정성(stability)을 선호하는 이유는 투자자를 중심으로 한 직접이해관계자들이 배당률의 감소를 기피하며 배당률의 증가는 미래이익으로 이를 감당할 만한 경영자의 확신을 기초로 하고 있기 때문이다.

그러므로 배당률은 이익의 증가에 상응하여 증가되지만 배당의 안정성을 확보하기 위해서는 배당증가율이 이익의 증가에 못미치는 경향도 있다.

이와 같이 배당지급률과 함께 배당의 안정성은 투자자에게 매력적으로 나타나 다른 조건이 동일하다면 일정기간 동안 안정된 배당을 지급하는 기업의 주가가 그렇지 않는 기업의 주가보다 더 높게 평가되는 경향이 있다.

[그림 13-1]은 주당이익과 주당 배당간의 관계를 나타낸 것인데 이 그림에서 보면, 주당이익의 변동과는 관련없이 배당이 안정된 상승추세에 있음을 알 수 있다.

즉, 이익의 급격한 성장이 있는 연도에는 배당의 증가는 완만하고, 이익이 하락할 때에는 배당의 감소없이 전년도 수준을 유지하고 있다. 이

4) Robert C. Higgins, "The Corporate Dividend Saving Decision," *Journal of Financial and Quantitative Analysis*(Mar. 1972).

그림 13-1 *EPS*대비 *DPS*의 안정변동추세

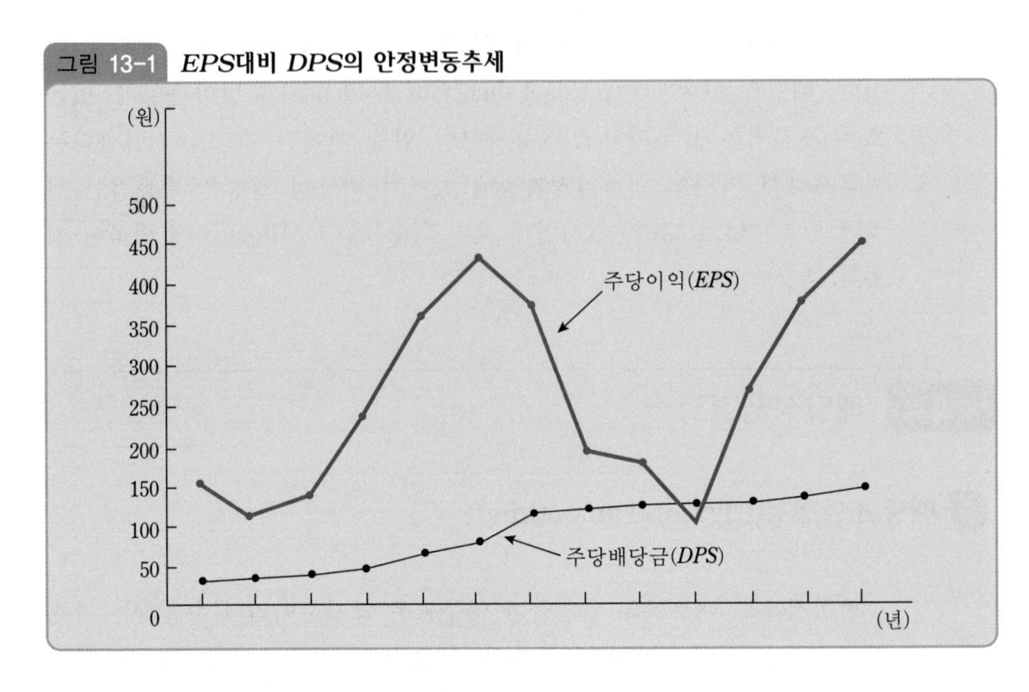

것은 안정된 배당정책을 유지하는 기업들은 당기순이익이 일시 상승하더라도 이 상승이 미래에도 계속 지속된다는 확신이 있기 전에는 배당을 증가시키지 않으려는 것을 의미한다.

안정배당정책을 기업이나 투자자들이 선호하는 이유는 대체로 다음 세 가지로 요약할 수 있다.

첫째, 안정배당정책의 유지는 배당정책이 미래이익에 대한 의미있는 정보를 시장에 전달해 주는 선행수단이 되기 때문이다. 즉 기업이 지속적으로 일정배당수준을 유지하는 것을 보고 투자자들은 일시적인 이익감소에도 불구하고 미래이익이 안정적일 것으로 예측하고 현주가를 높게 평가하게 되는 것이다. 그러나 미래이익감소가 예상되는 데도 불구하고 일정수준의 배당유지를 강행하게 되면 궁극적으로 주가를 떨어뜨리게 되며 따라서 배당정책은 정보효과를 갖게 되는 것이다.

둘째, 주식의 대중화로 배당수입에 대한 의존도가 높아져서 특정시점에 일정 수입을 바라는 투자자는 대체적인 두 기업의 이익과 장기적인 배당지급의 양상이 갈다 하더라도 불안정한 배당금을 지급하는 기업보다는 안정된 배당을 지급하는 기업을 선호하게 된다.

셋째, 정부기관들이나 개인투자자들은 연금기금, 투자신탁, 보험회사와 같은 기관투자자들에게 자금을 위탁하면서 확실한 미래수익을 요구하거나 투자대상을 지정하기도 하는데 미국의 경우 대체로 안정된 배당을 지급하는 기업들을 선호하는 경향을 나타내고 있다.

2 배당정책의 결정요인

기업은 배당이론과 여러 가지 요인들에 대한 경영자의 신념을 기초로 하여 특정한 배당을 선택하게 된다. 여기에서는 배당정책을 결정하는데 있어서 고려하여야 할 몇 가지 요인들을 살펴보기로 한다.

1) 법률상의 제약

배당결정은 주주총회에서 의결하도록 기업에 자율적으로 맡기고 있으나 관련법규는 채권자를 보호하기 위하여 기업의 법정자본금(legal capital)의 일부는 배당으로 지급하지 못하도록 자본잠식제한(capital impairment restriction)규정을 두고 있다. 우리나라의 현행상법에도 자본충실의 원칙에 입각하여 이익배당을 제한하고 있는데 재무상태표상의 순자산액에서 자본금, 해당 결산기까지 적립된 자본준비금 및 이익준비금의 합계액, 해당 결산기에 적립할 이익준비금을 공제한 금액을 한도로 하여 이익배당을 할 수 있다는 규정을 두고 있다.[5)]

2) 기업의 유동성

수익력이 양호하고 유보이익을 많이 가지고 있는 기업이라 하더라도 현금유출을 감당할 만한 유동성이 확보되지 못하면 배당지급은 어려워지며, 수익성이 있는 투자기회를 많이 가진 급속성장기업의 경우에는 적절한 유동성을 유지하면서 배당을 지급하기는 더욱 어려워 배당지급이 유동성 장애요인으로 작용되는 경우가 많다.

3) 이익의 안정성

안정된 이익을 기록하는 기업은 미래에 대한 신뢰도가 높기 때문에 고율의 배당을 유지하려고 하는 경향이 있다.

---

5) 상법, 제462조.

4) 기업의 성장가능성

투자기회가 많고 성장전망이 밝은 기업은 배당 대신 이익의 많은 부분을 유보함으로써 투자소요자금을 확보할 수 있고, 신주발행에 따른 비용과 불편함을 피할 수 있다.

5) 부채상환의 의무

채무불이행에 따르는 기회비용을 최소한으로 저지하고 채권자와의 약관에 따른 적정유동성 확보를 위해서 배당지급은 제한을 받게 된다.

6) 계약상의 제약조항

계약상의 제약조건(contractual constraints)은 일반적으로 법적 제약보다도 더 큰 영향을 배당정책에 미치게 된다. 사채신탁증서(bond indentures), 단기차입약정, 리스계약, 우선주약정 등에 포함되어 있는 제약조건은 기본적으로 기업이 지급할 수 있는 배당의 총금액을 제한하고 때로는 기업의 이익이 일정수준에 도달하기 까지는 전혀 배당을 지급하지 못하도록 제한하기도 한다.

7) 기업의 지배권

투자와 부채상환을 위한 기업의 자금수요가 기업의 유보이익으로 조달된다면, 기존주주의 지배권에는 별 문제가 없을 것이다. 그러나, 배당으로 인하여 소요자금이 부족하게 되면, 신주발행이나 사채발행으로 충당되어야 하는데 이에 따라 기존주주의 기업지배권은 그만큼 약화된다. 따라서 기업의 기존주주들은 과다한 배당보다는 이익의 사내유보를 바라는 경향이 있다.

8) 인플레이션

인플레이션이 심할 경우에는 감가상각을 통해 조성된 자금으로 진부화된 자산을 대체하기에 불충분한 때가 있다. 이러한 상황에서는, 기업은 배당지급을 축소하고 이익의 보다 많은 부분을 유보하도록 강요받게 된다.

제 5 절 특수배당

1 주식배당

주식배당(stock dividend)은 현금 대신에 주주에게 주식을 지급하는 비현금배당을 말한다. 주식배당은 당기의 순이익 또는 전기까지 축적된 이익잉여금의 일부 또는 전부를 재자본화(recapitalization)하는 것이지만 이익배당총액의 2분의 1을 초과할 수 없다. 주식배당은 현금배당과 동일한 효과를 갖는데, 현금배당과 주식배당이 주주의 부에 미치는 영향을 살펴보면 다음과 같다.

1) 현금배당이 주주의 부에 미치는 영향

인경(주)의 주가가 현재 8,000원이라고 가정하자. 인경(주)에서 주당 1,000원을 배당으로 지급한다면 주가는 7,000원으로 하락하게 될 것이다. 기업이 현금배당을 지급할 때 주가는 현금배당금만큼 하락하여 형성되는데, 이를 배당락주가라고 한다.

구 분	배당지급 전	현금배당지급 후	주식배당지급 후
자 본 금	100억원	100억원	120억원
발 행 주 식 수	2백만	2백만	240만
유 보 이 익	60억원	40억원	40억원
자 기 자 본	160억원	140억원	160억원

배당락주가는 현금배당을 받기 전과 현금배당을 받은 후의 주주의 부를 일정하게 유지시키는 수준에서 형성되어야 한다.

인경(주)의 주식 1주를 소유하고 있다고 하자. 현금배당을 지급받기 전 주주의 부는 8,000원이 되며, 현금배당으로 1,000원을 받는다면, 현금배당을 지급받은 후 주가가 7,000원으로 하락하게 되므로 8,000원의 부의 수준이 그대로 유지됨을 알 수 있다.

$$\text{주주의 부(현금배당 전)} = \text{보유 주식수} \times \text{배당부 주가}$$
$$= 1\text{주} \times 8{,}000\text{원} = 8{,}000\text{원}$$
$$\text{주주의 부(현금배당 후)} = \text{현금수익} + \text{보유주식 수} \times \text{배당락주가}$$
$$= 1{,}000\text{원} + 1\text{주} \times 7{,}000\text{원} = 8{,}000\text{원}$$

2) 주식배당이 주주의 부에 미치는 영향

이제 인경(주)가 현금 대신에 주식으로 배당을 지급한다고 하자. 주식배당은 신주를 발행하여 주주들에게 그들이 소유하고 있는 주식수에 비례하여 무상으로 지급하는 것이다. 현금 1,000원을 배당으로 지급하는 대신에 주식으로 배당을 지급한다면, 주당 0.143주의 비율로 주식배당을 지급하여야 한다. 이 경우 권리락 주가를 계산하면 다음과 같다.

$$\text{권리락 주가} = \frac{\text{권리부 주가}}{1 + \text{무상증자 비율}}$$
$$= \frac{8{,}000\text{원}}{1 + 0.143}$$
$$= 7{,}000\text{원}$$

무상증자 후에 주가가 7,000원으로 하락하더라도 주주의 부는 여전히 8,000원이 된다. 이러한 사실은 주식배당을 지급하기 전과 주식배당을 지급한 후에서 각각 주주의 부를 비교해보면 알 수 있다. 주식배당을 받기 전의 주주의 부는 8,000원이며,

$$\text{주주의 부(주식배당 전)} = 1\text{주} \times 8{,}000\text{원} = 8{,}000\text{원}$$

주식배당을 받은 후의 주주의 부도 8,000원이 된다.

$$\text{주주의 부(주식배당 후)} = 1.143\text{주} \times 7{,}000\text{원} = 8{,}000\text{원}$$

그 이유는 기업이 주식배당을 지급하는 경우 주가는 하향조정이 되지만, 발행주식 수가 증가하기 때문이다. 따라서 주주의 부는 여전히 변하지 않는다.

(1) 주주입장에서의 주식배당

시가에 의하여 주식배당을 할 경우에는 주주에게 대한 실익은 없다.

그러나 기업이 안정적인 배당정책을 유지하게 되면, 전체 배당금수익은 늘어나게 된다. 또한 주식배당은 성장속도가 빠르고 성장전망이 밝은 기업이 이익금의 사외유출을 막아 재원을 확보하기 위해 실시하므로 주식배당 그 자체가 투자자들에게 좋은 정보가 되어 시장에서 기업에 대한 평가가 높아져서 장기적으로 이득이 된다.

특히 우리나라의 경우에는 주식배당의 경우에도 액면가기준으로 배당률을 결정하게 되므로 액면가와 시가의 차액만큼 배당효과를 높이는 결과가 되고 과세기준은 액면가로 계산되기 때문에 이중의 혜택을 얻게 된다.

(2) 기업입장에서의 주식배당

주식배당은 주권의 인쇄비용 등 발행비용이 발생하며 주식수의 증가로 인한 미래배당부담이 증가하는 불리한 점도 있으나 현금배당으로 인한 현금의 유출을 방지하여 유동성을 강화하거나 새로운 자금수요에 대처할 수 있다. 특히 급속히 성장하는 기업에서는 이러한 성장을 지속시키기 위한 내부금융을 위해 주식배당을 실시한다. 이러한 주식배당은 배당재원으로 사외유출될 수 있는 잠정적인 유보이익을 영구히 자본화하는 효과도 기대할 수 있다. 또한 기업은 주식배당제도를 활용함으로써 자사의 주가를 적절한 수준에서 조정할 수 있어 유동성이 높아진다.

2 주식분할과 주식병합

주식분할(stock splits)은 배당의 형태는 아니나 개념적으로 주식배당과 유사하다. 주식분할은 주식의 액면가를 낮춤으로써 주식의 수를 증가시켜 주당가격을 낮추기 위해 사용되는 방법이다.

기업의 주가가 너무 높게 형성되면, 거래가 부진할 가능성이 있으므로 시장가격을 낮춤으로써 거래활동을 향상시킬 수 있다. 주식분할은 가끔 주식의 시장성(marketability)을 향상시키고, 시장활동을 활발하게 하기 위해서 신주발행전에 이루어진다.

이론적으로는 주식분할로 주가가 분할배수만큼 하락하여야 하지만 실제로 투자자들은 기업이 주식배당처럼 주식분할을 하는 것을 미래성장가능성이 높기 때문에 실시하는 것으로 간주하여 이론적인 주가보다 높게 형성되는 경우가 많다. 따라서 주식분할이 투자자들에게 좋은 정보로 받아들여져서 기존주주들은 간접적인 이익을 보게 된다. 또한 주식분할로 주주들의 배당수입이 증가될 수도 있다.

주식분할이 발행된 주식수를 증가시키는 것이라면, 주식병합(reverse stock split)은 반대로 발행주식수를 줄이는 것이다. 즉 일정한 수의 발행주식이 신주 1주와 교환되는 것을 말하고 주식이 너무 낮은 가격에 매각됨으로 해서 투자자들이 취득을 꺼려할 때 이용되는 방법이다.

3 자사주매입

자사주매입(stock repurchases)이란 주식을 발행한 기업이 자기회사의 주식을 재매입하여 사내에 보유하여 금고주(treasury stock)의 형태로 소유하는 것을 말한다. 이처럼 자사주매입은 일부 원하는 주주들만 주식을 현금으로 바꾸지만 현금배당은 주주들의 의사와는 관계없이 주식가치의 일부가 현금화되어 모든 주주들에게 주어진다.

기업이 자기주식을 재매입하는 이유에는 여러 가지가 있다. 첫째, 자본소득세율이 배당소득세율보다 낮을 경우 자사주 매입에 따른 배당분은 사내유보되고 그 결과 낮은 세율이 적용되는 자본소득을 늘려줄 것이므로 기존주주의 개인소득세를 절약시켜 준다. 둘째, 부채를 조달하여 자사주를 취득하게 되면 사실상의 재무위험의 부담없이 적정부채비율에 근접시킬 수가 있어서 주주들의 부를 증대시킬 수 있다. 셋째, 자사주매입은 정보효과를 가진다. 즉 주주 부의 극대화를 위한 자사주매입정보는 좋은 정보가 될 것이고, 적절한 투자기회가 없어서 자사주를 매입한다면 나쁜 정보가 될 것이다. 넷째, 기업합병의 위협을 피하기 위해서도 자사주 매입이 필요할 경우도 있다. 이러한 이유인데도 기업은 왜 자사주매입을 선호하지 않는 것일까? 그 이유는 기업들이 장기적으로 안정적인 성장을 예상하고 있음을 투자자들에게 알리는 수단으로 배당금을 사용하는 것이 더 효과적으로 믿고 있기 때문이다.

4 특별배당[6)]

기업이 안정적인 배당정책을 유지하면서도 경영성과가 양호한 기간에는 정규배당(regular dividend)에 추가하여 특별배당(extra dividend)을 선언하는 특별배당제도가 있다. 정규배당을 초과하는 특별배당은 정규배당의 증가가 아닌 일시적인 배당임을 암시한다. 특별배당의 선언은 특히 이익의 변동이 많은 기업에 적합한 것이다.[7)] 기업은 특별배당을 실시함으로 해서 정규배당의 안정성을 유지할 수 있을 뿐만 아니라 사업이 특별히 잘 되었을 때 주주와 이익을 나눌 수 있게 해준다. 이러한 특별배당정책을 이용하는 기업은 이익증가가 정착되면 과감히 정규배당을 증가시켜야 한다. 기업이 특별배당을 계속해서 지급한다면 정규배당화되어 투자자들은 이를 정규배당으로 간주하게 된다. 특별배당은 기업의 성과에 대한 좋은 정보가 되지만 정규배당증가에 비해 시장에 주는 정보효과는 약하기 때문에 정보효과를 높이기 위해서라도 정규배당으로 정착시키는 방향이 바람직하다 할 것이다.

배당률과 배당수익률이란?

우선 '배당률'은 dividend rate라고도 불리며 1주당 액면금액에 대해서 지급되는 배당금의 비율을 의미한다. 본문에서도 언급되었다시피 배당에는 현금배당과 주식배당이 있는데 보통 현금배당을 일반적인 배당으로 간주하고 있다. 따라서 배당률 역시 현금배당률을 뜻하는 경우가 많다. 배당률은 정기주주총회에서 결정되며 당기순이익이 많으면 배당률이 높고 당기순이익이 적으면 배당률이 낮아지는 것이 보통이지만 회사의 대외적인 신용도 등을 고려하여 배당정책에 따라 적정선에서 조정되는 경우가 많다.

---

6) J. Brickly, "Sharedholder Wealth, Information Signaling and the Specially Designated Dividend," *Journal of Financial Economics*(Aug. 1983), pp. 187~210.

7) 남명수, "배당정책과 투자기회의 상관관계에 관한 실증적 연구:특별배당금 지급의 경우," 『재무연구』 창간호, 한국재무학회, 1988, 11, pp. 25~47.

배당률의 공식은 다음과 같다.

$$배당률=\frac{배당금}{액면가액}\times100$$

'배당수익률'은 dividend yield ratio라고 불리며 당기에도 전기와 같이 동일한 배당률로 배당이 실현된다고 가정해서 현재의 가격으로 주식을 매입하여 결산기 말까지 보유할 때 몇 %의 수익을 얻을 수 있는가를 측정하는 지표로서 주식시장전체의 수익성 정도를 파악하거나 종목 간의 주가수준을 비교하는 데 이용되는 개념이다.

배당수익률은 개별종목의 1주당 배당금을 매일의 종가로 나누어 산출하는 종목별배당수익률과 주식시장 전체의 배당수익률 수준을 나타내는 평균배당수익률로 나눌 수 있는데 평균배당수익률은 다시 단순평균배당수익률과 가중평균배당수익률로 구분된다. 배당수익률의 공식은 다음과 같다.

$$배당수익률=\frac{배당금}{시장가격(주가)}\times100$$

간단한 예로, 현재 기준으로 A사의 주식가격은 1주당 약 150만원이고 1주당 액면가는 5,000원이다. A사는 매년 영업을 통해 발생한 이익에 대해서 배당을 하며, 작년 기준으로 1주당 7,500원을 배당했다.

이 경우, 배당률은 ((7,500/5,000)×100)이므로 A사의 배당률은 150%이다.

배당수익률은 ((7,500/1,500,000)×100) 이므로, A사의 배당수익률은 0.5% 이다.

일반적으로 주식 액면가와 시장가격의 차이가 많기 때문에 배당률보다는 배당수익률을 많이 보는 편이다.

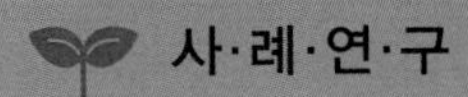

삼성전자 2012년 배당수익률 0.52%…국내 평균치의 절반도 안돼

삼성전자의 지난해 배당수익률이 0.52%로 국내 주요 상장사 평균 배당수익률의 절반이 채 안 되는 것으로 나타났다.

LG전자의 배당수익률은 더 낮아 삼성전자의 절반 수준에 그쳤다.

장기간에 걸친 세계 경제불황으로 대기업들이 만일의 사태를 대비해 사내 쌓아두는 유보금이 늘어났기 때문으로 풀이된다. 재벌의 고배당에 대한 부정적 국내 여론도 일정 부분 영향을 미친 것으로 보인다.

삼성전자와 LG전자 모두 국내 주요 상장사들의 평균 배당수익률인 1.31%의 절반 이하였다. 지난해 배당금액은 삼성전자가 1조2,066억원으로 LG전자(369억원)의 33배에 달했다. 지난해 삼성전자는 23조8,453억원의 당기순이익(연결 기준)을 거둔 데 비해 LG전자는 908억원의 순익을 내는 데 그친 탓이다. LG전자 단독으로는 3548억원의 적자를 봤다.

그러나 낮은 배당수익률의 진짜 이유가 국부유출을 막기위해서라기보다 취약한 지배구조 탓이라는 지적도 있다.

연습문제

1 경영자들이 안정적인 배당정책을 유지하려는 심리적 근거를 설명하시오.

2 투자자들이 배당을 선호하는 이유를 설명하고 배당금지급과 주가와의 관계를 설명하시오.

3 완전자본시장하에서의 배당이론인 MM이론을 이론적으로 전개하여 보고, 그 이론에 대하여 비판하시오.

4 실무적으로 기업의 투자액, 레버리지도와 배당수준은 상호의존관계에 있다. 그러한 상호의존관계가 존재하게 되는 이유를 간단히 설명하시오.

5 배당소득과 자본소득에 적용되는 세율의 차이가, 낮은 배당성향을 유도한다는 주장에 대해 논평하시오.

6 배당의 신호표시효과를 설명하시오.

7 고객효과가 무엇인지 그리고 고객효과가 배당정책에 미치는 영향을 설명하시오.

8 주식배당과 주식분할 사이의 차이점과 유사점을 서술하고, 주가가 상승할 때와 하락할 때 어느 시기에 많이 활용되는지 설명하시오.

9 특별배당금이 무엇인지 설명하고 어떤 종류의 기업이 특별배당금을 지급하는지 서술하시오.

10 한일기업은 작년도에 주당 배당으로 2,400원을 지급하였는데 그것은 60%의 배당성향을 나타낸 것이다. 이 기업의 발행주식은 100만주이다.

(1) 한일기업의 주당이익은 얼마인가?

(2) 한일기업의 유보된 이익은 얼마인가?

11 한올산업은 최근 연도에 200억원의 이익과 120억원의 배당을 보고하였다. 이 기업은 발행주식수가 500만주였는데, 2:1의 주식분할계획을 발표하였다. 현행(주식분할전)주가가 주당 80,000원이라고 가정하여 다음 표의 빈 칸을 채우시오.

	주당이익	주당배당금	1주당 주가	기업의 시장가치
주식분할전				
주식분할후				

장기자본조달

본장에서는 먼저 자본시장의 구조와 기능을 알아본 다음 기업의 장기자본조달수단인 사채, 우선주, 보통주에 대해 상론하며 나아가서 최근 많은 관심을 끌고있는 혼합증권인 전환증권, 주식인수권부 증권에 대해 살펴보고 마지막으로 금융기관에서 취급하는 은행장기차입금에 대해 언급하고자 한다.

제 1 절 자본시장의 구조와 기능

장기자본은 자본시장에서 기업이 직접 주식과 사채와 같은 자본조달수단에 의하여 조달하게 되는데 장기자금의 수요와 공급을 상호연결하는 시장구조를 자본시장이라 하고, 단기자금이 거래되는 협의의 금융시장(monetary market)을 합쳐 광의의 금융시장 또는 재무시장(financial market)이라고 한다. 자본시장에서는 거래의 주종을 이루는 것이 증권이기 때문에 자본시장을 증권시장이라고 한다. 자본시장은 크게 나누어 발행시장(primary market)과 유통시장(secondary market)으로 구분할 수 있으므로 이제부터 두 시장의 구조와 기능을 살펴보기로 한다.

1 발행시장의 의의와 구조

발행시장은 주식, 사채 등의 유가증권이 신규로 발행되어 최초의 투자자들에게 매도되는 간헐적이고도 추상적인 제 1 차적 증권시장이며, 유통시장은 이미 발행된 증권을 투자자들에게 매매하는 시장이다. 발행시장은 일정한 장소를 필요로 하지 않고 발행자와 투자자 사이에 유가증권의 인수·매출·모집을 관장하는 중개자가 개입되어 자본의 외형이 변화하는 일련의 과정이 이루어지는 추상적 시장으로 자본의 증권화가 일어나는 시장이다. 유통시장 특히 유가증권시장은 일정장소를 전제로 한 구체적이며 조직적인 시장으로 증권의 자본화를 통하여 유가증권에 시장성과 유동성을 부여함으로써 발행시장과는 상호보완적인 관계를 갖게 된다.

발행시장에는 자금을 필요로 하는 유가증권 발행자인 기업과 자금공급자인 투자자들을 중개해주는 인수기관(underwriter) 또는 브로커(broker)가 존재하여 유가증권 발행에 따르는 위험과 제반발행·판매사무를 대리해주므로 유가증권매출을 촉진시키게 된다.

발행시장에서의 증권발행 형태는 발행위험부담을 기준으로 직접발행과 간접발행으로 구분된다. 직접발행은 발행자인 기업이 증권발행에 따르는 모든 위험을 부담하므로 미소화분에 대한 인수책임은 발행자가 지게 된다. 간접발행은 발행자와 투자자 사이에 중개기관이 개입하여 발행에 따르는 위험을 부담하고 제반 발행업무를 대행하는 방법이다.

중개기관의 인수방법에는 총액인수와 잔액인수의 방법이 있는데 총액인수방법은 중개기관인 인수기관(underwriter)이 증권발행전량을 자기명의로 인수하여 이를 투자자들에게 매각하는 방법이며, 잔액인수방법은 매각하고 남은 부분에 대해서 인수기관이 인수하는 방법이다. 인수기관으로서는 증권회사, 투자신탁, 종합금융회사 및 은행 등이 있으며, 때로는 발행위험의 분산과 발행증권의 원활한 매출을 위해 공동으로 인수단(syndicate)을 구성하기도 한다.

2 유통시장의 의의와 구조

유통시장은 이미 발행된 증권의 매매가 이루어지는 시장으로서 발행시장과 상호보완적인 관계를 형성하고 있다. 기존의 발행증권이 유통시장에서 용이하게 현금화될 수 있다면 투자자들은 신규발행증권에 안심하고 투자할 수 있으므로 유통시장은 유휴자본을 신규증권의 발행시장으로 유인하는데 필요불가결하다. 다시 말하면 유통시장이 활발하여 보유증권을 언제라도 적절한 가격에 현금화할 수 있다면, 투자자들은 단기성자금으로라도 상환기간이 장기적인 유가증권을 구입할 수 있고 발행자인 기업의 입장에서는 투자자들의 개별적인 투자기간에 관계없이 장기간 동안 자금을 생산목적에 이용할 수 있게 된다.

유통시장은 또한 기존발행증권의 유통과정에서 발행기업의 경영성과나 전망을 반영한 가격평가를 하게 되므로, 투자자들은 투자자산의 가치를 공정하게 유지할 수 있게 되고 기업경영자들은 주가상승을 위해 최선을 다할 것이며 발행시장에서의 신규발행증권의 가격산정을 위한 기초를 마련하여 주는 것이다.

우리나라 유통시장은 조직적인 상설시장으로서의 한국증권선물거래소(KRX)와 비조직적 시장인 장외시장(Over-The-Counter market: OTC)으로 구성되어 있다. 한국증권선물거래소는 일정한 거래장소에서 상장유가증권만을 대상으로 경쟁매매를 원칙으로 한 조직화된 시장이다. 주중에만 개설되는 계속적인 시장의 특징을 가지고 있으며 증권의 매매거래행위는 회원만이 할 수 있으므로 일반투자자들은 증권회사에 증권매매를 의뢰해야 한다.

조직적 시장인 유가증권시장에 대응하는 비조직적 · 추상적 시장을 장외시장이라 하며, 장외시장에서 이루어지는 장외거래는 매매당사자간의 직접거래와 증권회사 점두에서 증권사와 고객간의 매매거래가 일어나는 점두거래로 나누어지는데, 장외시장은 비상장주식, 최소거래단위에 미달하는 단주, 거래가 부진하거나 거래정지된 상장증권 종목에 시장성을 부여함으로써 유가증권시장의 전단계기능 외에도 유가증권시장의 시간적 · 장소적 제약을 보완하게 되며, 동시에 장외거래 특유의 증권가격형성을 통하여 공정한 증권가격 형성에 이바지하게 된다.[1)]

---

1) 우리나라의 장외시장은 점두거래를 중심으로 주식장외시장과 채권장외시장으로 구분된다.

제2절 사 채

1 사채의 의의 및 성격

사채(bond)란 기업이 비교적 장기간에 걸친 거액의 자금을 조달하기 위하여 채무증서에 의한 기업의 확정채무임을 표시하고 발행된 유가증권으로서, 계약에 따라 일정한 이자를 지급하고 만기에 원금을 상환할 의무를 진다.

사채를 통한 장기자금조달은 세제상 감세효과가 존재하므로 비용상 주식에 비해 유리하고 경영권과 주주의 소유권에 영향을 주지 않는다는 측면에서도 우선주 · 보통주에 비해 유리한 점이 있다.

대체적으로 사채의 기간이 3~5년의 장기간임을 고려할 때 단기부채에 비하여 자금을 비교적 장기적으로 사용할 수 있고 기발행사채를 새로운 사채발행으로 대체시키는 차환도 가능하기 때문에 안정적인 자본구조를 유지할 수 있게 된다.

2 사채의 종류 및 특징

기업의 내외적인 경영환경이 복잡해지고 투자자의 요구가 다원화해 감에 따라 사채의 종류도 다양해지고 있다. 그 중 가장 단순하고 아무런 단서도 붙지 않는 사채가 바로 일반사채(straight bond)이다. 일반사채는 사채만기일이 되면 그 원금을 상환하여야 하며 확정된 이자 혹은 금리연동된 일정한 이자를 장기적으로 지급하게 되나 담보나 보증에 대한 특정사항이 결여되어 있어서 일반투자자에게 매력적인 유인을 제공하지 못하기 때문에 기업은 사채발행에 있어 여러 가지 유인을 주게 되며 이 유인의 형태에 따라 사채의 유형도 달라지게 된다.

(1) 담보 및 보증의 유무에 의한 분류

1) 무담보사채(debentures)

무담보사채(debenture or unsecured bond)란 특별한 담보나 보증없이 발행기업의 신용만으로 발행되는 일반사채로서, 우리나라에서는 사채권자를 위하여 일정기준 이상의 상장법인에 한해 선별발행을 허용하고 있으며 발행이자율은 우량도에 따라 자율화되어 있으나 보통 보증사채보다 약간 높고 발행회사 대주주의 원리금 상환보증을 조건으로 하고 있다.

2) 담보부사채(secured bond)

기업의 사채발행에 부동산이나 유가증권 등의 담보를 필요로 하는 것을 담보부사채라 한다. 이에는 부동산 담보부사채와 유가증권 담보부사채가 있다.

① 부동산 담보부사채(mortgage bond): 부동산 담보부사채는 사채발행에 있어 건물 · 토지 · 설비 등의 담보물을 필요로 하는 사채를 말한다. 이러한 담보사채에는 개방형 담보(open-end mortgage)와 폐쇄형 담보(closed-end mortgage)가 있는데, 개방형 담보사채란 동일한 담보물에 대하여 발행사채들이 모두 그 담보대상에 대하여 동일한 순위를 갖는 것이며, 폐쇄형 담보사채는 어떤 담보물에 대하여 사채를 발행한 후, 그 다음에 동일한 담보대상에 대하여 발행된 사채는 제 2 순위 이하의 저당권을 갖는 형태를 말한다.

② 유가증권 담보부사채(collateral bond): 유가증권 담보부사채는 주로 발행기업이 소유하는 주식이나 사채가 담보대상이 되는데, 담보대상이 되는 유가증권은 수탁자인 은행 등에 공탁하게 된다.

이때 발행회사와 사채권자를 위하여 금융기관 등이 담보물건을 신탁관리하는 것을 담보부사채신탁이라 한다. 기업은 때때로 유가증권 담보부사채에 대해 그들의 부동산 담보부사채를 보증 혹은 담보물건으로 제공하기도 하는데, 이러한 행위는 유가증권 담보부사채의 가치를 강화시켜준다.

3) 보증사채(guaranteed bond)

사채발행시 사채의 원리금지급을 발행사 이외의 제 3 자가 보증하는 것으로 무보증사채에 비해 이자율이 낮으며, 유사 이래 최대의 환란으로 여겨지는 IMF 사태 이전까지만 해도 우리나라의 사채발행은 대부분이 보증사채에 의존하였다. 담보부사채의 경우 담보물을 처분하는데 시차가 따른다는 점에서 보증기관에 의한 보증사채가 다소 유리한 점이 있다.

(2) 이자지급의 형태에 따른 분류

이자지급의 형태에 따라 대별하면 쿠폰부사채(coupon bond)와 등록사채(registered bond)로 구분할 수 있다. 쿠폰부사채는 사채에 첨부되어 있는 쿠폰, 즉 이표(利票)를 발행회사가 지정한 금융기관에 제시하여 이자를 지급받으며, 등록사채는 사채권자가 등록기관에 등록한 후, 등록기관에서 사채소유자의 명단을 작성하고 사채권자에게 사채이자지급통지서를 보내면 이자를 수령하는 형식을 취하는 사채이다.

최근 사채발행의 주종이 되고 있는 금리연동부사채는 발행후 일정기간은 확정이자를 지급하지만 그 기간이 경과한 후부터는 은행정기예금이자율에 따라 연동되므로 투자자와 발행사를 모두 보호하는 장점을 갖고 있다.

(3) 상환형태에 따른 분류

1) 수의상환사채(callable bond)

사채의 발행회사가 만기 이전의 필요한 때에 수시로 사채 상환을 할 수 있는 권리를 갖는 형태로서, 발행회사의 수익상태가 호전되어 유휴자금이 있을 경우나 앞으로의 금리수준의 변동에 따른 손실을 제거하기 위해 만기일 이전에 상환되는 것이 보통이다.

2) 연속상환사채(serial bond)

연속상환사채란 사채의 만기일에 대한 선호도가 다른 투자자를 유도하기 위해서 동일한 만기일이 아닌 일정한 거치기간(grace period)이 지난 후의 1년, 2년, … 등의 서로 다른 만기일을 설정하여 사채가 매년 연속적으로 상환되게 한 것이다. 기업측에서 보면 사채의 만기일에 이르러 일시에 대규모의 현금유출을 예방해 주기 때문에 기업의 유용성을 보호하는 이점이 있다.

3) 감채기금사채(sinking funds bond)

사채발행계약시에 발행기업의 감채기금 적립을 필요로 하는 형태의 사채로서 은행과 같은 수탁회사에 감채기금을 적립하여 사채의 상환에 사용된다. 일반적으로 사채권자의 특별한 보호가 요청되는 특수상황에서 이러한 감채기금을 설정·운용하게 된다.

(4) 특수한 형태의 사채

1) 전환사채(convertible bond)

전환사채는 사채권자의 청구에 의하여 주식으로 전환할 수 있는 권리가 부여된 사채로 전환 이전에는 확정이자를 받고 전환 후에는 주가상승도 기대할 수 있어서 투자유인이 확대된다.

전환비율은 대체로 전환사채의 액면가격(face value)과 전환가격(conversion price)의 대비율로 나타낸다.

2) 이익사채(income bond)

사채는 기업이익과는 상관없이 확정된 이자와 원금을 지급하는 것이 보통이나, 이익사채에서는 기업의 이익수준에 따라서 사채이자를 지급하는 형태로, 기업의 영업이익이 확정이자를 지급하기에 부족한 경우에는 이자지급이 유보되고, 기업의 이익이 회복되었을 경우 미지급이자를 지급하게 된다. 따라서 이러한 이익사채는 기업의 이익에 의해 보증된다고 할 수 있다.

3) 이익참가사채(participating bond)

이익참가사채는 확정된 이자율뿐만 아니라 이익분배까지 제공받는 사채로 기본적으로 일정한 이자율을 보장받고, 추가적으로 기업의 이익수준에서 이익이 양호할 경우에 그 수익의 일정률이나 사채액면가의 일정률을 지급받는 형태이다.

4) 주식인수권부사채(bond with warrants)

사채권자에게 사채발행회사의 주식을 특정행사가격(exercise price)으로 일정한 기한(expiration date)내에 인수할 수 있는 권리를 부여하는 사채로서 주식을 인수하는 행사가격은 일반적으로 사채가 발행된 시점에서의 주식의 시장가치보다 높게 설정된다. 기업측에서 보면, 단기적으로는 사채비용을 감소시키지만 장기적으로는 사채의 주식으로의 전환으로 증가된 주식수로 인해 기업의 주당이익을 감소시키게 된다.

주식인수권부사채와는 달리 전환사채는 전환권을 행사함으로써 사채권자의 지위가 소멸되나 주식인수권부사채는 주식인수권을 행사하여도

사채는 그대로 존속하며 전환사채와는 달리 사채와 주식인수권을 일체로 하는 비분리형 또는 별개로 나누는 분리형으로 발행할 수도 있다.

3 사채의 발행방법

사채의 발행방법에는 직접발행과 간접발행이 있고 매출방법에 따라 직접모집과 공개모집으로 구분할 수 있다.

1) 직접발행과 간접발행

사채의 직접발행은 발행회사가 직접 일반대중으로부터 사채를 모집하는 경우로 간사회사와 같은 중개자를 이용하지 않고 사채발행의 여러 가지 절차를 직접 관장하므로 사채에 대한 매출비용이나 인수비용이 필요없다는 장점이 있으나, 발행에 따른 위험부담 때문에 직접발행의 예는 드물다.

간접발행은 간사회사와 같은 중개자를 통하여 사채를 발행하게 되어 매출비용과 인수비용이 존재하지만, 사채발행에 대한 전문적 지식을 가지고 있는 금융기관, 증권관련기관을 통하여 사채발행의 여러 가지 복잡한 절차를 대행하게 하는 것이다. 이러한 간접발행의 경우는 총액인수, 잔액인수 및 모집주선의 세 가지로 나누어진다.

총액인수란 사채발행의 수탁회사가 사채발행의 모든 위험을 감수하고 사채발행총액을 인수하여 모집하는 경우를 말한다. 이때 인수회사는 일정한 발행가액으로 사채발행전액을 매수하고 매수가격에 일정한 매매차익금을 붙여 일반투자자에게 매출한다.

잔액인수의 경우에는 인수회사가 사채발행의 미소화분만큼 인수하게 된다. 모집주선의 경우는 수탁회사가 브로커업무만을 담당하게 되며, 사채발행의 미소화분에 대해서는 사채발행회사에 되돌려주게 된다. 우리나라의 경우 주로 총액인수제도를 취하고 있다.

2) 직접모집과 공개모집

사채의 매출방법에 따라 사모집(private placement or direct placement)과 공개모집(public offering)으로 나뉘어 지는데, 사모집은 증권시장에 사채를 상장시키지 않고 사모(私募)에 의해 어느 특정한 금융기관 또는 투자자 등과 직접교섭을 통하여 사채를 매입하는 것으로 비상장기업이 사채를 발행할 때 사용하는 방법이다. 공개모집은 발행증권을 증권거래소에 상장시켜 일반투자자 대중에 널리 유통시키는 방법이다. 공모에는 경쟁공모(competitive public offering)와 협의공모(negotiated public offering)가 있다. 경쟁공모는 공개경쟁입찰에 의해 낙찰가격이 결정되면, 한개의 인수회사 또는 인수단에서 그 증권을 매입하여 일반에 매출하는 것이고, 협의공모는 발행회사와 인수회사 또는 인수단 사이에서 협의 · 결정된 가격으로 그 증권을 매입하여 일반에 매출하는 경우이다.

4 사채발행의 장 · 단점

사채의 발행에는 여러 가지 장 · 단점이 존재하는 만큼 기업은 이의 사용에 있어서 제요소를 주의깊게 고려하여야 하는 바, 먼저 사채의 장점을 살펴보면 다음과 같다.

첫째, 사채는 기본적으로 주식과는 달리 절세효과(tax shield)가 존재한다. 따라서 자금조달비용면에서 보통주나 우선주에 비해 비용이 저렴하게 된다.

둘째, 단기차입금 등과 같은 단기부채에 비해 자금을 비교적 장기간에 걸쳐 안정적으로 이용할 수 있다. 통상적으로 사채의 기간이 3년 내지 5년임을 고려할 때, 사채의 비용이 기업의 사업전망에 의해 보장된다면, 비교적 기업의 입장에서 볼 때 장기자본화하여 안정적으로 오랫동안 유용하게 활용할 수 있다.

셋째, 기발행사채가 유통시장에서 활발히 거래된다면 그만큼 기업의 지명도가 높아지고 일반대중에게 기업의 좋은 인상을 주어, 보통주나 또 다른 사채발행을 통한 새로운 자금조달이 비교적 용이해진다.

사채발행은 위와 같은 장점이 있는 반면 다음과 같은 단점도 가지고 있다.

첫째, 사채는 그 발행절차에 있어 비교적 장기간의 발행준비기간이 필요하며, 그 절차가 복잡하고 까다롭기 때문에 사채의 발행용도 등을 명확히 하여야 한다.

둘째, 사채의 발행비용(floatation cost)은 금융기관 차입금의 경우보다 높으며 또한 감채기금이 요구될 경우에는 더욱 부담이 늘어나게 되므로 사채발행으로 얻는 이점과 사채발행에 따른 불이익을 신중히 검토하여야 한다.

셋째, 일반적으로 사채는 주주의 소유권에 영향을 주지 않으나 옵션부사채는 기업주나 주주의 소유권에 영향을 미치게 된다. 따라서 전환사채나 주식인수권부사채 등과 같은 옵션부사채를 발행할 경우에는 신중한 검토가 요구된다.

5 사채의 등급평정

사채의 등급평정(bond rating)이란 특정의 사채에 관한 채무불이행위험(default risk)을 판단하여 투자대상으로서의 사채의 질을 평가하려는 것이다. 사채는 그 원리금의 지급이 금융기관 등에 의하여 보증되지 않는 한, 채무불이행위험이 수반될 것이며 이러한 채무불이행위험은 그 사채를 발행하는 기업의 재무상태, 신용정도 등을 통해서 측정할 수 있다. 미국의 경우에는 투자서비스기관에서 조사한 사채의 평정결과를 발표하는데, 그 대표적인 평정기관으로는 무디 투자서비스사(Moody's Investors Service)와 스탠다드 앤드 푸어사(Standard & Poor's corporation: S & P) 등이 있다.

사채등급평정은 〈표 14-1〉에서 보듯이 사채의 등급을 최상급에서부터 극히 투기적이라고 판단되는 것에 이르기까지 무디사의 경우 Aaa,

표 14-1 사채의 등급평정

질(quality)	Moody's	Standard & Poor's
상위등급	Aaa	AAA
	Aa	AA
	A	A
중간등급	Baa	BBB
	Ba	BB
	B	B
하위등급	Caa	CCC
	Ca	CC
	C	C
		D

Aa, A, Baa, Ba, B, Caa, Ca, C등 9등급, 스탠다드 앤드 푸어사의 경우 AAA, AA, A, BBB, BB, B, CCC, CC, C, D등 10등급으로 구분하고 있으며 하위등급을 정크본드(junk bond)라고 한다.

이와 같은 사채의 등급평정은 발행기업의 재무상태, 수익전망 및 사채의 발행조건 등을 고려하여 분석되는데, 주로 다음과 같은 요인이 주요 고려대상이 된다.

첫째, 사채분석에 있어 가장 중요한 요소중의 하나가 사채의 원금과 이자를 지급할 능력인 보상비율(coverage ratio)인데, 이에는 이자보상비율(times interest earned)과 고정재무비용보상비율(fixed charge coverage)이 있다. 이는 다음의 식으로 나타낼 수 있다.

$$\text{이자보상비율} = \frac{EBIT}{\text{이자지급액}}$$

$$\text{고정재무비용보상비율} = \frac{EBIT + \text{리스비용}}{\text{이자지급액} + \text{리스비용} + (\text{감채기금지급액})/(1-t)}$$

둘째, 기업의 자산구성이나 수익성과 관련하여, 부채비율, 유동비율, 매출액 및 수익의 안정성 등이 고려된다.

셋째, 사채의 여러 가지 발행조건과 관련되는 것으로서, 발행사채에 대한 담보의 유무, 금융기관 등의 보증여부, 사채의 만기, 감채기금, 원리금 지급이나 잔여재산분배의 우선순위 및 다른 사채의 발행여부 등이 고려된다.

넷째로, 기업의 환경요인으로서, 사채발행기업에 대한 규제여부, 기업에 필요한 자원의 이용가능성, 해외영업활동의 비중 등이 고려된다.

제3절 우 선 주

1 우선주의 의의 및 성격

우선주(preferred stock)는 사채와 보통주의 양면적 성격을 갖는 증권이다. 액면가에 대해 미리 약정된 수익률을 보장받는다는 점에서 사채의 성격을 갖고 있으며, 담보가 설정되어 있지 않다는 점에서는 무담보사채(debentures)와 유사하고 보통주와 비교할 때 우선주도 기업의 소유권을 가진다는 점에서 동일하나 우선주주는 보통주주와는 달리 경영상의 성과와는 상관없이 단지 일정한 수익만을 보장받는 점에서 차이가 있다.

우선주는 법률상 · 회계상으로 자기자본에 해당되며 배당금지급과 기업청산(liquidation)시의 잔여재산 배분에 있어 보통주에 비해 그 순위가 앞서게 되나 이 경우 잔여재산 청구권은 액면가액에 한정된다. 사채에 대한 원리금의 상환이 불가능한 경우 기업은 도산에까지 이르지만, 우선주에 대한 고정배당을 하지 못한다고 해서 기업도산의 사유가 되지는 못하며 기업은 단지 고정적 재무비용으로서 우선주배당만 지급하면 되는 이점을 지닌다.

2 우선주의 장 · 단점

우선주는 사채와 보통주의 성격을 갖는 것으로 채무불이행에 따른 기업도산의 경우와 세금의 차이 때문에 사채와는 그 장 · 단점이 구분된다.

첫째, 사채는 그 원리금을 상환치 못할 경우 기업도산의 사유가 될 수 있지만, 우선주는 그 배당을 하지 못했을 경우라도, 기업도산의 사유가 되지 않고 투자자의 입장에서 보면 사채보다 우선주의 위험이 더 크기 때문에 우선주배당률이 사채이자율보다 높은 것이 일반적이다.

둘째, 기업의 입장에서 사채와 우선주의 가장 중요한 차이점은 바로 세금효과(tax effect)인데 발행회사의 입장에서 볼 때 자본비용면에서는 우선주에 비해 사채가 유리하다.

제4절 보 통 주

1 보통주의 의의

보통주(common stock)는 기업에 대한 출자의 표시로서 주주에게 발행된 기업의 소유권을 나타내는 증권이며, 이를 소유한 주주는 실제적인 기업의 소유자로서 그 지분에 따라 경영에 직접 혹은 간접으로 참여하게 된다.

기업의 입장에서 볼 때, 보통주는 자기자본으로서 타인자본인 사채와 함께 기업의 장기적인 자본조달의 가장 중요한 원천으로 흔히 주식이라 하며, 주주에게는 총회소집청구권, 회사업무 및 재산상태의 조사청구권, 이사의 해임청구권, 회사장부열람권 등의 권리가 주어지게 되는데, 일반적으로 그 권리의 남용을 막기 위해 일정비율 이하의 소유주주에게는 그 권리행사 정도를 제한하게 된다. 그리고 보통주주가 회사에 대하여 지고 있는 유일한 의무는 주식인수가액에 대한 자본납입의무뿐이며, 그 이외의 의무는 회사의 정관이나 주주총회의 결의로서도 추가되지 않는다.

일반적으로 가장 중요한 주주의 권리에는 이사의 선임과 정기적 회합에서 투표할 수 있는 의결권(voting right), 회사의 추가적인 신주발행시 이를 우선적으로 인수할 수 있는 신주인수권(pre-emptive right) 및 도산시의 잔여재산청구권(residual claims) 등을 들 수 있다.

2 보통주의 주요 형태와 그 특징

(1) 액면주식과 무액면주식

주식의 표면에 그 주식에 대한 액면가액(par value)이 표시되어 있는 것을 액면주식(par value stock)이라 하며, 액면가액의 표시가 없는 것을 무액면주식(no-par value stock)이라 한다. 현재 우리나라에서도 미국 · 일본 등에서 일반화되고 있는 무액면주식을 발행주식 총수의 1/4까지 허용하고 있다.

(2) 기명주식과 무기명주식

기명주식은 주주의 성명이 주주명부와 주권에 기재되어 있는 주식을 뜻하며, 무기명주식은 주주명부와 주권에 주주의 성명이 기재되어 있지 않고, 그 주식을 소유하고 있는 사람이 주주로서 인정받게 되는 주식을 뜻한다.

기명주식의 발행은 회사가 권리행사자로서의 주주를 명확히 파악할 수 있으나 그 회사의 주식이 자본시장에 상장되어 시장에서 거래되고 있는 경우에는 유통이 활발치 못하며, 주식거래를 위한 부대비용이 필요하다는 단점이 있다. 반대로 무기명주식의 발행은 주식행사자로서의 주주를 명확히 파악하지 못하기 때문에 상장주식의 경우에는 회사가 원치 않는 제 3 자에 의해 지배될 우려가 있다.

(3) 무의결권주(non-voting share)

보통주 중에는 이익배분의 순서나 의결권의 행사에 있어 차별을 두는 경우가 있다. 무의결권주(non-voting share)란 이익분배에 있어 다른 보통주주보다 우선적으로 배당을 하는 대신에 의결권을 주지 않는 주식이다. 이것은 보통주와 우선주의 혼합된 형태로서 이익분배에 있어 우선주보다 늦지만 일반 보통주보다는 우선한다. 그러나 무의결권주도 이익배당을 받지 못하면 의결권을 갖게 된다. 회사의 입장에서 보면 경영권에 간섭을 받지 않으면서 자본조달을 할 수 있는 이점이 있으며, 투자자의 입장에서 볼 때는, 경영에 대해 관심이 없고 자본소득이나 배당소득을 원하는 경우에 선호대상이 될 수 있다.

3 기업공개(Intial Public Offering: IPO)

기업은 보통주를 발행하여 자기자본을 조달하며, 보통주 발행은 일반적으로 증권시장을 통하여 간접발행의 형태로 이루어지는 것이 대부분이다. 기업을 최초로 공개할 때에는 공개발행(public issuing)을 통하여 보통주를 발행하며, 유상증자를 할 때에는 구주주할당 발행(rights issuing)을 통하여 보통주를 발행하게 된다.

(1) 기업공개의 의의

기업공개(going public)란 개인이나 몇몇 주주들이 독점적으로 소유하고 있는 주식을 일정한 법률적 절차에 따라 균일한 조건으로 다수의 일반투자자들에게 분산시키는 것을 의미한다. 주권상장의 요건은 〈표 14-2〉 신규상장요건에서 제시한 바와 같이 규모요건, 분산요건, 재무요건, 안정성 · 건전성요건, 기타요건을 갖추어야 한다.

표 14-2 신규 상장 요건

상장요건		요 건
규모요건	자기자본	상장신청일 현재 100억원 이상
	매출액	최근연도 300억 이상이고 최근 3년도 평균 200억원 이상
분산요건	소액주주의 소유주식수 등	다음 중에서 하나를 충족할 것 • 소액주주 지분율이 25% 이상 • 공모비율이 25% 이상 • 상장예비심사청구 후 10% 이상 공모한 주식수가 다음과 같을 것 ▶자기자본 500억원~1,000억원: 1백만주 이상 ▶자기자본 1,000억원~2,500억원: 2백만주 이상 ▶자기자본 2,500억원 이상인 경우: 5백만주 이상 • 국내외 동시 공모주식수가 10% 이상으로 국내공모주식수가 100만주 이상(액면가 5,000원 기준)
	의무 공모	상장예비심사청구 후 10% 이상 공모할 것. 다만, 코스닥상장법인으로서 상장당시 공모하였거나 상장된 후 1년이 경과한 법인은 제외
	소액주주의 수	의결권이 있는 주식을 보유한 자가 1,000명 이상
재무요건	이익 등 (영업이익 · 경상이익 · 당기순이익 중 적은 금액을 기준으로 산출)	최근연도 영업이익 · 경상이익 · 당기순이익을 시현하였을 것
		다음 중에서 하나를 충족할 것 • 자기자본이익률이 최근연도 5% 이상이고 최근 3년도 합계 10% 이상 • 이익액이 최근연도 25억원 이상이고 최근 3년도 합계 50억원 이상 • 자기자본 1,000억원 이상일 때 최근연도 자기자본이익률이 3% 이상이거나 이익액이 50억원 이상이고 영업활동현금흐름이 양(+)
	유보율	자본금의 50%(대형기업은 25% 이상) ※유보율=(자기자본－자본금)/자본금×100

안정성·건전성요건	설립경과연수	설립 후 3년 이상 경과하고 계속 영업, 다만, 합병, 분할, 분할합병 또는 영업양수가 있는 경우에는 실질적 영업활동 기간을 고려
	유상증자 한도	1년간 유상증자총액이 2년전 사업년도말 자본금의 50% 이하, 한도초과하는 경우 초과분을 배정받은 주주에 대해서는 상장일로부터 6월간 (당해주주 등이 최대주주 등인 경우에는 1년간)소유주식 등의 계속보유확약서 및 보호예수증명서를 제출할 것
	무상증자 한도	1년간 재평가적립금 또는 이익잉여금의 전입총액이 2년전 사업년도말 자본금의 50% 이하, 한도초과하는 경우 초과분을 배정받은 주주에 대해서는 상장일로부터 6월간 (당해주주등이 최대주주등인 경우에는 1년간)소유주식등의 계속보유확약서 및 보호예수증명서를 제출할 것
	감사 의견	최근 연도에서는 적정, 직전 2년도에는 적정 또는 한정(감사범위제한으로 인한 한정의견은 제외)일 것
	최대주주등의 지분변동 제한	상장심사청구일전 1년 이내에 최대주주등 및 발행주식 1% 이상 소유주주의 지분변동이 없을 것
기타요건	경영의 계속성	• 영업의 안정성 경영의 독립성, 주된 영업의 계속성, 안정적 영업기반 • 경영기반 및 수익구조 주된 영업의 성장전망, 최근 이익수준, 재무적 안정성
	경영의 투명성	• 경영진의 구성 최대주주 특수관계인의 회사임원으로서 충실의무, 감사의 독립성 • 기업지배구조 경영관련 규정 정비, 내부통계제도 확립, 기업진단 등으로부터 독립성
	기업공시 및 주주 이익보호	• 회계처리등의 투명성 • 최대주주등과의 거래관계 • 공시체제의 확립

(2) 공개기업의 혜택

1) 법인세 혜택

우리 나라의 경우 기업공개가 가능한 비상장 법인 자본금이 50억원을 초과하거나 자기자본총액이 100억원을 초과하는 법인에 대해서는 적정규모이상 유보에 대해서 추가로 법인세를 부과함으로써 상장법인을 우

대하고 있다.

2) 증자소득공제의 혜택

기업을 공개할 때 신주발행을 하는 경우에는 증자 등기일로부터 36개월 동안의 매 사업년도의 소득금액에서 법률에 의한 금액을 공제 받을 수 있다. 자세한 내용은 법인세법과 조세감면규제법을 참고하기 바란다.

3) 상장법인 주주에 대한 혜택

① 주식양도시 양도소득세 면세

비상장법인의 주주가 보유주식을 처분하는 경우에는 주식양도 소득세를 부과한다. 그러나 상장법인의 주주들은 이와 같은 주식양도 소득세를 면제받을 수 있다.

② 배당소득세의 혜택

주주들이 상장법인으로부터 받는 배당금에 대하여는 소액주주의 경우 분리과세가 되며, 대주주의 경우에는 종합과세가 된다.

(3) 기업공개의 방법과 절차

기업을 공개할 때에는 공모하는 주식의 발행가액에 따라 공개방법이 달라진다.

1) 주식의 발행가액에 따른 구분

① 액면발행

기업의 재무상태가 수익예상 등이 공개후 자본금 규모에 합치하는 경우에 모집 및 매출을 액면가액으로 하는 방법이다.

② 할증발행

기업의 재무상태가 건실하여 내부유보가 많고 수익예상이 양호한 회사는 기업자금 조달이나 창업자 이익을 보호하기 위하여 액면가액보다 높은 가격으로 모집 및 매출을 할 수 있다. 모집의 경우에는 액면을 초과하는 부분은 자본잉여금에 계상되며, 매출의 경우에는 매출한 구주주가 그만큼 많은 자본이동을 얻게 된다.

③ 할인발행

자본금에 비하여 재무상태나 수익예상이 미흡한 경우에는 액면가액보다 낮은 가액으로 공모할 수 있으나 상법에서는 원칙적으로는 할인발행을 금지하고 예외적으로 허용하고 있다.

2) 기업공개의 절차

기업을 공개하고자 하는 경우에는 주간사회사의 자격을 갖춘 증권회사나 증권감독원 등의 전문기관과 사전협의를 통하여 공개가능성, 발행시장의 현황과 주식의 소화전망, 모집 또는 매출의 일정계획, 모집 또는 매출할 주식의 종류, 수량과 가격, 발행비용 및 수수료, 기타 공개업무와 관련된 사항을 검토한 후 다음과 같은 절차에 따라 기업공개가 이루어진다.

① 이사회 결의
② 주식인수 의뢰서의 발송
③ 인수단구성과 인수계약의 체결
④ 명의개서대행 및 지주예치계약체결
⑤ 유가증권신고서 제출
⑥ 예비사업설명서 제출
⑦ 유가증권신고서의 효력발생
⑧ 사업설명서의 제출
⑨ 청약공모
⑩ 청약서류의 배포 및 투자설명회 개최
⑪ 청약실시
⑫ 주식납입 및 증자등기
⑬ 상장신청

4 주식의 발행

주식의 발행은 발행목적에 따라 주식회사 설립시 납입자본으로 주식이 발행되는 경우, 설립 후 기업의 필요에 따른 증자의 형태로 발행되는 경우 및 특수한 재무정책에 의한 경우로 나누어 볼 수 있다.

(1) 회사설립시의 보통주 발행

주식회사 설립시의 주식발행 총수는 상법에서 채택하고 있는 수권자본제도하에서 회사가 발행할 주식총수의 4분의 1 이상이어야 하며, 나머지 미발행주식은 회사의 설립 이후에 필요에 따라 추가로 발행할 수 있다. 이때의 발행주식을 해당 발기인들이 전부 인수함과 동시에 이에 상응하는 인수가액을 전액납입하는 형태를 발기설립이라 하고, 회사설립시 발행되는 주식 중 일부를 발기인이 인수하고 나머지 부분은 모집에 의하여[2)]회사를 설립하는 형태를 모집설립이라고 한다.

한편 모집설립의 경우 주식발행에 따르는 위험을 누가 부담하느냐에 따라 사채발행시와 마찬가지로 직접발행과 간접발행으로 나누어 볼 수 있고, 발행가격의 결정에 있어서 액면주식만을 허용하고 있던 우리나라의 경우에도 1983년 이후 시가발행제도가 도입되어 점차 확대되어 가고 있다.

(2) 유상증자와 무상증자

1) 유상증자에 의한 신주의 발행

유상증자란 기업이 새로운 주식을 발행하여 필요한 자금을 조달하는 방법으로서 증자에 의하여 새로이 발행되는 주식을 신주라 하고 배당기산일에 따라 신주와 구주가 구별되며, 당해년도에도 여러 번 증자가 된 경우에는 제 1 신주, 제 2 신주 등으로 구분하기도 한다.

형식적으로 회사의 자본금이 증가하여도 이에 상응하는 실질적인 현금유입이 없는 무상증자에 반하여 실질적으로 투자자들이 출자를 함으로써 자본금이 증가하는 형태가 바로 유상증자이다. 기업이 유상증자를 하기 위해서는 기업의 여러가지 요인을 분석하여 신주를 인수할 자, 신주의 발행가격, 발행주식수를 결정하여야 한다. 이 때 구체적으로 유상증자를 통한 신주발행에서 누구를 대상으로 매출하여야 할 것인가를 결정하여야 하는데, 이것이 신주인수권(pre-emptive right)에 관한 문제이다. 그 대상으로는 기존주주, 회사의 연고자, 제 3 자(일반투자자)를 고려할 수 있으나, 우리나라의 경우 유상증자시에 그 우선권이 기존주주에게 주어지는 것이 통례이다.

---

2) 우리나라 상법에는 모집의 범위와 방법에 대하여는 제한을 하고 있지 않으므로 연고모집도 가능하나 공모를 하기 위해서는 증권거래법상의 절차에 따라야 한다.

2) 무상증자에 의한 신주의 발행

무상증자란 형식적으로 자본금을 증가시키지만 실질적인 자본의 유입이 없이 발행주식수만 늘어나는 증자형태로 재무상태표상의 자본준비금이 자본금계정으로 전입되어 주주지분인 자본금이 증가하는 것이기 때문에 기업전체적 입장에서 보면 자기자본의 총액에는 변화가 없고, 단지 무상신주발행비용이 발생될 뿐이다.

이와 같이 무상증자는 실질적인 자산의 증가없이 주식수만 늘어나게 되므로 그만큼 배당압력이 가중되고 주식의 실질가치는 줄어들게 되어 주식가격은 하락할 것이다. 그러나 이러한 불리한 점이 있는 반면에 무상증자는 다소 불확실한 자본잉여금을 명확한 주주지분인 자본금으로 무상전입시킴에 따라 보다 확실하게 주주의 부로 귀속시킬 수 있는 것이다.

(3) 신주인수권부 주가와 권리락주가

유상증자를 위한 신주가 시가발행에 의할 경우는 큰 의미가 없으나 기존주식의 시장가격보다 낮게 발행될 때 이를 우선적으로 인수할 수 있는 신주인수권(pre-emptive right)에 대하여 형성되는 가치를 신주인수권의 시장가치라 한다.

신주인수권의 가치형성논리를 설명하면 다음과 같다. 즉, 기업의 시장가치는 해당기업의 (주당가격×발행주식총수)라고 할 수 있다. 여기에 신주발행으로 자금이 새로이 기업에 유입된다면, 기업의 새로운 가치는 [(주당 가격×발행주식총수)+새로운 자금조달액]이 될 것이다. 이러한 논리는 신주의 발행가격이 투자자들이 평가하는 가치와 일치하고 따라서 기업의 가치도 정확하게 신주발행으로 기업에 유입되는 신규자본액만큼 증가할 것이라는 가정을 전제로 한 것이다. 예를 들면 H기업은 주당 시장가격이 1만원인 기존주식을 1천주 발행하고 있으며, 추가로 액면가 5천원의 주식을 새로이 5백주를 발행하여 기존주주가 소유하고 있는 주식수에 비례하여 배정한다고 한다. 이 때 H회사의 기존의 기업가치는 1천만원(=1만원×1천주)이고, 신주발행에 따라 250만원(=5천원×5백주)의 새로운 자금이 유입되며, 따라서 신주발행 이후의 기업가치는 1,250만원(=1천만원+250만원)이 된다.

신주를 발행하고 난 후 구주와 신주는 동일하게 그 주식수에 비례하여 해당기업에 대한 소유권을 가지므로 그 가격은 동일하게 될 것이다. 따라서, H기업의 신주발행 이후의 주식가격은 8,333원(=125만원/1,500주)이 된다. 이러한 H기업의 주식가격 8,333원은 신주와 구주가 합하여 이루어진 가격으로서 구주가격은 하락하고 그 하락한 만큼 신주의 가치에 이전되어진다. 이 때 신주발행 후 구주 및 신주 전체에 대하여 균일하게 형성된 가격이 바로 신주인수권락가격(ex-rights price)이며, 신주인수권부 가격과 신주인수권락 가격의 차이(1,667원=10,000원−8,333원)가 바로 신주인수권의 가치(value of right)가 되는 것이다.

신주인수권이 부여되어 있는 주식을 신주인수권부주식(stock rights-on)이라 하며 시장에서는 신주인수권과 주식은 함께 거래되어 서로 분리되지 않고, 신주는 구주주가 소유하고 있는 주식수에 비례하여 배정받게 된다.

신주인수권의 가치(R_0)를 수식으로 표현하면 다음과 같다.

$$R_0 = \frac{P_0 - S}{N+1} \tag{14-1}$$

- N : 신주 1주를 배정받기 위한 구주의 수
- S : 인수 가격
- P_0 : 발행이전의 주식가치

위의 예에서 식 (14-1)을 이용하면 H기업의 경우 구주의 수가 1천주이며 신주는 5백주가 발행되기 때문에 구주 1주에 대하여 신주인수권 0.5주가 배정된다. 따라서, 신주 1주를 배정받기 위한 기존주식의 수(N)는 2주가 되며, 인수가격(S)은 5천원, 발행전의 주식가치(P_0)는 1만원이다. 따라서 신주인수권의 가치(R_0)=(1만원−5천원)/(2+1)=1,667원이 되는 것이다. 만일 신주인수가격이 할증발행을 하여 시가에 가까운 가격으로 높아지면 신주인수가격은 반대로 낮아지게 되어 신주를 배정받을 수 있는 권리 그 자체는 더이상 매력이 없게 된다.

한편 신주인수권리락 주식가격은 다음과 같이 표현할 수도 있다.

$$P_x = \frac{[(P_0 \times N) + S]}{N+1} \tag{14-2}$$

- P_x : 권리락의 신주가치

H기업의 경우, 신주인수권리락주가(P_x) = [(10,000 × 2) + 5,000] / (2 + 1) = 8,330원이 된다.

이상과 같이 이론적으로 신주인수권부 주가와 신주인수권리락 주가는 단지 신주인수권의 가치만큼의 차이가 있을 뿐, 신주인수권 발행에 따른 주주의 부에는 영향이 없다.

(4) 보통주 발행의 장 · 단점

기업에 대한 출자의 표시로서 발행된 증권인 보통주의 장 · 단점은 다음과 같다.

보통주 발행의 장점은 첫째, 사채 발행과 비교하여 보통주 발행은 고정적인 재무비용이 없다. 둘째, 사채는 상환하여야 하는 타인자본이지만, 보통주는 상환만기일이 없는 영구자본이라는 점이다. 셋째, 기업의 미래전망이 밝거나, 투자자에게 제공되는 주식발행가격이 투자자에게 유리할 경우 사채나 우선주에 비해 자금조달면에서 더 용이하다. 넷째, 보통주가 시장에서 유통이 원활할 경우 기업측에서 보면 그 가격이 대외신용도와 연결되며, 투자자의 입장에서는 사채와는 달리 보통주가 인플레이션에 따른 위험을 보상하여 주는 효과(inflation hedge)가 있다.

이와 같은 장점에 대하여 보통주의 발행은 다음과 같은 단점이 있다.

첫째로, 기업의 경영권과 소유권에 영향을 준다.

둘째로, 사채에 대한 이자지급은 세금효과가 존재하나 보통주의 발행은 그렇지 못하여, 결국 자본비용의 가중요인이 된다.

셋째, 자본구조의 측면에서 볼 때 앞의 자본구조이론에서 살펴본 바와 같이 기업이 어느 정도의 최적자본구조(optimal capital structure)에 이르기 전까지는 보통주 발행은 부채의 발행보다 기업의 가중평균자본비용을 증가시킨다.

제 5 절 전환증권과 주식인수권부 증권

1 전환증권

(1) 전환증권의 의의

전환증권(convertible securities)이란 앞에서 설명한 전환사채나 전환우선주와 같이 증권의 소유자가 일정한 시기에 일정한 전환비율과 전환가격으로서 자기에게 유리한 경우 다른 증권, 즉 보통주로 전환할 권리를 가진 증권을 말한다.

전환증권의 주요한 두 가지 형태는 전환사채(convertible bond)와 전환우선주(convertible preferred stock)를 들 수 있는데, 전환사채나 전환우선주는 각각 그 나름대로의 사채와 우선주 성격을 가지고 있고, 또한 전환증권 발행기업의 보통주의 의미도 동시에 포함하고 있다. 즉, 전환사채나 전환우선주의 소유자는 고정적인 이자나 배당을 받는 동시에 적절한 시기에 그 기업의 보통주로 전환할 권리를 갖는 것이다.

한편, 기업측에서 보면 전환증권이 일반사채나 우선주에 비하여 투자가에게 추가적인 유인(sweetener)을 주기 때문에 사채나 우선주보다 낮은 이자율이나 배당으로서 자금을 조달할 수 있는 이점이 존재한다. 특히 성장기업의 경우 앞으로 보통주의 가격상승이 예상되므로 투자가에게 이자나 배당뿐 아니라 주가상승으로 인한 자본이득까지 줄 수 있으므로 자금조달에 있어 보다 저렴한 비용으로 조달할 수 있다.

(2) 전환증권의 발행동기

기업이 일단 장기자금조달을 필요로 한다면 기업은 여러 가지 자금조달수단의 장·단점과 기업의 재무상태 등을 검토하여야 하는데, 전환증권의 경우도 마찬가지이다. 전환증권의 발행동기는 다음과 같이 재무구조적 전략, 주식발행시기의 연기 효과, 낮은 이자비용, 투자자에게 주는 혜택 등이 있기 때문이다.

① 재무구조적 전략(financing strategy): [그림 14-1]에서는 기업의 부채비율이 시간의 경과에 따라 어떻게 변화하는가를 보여주고 있다. 그림

그림 14-1 **부채비율 변동에 따른 부채구성전략**

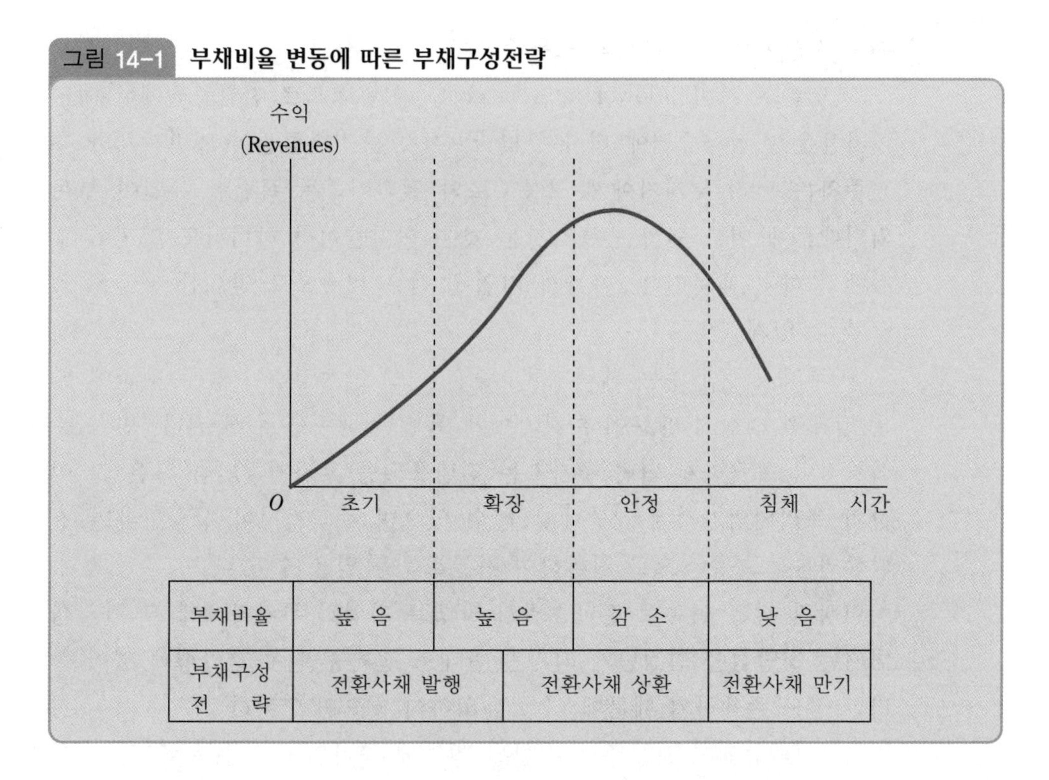

<table>
<tr><td>부채비율</td><td>높 음</td><td colspan="2">높 음</td><td>감 소</td><td>낮 음</td></tr>
<tr><td>부채구성
전 략</td><td colspan="2">전환사채 발행</td><td colspan="2">전환사채 상환</td><td>전환사채 만기</td></tr>
</table>

에서와 같이 초기와 확장단계에 있는 기업들은 기업성장에 필요한 자금의 필요성 때문에 높은 부채비율을 갖는 경향이 있는데 성장기업의 경우 부채비율을 감소시키는 방법 중의 하나가 바로 전환증권의 발행이다. 초기단계나 확장단계에서 전환사채와 같은 증권을 발행하여 기업에 필요한 자금을 조달하고 어느 정도의 안정단계에 들어서면 전환증권을 상환함으로써 기업의 재무구조를 안정시킬 수 있는 것이다.

필요한 자금을 전환증권발행을 통한 낮은 이자율로 조달하여 기업의 수익상태가 안정되어 주가가 높아졌을 때, 전환증권을 보통주로 전환하거나 상환함으로써 기업은 전환증권발행을 통한 자금조달을 유용하게 사용할 수 있다.

② 주식발행시기의 연기효과(timing): 전환증권의 발행은 전환증권이 보통주로 전환된다는 점을 전제로 할 때 보통주발행을 차후로 연기시키는 효과를 갖는다. 즉, 기업이 사채나 우선주보다는 보통주발행을 더 선호한다고 하더라도, 시장상태가 보통주발행에 적당치 못할 때 전환증권을 발행하여 차후에 시장상태가 기업에 유리하게 될 때 전환증권을 보통

주로 전환함으로써 현재의 보통주발행을 유보시킬 수 있는 것이다.

③ 낮은 이자비용(lower interest cost): 일반적으로 전환증권에 부여된 이자율은 비전환증권에 비하여 낮다. 이것은 전환증권이 일반사채나 우선주와는 달리 투자자에게 보통주로의 전환이라는 특별한 유인이 부여되기때문에 이를 원하는 투자자는 낮은 이자율이라 하더라도 기꺼이 투자에 응하기 때문이다. 따라서 기업은 적은 비용으로 필요한 자금을 조달할 수 있게 된다.

④ 투자자에게 주는 혜택: 전환증권은 그 안정성과 보통주 전환에 따른 잠재적 성장성 때문에 투자가에게 특별한 매력을 주게 된다. 만약 주식가격이 하락하게 되면 투자자는 전환증권을 투자가치만큼 혹은 그 이상의 프리미엄가격에서도 매각할 수 있으며 주식가격이 상승한다면 전환증권을 보통주식으로 전환하여 자본소득을 얻을 수 있다.

이상과 같은 이유로 전환증권의 발행은 기업과 투자자에게 그 타당성 내지는 정당성을 인정받게 되지만 반대로 전환증권은 그 발행에 있어 불리한 점도 존재하기 때문에 이에 유의하지 않으면 안된다.

즉, 전환증권이 보통주로 전환된 이후에 증가된 주식수는 주당이익과 자산청구권을 희석(dilution)시키게 되며, 주당 배당금의 안정성을 유지하려는 배당압력에 봉착하게 된다.

(3) 전환증권의 가격결정

전환증권은 주식으로 전환할 수 있는 선택권(option)이 부여되어 있으므로 그 가격은 주식가격과 순수채권가격의 두가지 요인에 의해 결정된다. 먼저 전환증권가격결정에 대한 설명에 앞서 전환가격(conversion price), 전환비율(conversion ratio), 전환가치(conversion value), 전환프리미엄(conversion premium) 등의 용어를 정리할 필요가 있다.

① 전환가격(conversion price): 전환증권을 주식으로 전환할 경우 1주에 대한 평가액으로서, 투자자가 1주의 보통주를 취득하는데 소요되는 비용인데 전환증권의 액면가를 전환비율로 나누어 계산한다.

② 전환비율(conversion ratio): 전환증권 한 단위를 가지고 보통주 몇 단위를 교환할 수 있는가를 나타내는 비율로서 전환증권 액면당 전환주식수로 표시된다.

③ 전환가치(conversion value): 투자자가 전환권을 행사하여 전환사채 한 단위를 주식으로 전환했을 경우 이것을 현재의 시장가격으로 평가한 총가치로서 (전환비율×보통주의 시장가격)으로 계산된다.

④ 전환프리미엄(conversion premium): 전환증권은 투자자들에게 일반사채권자나 우선주소유자로서의 권리 이외에 주식으로 전환할 수 있는 권리까지 부여하므로 전환증권발행시 전환가격은 전환가치보다 높게 책정되는 것이 상례인데, 이 차이를 전환증권 발행자의 입장에서 전환프리미엄이라 한다.

이상의 용어들을 예를 들어 설명하면 다음과 같다.

전환증권의 액면가는 1만원이고 1주당 전환가격이 5천원이라 할 때, 전환비율은 다음 식과 같이 2가 된다.

$$\text{전환비율} = \frac{\text{전환증권의 액면가}}{\text{전환가격}}$$

$$= \frac{10{,}000}{5{,}000} = 2$$

전환증권 발행시 주식의 시장가격을 4천원이라 할 때 전환가치와 전환프리미엄은 다음 식에서 보듯이 각각 8,000원과 2,000원이 된다.

$$\text{전환가치} = \text{전환비율} \times \text{현재의 주식가격}$$
$$= 2 \times 4{,}000$$
$$= 8{,}000\text{원}$$
$$\text{전환프리미엄} = \text{전환증권의 액면가} - \text{전환가치}$$
$$= 10{,}000 - 8{,}000$$
$$= 2{,}000\text{원}$$

전환증권의 가격결정을 설명하기 위해 그의 대표적 형태인 전환사채를 이용하여 설명하기로 한다. 전환사채의 가격은 순수채권으로서의 가치와 주식가격 상승시의 전환권 행사에 따른 가치에 의해 결정된다. 즉 전환사채의 최소한의 가치는 전환권을 행사하지 않은 사채로서의 순수채권의 가치이며, 장차 주가상승시에 전환권을 행사하게 된다면 그때의 전환사채의 가격은 미래의 주식시장가격에 따라 다르게 결정된다. 전환

그림 14-2 **순수채권의 가격이 변동하는 경우의 전환사채의 가치**

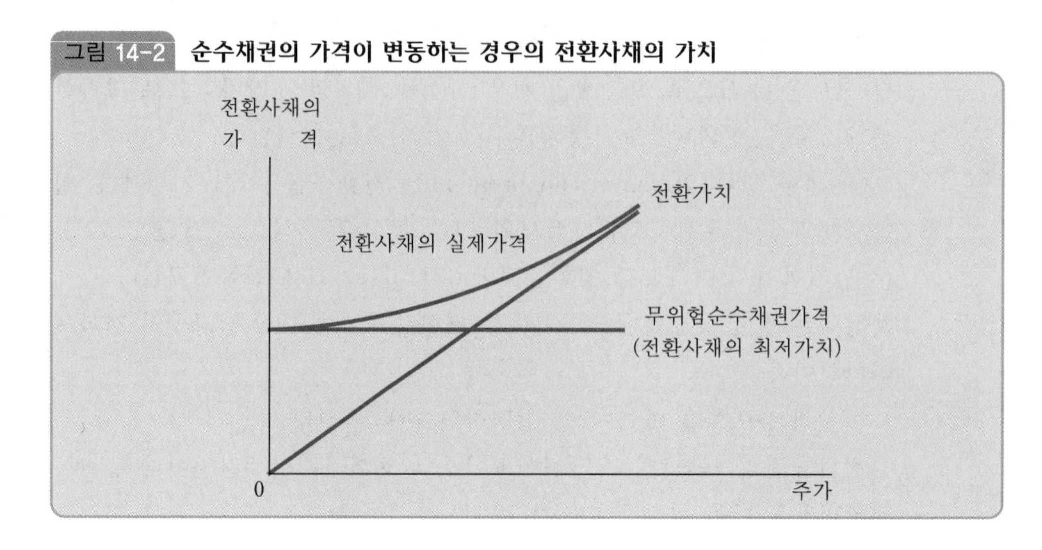

사채의 가격을 순수채권의 가격이 변동하는 경우와 변동하지 않는 경우로 나누어 살펴보면 다음과 같다.

1) 순수채권의 가격이 변하지 않는 경우의 전환사채의 가격

[그림 14-2]는 순수채권의 가격이 변동하지 않는 경우에 전환사채의 가격이 어떻게 변동하는가를 보여주는 것으로 전환사채의 가격은 주식가격상승시에 전환사채소유자는 당연히 주식으로 전환할 것이므로 전환가치(주식가격×전환비율)에 의해 결정되고, 주식가격이 하락할 때에는 주식으로 전환하지 않고 순수채권으로서의 가치를 그대로 유지할 것이므로 순수채권가격에 접근하게 된다. [그림 14-2]는 시장이자율의 변동없이 주식가격만 변화하는 경우의 전환사채의 가격변화를 나타낸 것이다.

이때 전환사채가격은 항상 전환가치보다 높으며 주식가격이 상승함에 따라 전환가치에 접근하고 주식가격이 하락하더라도 순수채권가격보다 항상 높다는 것을 알 수 있다. 이는 전환사채가 채권소유자에게 투자가치 저하에 대한 보험적 효과(downside risk protection)를 주기 때문이다.

2) 순수채권의 가격이 변동하는 경우의 전환사채의 가격

[그림 14-3]는 순수채권의 가격이 시장이자율이나 채권발행자의 위험변동에 따라 그 가격이 변동하는 경우에 전환사채의 가격이 어떻게 변동하는가를 보여준다. 이때 전환사채의 실제가격은 그림에서의 사선부분과 같이 결정된다. 즉, 전환사채가격의 하한선은 전환가치나 순수채권가

그림 14-3 **순수채권의 가격이 변동하는 경우의 전환사채의 가격**

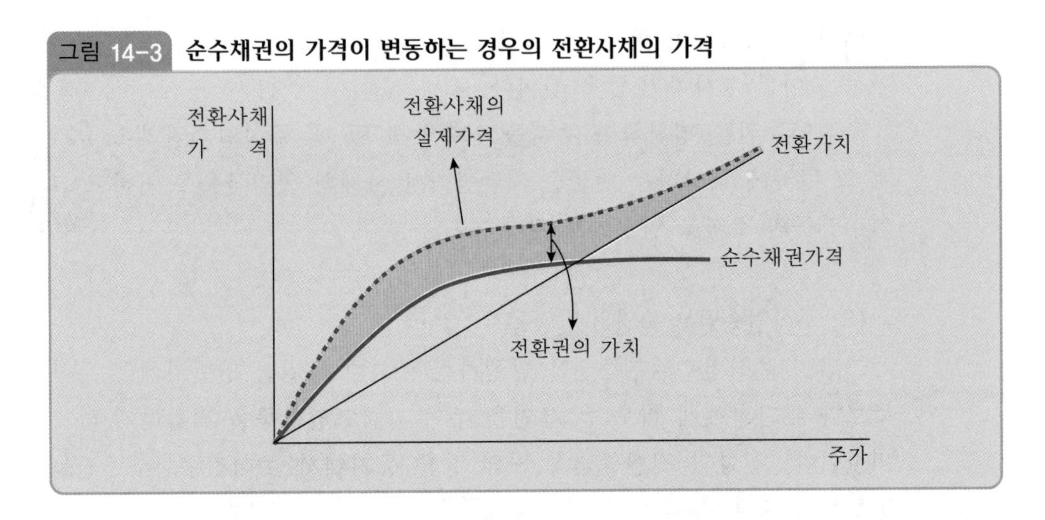

격 중에서 높은 것이 된다. 만약 전환사채의 실제가격이 전환가치보다 낮으면 투자자들은 전환사채를 매입하여 주식으로 전환하고 나서 매각하는 차익거래가 발생한다. 전환권의 가치는 주식가격이 낮을 때는 전환사채의 실제가격과 순수채권의 가격과의 차이이며 주식가격이 높을 때는 전환사채의 실제가격과 전환가치와의 차이가 된다.

2 주식인수권부 증권

(1) 주식인수권부 증권의 의의

주식인수권부증권이란 기업이 사채나 우선주의 발행시 그 증권의 소유자에게 해당기업의 주식을 시장가격과는 관계없이 일정한 가격(행사가격: exercise price)에 일정한 수의 주식을 일정기간(expiration date)내에 인수할 수 있는 주식인수권(warrants)을 함께 부여한 증권을 말한다. 따라서 주식인수권부 증권은 사채나 우선주와 같은 증권에 주식인수권이 결합되어 투자가에게 발행되며, 주식인수권에는 인수할 수 있는 주식의 수와 가격 그리고 기한이 정해져 있다.

주식인수권(warrants)은 발행당시 증권과 결합하여 거래되지만 주식인수권만을 따로 분리하여 시장에서 거래될 수도 있다. 주식인수권부증권은 그 발행기업의 전망이 순조롭고 이에 따라 주가가 주식인수권에 의한 인수가격 이상으로 상승될 경우 그 증권소유자에 의해 주식으로 전환될 것이며, 주식가격이 주식인수권에 의한 인수가격보다 낮게 될 경우 투자가들은 이를 행사하지 않을 것이다.

주식인수권을 행사하여 주식을 인수받게 될 때 주식인수권의 소유자는 그 주식에 해당하는 현금을 지급받거나 사채의 원리금을 포기하고 그 액수만큼의 주식을 인수받게 된다.

(2) 주식인수권부 증권의 발행동기

기업이 주식인수권부증권을 발행하는 주요한 동기는 일반사채나 우선주보다 투자가에게 더욱 큰 유인을 주어 자금조달활동을 원활하게 하기 위함이다. 전항의 전환증권과 거의 같은 동기에서 주식인수권부증권을 발행하게 된다.

이러한 형태의 증권은 급성장기에 있는 기업들이 성장에 따른 장래주가의 상승기대를 이용하여 보다 낮은 자본비용으로 장기자금을 조달하려는 목적에서 많이 활용되며 투자자들은 주식인수권이 첨부되어 있어 증권을 주식인수에 대한 유인 때문에 낮은 이자율에서도 매입하게 된다.

(3) 주식인수권의 가격결정

이론적인 주식인수권(warrants)의 가격은 주식의 시장가격과 그 주식을 인수할 수 있는 인수가격 혹은 행사가격(exercise price)의 차이로서 구해진다. 주식인수권은 일반적으로 만기가 긴 것을 제외하고는 거의 매입권부 옵션(call option)과 같다고 할 수 있으므로 주식인수권의 가치는 매입권부 옵션의 가치평가논리에 의해서 설명할 수 있다. 이를 수식과 그림으로 나타내면 다음과 같다.

$$W = \begin{cases} NP - E, & NP > E\text{인 경우} \\ O, & NP < E\text{인 경우} \end{cases}$$

- N : 주식인수권 한 단위당 주식배정수
- P : 주식의 시장가격
- E : 주식인수권 한 단위의 행사가격(인수가격)
- W : 주식인수권의 가격

예를 들면 주식인수권이 만료되는 시점에서 50,000원으로 10주의 주식을 인수할 수 있으며(행사가격 = 5,000원) 이때의 주식의 시장가격은

그림 14-4 **주식인수권의 가격범위**

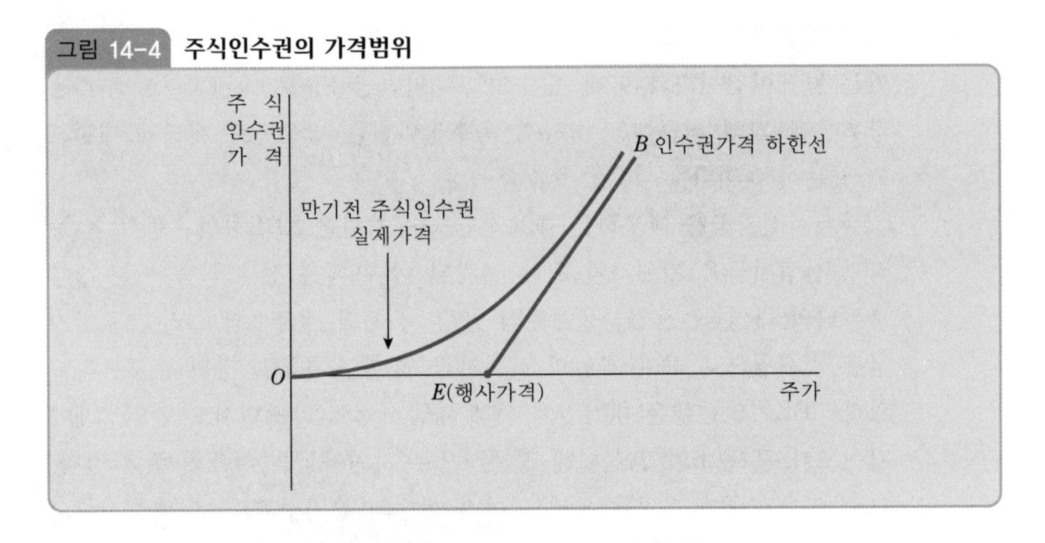

6,000원 이라고 할 때 주식인수권의 가치는 다음과 같다.

$$주식인수권의\ 이론적\ 가격 = (10 \times 6{,}000) - 50{,}000 = 10{,}000원$$

물론 만기일에서의 주식의 시장가격이 5,000원 이하인 경우에는 인수권의 가치는 영이 된다. 만기일 이전에는 주식인수권의 실제가격은 위와 같이 계산하는 이론적 가격보다 높은 것이 일반적이다. 왜냐하면 이것은 전환사채와 같이 앞으로의 주가상승 가능성에 대한 프리미엄 때문이다. [그림 14-4]에서 보면 만기에 가까워짐에 따라 주식인수권의 가격은 OEB선에 접근하며 이 OEB선이 주식인수권 가격의 하한선이 된다.

제 6 절 은행장기차입금

지금까지 자본시장을 통한 장기자본조달수단으로서 주식과 사채 그리고 특수형태의 증권 등에 관하여 살펴보았으나 은행차입금도 기업에 있어서는 비중이 큰 장기자본조달수단이다. 자본시장이 발달하지 못한 상태에서는 급속한 경제발전을 위하여 정부주도에 의한 정책금융이 불가피하였고 상대적으로 저금리의 장기금융을 기업의 투자자금과 운전자금으로 지원하여 왔던 바 이를 적절히 이용하는 것도 효율적인 자본조달을 위해 바람직하다. 그러나, 정책금융은 경제의 민간주도와 은행의 자율화라는 경제여건변화와 함께 점진적으로 일반금융으로 대체되어야 한다는 당위론에 의해 최근에는 상당히 축소정비되는 방향으로 제도가 개편되고 있는 실정이다.

장기시설자금을 대출하는 대표적인 금융기관은 KDB산업은행이다. 중장기 산업자금을 지원하기 위해 설립된 이 은행은 정부의 출자금, 정부로부터의 차입금, 산업금융채권의 발행, 자체의 예금수입 그리고 차관자금등을 재원으로 하여 기업의 시설자금 및 운전자금을 장기로 제공하고 있다. IBK기업은행은 대기업에 비해 자금사정이 나쁘면서도 국민경제에 기여도가 큰 중소기업에 대해 정책적으로 지원자금을 대출해 주고 있다. 그 밖의 특수은행과 시중은행도 여러 형태의 장기성 자금을 대출해주고 있는데 이들은 외국은행으로부터의 차관을 이용하여 외국으로부터 시설재나 기업용역을 중 · 장기로 매입하는 자금을 외환으로 지원하고 나아가서 산업합리화자금이나 기계공업육성자금 및 국민투자기금 등 특수한 형태의 자금용도를 가지는 대출금도 제공한다.

이러한 은행차입금은 금리수준이나 상환기간이 상당히 유리할 뿐만 아니라 자본시장에서 주식이나 사채의 매출이 어려운 비공개기업으로서는 유일한 장기자본조달수단이 될 수 있지만 대출에 따르는 비용이나 제반절차 그리고 적기에 자금차입이 가능한지 여부를 고려하여 신중히 결정해야 한다.

연습문제

1 증권의 발행방법인 직접발행과 간접발행의 기능 및 그 차이점을 설명하라.

2 장기자본조달수단인 사채와 우선주를 비교하고 그들의 장 · 단점을 논하라.

3 유상증자를 실시하면 권리락일에 주가는 떨어진다. 따라서 주가하락으로 기존주주가 손해를 보는지를 설명하라.

4 신주인수권이 시장가치를 가지는 이유를 밝혀라.

5 전환사채와 주식인수권부 사채를 비교하고 그 발행동기를 설명하라.

6 무상증자란 무엇이며, 무상증자의 방법으로 어떤 것이 있는지 서술하라.

7 제일기업의 주식은 주당 5,000원에 증권거래소에서 거래되고 있다. 이 기업은 구주 5주당 신주 1주를 4,000원으로 구입할 수 있는 신주인수권을 발행한다.

(1) 주식이 신주인수부가격으로 팔릴 때 신주인수권의 이론적 가치는?

(2) 주식이 권리락 가격일 때 주식 1주당 이론적 가치는?

(3) 주식이 5,000원의 권리락 가격으로 팔릴 때 신주인수권의 이론적 가치는?

(4) 회사가 증자 발표시 제시한 할인율을 10%라 할 경우 시가발행가격은?

운전자본관리

개 요

기업 가치결정을 위하여 기대수익과 위험을 대응시키는 재무적 결정과정도 단기적으로 재무유동성의 확보를 전제로 하는 것이다.

운전자본의 각 항목은 일정시점상의 재고형 자산이며 또한 영업활동의 순환과정상의 현금흐름으로 이해할 수 있다.

환경의 불확실성이 강조될수록 재무유동성의 질이 중요하다. 대내외 신용을 위한 가시적 완충자산이라 할 수 있는 현금자산과 운전자본의 운용원리를 제15장에서 다루고, 제16장에서는 재고형 자산인 매출채권과 재고자산의 관리문제를 거론하며, 제17장은 단기자본조달수단인 매입채무(거래신용), 단기차입금, 기업어음, 담보형조달수단을 설명한다.

현금 및 유가증권관리

제 1 절 운전자본 관리

1 운전자본관리의 의의와 목표

운전자본(working capital)은 크게 두 가지 의미로 사용된다. 하나는 재무상태표상의 유동자산인 현금, 유가증권, 매출채권, 재고자산 등으로 1년 이내에 현금화될 수 있는 자산을 의미하고 다른 하나는 유동자산에서 유동부채를 차감한 금액인 순운전자본을 뜻한다.

운전자본을 어떠한 의미로 규정하든 유동부채 관리는 유동자산 관리와 밀접한 관계를 가지고 있으므로 투자의 개념으로 광범위하게 관리되어야 한다. 구체적으로 유동자산을 어떻게 기업가치의 극대화 목표에 맞도록 최적으로 구성하며 이를 위한 자금조달을 가장 저렴하게 실현할 것인가의 문제가 운전자본 관리의 중심이 된다.

운전자본 관리가 중요한 것은 첫째, 우리나라 제조업의 경우 유동자산이 총자산에서 차지하는 비율이 45% 수준을 차지하기 때문에 운전자본 관리가 제때에 이루어지지 않으면 경영자체가 위협을 받게 된다.

둘째로, 운전자본 관리는 중소기업에 있어서 더 중요한데 고정자산에 대한 투자는 임차나 리스를 통해서 줄일 수 있지만 운전자본에 대한 투자는 불가피하기 때문이다. 중소기업은 자본시장을 통한 장기자금조달이 대기업에 비하여 상대적으로 제한되어 있고 단기자금조달에 대한 의

존도가 높으므로 운전자본 관리를 실패하면 흑자도산으로 직결될 수 있다. 따라서 유동성을 유지하면서 수익성을 높이기 위해서는 운전자본을 효율적으로 관리하지 않으면 안된다.

셋째로, 기업의 성장으로 인하여 매출액이 증가하게 되면 유동자산이 더욱 중요하게 되며 매출액이 증가하면 대체로 영업활동에서 필요로 하는 현금, 외상매출금 및 재고자산의 증가가 수반되기 때문에 운전자본의 성격상 즉각적인 자금조달과 관리의 문제가 대두되어 재무담당자(*CFO*)의 세심한 주의가 요망된다.

운전자본 관리는 장기성 투자와 그 자본조달에 관한 의사결정에 비하여 중요하지 않은 것으로 생각하기 쉬우나 날로 격화되어가는 기업간의 경쟁은 효율적인 운전자본 관리를 통한 비용의 절감을 기업에게 요구하고 있다. 그러나 비용절감에 치중하다보면 판매증대를 통한 수익증대의 기회를 상실하는 묵시적인 비용을 발생시킬 수 있음을 유의해야 한다. 따라서 운전자본 관리에서는 유동자산을 지나치게 많이 보유하여 발생하는 비용과 유동자산이 부족했을 때 발생하는 비용을 합쳐서 최저수준이 되는 유동자산 보유수준을 결정하는 것이 중요하다.

결론적으로 운전자본 관리의 기본목표는 적정수준의 유동성을 확보하여 지급불능의 위험증가를 방지하고 비용절감을 통한 수익의 극대화를 도모할 수 있는 수익성과 유동성의 조화를 도모하는 것이다.

2 운전자본의 투자정책

(1) 운전자본 투자정책 목표

운전자본의 투자수준과 구성은 기업의 업종, 제품의 판매주기, 매출액과 영업비의 크기, 신용정책, 재고정책 등에 의해 영향을 받으며, 기업의 업종이 제조업이냐 유통업이냐에 따라 총자산에서 운전자본이 차지하는 비중은 달라진다. 매출액이 증가하면 현금, 외상매출금과 재고자산이 더욱 증가하게 되고, 계절적 파동이 어느 특정 시점에 집중되기도 하며, 신용정책과 재고정책에 따라 기업의 매출채권과 재고자산의 투자수준이 결정된다.

이상과 같은 여러 요인들은 운전자본에 투자를 결정할 때 고려해야 하지만, 동일업종의 규모가 비슷한 기업들이 상이한 운전자본수준과 구성을 가지고 있는 것을 볼 수 있는데, 이것은 위험과 수익에 대한 기업의 단기재무정책 차이 때문이다. 보수적인 운전자본 정책을 택하는 기업은 유동성 부족으로 발생할 수 있는 지급불능의 위험을 피하기 위해 유동자산을 충분히 보유하므로 유동성은 높아지는 반면에 수익성은 떨어지고(low return, low risk), 공격적인 운전자본 정책을 택하는 기업은 수익성을 높이기 위해 유동자산을 적게 보유(high return, high risk)하려고 할 것이다.

또한 기업의 사업 불확실성의 정도에 따라 운전자본 정책에 차이가 있을 수 있다. 사업이 확실하여 미래현금흐름을 예측할 수 있다면 현금유입과 유출의 차이를 해결할 수 있는 최저의 유동자산을 보유할 수 있어서 기업의 이익을 극대화할 수 있다. 그러나 사업이 불확실하여 미래현금흐름을 추정할 수 없다면 현금유입과 유출의 차이를 적기에 해결하지 못하기 때문에 유동성 위기에 직면하게 되므로 최소한도의 유동자산 보유수준을 고려한 운전자본 정책을 수립해야 한다.

(2) 운전자본 투자정책의 기본원리

유동자산의 보유수준은 유동자산에 투자할 때 기업이 부담해야 하는 총비용을 최소화하는 수준에서 결정할 수 있다. 유동자산의 총비용은 유지비용(carrying cost)과 고갈비용(shortage costs)으로 구성된다.

유지비용은 현재 보유하고 있는 유동자산을 유지하기 위해 기업이 부담해야 하는 비용인데 이 비용은 창고유지비용, 재고의 물리적 손상이나 진부화에 따른 비용, 외상매출금 관리비용, 악성채권 처리비용 등과 유동자산을 보유함으로써 유가증권에 투자하였을 때 얻을 수 있는 수익을 포기하는 기회비용을 합산한 것이다. 유지비용은 유동자산의 보유수준이 증가함에 따라 비례적으로 증가한다.

한편 고갈비용은 현금이 부족하여 이를 확보하기 위해 추가적으로 지급해야 하는 수수료, 재고가 부족할 경우 추가적인 주문에 드는 주문비용 등과 재고부족으로 인해 거래선을 상실하거나 신용정책 판매확대를 제때에 실시하지 못해 판매기회 상실로 입게 되는 손실과 같은 비용 등을 포함한다. 고갈비용은 유동자산의 보유수준이 증가함에 따라 감소한다.

그림 15-1 **유동자산 투자정책**

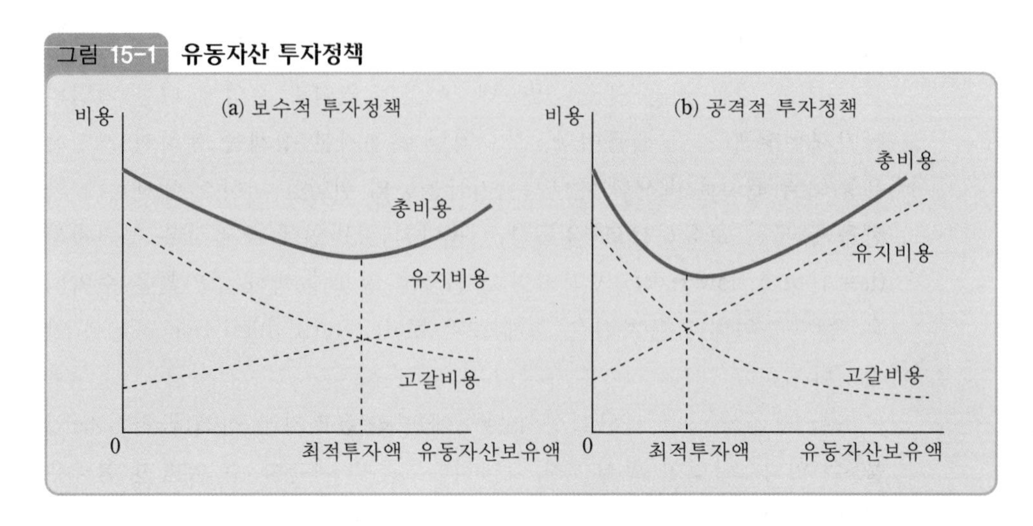

이상에서 살펴본 유동자산 보유수준에 따라 변하는 유지비용과 고갈비용을 합산한 총비용이 최소화하는 수준에서 최적의 운전자본 투자정책이 수립되어야 한다. 즉 〈그림 15-1〉에서 보는 것처럼 고갈비용이 높고 유지비용이 낮은 기업의 경우 (a)에는 유동자산을 많이 보유하는 보수적인 투자정책이 바람직하며, 고갈비용이 낮고 유지비용이 높은 기업의 경우 (b)에는 유동자산을 적게 보유하는 공격적인 투자정책이 최적이다.

3 운전자본조달정책

유동자산의 투자수준이 결정되면 이에 필요한 자금을 조달하여야 한다. 운전자본조달정책은 유동자산투자수준이 결정되었을 때 필요한 단기자본과 장기자본의 구성비율에 관한 의사결정이다.

이상적인 운전자본조달방법은, 유동자산은 단기부채로 조달하고 장기자산은 장기자본으로 조달하여 순운전자본을 항상 0이 되게 하는 것이다. 곡물회사를 예를 들어 설명하면 이 회사는 수확 뒤에 곡물을 구입·저장해 두었다가 다음 수확 전까지 팔 것이므로 수확 직후의 곡물재고가 가장 많고 다음 수확 직전에 재고가 가장 적을 것이다. 따라서 이 회사는 일년 미만의 은행대출을 받아 곡물구입과 저장에 필요한 자금으로 사용하고 곡물매각대금으로 원리금을 상환할 것이다.

이와 같은 상황을 [그림 15-2]에 도시하였는데 고정자산은 매년 증가

그림 15-2 **이상적인 자본조달정책**

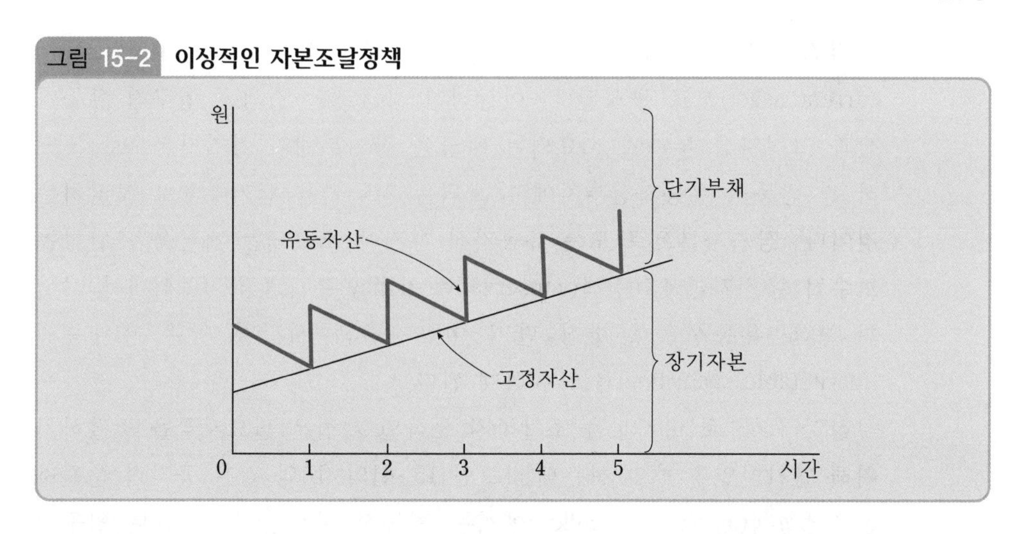

그림 15-3 **필요총자산**

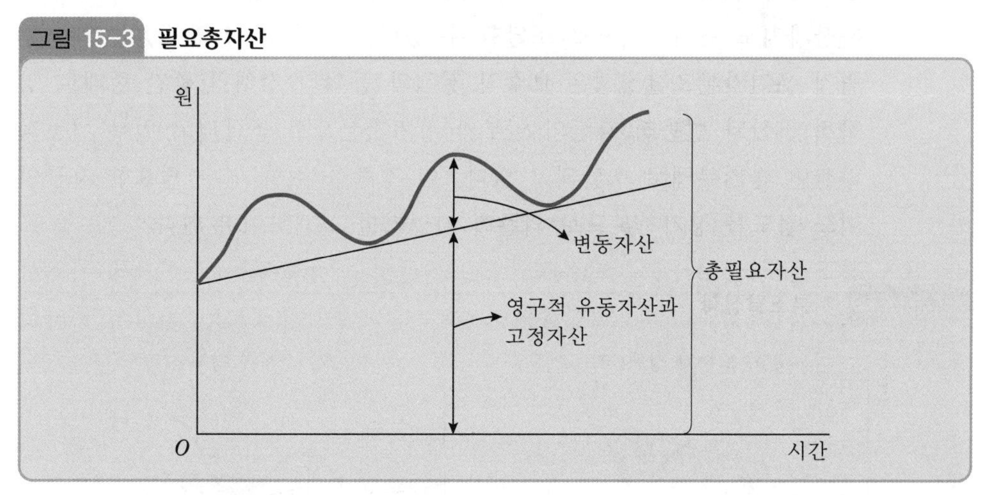

하는 것으로 가정하면 유동자산은 수확 직후에 증가하여 다음 수확 때까지 감소하여 바로 직전에 0이 된다. 따라서 유동자산은 단기부채로 조달하고 장기자산은 장기자본으로 조달하면 순운전자본은 항상 0이다.

현실적으로 기업은 성장하면서 필요한 고정자산과 유동자산도 증가하므로 계절적 매출액 변동과는 관계없는 영구적 유동자산(permanent current asset)이 존재하며 고정자산투자와 같은 성격을 지닌다.

상장기업에서는 기업을 효율적으로 경영하기 위해 필수적으로 요구되는 유동자산과 고정자산투자액이 존재한다. 따라서 총필요자산은 [그림 15-3]에서 보는 바와 같이 항상 증가하는 고정자산과 영구적 유동자산,

계절적으로 매주 또는 매월 변동하는 변동적 유동자산(fluctuating current asset)으로 구성된다. 이상적인 자금조달 정책은 영구적 유동자산과 고정자산 투자에 소요되는 자금은 장기부채와 자기자본으로 조달하고, 변동적 유동자산투자에 소요되는 자금만을 단기부채로 조달하는 것이다. 장기자본으로 모든 유동자산 투자에 소요되는 자금을 조달하는 보수적 운전자본조달정책(conservative policy)은 [그림 15-4]에서 보듯이 초과 유동성으로 항상 단기 여유자금과 시장성 있는 유가증권(marketable securities)을 보유하게 된다.

장기자본으로 총자산을 조달하지 못하면 기업은 필요자금을 조달하기 위해 단기차입을 해야 하는데, [그림 15-4]의 (b)와 같은 공격적 운전자본조달정책(aggressive policy)에서는 변동적 자산은 물론 일부 영구적 자산까지도 단기차입으로 조달할 수 있다. [그림 15-4]의 (c)와 같은 중립적 운전자본조달정책은 보수적 정책과 공격적 정책의 중간 형태로 영구적 자산과 변동적 자산의 일부가 장기자본으로 조달되고 일부 변동적 자산이 단기부채로 조달되고 있다. 이 정책을 취할 경우 필요한 자금의 어느 정도를 장기자본으로 의존할 것인가를 선택하여야 한다.

그림 15-4 **자본조달정책**

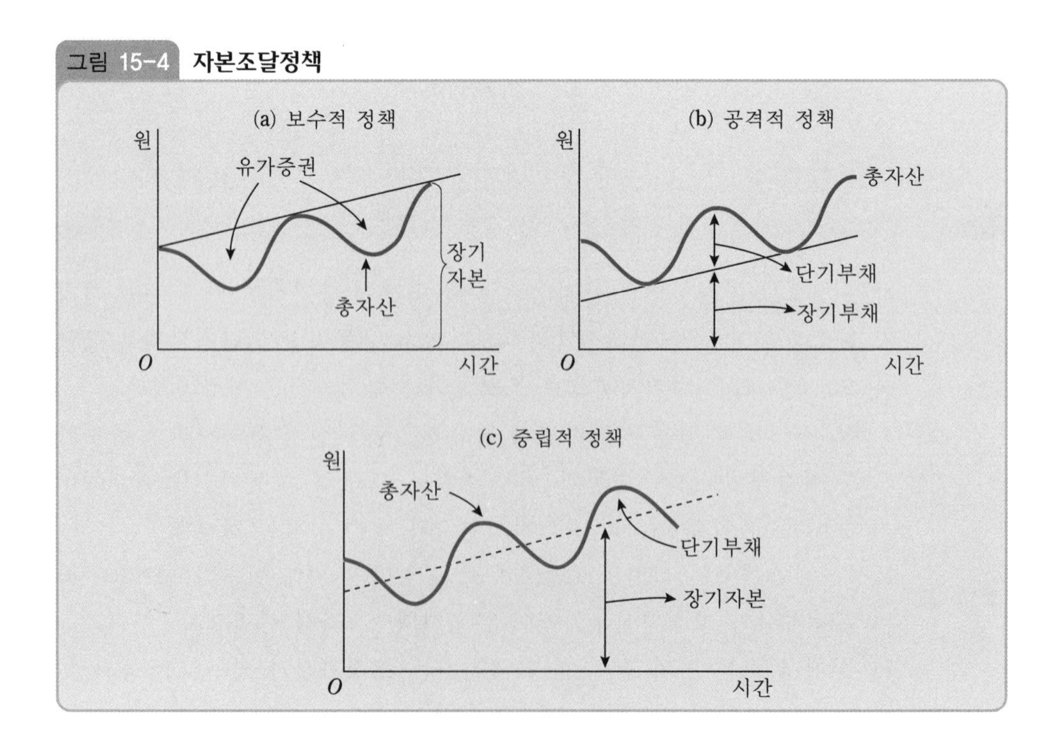

지금까지 언급한 세 가지 정책 중에서 보수적 자본조달 정책은 유동성을 강조하고, 공격적인 자본조달 정책은 수익성에 치중하고 있어서 모두 현실적으로 문제가 있다. 그렇다고 어느 정책이 최선인지 판단할 수 있는 기준도 없다. 따라서 기업여건과 다음 사항들을 고려하여 최선의 자본조달정책을 결정해야 한다.

① 유보현금수준(cash reserves): 투자소요 자금을 전부 장기자본으로 조달하는 보수적 자금조달 정책은 매출의 계절성으로 매출액이 감소할 때 여유자금이 발생하여 수익성이 감소하는 반면에 유동성은 증가한다. 한편 매출의 계절성에 따라 매출액이 증가할 때 마다 단기부채로 조달하는 경우에는 수익성은 높아지지만 자본시장의 불확실성으로 유동성이 악화되는 결점이 있다. 따라서 수익성과 위험을 고려한 유보현금수준을 설정하여야 한다.

② 만기헷징(maturity hedging): 헷징은 "위험으로부터의 보호"라는 의미로 사용되는데, 만기헷징이란 자산과 부채의 만기를 연계시킨다는 뜻이며 이를테면 재고자산은 단기은행차입으로 조달하고 고정자산은 장기자본으로 조달하는 경우에 해당한다. 자산과 부채의 만기구조가 적절하게 연결되지 않으면 빈번하게 자금을 조달하여야 하나 단기이자율은 장기이자율 보다 변동이 심하기 때문에 그만큼 위험부담이 커지므로 단기부채에 의한 장기자산 투자는 기피하여야 한다.

③ 이자율기간구조(term structure): 일반적으로 단기이자율은 장기이자율 보다 낮다. 이는 평균적으로 단기차입비용에 비해서 장기자본비용이 더 많이 드는 것을 의미한다. 따라서 시장이자율이 하락할 것으로 예상되면 장기자본비중을 높이고 시장이자율이 상승할 것으로 예상되면 단기부채비중을 높이는 자금조달이 유리하다.

제 2 절 현금과 시장성 있는 유가증권

1 현금관리의 의의

현금은 통화, 타인발행수표, 자기앞수표, 송금수표 및 1년 이내에 인출 가능한 각종 예금을 말하며, 우리나라의 제조업체들은 평균적으로 유동자산의 5% 정도를 현금으로 보유하고 있다. 현금의 과다한 보유는 유동성을 확보해 주는 대신 수익성을 저하시키고, 현금재고를 최소한으로 유지하게 되면 유동성 부족으로 인한 지급불능위험과 대내외적인 신뢰도의 저하를 초래하고 나아가서는 흑자도산의 위험에 빠질 수 있기 때문에 유동성과 수익성은 상반관계(trade-off)에 놓이게 된다. 일반적으로 현금관리를 위한 기준설정 과정은 다음 세 가지의 단계로 구분할 수 있다.

첫째, 적정현금보유수준 결정

둘째, 효과적인 현금유입 · 유출관리(현금유입촉진과 현금유출통제)

셋째, 여유현금의 시장성 있는 유가증권 투자

적정현금보유수준은 유동성의 기대이익과 기회비용간의 상반관계에 의해서 결정된다. 현금보유에 따른 기대이익은 지급불능위험의 현재가치이고 현금보유로 인한 기회비용은 유동성 확보를 위하여 포기된 투자자 수익의 현재가치이므로 현금보유의 순현가가 0이 될 때까지 현금보유를 증가시킬 것이다. 즉 현금의 유동성 가치증분(incremental liquidity value of cash)은 현금을 많이 보유할수록 감소하게 되는 것이다. 적정유동성수준이 결정되면 이 수준을 확보하기 위해서 기업은 현금유입과 유출을 효율적으로 관리할 수 있어야 하는데, 일반적으로는 현금유입은 가속화 시키고 현금유출은 통제하는 방법을 채택한다.

계절적인 현금보유수준의 변동이나 지급기일까지 시간적인 여유가 있는 일시적인 여유자금이 발생될 경우에도 어떤 자금이든 기회비용을 고려하여야 된다는 점에서 불이행위험이 낮고 환금성이 높은 단기시장성 증권에의 투자가 바람직하다.

2 현금보유동기

현금을 어느 수준만큼 보유해야 할 것인가 하는 문제를 다루기 전에 기업은 왜 현금을 보유해야 하는가를 분명히 해야 할 필요가 있다. 일반적으로 기업이 현금을 보유하는 동기는 거래동기, 예비동기, 투기동기, 보상예금잔액 확보동기를 들 수 있다.

(1) 거래동기(transaction motive)

거래동기란 기업의 정상적인 거래활동을 위해 필요한 현금을 보유하는 것을 말한다. 즉 인건비, 원료비, 세금, 배당 및 각종 경비를 지급하기 위한 현금유출과 판매금액, 자산매각과 신규자금조달 등의 현금유입이 일치되지 않을 때 현금보유가 필요하다.

(2) 예비동기(precautionary motive)

예비동기란 비상사태나 우발적인 상황에 대비하여 현금을 보유하는 것을 말한다. 기업은 미래 현금흐름을 정확히 예측할 수 있거나 신속히 차입할 수 있는 능력이 있을 경우에는 현금보유량을 줄일 수 있다.

(3) 투기동기(speculative motive)

투기동기란 기업이 미래에 큰 이익을 얻기 위해 현금을 보유하는 것을 말한다. 예를 들면 단기적인 시세차익을 겨냥하여 현금을 보유하는 경우이다.

(4) 보상예금잔액유지동기(compensating balance motive)

은행이 기업에 제공한 효익의 대가로 일정 수준의 예금잔액을 유지해야 할 것을 요구할 경우 그 금액만큼 추가적인 현금을 확보하여야 하므로 차입시의 유효이자율은 높아진다.

3 현금보유비용

현금을 필요 이상으로 보유하게 되면 보유에 따른 관리비용과 기회비용이 발생하고 현금이 고갈되어 부담하는 고갈비용에는 거래비용과 기회비용이 있다. 고갈비용에는 현금할인기회의 상실, 기업의 신용등급의 악화, 높은 이자비용 및 지급불능위험에 따른 현금고갈시의 기회비용과 추가적인 자금조달로 발생하는 차입이자와 부채비용이나 보유유가증권 매각에 따른 거래 수수료 등의 거래비용이 있다. 이 비용은 현금보유가 증가할수록 감소한다. 반대로 추가적인 현금보유로 인한 관리비용과

그림 15-5 적정현금보유수준

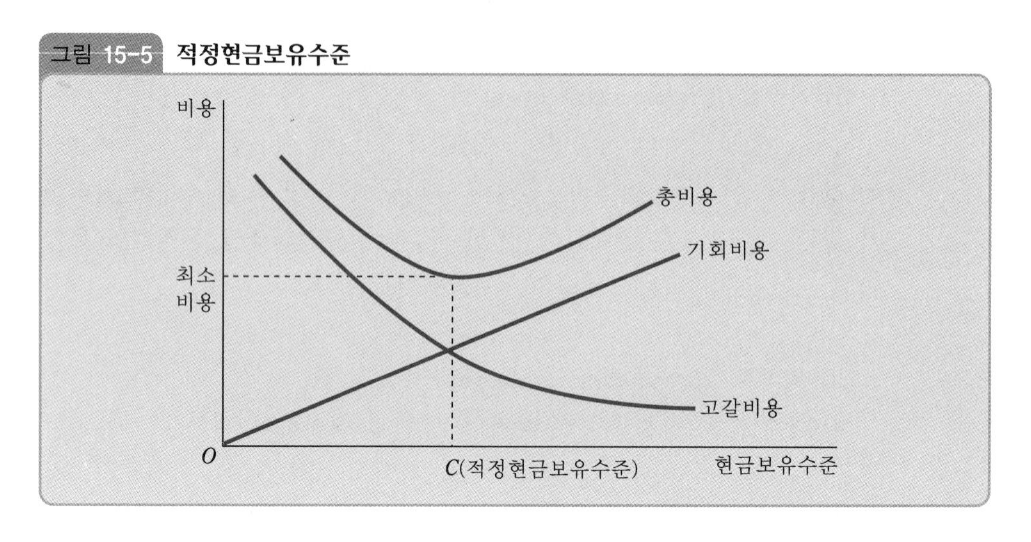

투자기회상실에 따른 기회비용은 현금보유수준이 높아질수록 증가하게 된다.

현금의 적정 보유수준은 과대현금보유에 따르는 관리비용 및 기회비용과 과소현금보유로 인한 고갈비용(shortage costs)간의 상충관계(trade off)에서 결정된다. 따라서 적정현금보유수준은 [그림 15-5]에서 보듯이 이 두 비용을 합한 총비용이 최소가 되는 *C*점에서 결정된다.

4 현금관리모형

현금의 적정보유수준을 결정하기 위한 관리모형에는 보몰(W. Baumol)의 모형과 밀러(M. Miller) · 오어(D. Orr)의 모형이 있다.

(1) 보몰의 모형

보몰은 경제적 주문량 결정을 위하여 재고관리에서 이용되는 *EOQ*모형을 최적현금보유수준의 결정모형으로 응용하였다. 보몰이 설정한 세 가지의 가정은 다음과 같다.

① 현금의 유출은 매 기간 일정하다.

② 기업은 현금이 고갈될 때마다 일정금액의 유가증권을 매각하거나 혹은 차입하여 현금을 보충한다.

③ 보충거래(replenishment transactions)는 즉시 이루어지며, 고갈비

그림 15-6 현금관리와 재고모형

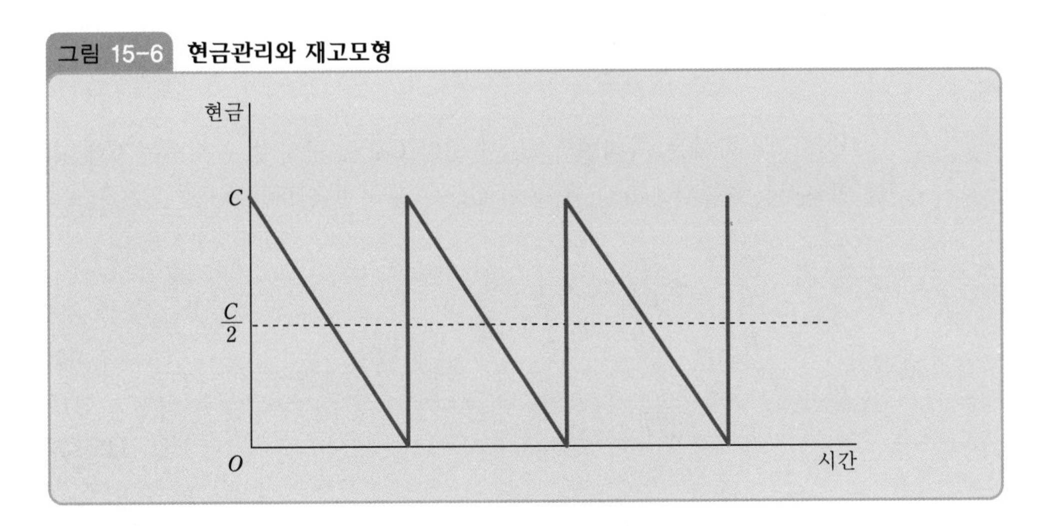

용은 발생하지 않는다.

일정기간(1년)에 필요한 총현금은 T원, 현금보유로 인한 기회비용(유가증권이자율)과 차입금의 이자율은 동일하게 I이고 유가증권을 현금으로 전환할 때 소요되는 거래비용(거래수수료)은 F원이며 1회 현금조달액을 C라고 하면, 기업이 일정기간 동안 현금을 관리하는데 소요되는 총비용 TC는 다음과 같이 유도된다.

먼저 [그림 15-6]을 살펴보면 일단 C만큼 조달된 현금은 기업이 일상영업활동에 사용하게 됨에 따라 점차 감소할 것이다. 현금사용률이 시간에 따라 일정하다면 기업의 현금보유액은 그림과 같은 유형으로 감소한다. 처음에 조달된 현금이 소진되면 다시 C만큼의 현금이 조달되고 이와 같은 현금보유패턴은 반복될 것이므로 평균 현금보유액은 $C/2$가 되며 이에 따른 기업의 기회비용은 $C/2 \cdot i$가 된다. 평균현금보유액이 클수록 그만큼 유가증권투자로 얻을 수 있었던 기대수익을 포기함에 따른 기회비용 또한 커지게 된다. 한편 1회 C금액만큼 현금을 조달할 경우 연간 필요한 총현금은 T원이므로 T/C회 만큼 자금을 조달하기 위해 유가증권을 매각해야 한다. 1회당 거래비용이 F원이므로 총현금조달비용은 $T/C \cdot F$원이 된다.

따라서 현금관리에 소요되는 총비용 TC는 다음과 같이 나타낼 수 있다.

$$TC = \frac{T}{C} \cdot F + \frac{C}{2} \cdot i \qquad (15-1)$$

TC를 최소화하는 최적현금보유수준인 C값을 구하기 위해서는 C에 대한 일차미분도함수가 0일 될 때의 C값을 구하면 된다.

$$\frac{dTC}{dC} = -\frac{T}{C^2} \cdot F + \frac{i}{2} = 0$$

$$\frac{TF}{C^2} = \frac{i}{2}$$

$$\therefore C^* = \sqrt{\frac{2TF}{i}} \qquad (15-2)$$

여기서 C^*는 최적 1회 현금조달액이므로 이 금액을 매회 조달할 경우 현금관리비용은 최소가 된다.

식 (15–2)를 식 (15–1)에 대입하여 최소비용을 구하면 다음과 같다.

$$TC^* = \sqrt{2T \cdot F \cdot i} \qquad (15-3)$$

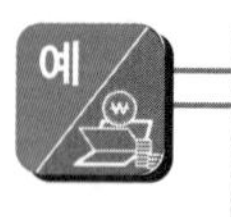

인경산업의 1년간 소요현금은 3억 1천 2백만원이고 은행의 차입금 수속비용이 1회에 1만원이 든다. 차입이자율이 10%라고 할 때 이 회사의 현금관리비용을 최소화시키기 위한 1회 차입금액은 다음과 같다.

$$C^* = \sqrt{\frac{2TF}{i}} = \sqrt{\frac{2(3억\ 1천\ 2백만)(1만)}{0.10}}$$
$$= 7{,}899{,}367원$$

따라서 인경산업의 최적 현금보유수준은 $C^*/2$인 3,949,683원이 되고 최소현금관리비용은 식 (15–3)을 이용하여 계산하면 789,936.7원이 되며 연간 차입회수는 T/C^*이므로 39.5회의 은행차입이 일어난다.

보몰모형은 현금관리에 중요한 기여를 하였지만 다음과 같은 문제점을 지니고 있다.

① 현금유출이 매기간 일정하다고 가정하였으나 현실적이지 못하다.

② 현금유입이 일정기간 동안 없다고 가정했는데 실제로 기업에는 매

그림 15-7 **밀러 · 오어모델**

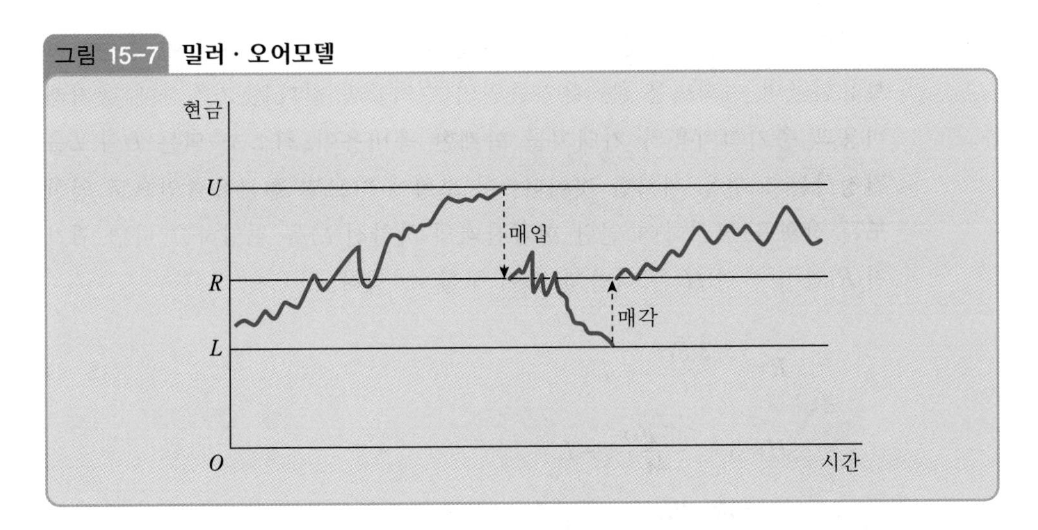

일매일 현금유입과 유출이 발생된다.

③ 예비현금잔고를 고려하지 않고 있는데 기업은 현금고갈을 방지하기 위하여 최소한의 현금잔고를 보유하고 있다.

이러한 한계에도 불구하고 보몰모형은 적정현금보유수준을 결정하는 기본정책을 수립하는데 기초자료를 제시해 줄 수 있다.

(2) 밀러 · 오어모형

보몰은 미래현금흐름이 일정하고 확실한 예측이 가능하다고 가정한데 비해 밀러(Miller)와 오어(Orr)는 현금유입과 유출이 매일 무작위적으로 변동하는 점을 고려하여 최적현금보유수준을 결정하는 모형을 개발하였다. 밀러 · 오어모형은 1일 순현금흐름의 분포는 정규분포에 가깝고 그 1일의 순현금흐름변동은 무작위적이라고 가정한다.

[그림 15-7]은 밀러 · 오어모형의 운용행태를 보여주고 있다. 이 모형은 현금 잔액의 상한선 U와 하한선 L, 그리고 적정보유수준인 귀착점(return point) R을 결정함으로써 탄력적인 현금관리를 가능하게 한다.

즉 현금이 증가하여 상한선 U에 도달하면 $(U-R)$만큼의 유가증권을 매입하여 현금잔액을 귀착점수준으로 유지하며, 반대로 현금잔액이 하한선 L까지 떨어지면 $(R-L)$만큼의 보유유가증권을 매각하여 현금잔액이 귀착점수준을 유지하도록 하고 현금잔액이 상한선과 하한선의 범위내에 있을 때는 현수준을 그대로 유지하며 유가증권거래는 발생되지 않는다.

밀러 · 오어는 유가증권의 거래비용 F는 거래량과 관계없이 일정하고 보유현금의 기회비용 i는 유가증권의 수익률과 같다는 가정하에 총거래비용과 총기회비용의 기대치를 합계한 총비용이 최소가 되는 U와 L을 결정하는 모형을 제시한 것이다. 이 모형에 따르면 현금유출입으로 인한 모든 상황을 고려하여 일단 현금잔액의 하한선(L)을 결정하고 나면 귀착점(R)과 상한선(H)은 다음과 같이 구할 수 있다.

$$R = \frac{\sqrt[3]{3F\sigma^2}}{4i} + L \tag{15-4}$$

$$H = 3 \cdot \frac{\sqrt[3]{3F\sigma^2}}{4i} + L$$

$$= 3R - 2L$$

$$\text{평균현금잔액} = \frac{4R - L}{3} + 3 \tag{15-5}$$

여기서 σ^2은 과거 일정기간 동안의 순현금흐름의 분산을 말한다.

인경기업의 유가증권거래비용(F)은 1,000원이고 연 이자율은 10%이며 1월 순현금흐름의 표준편차는 2,000원이다. 일일 기회비용 i를 계산하면 다음과 같다.

$$(1+i)^{365} - 1.0 = 0.10$$

$$(1+i) = \sqrt[365]{1.10} = 1.000261$$

$$i = 0.000261$$

일일 순현금흐름의 분산은 4,000,000원이고 현금보유하한이 10,000원이라면 최적현금보유액, 현금잔액상한과 평균현금잔액은 다음과 같다.

$$R = \frac{\sqrt[3]{3(10{,}000)(4{,}000{,}000)}}{4(0.000261)} + 10{,}000$$

$$= \sqrt[3]{11{,}493{,}900{,}000{,}000} + 10{,}000$$

$$= 32{,}566\text{원}$$

$$H = 3(32{,}566) - 2(10{,}000) = 77{,}690\text{원}$$

$$\text{평균현금잔액} = \frac{4(32{,}566) - (10{,}000)}{3} = 40{,}080\text{원}$$

밀러와 오어는 그들의 모형을 9개월 동안 대기업의 현금잔액자료를 이용하여 조사를 했는데, 그들은 자신들의 모형에 의한 1일평균잔액이 기업에 의해 실제로 계산된 평균잔액보다 훨씬 낮은 수준임을 발견하였다.

밀러와 오어는 그들의 모형을 9개월 동안 대기업의 현금잔액자료를 이용하여 조사를 했는데, 그들은 자신들의 모형에 의한 1일 평균잔액이 기업에 의해 실제로 계산된 평균잔액 보다 훨씬 낮은 수준임을 발견하였다.

밀러 · 오어모형은 현금관리문제에 관해 몇 가지 시사점을 제시하였다. 첫째, 거래비용이 높아지면 최적현금보유액(R^*)은 커야 한다. 둘째, 현금보유의 기회비용(이자율)이 커지면 최적현금보유액은 작아져야 한다. 셋째, 미래현금흐름의 변동이 불확실할수록 최적현금보유액은 커져야 한다. 또한 최적 현금보유액은 상한선과 하한선의 중간에 위치해 있지 않고 하한점으로부터 1/3이 되는 위치에 있다고 하였다.

밀러 · 오어모형의 한계점은 이 모형이 가정한 것처럼 현금유출입은 완전히 예측할 수 없는 것이 아니고 정확하지는 않지만 어느정도 예측할 수 있으므로 이 모형을 사용할 경우 평균현금잔액이 필요 이상 높게 계산될 가능성이 있다는 점이다.

5 현금흐름의 관리

현금관리의 기본원칙은 현 수준의 신용을 유지하는 범위 내에서 현금유입은 가속화시키며 현금유출은 가능한 지연시키는 것이다. 예를 들어, 기업의 1일 평균외상매출금이 1억원일 경우 외상매출금의 평균회수 기간을 하루만 단축해도 현금잔액은 1억원이 늘게 되며 1일 평균외상매입금이 1억원일 때 외상매입금의 평균지급기간을 하루만 늦추어도 현금잔액은 1억원 증가하게 된다. 이처럼 기업이 현금회수를 가속화 시키고 현금지급을 지연시킬 수 있다면 적정현금보유수준은 그만큼 낮출 수 있게 되는 것이다.

(1) 현금회수의 촉진

회수나 송금 즉시 본사입금이 되도록 하거나 추심기간을 단축시키는 유입촉진방법으로 은행간 · 지역간 온라인제(on line system)가 일반화됨으로써 집중은행제도(concentration banking)나 사서함제도(lock-box system)와 같은 종래방식은 사양화 되고 있으며, 최근에는 사전에 일정한 날짜에 고객의 은행계좌에서 기업의 은행계좌로 이체되는 자동이체방법이 현금회수방법으로 많이 활용되고 있다. 하지만, 이러한 직접적인 현금회수 촉진방법 보다는 현금할인제, 현금사은판매, 매출채권의 현금화 전략이 더 유용한 수단이 되고 있다.

(2) 현금지불의 통제

현금지불을 통제할 때 유의해야 할 점은 지불을 위한 현금보유수준을 최소화해야 한다는 것이다. 이를 위한 방법으로 지불자체를 늦추는 방법과 현금지불 후 상대방에게 전달되는 기간을 늘리는 방법(float)이 있다. 현금지불통제 방법으로는 중앙지급통제제도(zero balance account), 드래프트(draft)제도, 수표 또는 어음에 의한 지급방법 등이 있다. 중앙지급통제제도는 현금잔액을 제로(0)수준으로 유지하기 위해 본사에 계좌(account)를 중심으로 하부에 여러 계좌를 설정하여 이들 계좌에 현금이 부족하면 본사계좌에서 자동적으로 현금이 이체되도록 은행과 계약을 맺으면 현금보유 수준을 낮출 수 있다.

드래프트(draft) 제도는 고객이 제시한 드래프트를 은행이 접수하고 수표와는 달리 기업에 지급의사를 문의하여 기업이 지급을 수락하고 필요한 자금을 예치하면 은행이 드래프트 금액을 고객에게 지급하는 제도이다. 드래프트 제도는 당좌수표와는 다르게 거래은행앞으로 발행되지 않고 발행기업앞으로 발행되므로 현금지급에 대비한 자금을 은행에 예치할 필요가 없어서 현금재고수준을 낮출 수 있다.

6 여유현금의 유가증권투자

(1) 여유현금의 투자

재무담당자(*CFO*)는 여유현금이 있을 경우 단기적으로 더 높은 수익을 얻을 수 있는 단기투자 대상이 있다면 이를 적극적으로 활용해야 한다. 그래서 *CFO*는 여유현금 투자대상으로 어떠한 유가증권들이 있는지를 알고 있어야 한다. 유가증권보유정책은 각 기업에 따라 다르나 대체적으로 공격적인 정책인 경우는 유가증권을 전혀 보유하지 않고 은행단기차입금으로 필요자금을 조달한다. 다양한 종류의 유가증권 중에 기업들이 고려하는 요건들은 다음과 같다.

1) 안전성(safety)

유가증권 거래시 가격위험, 지급불능위험이 따른다. 첫째, 가격위험은 대부분의 경우 가격하락에서 오는 위험을 의미하는데 단기보유 유가증권은 장기보유 유가증권 보다는 가격하락위험이 낮으며 주식 보다는 채권의 가격위험이 작다고 할 수 있다. 둘째, 지급불능위험은 유가증권발행회사의 지급불능에 따른 위험을 말한다. 지급불능위험이 작은 것은 그만큼 수익성이 낮은 것이 보통이다.

2) 수익성(profitability)

앞에서 언급한 것처럼 수익성이 높은 유가증권은 안전성이 낮고 수익성이 낮은 증권은 안전성이 높기 때문에 수익성과 안전성은 상반관계에 있다.

3) 시장성(marketability)

시장성이란 대량의 유가증권을 매각하려고 할 때 시장가격의 변화 없이 매각이 가능하고 원하는 시기에 현재가격으로 현금화 할 수 있는 것을 의미하며 일반적으로 시장성이 높을수록 상대적인 가격은 상승하게 되는데 매도시점과 결제시점의 시간가격도 고려되어야 한다.

4) 만기(maturity)

상환기간이 1년 미만인 채권에 투자할 때는 단기운전자금의 사정을 고려하여 적절한 만기를 선택해야 한다. 일반적으로 다른 조건이 같을 경우 만기일이 길수록 이자율 변동에 따른 투자가치의 변동 폭이 커서 원하는 수준의 유가증권가치를 유지하기가 어렵게 되므로 이자율 위험이 낮은 유가증권을 택하기 위해서는 상대적으로 단기성 유가증권을 선택해야 한다.

(2) 시장성유가증권의 종류

시장성유가증권의 종류는 다양하다. 그렇지만 모든 시장성유가증권이 여유현금의 투자대상이 되는 것은 아니다. 투자대상이 되려면 기업이 현금이 필요할 때 언제든지 적정한 가격으로 현금화 될 수 있어야 한다.

① 국공채와 특수채

국공채는 정부 또는 공공기관이 발행하는 유가증권을 말한다. 국공채는 원리금의 지급이 보장되기 때문에 지급불능의 위험이 전혀 없으며 시장성도 상당히 높아서 매력적인 안정된 투자대상이다. 국채로는 국민투자채권, 국민주택채권, 국민주택기금채권, 양곡기금증권 등이 있고, 공채로는 지하철공채, 특수채로는 통화안정증권, 토지개발채권, 산업금융채권, 중소기업채권 등이 있다.

② 회사채

기업이 발행하는 유가증권으로서 발행조건에 따라 그 종류가 다양하다. 대부분의 회사채가 증권거래소에 상장되어 있기 때문에 단기투자대상이 될 수 있다. 하지만 우리나라 채권시장이 활성화되어 있지 않아 시장성에 문제가 있으므로 주의해야 한다.

③ 기업어음(Commercial Paper: *CP*)

기업어음은 소정의 신용등급 이상의 기업이나 금융기관이 발행하는 무담보어음으로 중개금융기관의 중개를 통해 거래된다. 그러나 유통시장이 아직 충분하게 발달되지 않아 시장성에 문제가 있다.

④ 수익증권

수익증권은 투자신탁회사가 발행하는 유가증권으로 주식형과 채권형으로 구분된다. 주식형 수익증권은 주식에만 투자하는 유가증권이며, 채권형 수익증권은 채권으로 투자대상을 제한하는 유가증권이다. 투자자가 수익증권을 매각할 경우 투자신탁회사가 언제든지 매입할 수 있으므로 현금화가 용이하다.

연습문제

1 운전자본관리는 무엇이고, 왜 중요한가?

2 기업의 운전자본조달유형을 설명하고 각 유형별로 수익률과 위험의 상반관계를 비교 · 검토하시오.

3 현금관리의 목적은 무엇이며 이 목적을 달성하기 위해 어떤 조건이 충족되어야 하는가?

4 보몰(Baumol)의 현금관리모형과 밀러(Miller)와 오어(Orr)의 현금관리 모형을 비교 · 설명하고 이들의 모형이 갖는 한계점을 논하시오.

5 현금보유동기를 네 가지로 나누어 설명하시오.

6 현금관리에서 현금유입을 촉진하는 방법과 현금유출을 통제하는 방법에는 어떤 것이 있는가?

7 유가증권을 선택할 때 고려해야 할 사항을 설명하시오.

8 다음의 각 경우에 기업의 현금잔고증감상태를 밝히시오.

① 유가증권이자율의 증가
② 유가증권 거래수수료 증가
③ 은행의 보상현금잔고감소예상
④ 차입비용감소
⑤ 기업의 신용등급하락
⑥ 은행서비스에 대한 직접봉사요금 설정예상

9 인경사의 일일 순현금흐름의 분산이 144만원이고 현금보유기회비용이 연 8%이다. 현금보유하한선이 20,000원이라면 적정현금보유수준과 상한선은 얼마인가?(유가증권 매매 거래비용은 거래당 600원이다.)

10 각종 전기부품을 제조하고 있는 인경전기는 세 가지 유동자산 투자

정책을 고려중이다. 인경전기는 고정자산 2,000만원과 1,800만원의 유동부채를 가지고 있다. 인경전기의 매출액과 납세전 이익은 부분적으로 이 회사의 유동자산투자에 의존한다. 다음 표의 괄호안의 값을 계산하고 각 정책의 수익률과 위험의 상반관계를 설명하시오.

인경전기의 세 가지 유동자산투자정책 (단위: 백만원)

	공격적 정책	중립적 정책	보수적 정책
유동자산	₩28	₩30	₩32
고정자산	20	20	20
총자산	48	50	52
유동부채	18	18	18
예상매출액	59	60	61
기대 EBIT	5.9	6.0	6.1
기대총자산수익률	( )%	( )%	( )%
순운전자본	( )	( )	( )
유동비율	( )	( )	( )

11 인경산업의 연간매출액은 20억원이고 이를 위해 소요되는 현금은 7천만원이다. 유가증권의 매거래당 거래비요은 2,000원이며 유가증권의 투자수익률은 5%이다. 보몰의 모형을 이용하여 다음 각 문제에 답하시오.

① 1회 유가증권매각량(금액)

② 최적 현금보유수준

③ 최소현금관리비용

매출채권과 재고자산관리

제 1 절 매출채권관리

1 신용정책

기업은 재화나 용역을 판매할 때 인도일 또는 그 이전에 현금을 요구할 수도 있고, 고객에게 신용을 확대하여 현금지급을 연기해 줄 수도 있다.

신용거래가 허용되면 매출채권이 발생한다. 매출채권은 다른 기업에게 허용하는 거래신용(trade credit)과 소비자에게 허용하는 소비자신용(consumer credit)을 포함하며 매출채권의 수준은 신용매출금액과 평균회수기간(average collection period)에 의해 좌우된다. 매출채권은 기업의 매출을 확대시켜 주지만 일정기간동안 자금이 묶어있는 상태이기 때문에 이를 빨리 현금화하지 못하면 기업은 큰 부담을 지게 된다. 외상매출금의 수준은 사업의 성격과 경쟁상태에 따라 달라질 수 있고, 총자산에서 차지하는 비중도 크기 때문에 관리에 신중을 기해야 한다. 기업의 매출채권투자는 신용매출과 회수기간에 영향을 미치는 요인들에 의해 좌우되며 이러한 통제요인들에 관한 기업의 정책을 신용정책(credit policy)이라고 한다.

신용정책의 구성요소는 다음과 같다.

첫째, 매출조건을 들 수 있다. 기업은 재화와 용역을 제공할 때 현금판매, 신용판매를 결정하여야 한다. 기업이 고객에게 신용판매를 한다면 매출조건에 신용기간(credit period), 현금할인(cash discount)과 신용수단(credit instrument)의 유형을 명시하여야 한다.

둘째, 신용분석(credit analysis)과 회수정책이다. 신용판매의 경우 만기일이 되었을 때 현금을 회수하여야 하므로 회수정책이 마련되어야 한다.

2 매출조건

매출조건에는 신용기간, 현금할인과 신용표시수단을 포함한다. 예를 들어서, "2/10, net 30"이란 조건으로 신용판매하였다고 가정하자. 이 조건은 송장일로부터 30일 이내에는 매입금액 전부가 지급되어야 하고, 만약 10일 이내에 현금으로 지급하면, 구입대금의 2%를 현금할인하여 준다는 의미이다. 이 경우 고객이 1억원의 매입대금을 현금으로 10일이내에 지불한다면, 9,800만원을 지급하면 된다.

(1) 신용기간

신용기간은 신용판매시 고객에게 허용된 매출채권의 상환기간을 말하는데 업종에 따라 그 기간은 달라진다.

일반적으로 신용기간을 설정하는데 있어서 다음의 6가지 요인을 고려한다.

① 고객이 지불하지 못할 확률: 위험이 높은 고객에 대하여는 신용기간이 짧아진다.

② 매출채권금액의 크기: 금액이 작으면, 신용기간은 짧아진다.

③ 제품의 부패가능성: 제품의 특성에 관련되는 것으로서, 만약 제품의 담보가치(collateral values)와 재고성이 낮으면 신용기간은 짧아진다.

④ 경쟁상태: 경쟁이 심한 시장에서는 고객을 유인하기 위해 신용기간을 늘리게 된다.

⑤ 기업의 자금사정: 자금사정이 좋으면 신용기간은 짧아진다.

⑥ 제품가격이나 이익의 크기: 대량생산제품들은 마진이 적기 때문에 신용기간은 짧아진다.

(2) 현금할인

기업이 현금할인을 고객에게 제시하는 이유는 첫째, 매출채권의 회수를 촉진시킬 수 있고 둘째, 기업은 신용판매 고객에게 상대적으로 비싼 가격을 부과함으로써 대금지불을 현금으로 하도록 유도할 수 있으며, 셋째, 할인혜택으로 새로운 고객을 유치할 수 있다.

현금할인조건은 현금할인으로 인한 수익과 비용을 계산하고 새로운 조건과 현재의 신용조건의 순현가를 비교하여 결정할 수 있다. 현금할인의 경우 할인기간동안에는 고객은 외상매입금을 공짜로 사용하는 것이고, 할인기간이 지난후에는 신용에 대한 비용을 지급하는 것이다.

(3) 신용표시수단

공식적인 신용표시수단은 청구서(invoice)인데 상품운송과 함께 고객에게 보내지며 고객은 상품을 받았다는 증거로 청구서에 서명을 하고 기업과 고객은 그들의 장부에 거래사실을 기록하게 된다.

고객에게 약속어음(promissory note)을 발행해 주도록 요구하는 경우가 있는데, 이러한 경우는 주문량이 크고, 현금할인이 없으며 회수에 문제가 있을 것으로 예상될 때 발생한다.

약속어음이 안고 있는 한 가지 문제점은 제품이 인도된 후에 발행된다는 점이다. 제품이 인도되기 전에 고객으로부터 신용준수서약을 획득하는 방법으로 상업환어음(commercial draft)이 있다. 전형적으로 기업은 고객이 특정일자까지 상품대금을 지급하도록 요구하는 상업환어음을 발행한다. 그 환어음은 청구서와 함께 고객의 은행으로 보내어져 즉각 지급되면 일람불어음(sight draft)이라고 하고 즉각 지급이 되지 않고 은행이 인수한다면, 은행이 지급을 보장한다는 것을 의미하기 때문에 은행인수어음(trade acceptance)이라 하고 기업은 이를 할인하여 팔 수 있다.

3 최적신용정책

최적신용금액은 신용거래허용으로 매출증가로 인한 현금흐름증분이 매출채권투자의 증가로 인한 비용과 일치하는 점에서 결정된다. 따라서 유지비용(carrying cost)과 기회비용(opportunity cost)의 관점에서 신용거

그림 16-1 **최적신용정책**

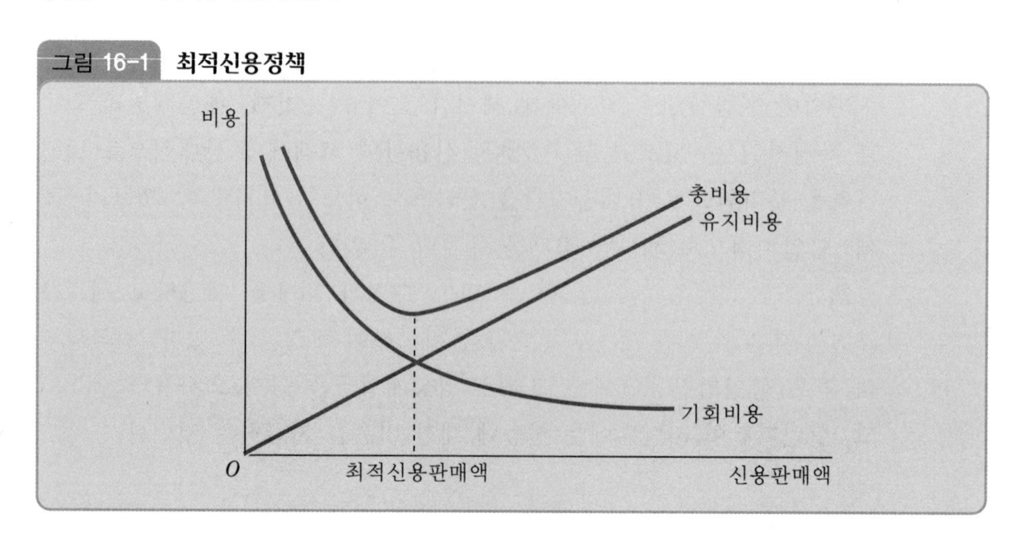

래 허용여부에 관한 결정을 내리는 것이 바람직하다.

유지비용은 신용거래허용과 관련되어 발생한 매출채권투자비용으로 ① 외상매출금투자에 대해 요구되는 수익의 크기, ② 대손발생에 따른 손실, ③ 외상매출 회수비용 등이 포함된다. 기회비용은 신용거래허용을 거절함으로써 감소된 매출액이며 기회비용은 신용거래가 허용됨에 따라 감소한다.

이 두 가지 비용과 그들의 합인 총신용비용선(total credit cost curve)이 [그림 16-1]에 도시되어 있다. 최적신용금액은 총비용곡선의 최소점에서 결정되며 기업이 최소점에서의 신용판매액보다 신용판매를 확대한다면 새로운 고객으로부터 기대되는 순현금흐름은 매출채권 투자로 인한 유지비용을 감당하지 못하게 될 것이다.

4 신용분석

신용분석은 고객이 채무를 이행하지 못할 확률을 결정하는 절차를 말한다. 신용분석은 두개의 단계, 즉 ① 관련정보를 수집하는 단계와, ② 신용도(credit worthiness)를 결정하는 단계로 구분한다.

(1) 신용정보

지급능력평가를 위한 정보의 원천은 다음과 같다.

① 재무제표: 기업은 신용평가대상 고객의 재무상태표나 손익계산서와 같은 재무제표형태의 정보를 입수한다.

② 신용조사보고서: 신용관계정보를 판매하는 신용조사 전문기관이 있는데, 미국의 경우 던 앤 브래드스트리트사(Dun and Bradstreet Inc.)가 가장 큰 규모의 회사이다.

③ 금융기관: 은행, 단자회사, 종합금융사, 증권회사 등을 통하여 신용관계정보를 획득할 수 있다.

④ 고객의 과거 대금회수기록: 고객의 지급불능확률의 추정치를 획득할 수 있는 가장 명확한 방법은 고객의 과거 대금회수에 관한 기록을 이용하는 것이다.

(2) 신용평가

고객이 대금을 지급하지 못할 확률을 평가하는 정확한 공식은 존재하지 않지만 전통적인 신용평가지침(credit scoring guidelines)으로 신용계정의 질적 평가방법인 '5C'가 있는데 그 내용은 다음과 같다.

① 성격(character): 신용채무를 이행하려는 의지

② 능력(capacity): 과거기록과 현재경영성과에 따른 신용채무상환능력

③ 자본(capital): 고객의 재무상태

④ 담보능력(collateral): 채무불이행시에 확보할 수 있는 자산의 상태

⑤ 고객의 외적 조건(conditions): 고객의 외부환경, 즉 전반적인 경제추세나 기업간의 경쟁상태 등

고객의 신용상태에 대한 이러한 신용평가지침에 대한 정보는 직접 또는 간접적으로 정보원이 되는 재무제표나 금융기관의 평가분석 그리고 기업간의 정보교환을 통하여 획득할 수 있다.

5 회수정책

회수(collection)란 신용판매대금을 수금하는 것으로 지연되거나 대손되는 경우도 있다. 매출채권의 회수가 지연되거나 불능이 되면 기업의 자금부담을 가중시켜 유동성을 악화시키므로 적절한 회수정책을 강구해

그림 16-2 **대손율과 회수비용의 관계**

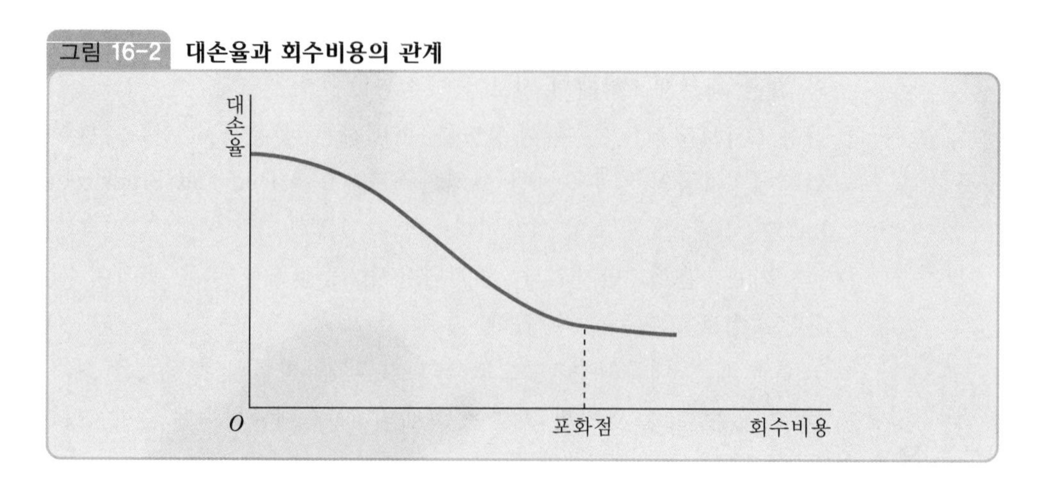

야 한다. 기업이 회수정책을 강화하면 회수속도는 빨라지고 대손율은 감소하나 회수비용은 증가하게 된다. 그러나 회수비용을 증가시킨다고 해서 반드시 대손율이 감소하는 것은 아니어서 [그림 16-2]에서 보는 것과 같이 회수비용이 어느 수준에 도달하면 대손은 더 이상 감소하지 않는다.

회수정책은 평균회수기간과 경과일수분석표(aging schedule)를 사용하여 대금회수를 통제할 수 있다.

(1) 평균회수기간

인경기업은 한 대당 30만원의 가격으로 1년에 10만대의 오디오 시스템을 판매한다고 가정하자. 모든 판매는 "2/20, net 60"의 조건으로 신용거래가 허용된다.
인경기업고객의 80%는 현금할인을 받고 20일 이내에 대금을 지급하고 있으며, 나머지 고객은 60일 이내에 대금을 지급하고 있다면 인경기업의 평균회수기간(Average Collection Period: *ACP*)은 28일이다.

$$0.8 \times 20\text{일} + 0.2 \times 60\text{일} = 28\text{일}$$

인경기업의 평균일일매출액(Average Daily Sales: *ADS*)은 다음과 같다.

$$평균일일매출액 = \frac{₩300,000 \times 100,000}{365일} = ₩82,191,781/일$$

실제로 기업들은 일일기준으로 매출과 외상매출금을 관찰하고 있으므로 평균회수기간을 계산하고 그것을 신용조건과 비교할 수 있다. 인경기업은 "2/20, net 60" 신용조건과 몇 주에 걸쳐 계산된 평균회수기간을 비교하여 인경기업의 신용관리자는 매출채권의 경과일수분석표(aging schedule)를 작성하게 된다.

(2) 경과일수분석표

경과일수분석표는 신용매출제공시점으로부터의 경과일수에 따라 매출채권을 분류한 표이다. 다음의 경과일수분석표에 있어서 매출채권의 75%는 정해진 지급기일에 회수되나, 25%에 해당하는 매출채권은 지급기일인 60일이 지난 후에 지급됨을 알 수 있다. 이러한 분석은 매출채권에 대한 효과적인 감시역할을 한다.

일반적으로 매출채권횟수를 독촉하기 위해 독촉장, 전화, 대리기관 및 법적절차를 이용한다. 때때로 지불을 지연시키는 고객들에게 기업은 대금을 지불할 때까지 추가적인 신용판매를 허용하지 않는데, 이 방법이 통상 신용고객을 불쾌하게 하여 판매부서와 대금회수부서간의 반목을 불러 일으킨다. 이러한 경우 판매부서와 대금회수부서간의 조정이 필요하다. 팩토링제도도 매출채권횟수를 촉진시키는 훌륭한 방법이다.

경과일수 분석표

매출채권의 경과일수	매출채권의 구성비
0-20일	50%
21-60일	25%
61-80일	20%
80일 이상	5%
	100%

제 2 절 재고자산관리

1 재고자산관리의 의의

일반 제조업이 소유하고 있는 총자산중에서 재고자산이 차지하는 비율은 10%가 넘고 있으며 중소제조업의 경우에는 20%가 넘을 정도로 그 비중이 크다. 따라서 부적절한 재고자산관리는 기업에 자금부담을 주기 때문에 상당한 주의가 요구된다.

지난 몇 십년은 재고자산관리의 효율성이 증가된 시대로 특징지을 수 있다. 재고자산관리와 통제에 관한 중요성이 점차 인식되고 보다 나은 계량적 분석도구와 컴퓨터의 이용 등으로 재고자산관리의 효율성 증가가 가능했으며 재고자산의 재고수준, 위치, 질 등에 대한 정보도 기업에 신속히 제공해주게 되었다. 아울러 창고, 운송수단 등의 개선도 재고수준을 감소시키는데 공헌한 바 크다.

재고자산은 대체로 세 가지 유형, 즉 원재료(raw materials), 재공품(work in process), 완제품(finished goods)으로 구분된다.

원재료는 생산공정에 투입되는 재료와 부품이며 대량의 구매와 인도가 요구되고 다음 인도 전에 원재료의 재고가 고갈될 위험이 있기 때문에 소량의 원재료를 구매하는 것은 효율적이지 못하며 구매와 생산이 효과적으로 연결되도록 최선을 다해야 한다. 재공품은 여러 생산단계에 있는 가공중의 재고로 생산공정들 사이에는 동시성이 존재하지 않기 때문에 각 공정마다 재공품재고를 가지게 된다. 완제품재고는 생산과 판매를 연결하는 과정에서 생산과 판매가 같은 비율로 연계되지 않기 때문에 발생한다.

이러한 재고가 생산중에 많다는 것은 생산이 늦어진다는 것을 의미하며 생산이 늦어지면 판매량도 줄게되고 그만큼 자금회수도 늦어지게 된다. 이처럼 효율적 재고관리는 기업의 재무적 의사결정과 밀접한 관련이 있는 것이다.

2 재고관리비용

재고관리비용은 크게 나누어 재고유지비용(carrying cost)과 주문비용(ordering cost)으로 구분된다. 재고가 늘어남에 따라 재고유지비용은 상승하지만 주문비용은 하락한다.

① 재고유지비용: 재고유지비용은 영업비용(operating cost)과 재무비용(financial cost)으로 구분된다. 영업비용은 보관비, 보험료, 진부화비용과 기타 관리비용 등이 포함된다. 재무비용은 재고자산의 구매에 필요한 자본조달액을 말한다.

② 주문비용: 주문비용은 취급비용과 운송비용 등이 포함된다. 1회 주문비용은 주문량에 관계없이 고정되어 있으므로 매년 주문비용은 당해년도의 발주수에 비례한다. 소량으로 자주 주문하면 주문비용은 많아지고, 발주량이 크고 발주수가 적을수록 주문비용은 작아진다.

〈표 16-1〉은 재고자산관리비용들을 나열한 것이다.

표 16-1 재고관리비용의 종류

재고유지비용
① 재고자산보유에 따른 기회비용 ② 보관비 ③ 감가상각비와 진부화손실 ④ 재산세 ⑤ 보험료 ⑥ 상품가격의 하락
주문비용
① 발주 및 인수비용 ② 운송비용 ③ 수량할인의 기회손실
재고고갈로 인한 손실
① 매출손실 ② 고객신용상실 ③ 생산일정의 차질

❸ 경제적 주문량: *EOQ*모형

경제적 주문량(Economic Ordering Quantity: *EOQ*) 모형은 기업의 적정재고수준을 알아내기 위한 계량적 재고모형이다. 재고자산관리에서 중요한 것은 일정(1년)기간의 재고자산소요량을 정확히 예측하는 일인데 일단은 정확한 예측이 가능하다고 가정하자. 연간 재고자산소요량이 정해지면 다음 문제는 주문회사와 1회의 주문량을 결정하는 일이다. 총비용이 주문비용과 재고유지비용의 합계인 경우에 당해년도의 총비용이 최소화되는 수준에서 적정재고가 결정된다.

주문이 빈번해지면 주문비용은 많아지지만 1회 주문량이 적으므로 재고유지비용은 작아질 것이다. [그림 16-3]은 주문비용, 재고유지비용 및 총재고비용과 주문량(Q)과의 관계를 보여준다. 총비용은 주문비용과 재고유지비용을 합한 값으로 Q가 상승함에 따라 총비용은 하락하여 최소점에 이르게 되고 그 다음에는 다시 상승하기 시작한다. Q^*로 표시되는 최적주문량(optimal ordering quantity)은 총비용을 최소화시키는 주문량이다.

*EOQ*모형설정에 사용될 필요한 기호들을 다음과 같이 정하기로 한다.

Q=1회 주문량
S=연간 소요량(일정기간 동안의 총주문량)

그림 16-3 재고비용과 1회 주문량의 관계

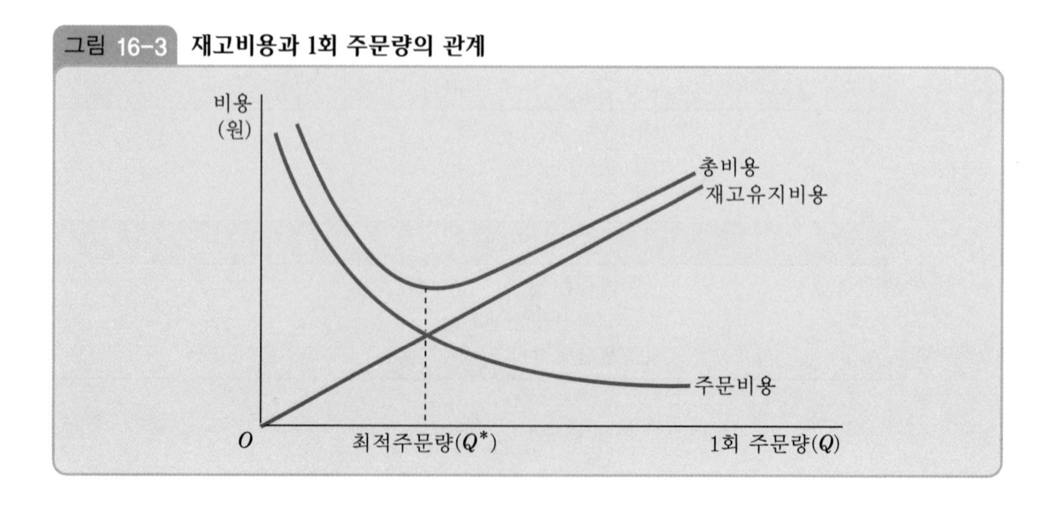

C= 평균재고가치에 대한 재고유지비용의 비율

P= 재고단위당 가격

O= 1회 주문비용

이제 재고자산은 연간 일정률로 계속 사용된다고 가정한다. [그림 16-4]는 어떤 일정시점에서의 재고사용량을 나타낸다. 처음에 1회 주문량인 Q단위의 재고가 도착하면 재고수준은 0단위에서 Q단위로 즉시 상승하게 된다. 이러한 재고순환의 초기에는 이용가능한 재고수량이 Q이고 말기에는 영(0)이 되기 때문에 평균재고량은 $Q/2$ 단위가 된다. 이러한 평균재고량을 유지하는데 당해년도 동안 $P \cdot C$ 의 비용이 소요된다. 따라서 그러한 재고자산의 연간 유지비용은,

$$\text{재고유지비용} = \left(\frac{Q}{2}\right)PC \qquad (16\text{-}1)$$

연간 주문비용은 1회 주문비용 O와 연간 주문횟수를 곱한 값이고 연간 총사용량이 S이며 1회 주문량이 Q이므로 연간 발주수는 S/Q가 된다. 예를 들어 1년에 1,000단위가 사용되고(S=1,000) 1회 주문량이 100단위(Q=100)이면 당해년도의 주문횟수는 1,000/100=10회가 될 것이다. 따라서 당해년도의 총주문비용은 다음과 같은 수식으로 나타낼 수 있다.

$$\text{주문비용} = \frac{S}{Q} \cdot O \qquad (16\text{-}2)$$

이제 당해년도의 총비용을 계산하면 다음과 같다.

$$\text{총비용} = \frac{Q}{2} P \cdot C + \frac{S}{Q} O \qquad (16\text{-}3)$$

경제적 주문량은 총비용이 최소가 될 때의 주문량이므로 식 (16-3)을 Q에 대하여 미분하여 그 도함수가 영(0)이 되도록 하면 구할 수 있다.

$$\frac{d(\text{총비용})}{d(Q)} = \frac{P \cdot C}{2} - \frac{S \cdot O}{Q^{*2}} = 0$$

$$Q^{*2} = \frac{2S \cdot O}{P \cdot C}$$

$$Q^* = \sqrt{\frac{2S \cdot O}{P \cdot C}} \tag{16-4}$$

인경기업이 예측한 재고관계자료로 최적주문량을 구하면 다음과 같다.

$S = 1{,}200$단위

$O = ₩125$

$P = ₩300$

$C = 0.10$

$$Q^* = \sqrt{\frac{2 \times 1{,}200 \times 125}{0.10 \times 300}} = 100\text{단위}$$

1회 주문량이 100단위이면 연간 발주횟수는 1,200/100=12회가 될 것이고, 주문비용은 12×₩125=₩1,500이 되며 재고유지비용은 $(Q/2)\,P \cdot C = (100/2) \times 300 \times 0.10 = ₩1{,}500$이 된다. 따라서 총비용은 다음과 같이 계산된다.

총비용 = ₩1,500 + ₩1,500 = ₩3,000

4 재주문점

*EOQ*모형은 재고가 소비되는 즉시 새로운 재고자산이 도착되는 것으로 가정하였으나 실제로는 조달기간이 소요되기 때문에 기업은 미리 새로운 재고자산을 주문하여야 하는데, 새로운 재고자산이 주문되는 재고수준을 재주문점(reorder point)이라고 하며 이 점은 재고자산의 사용량과 조달기간에 따라 결정된다.

앞의 예에서 연간 총사용량 $S = 1{,}200$단위였다. 연간 작업일수가 300일이라고 가정하면, 재고자산은 매일 1,200/300=4단위의 비율로 사용되고 만약 주문기간이 6일이라면, 기존의 재고가 6×4=24단위의 수준까지 내려갔을 때 새로운 주문이 이루어져야 한다. 따라서 재주문점은 [그림 16-4]에서 보는 바와 같이 24단위가 된다.

그림 16-4 *EOQ*모델(안전재고=0, 재고사용량 일정)

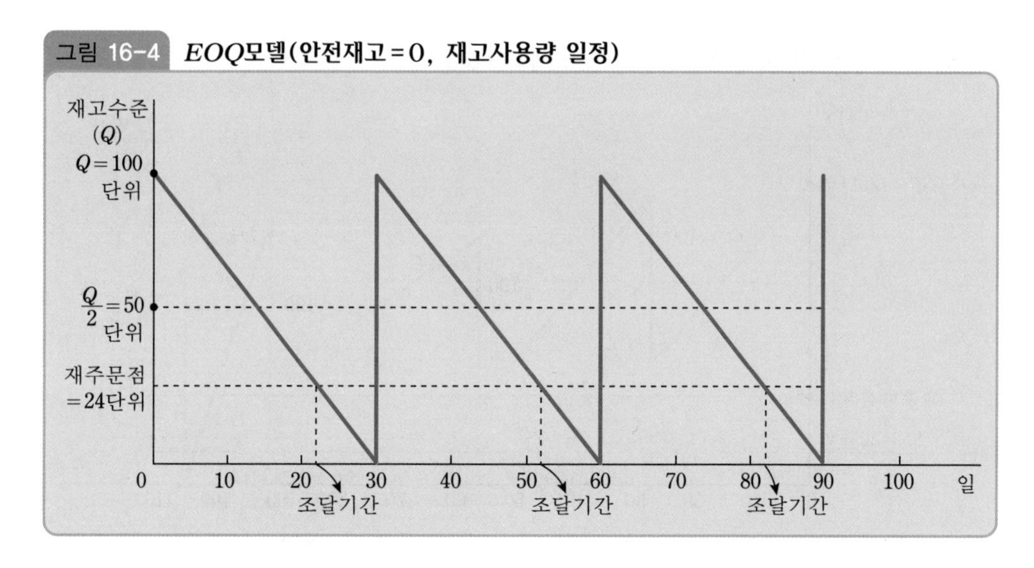

5 안전재고

*EOQ*모형에서 분석을 단순화하기 위해 설정한 가정들 중에는 실제재고자산관리와는 거리가 먼 것도 있다. 재고자산의 사용량이 주어진 기간 동안 일정하다고 가정하였는데 실제로는 매일마다 또는 매주마다 다르다. 특히 기업의 제품수요변동이 심하면 재고자산의 변동도 심해진다. 또한 조달기간이 일정하다고 가정하였는데 실제로 변동이 있다. 이러한 여러 가지 종류의 불확실성은 안전재고(safety stock)를 유지함으로써 피할 수 있다.

[그림 16-5]는 재고자산의 사용이 불규칙적이고 조달기간이 불확실한 재고자산문제를 해결하기 위해 안전재고가 필요하다는 점을 보여주는 것으로 재주문점은 안전재고(*SS*)수준에 따라 달라진다. 만약 인경기업이 20단위의 안전재고를 보유하기로 결정하였다면, 재주문점은 24단위에서 24+20=44단위로 변경되어야 한다.

[그림 16-5]는 재고가 44단위까지 내려가면 언제든지 적정주문량인 Q^*=100단위를 주문하는 것으로 가정할 경우 다음 네 가지 수준의 재고유형을 보여준다. 첫번째 경우 *A*형은 주문기간이 매우 짧고(4일), 안전재고는 그대로이다. 두번째 경우 *B*형은 주문기간이 8일이 될 것으로 예

그림 16-5 *EOQ*모형(안전재고와 규칙적 재고사용량)

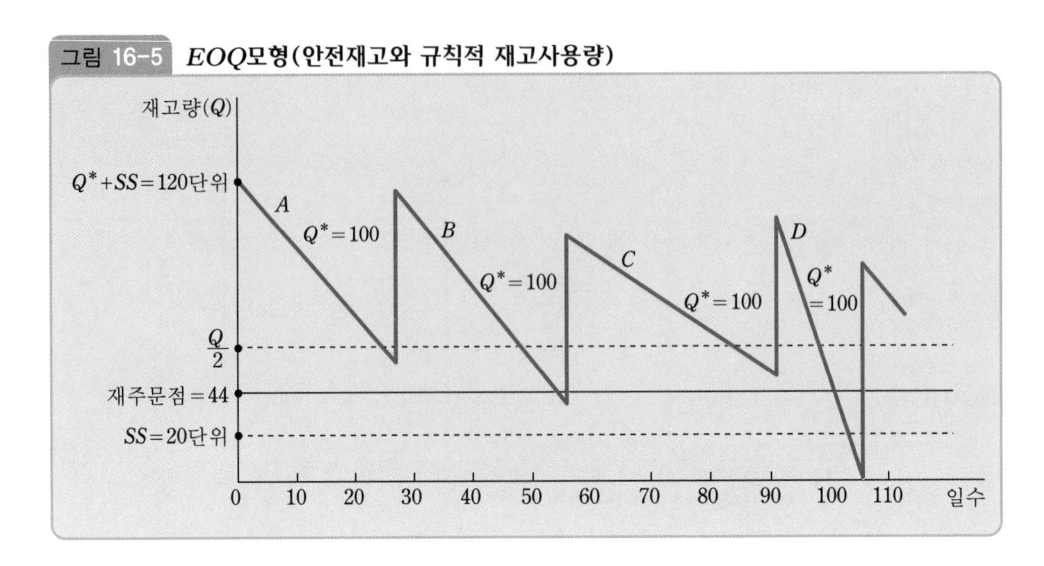

상되나 수요는 예상보다 더 많아서 기업은 안전재고의 일부분뿐만 아니라 활동재고(working stock) 전부를 사용한다. 세번째 경우 *C*형은 주문기간이 특히 길고(10일) 동시에 수요는 둔화되어 안전재고는 그대로이다. 맨 나중의 경우 *D*형은 높은 수요와 예상보다 다소 긴 주문기간(9일)으로 활동재고와 안전재고가 모두 고갈되었다.

비록 안전재고가 재고고갈(stock out)에 대한 보증은 아닐지라도 안전재고가 크면 클수록 재고가 고갈될 기회는 더욱 작아지는 점은 분명하다. 여기에서 재고가 고갈될 확률이 알려져 있고 연간 재고고갈횟수를 측정할 수 있다고 가정하면 추정된 연간 재고고갈비용의 기대치는 재고고갈시에 발생하는 추정 재고고갈비용과 재고고갈횟수를 곱한 값이다. 안전재고 총투자비용은 예상매출액감소와 안전재고를 유지하는데 드는 재고유지비용을 합한 것이다. 따라서 안전재고가 증가함에 따라 재고고갈비용의 기대치는 감소하나, 안전재고를 유지하는데 드는 재고유지비용은 증가하므로 최적안전재고수준은 총예상비용을 최소화하는 수준이다.

사·례·연·구

브리티쉬 에어로스페이스(British Aerospace) 사례 연구

브리티쉬 에어로스페이스(British Aerospace)는 항공우주 및 방위 분야의 세계적 주도기업으로, 연 매출이 80억 파운드를 웃돌고 수주액이 220억 파운드 이상에 달한다. 이 기업은 민수 및 군용 항공기, 유도 무기 체계의 설계, 개발, 제조 및 시험은 물론 기타 첨단기술 시스템과 장비 분야에 46,000여명의 직원을 보유하고 있다.

기업 매출의 80퍼센트 이상은 70여개국에 대한 수출에서 비롯되며, 기업은 28개 주요 국제 협력사와 50여개의 개별 첨단기술 방위 및 우주 항공 프로그램에서 협업관계를 맺고 있다.

1950년대와 60년대에 항공기 제조업체들은 상대적으로 안정적인 환경에서 영업했다. BOAC와 에어 프랑스 등의 항공사들은 거의 국유기업들이다시피 했고 제조업체들로부터 항공기를 완전히 직접 구매했었다. 이는 곧 생산업체들은 일단 항공기를 판매하고 나면 그에 대한 금전적인 책임을 거의 지지 않았다는 것을 의미한다. 그러나 이런 분위기는 1980년대에 들어 바뀌었다. 항공사들은 민영화 절차를 거쳤고 많은 신규 항공사들이 시장에 진입했다. 따라서 이런 새로운 시장 환경은 임대회사라는 새로운 형태의 조직에 기회를 창출해 주었다. 임대회사들은 제조업체들로부터 항공기를 구매한 후 이를 항공사에 임대해 주었다. 그러나 이같은 방식이 제대로 기능할 수 있게 하기 위해서 브리티쉬 에어로스페이스와 같은 항공기 제조업체들이 임대료에 대한 보증을 섰다. 만일 항공사가 사업 정리에 들어가더라도 브리티쉬 에어로스페이스는 임대회사에 대한 지급을 계속한다. 브리티쉬 에어로스페이스는 통상적으로 임대회사들에 대해 18년까지 지급 보증을 하는 계약을 맺고 있었으며, 이 기간은 항공기의 일반적인 경제적 기대수명을 아우른다.

1992년의 걸프전은 대규모 경기 침체를 초래했으며, 이는 임대 계약에도 심각한 영향을 미쳤다. 1980년대 말과 1990년대 초, 여러 신생 항공사들은 브리티쉬 에어로스페이스의 항공기에 대해 단기 임대 계약을 맺었었다. 이들 항공사들 여럿이 동시에 부실화되고 기존의 다른 항공사들도 임대계약을 종료하는 옵션을 행사하면서 브리티쉬 에어로스페이스는 난항에 부딪혔다.

자산운용에 있어 브리티쉬 에어로스페이스의 상황은 심각했다. 자본의 상당액이 실질적으로 아무 역할도 하지 못 하고 있었다. 브리티쉬 에어로스페이스는 임대회사에 대한 의무에서 생길 수 있는 잠재적인 채무에 대해 회사 계정에 10억 파운드의 충당금을 설정하는 파격적인 절차를 단행했다. 이 당시 브리티쉬 에어로스페이스의 주가는 98p로 폭락한 상태였다.

브리티쉬 에어로스페이스는 극적인 결단을 내릴 수밖에 없었다. 신규 항공기에 대한 생산율을 낮추고, 회사의 해트필드(Hatfield) 공장을 폐쇄했으며, 또 현재 브리티쉬 에어로스페이스 자산운용이라는 부서가 된 새로운 회사를 창출하기에 이르렀다.

새로운 시장 수요에 발맞추기 위해 다양한 재무임대 패키지가 개발되었으며, 여기에는 필요시의 단기 계약들도 포함되어 있었다. 공급업체와 판매업체들에 대해서는 이들 항공기에 대한 시장의 좋지 않은 평판을 극복하기 위해 새로운 고객들에게 유지 보수 보증을 제공하고 비용 패키지를 전면 재정비하도록 장려했다.

브리티쉬 에어로스페이스 자산운용은 대성공을 거두었다. 현재는 최고의 신용등급과 항공기를 대규모로 보유하고 있는 항공사들과 사업을 진행하고 있다. 고객층은 이제 에어 캐나다(Air Canada)와 유나이티드 항공(United Airlines) 등의 항공사들이 본거지인 북미, 콴타스 항공(Qantas)을 보유한 호주, 그리고 영국 KLM과 저지 유럽항공(Jersey European Airline) 등의 고객사가 있는 유럽 등 전세계에서 가장 수준 높은 3대 항공 운송 시장에 집중되어 있다.

이 조직에 있어서 성공의 열쇠는 바로 다양한 항공기 대수, 연령 및 장비들을 서로 다른 고객사의 요구사항과 매칭시키는 데 있었다. 브리티쉬 에어로스페이스 자산운용은 자산 포트폴리오를 최대한 효율적이고 성공적으로 운용할 수 있는 절차를 개발해 내었다.

먼저, 신규 항공기는 고객사가 요구한 사양에 맞춰 고객사에게 인도된다. 계약 관리에는 지켜져야 할 유지 보수 기준, 그리고 고객사가 항공기에 대해 가할 수 있는 수정사항 처리 등 해당 고객이 운항 중인 항공기를 건사하는 방식에 대한 세부적인 요건들을 정하는 것이 포함된다.

브리티쉬 에어로스페이스나 다른 승인된 서비스 제공업체의 고객 지원은 매우 중요하며, 여기에는 고객사가 운항 중인 항공기를 가장 효율적으로 활용할 수 있게 해 주는 기술 조언, 부품 지원 및 트레이닝을 제공하는 것이 포함된다. 항공기 재인도에는 임대기간 만료시점에 항공기를 소정의 상태로 브리티쉬 에어로스페이스에 되돌려 주는 것을 관리하는 부분이 포함된다. 즉, 고객사는 항공기를 처음 인수했을 때와 유사한 상태로 항공기를 되돌려 주어야 할 의무를 지게 되는 경우가 많고 여기에는 유지보수 및 수정 기간이 포함될 수 있다.

브리티쉬 에어로스페이스 자산운용은 항공기의 임대 및 매각에 대해 역동적인 방침을 취함으로써 브리티쉬 에어로스페이스의 자산 난항을 성공적으로 극복했다.

자산운용에 대한 현명하고 창의적인 사고 덕택에 브리티쉬 에어로스페이스는 회사의 심각한 취약점을 성공적으로 통제할 수 있었다. 성공적인 자산운용은 모든 근대 사업조직에 있어서의 핵심이다. 본 사례연구는 이를 어떻게 달성할 수 있는지에 대한 훌륭한 본보기를 제공한다.

1 신용정책의 세 가지 구성요소를 설명하시오.

2 "2/15, net 40"이라는 신용조건의 의미를 설명하시오.

3 매출채권의 경과일수분석표(aging schedule)의 의미를 설명하시오.

4 재고자산의 세 가지 유형을 열거하고, 각각의 기능에 대해서 언급하시오.

5 재고자산의 재고유지비용과 주문비용을 설명하고, 주문량에 따라 어떻게 변화하는지 설명하시오.

6 한성스포츠사는 운동화를 제조하여 판매하는 회사인데 경영층은 신용거래를 허용하지 않는 현재의 정책을 변경할 것을 고려중에 있으며 다음과 같은 값들을 추정하였다.

	신용거절	신용허용
단위당 가격	₩35,000	₩40,000
단위당 비용	25,000	32,000
매출수량	2,000	3,000
대금의 회수확률	100%	85%
신용기간	0기간	1기간
할인율	0%	3%

(1) 한성스포츠사는 고객에게 신용거래를 허용하여야 하는가?
(2) 신용정책하에서 당신이 (1)의 대답을 변경하기 위해서는 대금의 회수확률을 어떻게 조정하여야만 하는가?

7 한나라기업의 고객신용관계 자료는 다음과 같다.

연간신용매출액	₩10,000,000
평균회수기간	60일
신용조건	net 30
타인자본비용	10%

한나라기업은 "2/10, net 30"이라는 신용정책을 제시한 바, 고객의 50%는 이 새로운 정책을 이용할 것으로 기대되며 결과적으로 회수기간은 30일로 줄어들게 될 것으로 예상된다. 한나기업은 새로운 신용거래를 허용하여야 하겠는가?

8 다음에 제공하는 정보를 이용하여 질문에 답하시오.

- 매년 수요량: 100,000단위
- 1회 주문비용: ₩350
- 재고유지비용: 연간 25%
- 단위당 가격: ₩10

(1) 다음 표를 완성하여라.
(2) *EOQ*는 얼마인가?

주문량의 크기	1,000	2,000	5,000	7,000	10,000
주문횟수 평균재고 재고유지비용 주문비용 총비용					

9 삼영기업은 최적재고정책을 결정하려고 하고 있다. 다음 자료에 의하여 물음에 답하시오.

① 연간매출수량: 120,000단위
② 단위당 구매가격: ₩500
③ 재고유지비용: 재고자산가치의 20%
④ 1회 주문비용: ₩600
⑤ 최적안전재고: 500단위
⑥ 1년은 360일로 가정

(1) *EOQ*는 얼마인가?
(2) 기업이 보유하게 될 최대재고량은?
(3) 기업이 보유하게 될 평균재고량은?
(4) 주문횟수는?
(5) 안전재고가 없을 때 연간 총재고비용은?
(6) 안전재고가 있을 때 연간 총재고비용은?

Chapter 17 유동부채의 조달과 관리

제 1 절 단기자본조달의 의의

전통적으로 기업들은 유동자산에 투자하기 위한 자금을 단기자본으로 조달하여 왔다. 더욱이 최근에는 장기성자산(long term assets)에 투자하기 위한 자본조달을 위해 단기부채를 사용하기도 하는데, 단기이자율이 안정적이고 장기이자율보다 더 낮으며 기업의 상환능력이 충분한 경우는 유용한 조달수단이 되지만 단기이자율이 급변하고 경기후퇴를 동반하게 될 경우에는 단기부채의 사용은 유동성을 크게 위협하게 된다.

단기자본조달은 자생적 자본조달(spontaneous financing), 무담보 단기자본조달(unsecured financing)과 담보자본조달(secured financing)로 분류해 볼 수 있는데, 자생적 자본조달은 기업의 정상적인 영업활동과정에서 조달되는 것으로 그 주요한 자본조달원천으로는 매입채무가 있다. 무담보 단기자본조달은 특정한 자산의 담보없이 조달되는 단기자본을 말하며, 이러한 자본조달원천으로는 은행차입과 기업어음(Commercial Paper: CP)을 들 수 있다. 그리고 담보 단기자본조달수단으로는 매출채권금융과 재고자산금융 등이 있다.

단기자본을 조달하는 구체적인 수단을 설명하기 전에 우선 단기자본이 갖는 특성을 자본조달의 융통성, 조달비용 그리고 지급불능위험의 관점에서 설명하고자 한다.

단기자본은 조달과 상환에 있어서 장기자본에 비해 융통성이 있다. 빠른 시간내에 필요자금을 조달할 수 있고 만기가 단기이므로 여유자금만 있으면 쉽게 상환할 수 있다. 단기자본조달비용은 대체로 장기자본보다 저렴하고, 평균적으로 단기자본이자율이 장기자본보다 낮다.

그러나 단기자본은 융통성이나 비용면에서 장기자본보다 유리하나 위험은 더 높다. 기업이 단기자본으로 조달하면 차입과 상환을 빈번히 해야 하므로 때로는 높은 이자율로 차입해야 할 경우가 발생할 수 있으며 제때 상환하지 못해 지급불능의 상태에 빠질 수도 있다. 따라서 기업이 단기자본조달을 결정할 때는 융통성, 비용, 위험을 충분히 고려해야 할 것이다.

제 2 절 매입채무(거래신용)

1 매입채무의 의의

매입채무는 상품이나 원재료의 구입에 따른 매입대금이나 임가공료 등을 즉시 지급하지 않고 신용관계에 의하여 그 지급시기를 연기함으로써 발생하는 채무를 말하며 거래신용(trade credit)이라고도 한다. 매입채무는 기업회계의 재무상태표상 유동부채 가운데 외상매입금이나 지급어음의 형태로 나타난다.

외상매입금(account payable)은 기업의 정상적 영업활동과정에서 재화를 구입하거나 용역을 제공받고 그 대금을 구입시점 이후에 지불하기로 약정할 때 발생되는 유동부채로, 구매기업이 판매기업으로부터 신용을 받는 것이다. 지급어음(notes payable)은 고객과의 일반적 상거래, 즉 재화나 용역구입의 결과로서 발생한 어음상의 채무를 말하며 어떤 업종에서는 지급어음이 외상매입금을 대신하기도 한다.

2 매입채무의 조건과 비용

매입채무의 조건 중 가장 중요한 것은 신용기간이며 다음의 세가지 요인들이 신용기간에 영향을 미친다.

① 제품의 경제적 특성: 매출회전속도가 높은 제품은 비교적 짧은 기

간내에 현금회수가 가능하므로 신용기간이 단축된다.

② 상대적 재무상태: 판매자와 구매자의 재무상태가 신용기간을 결정한다. 재무상태가 양호한 대기업은 판매촉진전략으로 신용기간을 연장해 줌으로써 경쟁우위를 차지하고자 할 것이고 재무상태가 불량한 중소기업에서는 대기업의 우량고객이라도 신용기간을 단축하여 외상매출금 수준을 최소한도로 감소시켜야만 한다. 또한 재무상태가 양호한 구매자는 상대적으로 긴 신용기간을 갖게 되며 대금지급기간을 단축할 경우 판매자로부터 폭넓은 할인혜택도 받게 된다.

③ 제품의 수급상황: 구매자가 지배하는 구매자시장(buyer's market)에서는 신용기간이 길고 반대로 수요초과를 보이는 공급자시장에서는 신용기간이 짧아진다. 구매자는 가능하면 신용기간을 확장시키려 하고, 판매자는 신용기간을 단축시켜 신속하게 자금을 회수하려 할 것이므로 신용기간은 판매자와 구매자의 이해관계에 의해 결정된다.

자본조달에는 비용이 따르므로 매입채무의 비용(cost of trade credit)에 대해서 살펴보기로 한다. 기업의 매입채무 사용 정도는 매입채무의 비용에 의해 결정된다. 예를 들어 "2/10, net 30"이라는 조건을 고려하여 보기로 하자. 이 조건은 어떤 거래에서 처음 10일 이내의 현금지급에 대해서는 판매자에 의해 2%의 할인 혜택이 주어지지만, 만약 구매자가 이러한 할인혜택을 이용하지 않는다면, 30일 이내에 판매대금이 지급되어져야 한다. 이러한 조건하에서 신용은 처음 10일 동안은 본질적으로 비용이 들지 않기 때문에, 10일째 되는 날 이전에 대금을 지급하는 것은 합리적이지 못하다. 또한 10일째 되는 날에 대금을 지급하지 못한다면, 그 구매자는 할인혜택을 잃게 되지만, 만약 그 지급이 30일째 되는 날까지 연기되더라도 추가적인 비용은 발생하지 않는다.

결국 구매자는 10일째 되는 날에 대금을 지급하고 2%의 할인혜택을 받거나 또는 대금지급을 30일째 되는 날까지 연기하는 두 가지 방안 중 어느 것이 유리한지 판단해야 한다. 만약 어느 기업이 "2/10, net 30"의 신용조건으로 1,000만원 상당의 물품을 신용구매했을 경우 10일째 되는 날에 2%가 할인된 980만원을 지급하거나 또는 30일째 되는 날에 1,000만원을 지급하게 되는데, 현금할인을 받지 않을 경우에는 980만원을 20일 동안 이용하는 대신 20만원의 비용을 부담하는 것이 되는데 이를 연간이자율로 환산하면 200,000/9,800,000×360/20=36.7%로 높은 비용이 된다.

일반적으로 현금할인혜택을 포기함으로써 발생하는 매입채무의 비용은 다음과 같다.

$$\text{비용}(\%) = \frac{\text{할인율}}{100 - \text{할인율}} \times \frac{360}{\text{신용기간} - \text{할인기간}}$$

"2/10, net 30"의 조건에 대해서

할인율=2%
신용기간=30일
할인기간=10일

이 되는데, 따라서

$$\text{비용}(\%) = \frac{2}{100-2} \times \frac{360}{30-10} = \frac{2}{98} \cdot \frac{360}{20} = 36.7\%$$

를 얻게 된다.

몇 가지 일반적인 신용조건에서의 현금할인을 포기함으로써 발생하는 연간비용은 〈표 17-1〉과 같다. [그림 17-1]은 각기 다른 신용조건하에서 현금할인을 받지 못한 경우에 부담하게 되는 비용을 그림으로 나타낸 것이다. 이 그림에서는 처음 10일 동안은 "2/10, net 30"의 신용조건에 대한 비용이 영(0)임을 보여주고 있다. 매입채무의 비용은 11일째 되는 날에 급격히 증가한다. 11일째 되는 날에 지급되는 대금은 할인혜택이 부여되지 않는다. 즉 구매자는 각 980만원의 매입에 대해서 20만원을 잃게 되고, 단기신용지급은 하루 연장하는 이득밖에 없다. 1일당 2%의 이자율은 연간이자율로 환산하면 엄청나게 높은 수준이다.

일단 10일째 되는 날이 지났을 때에는 30일째 되는 날에 대금을 지불하는 것이 더 좋다. 그 이유는 대금지급이 11일째 되는 날로부터 30일째 되는 날까지 연기되는데 대해서는 아무런 추가적인 비용도 발생하지 않기 때문이다.

그림 17-1 신용조건변동에 따른 매입채무비용변동

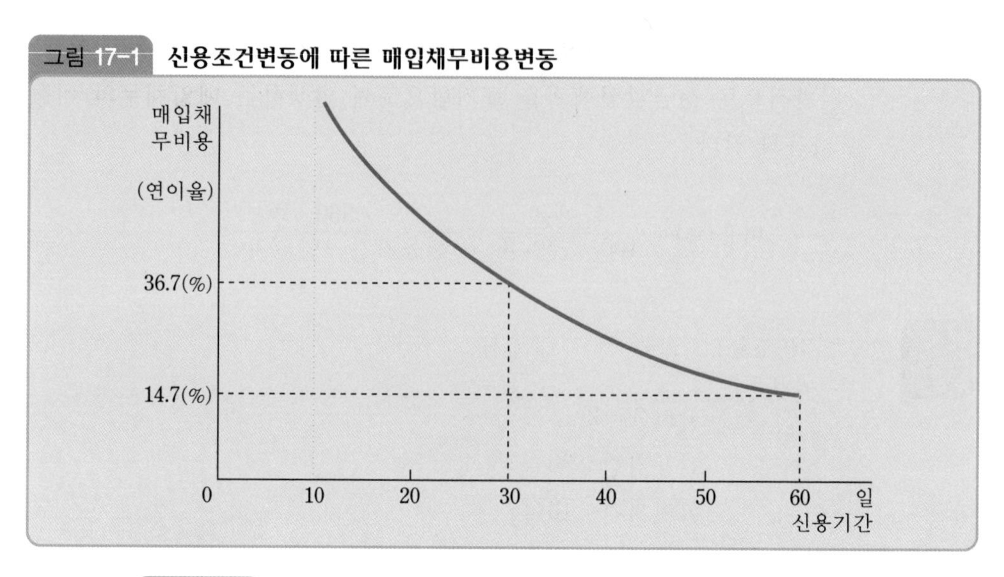

표 17-1 신용조건에 따른 연평균 비용

신용조건	비용(단순이자계산사용)
1/10, net 20	36.4%
1/10, net 30	18.2%
2/10, net 20	73.5%
2/10, net 30	36.7%
3/15, net 45	37.1%
2/10, net 60	14.7%

③ 매입채무의 장 · 단점

대부분의 기업에서는 고객별로 설정한 외상매출의 한도가 있기 때문에 일정한 범위내에서는 항상 매입채무를 편리하게 이용할 수 있다. 은행대출과 같은 금융기관 등으로부터의 신규자금의 차입시에는 번거로운 절차를 필요로 하나, 매입채무는 번거로운 절차를 필요로 하지 않기 때문에 자유롭게 활용할 수 있는 자금조달원천이다.

매입채무는 특히 중소기업의 중요한 자금조달의 원천이다. 상대적으로 대외신용이 취약한 중소기업의 경우에는 금융기관 등으로부터의 자금대출이 용이하지 않기 때문에 매입채무를 통한 자금조달에 크게 의존하게 된다. 또한, 매입채무는 판매자에 의하여 제공되는 실질적인 판매

장려금(subsidy) 또는 판매촉진수단으로 활용되는 경우도 있다.

이상에서 언급한 매입채무의 장점 때문에 대부분의 기업이 매입채무를 중요한 단기자본조달원천으로 활용하고 있으며 구매자의 입장에서 볼 때는 명시적 비용(explicit cost)은 아니지만 판매자의 입장에서는 신용기간 동안 외상매출금에 투하된 자금의 기회비용, 외상매출금의 회수와 대손에 따른 비용 등 암시적 비용(implicit cost)을 구매자에게 전가시키려고 하기 때문에 이와 같은 암시적 비용은 판매자가 부담하든지, 구매자가 부담하든지 혹은 양자가 모두 부담하게 될 수도 있다.

특히 일반금리수준이 높아지고 긴축금융정책이 시행되어 자금조달이 용이하지 않을 때에는 판매자는 외상매출로 인한 암시적 비용의 부담을 신용판매가격에 반영시켜 구매자에게 이전하고자 할 것이다.

제 3 절 은행단기차입금

1 은행단기차입금의 성격

은행차입금은 기업의 가장 보편적인 단기자금조달원의 하나로서 매입채무 다음으로 큰 비중을 차지하고 있다. 특히 우리나라의 경우 은행차입금은 상대적으로 유리한 금리차이로 인해 기업의 주된 자금원이 되어왔으며 대출금의 상환은 만기에 일시불로 하거나 분할상환을 하는 것도 있다.

은행은 차입자에게 대출할 수 있는 최고한도액을 차입자의 신용을 기준으로 신용한도(line of credit)를 설정하고 있다. 은행차입금은 특수은행을 제외한 모든 은행에서 조달할 수 있으며, 그 종류로는 1년기한의 일반운전자금과 1년미만의 당좌차월, 어음할인, 수출지원금융 등이 있다.

2 은행단기차입금의 비용

은행차입금의 이자율은 차입자의 개인적인 상황과 차입방법에 따라 달라진다. 위험이 상대적으로 높은 차입자와 액수가 적은 차입금에는 높은 이자를 부과하는 것이다. 은행금리는 경제적인 상황이나 정부의 정책에 따라서도 폭넓게 변화한다.

은행에서 이자율을 계산하는 방법은 단순이자율법(simple interest method), 할인이자율법(discount interest method), 부가이자율법(add on interest method) 등이 있다. 그리고 은행에서 대출조건으로 보상현금잔액(compensating balance)을 요구할 경우에 차입비용은 영향을 받게 된다.

(1) 단순이자율법

단순이자율법하에서는 차입기간의 장 · 단기에 불구하고 1기간의 이자율로 계산하는 방법이다. 예를 들어 100만원을 1년 동안 13%의 단순이자율로 차입할 경우 차입자는 차입기간이 1년 경과시 원리금으로 113만원을 상환하게 되므로 유효이자율(effective interest rate)[1]은 13%가 된다.

$$\text{유효이자율} = \frac{\text{지급이자}}{\text{대출금액}} = \frac{₩130,000}{₩1,000,000} = 13\%$$

만약 만기 1년 미만의 차입을 하였을 경우 연간 유효이자율은 복리계산법(compounding)에 의해서 산출해 낼 수 있다. 예를 들어 3개월 만기 연 13%이자율로 차입한 100만원에 대한 연유효이자율의 계산은 다음과 같다.

$$\left(1 + \frac{0.13}{4}\right)^4 - 1 = 13.65\%$$

(2) 할인이자율법

할인이자율법이란 은행에서 이른바 선이자로 이자만큼을 공제한 잔액을 대출하는 경우이다. 연이자율은 13%, 만기 1년의 100만원 차입시 할인이자율법하에서도 이자는 여전히 13만원이지만 사실상의 차입금은 이자를 공제한 87만원이다. 이 경우 유효이자율은 다음과 같다.

1) 본서에서는 실질이자율과 유효이자율을 구분해서 사용하고 있다. 실질이자율은 명목이자율에서 인플레이션율을 뺀 이자율을 말하고 유효이자율은 기간이자율의 의미를 지니고 있다.

$$\frac{\text{지급이자}}{\text{대출금액}-\text{지급이자}}=\frac{\text{13만원}}{\text{100만원}-\text{13만원}}=14.94\%$$

만약 대출기간이 1년 미만일 경우의 유효이자율은 복리계산법에 의해서 계산한다. 앞의 예에서 대출기간을 3개월이라고 한다면, 이 때의 3개월간의 지급이자는 13만원/4=32,500원이 되므로 다음과 같이 3개월의 이자율을 먼저 구하고 이를 다시 연유효이자율로 환산하여야 한다.

$$\frac{32{,}500}{1{,}000{,}000-32{,}500}=3.359\%$$

$$(1+0.03359)^4-1=14.13\%$$

여기에서 주의하여야 할 점은 비록 똑같은 액면이자율인 13%로부터 도출된 유효이자율일지라도 3개월의 이자율을 연이자율로 환산한 이자율은 대출기간 1년에 대한 이자율보다 낮다는 점이다. 그 이유는 연간이자를 선지급한 효과 때문에 차입자에게는 차입기간이 길수록 불리하기 때문이다.

(3) 부가이자율법

부가이자율법은 주로 소비자 대출(consumer loans)과 같은 할부대출에 적용되나 가끔 상업대출에도 적용된다. 부가이자율은 원금과 이자를 합한 원리금을 똑같은 금액의 할부금으로 나누어 상환할 때 이용하는 이자율이다. 예를 들어 연 14%의 이자율로 100만원을 차입하고 이를 12개월에 걸쳐 할부로 상환하는 경우를 생각하여 보자. 당해년도의 총이자금액은 14만원(100만원×0.14)이므로 총상환원리금은 114만원으로 12개월의 할부금으로 나누어 보면 월평균상환금액은 95,000원이다. 월평균 유효이자율을 구하기 위해서 상환금액의 현재가치와 대출금액이 똑같도록 한다.

$$\text{100만원}=\text{95,000원}\times\text{연금현가계수}(k\%,\ 12)$$

이 등식에서 k의 값은 100만원의 투자원금과 매월 95,000원의 현금흐름을 가지는 투자안의 내부수익률(*IRR*)과 같은 2.0757%가 되고, 연이자율로 환산하면 27.96%가 된다.

$$(1+0.020757)^{12}-1=27.96\%$$

이와 같이 이자율이 높은 이유는 14%의 이자율이 총대출금액 100만원에 대해서 적용됨에도 불구하고 실제로는 100만원 전액을 이용하는 기간은 단지 첫번째 달뿐이기 때문이다. 차입금은 할부로 상환하기 때문에 차입자의 이용가능 차입평균잔액은 차입원금의 절반 정도인 50만원 수준이 되기 때문에 이자부담은 단순 연이자율 14%의 2배가 되는 27.96%가 되는 것이다.

(4) 보상예금잔액이 있는 경우의 이자율

은행이 대출조건으로 대출총액을 융자하지 않고 일정금액을 저리예금으로 유보시켜두는 보상예금잔액(compensating balance)을 요구하는 경우에는 유효이자율을 상승시키는 요인이 된다. 은행에서 요구하는 최소평균예금액은 대체로 신용한도액의 10% 내지 20%내외의 수준이다. 예를 들어 15%의 보상예금잔액조건부 100만원의 신용한도가 의미하는 것은 실제차입금액이 85만원을 초과하지 않게 하기 위해서 기업은 적어도 15만원의 평균잔액을 가진 당좌예금을 유지하고 있어야 한다는 뜻이다.

이 기업의 은행대출금은 100만원, 실제차입금은 85만원이고 그 이자율은 12%라고 가정하면, 그 대출금에 대한 유효이자율은 다음과 같다.

$$\frac{12\text{만원}}{85\text{만원}}=14.12\%$$

따라서 이자율계산을 위한 일반식은 다음과 같다.

$$\text{유효이자율}=\frac{\text{명목상 이자율}}{1-\text{보상예금잔액비율}}$$
$$=\frac{12\%}{1-0.15}=14.12\%$$

그러나 은행에서 보상예금잔액을 요구하지 않을 경우라도 차입금의 일정수준을 예금평균잔액으로 확보하게 되면 그만큼의 이자율을 부담하게 되는 것이다. 이와 같이 보상현금잔액이라는 요구조건이 없을 경우라도 기업이 5%의 평균잔액을 유지하였다면 차입비용은 다음과 같이 계산된다.

$$\frac{12\%}{1-0.05}=12.63\%$$

신용한도액을 설정할 때는 보상예금잔액에 대한 요구조건을 고려해야 한다. 20%의 보상예금잔액을 요구하는 100만원을 차입하기 위해서는 신용한도가 125만원이 되어야 하고 이를 일반식으로 표현하면 다음과 같다.

$$\frac{100\text{만원}}{1-0.20}=125\text{만원}$$

$$\text{차입액}=\frac{\text{실제로 필요한 자금}}{1-\text{보상예금잔액비율}}$$

제4절 기업어음

기업어음(Commercial Paper: *CP*)은 재고자산, 급료, 세금 등 비교적 단기적이고 계절적인 자금수요를 위해 자금을 필요로 하는 기업이 약속어음을 발행·매출함으로써 필요한 자금을 조달하는 단기자본수단이다. 기업어음은 일반투자자나 타기업, 보험회사, 투자신탁회사 등의 기관투자자들에 의해 할인되어 매입되는데, 대부분의 경우 거래를 원활히 하기 위해서 금융기관들이 중개기관(dealer)으로 개입한다.

*CP*는 단기성 무담보 약속어음이어서 발행자의 이름만 기록되어 있기 때문에 재무구조가 건전하고 평판이 좋은 대기업에 의해 지배되어 왔다. 대부분의 *CP*는 만기일이 3일에서 270일까지 다양하며 평균만기일은 30일 미만이다.

*CP*는 발행기업에 의해 투자자에게 직접 매출되거나 또는 *CP*중개기관에 의해서 매출된다. *CP*중개기관은 매출할인율과 발행기업으로부터의 매입할인율의 차를 수익으로 얻게 된다. *CP*를 발행할 때 금리는 발행기업의 신용상태에 따라 다른데 대부분 전문신용평가기관의 신용평가에 따라 발행금리가 결정된다.

미국의 경우 *CP*의 흥미있는 특징은 일반적으로 *CP*의 할인율수준이 은행대출금리보다 약간 낮은 점이다. 따라서 기업은 *CP*의 매출을 통하여 은행으로부터의 차입에 의한 것보다 더 적은 비용으로 자금을 조달할 수 있다. 그러나 우리나라의 경우는 정책당국이 은행금리결정에 개입하기 때문에 은행금리가 실질금리보다 낮아 *CP*의 할인율은 은행금리보다 일반적으로 높다.

*CP*는 기업에게 간편한 절차(무담보)의 단기자금조달수단을 제공하며 여유자금을 보유하고 있는 투자자들에게는 수익성 높은 저축수단을 제공해줌으로써 사금융자금의 제도금융권 유도에 크게 기여하고 있다. *CP* 금리는 실세에 따라 자율적으로 변동하는 것을 원칙으로 하고 있으며 현행 *CP*이자율은 연 40% 이내에서 인수기관과 협의하여 결정된다. 물론 우량기업일수록 낮은 이자율로 발행하고 있다.

*CP*와 기존어음과의 중요한 차이점을 열거하면 다음과 같다.

① 실세금리는 수시로 변동한다.
② 담보가 없다.
③ 중도환매가 불가능하다.
④ 액면금액이 비교적 크다.

제 5 절 담보형단기자본 조달수단

1 외상매출금금융

외상매출금을 기초로 한 자금조달에는 플레징(pledging)과 팩토링(factoring)이 있는데 플레징은 매출채권을 가진 기업이 매출채권을 담보로 자금을 조달하는 것이며, 팩토링은 매출채권을 할인매각하여 단기자금을 조달하는 것이다.

(1) 플레징(pledging)

외상매출금의 플레징은 상품매출자와 금융기관간에 계약이 먼저 체결되어야 하며, 일단 계약이 성립되면 상품매출자는 정기적으로 상품청구서를 모아서 금융기관에 송부한다. 금융기관은 이를 심사하여 매입자의 신용을 평가한 다음 자금대출여부를 결정한다. 이 때 금융기관은 신용기준에 미달하는 청구서는 인수를 거절하게 되며, 상품매입자가 대금을 지불하지 못하면 자금차입자에게 다시 청구할 수 있다.

그러나 상품매출자인 자금차입자가 지불능력이 없어질 가능성이 있으므로 금융기관은 이에 대한 대비책으로 플레징되는 매출채권의 100%를 모두 대출하지 않고 75%만 대출하는 경우도 있다.

우리나라도 일반 시중은행에서 일반상거래를 통하여 회수된 상업어음을 할인하는 제도를 두고 있는데, 일종의 플레징에 해당되고 여기서의 상업어음은 금융어음성격인 CP와 구분된다.

(2) 팩토링(factoring)

팩토링이란 외상매출채권을 금융기관에 직접 매각하여 이들 채권에 투하된 자금을 회수하게 하는 금융서비스로서 외상매출채권을 인수하여 자금을 융통해주는 금융기관을 팩터(factor)라고 한다.

팩터가 매입한 외상매출금에 대손이 발생할 경우 상품판매자에 대한 소구권이 없으므로 대손위험을 부담한다. 또한 일반적으로 상품구매자는 채권이전에 대한 통지를 받으며 팩터에게 대금을 직접 지급한다. 팩터는 상품판매기업을 대신해서 다음 세가지 기능을 수행한다.

첫째, 상품구매기업의 신용조사

둘째, 외상매출금회수

셋째, 대손위험의 부담 등이다.

팩토링에 의해 발생되는 비용은 외상매출금회수일까지의 이자, 팩토링수수료 등이며, 수수료에는 신용조사비, 외상매출금회수비용, 대손위험 등이 포함된다.

2 재고자산금융

신용이 낮은 기업들이 상품이나 원자재의 보관증서(trust receipts), 창고증권(field warehouse financing)을 담보로 자금을 조달하는 것을 재고금융이라 한다. 기업은 재고자산의 가치에 따라 단기대출을 받을 수 있는데 대출수준은 금융기관의 신용정책과 재고자산의 특성에 따라 재고자산의 청구서가액중 50~90%의 범위내에서 결정되는 것이 일반적이다. 금융기관은 담보된 상품가격의 가치하락가능성, 보유기간중 상품의 파손위험, 보관관리비, 상품의 시장성 등을 고려하여 대출수준을 결정한다.

이러한 재고금융의 한 형태로 이용되는 것이 총괄재고담보(blanket inventory lien)인데 차입자의 모든 재고를 담보로 제공하며 차입자가 재고처분을 임의로 할 수 있어서 재고자산의 담보가치가 불안정하다. 이러한 총괄재고담보의 약점을 보완하는 것이 보관증서이며 차입자가 대출자의 신탁에 의해 담보물건을 보관하고 있음을 표시하는 증서이다. 보관증서가 사용될 경우 해당상품의 보관, 처분, 양도 등에 관한 사항을 대출자에게 보고하여야 하며 상품이 판매되면 판매대금은 금융기관에 송부되어 그 상품에 대한 보관증서를 해제하여야 한다.

이와 비슷한 것으로 창고회사증서를 담보로 하는 것이 있는데 재고감독을 위해 대출자는 제3의 공설창고회사에 담보를 보관·통제한다. 이때 공설창고회사는 보관중인 재고자산의 창고증서를 대출기관에게 발행하게 된다. 그러므로 차입자가 차입금을 변제하여 담보가 해제되는 경우 대출자가 보관중인 창고증서를 공설창고회사에 송부함으로써 차입자는 자기의 재고자산을 인수할 수 있다. 한편 담보자산의 보관장소가 공설창고회사가 아니라 현재 차입자가 보관하고 있는 창고회사인 경우도 있다.

연습문제

1 자생적 자본조달과 무담보자본조달을 비교하시오.

2 단기자본조달이 갖는 특성에 관해 논하시오.

3 현금할인을 받겠다는 결정이 기업의 단기자본비용에 어떻게 영향을 주는지 설명하시오.

4 보상현금잔액의 개념과 그것이 어떻게 차입이자율에 영향을 주는지 설명하시오.

5 기업어음이 기존어음과 어떻게 다른지 자세히 설명하시오.

6 외상매출채권금융인 플레징과 팩토링을 비교 · 설명하시오.

7 다음 거래신용조건에 대하여 할인혜택을 포기함에 따라 부담하게 되는 비용을 계산하시오.

① 2/30, net 60

② 3/10, net 20

③ 1/10, net 40

8 인경사는 운전자본을 1억원 증액시키기 위해 다음의 세 가지 운전자본조달 방안을 고려하고 있다.

① "3/10, net 30"에 기초한 현금할인

② 15%로 은행에서 차입(25%의 보상현금잔액 유지)

③ 14%로 *CP*를 발행(발행비용은 매 6개월마다 100만원이 될 것이다.)

인경사는 어느 대안을 선택해야 하는가?

재무관리의 특수문제

개 요

제 6 편에서는 재무관리의 특수문제로서 기업인수 · 합병과 국제재무관리, 옵션 및 기업지배구조와 행태재무학을 다루고자 한다.

제18장에서는 기업이 외적 성장을 위해 다른 기업을 인수 · 합병하고자 할 때 대상기업의 가치를 평가하는 방법을 거론하며, 인수 · 합병시 효과와 인수 · 합병방어 전략도 검토하게 된다.

제19장에서는 국제관계에서 진일보한 다국적간 거래시 당면하는 환율과 이자율, 환율의 결정이론, 환위험 및 환위험 관리에 대하여 논의의 초점을 맞추어 갈 것이다.

제20장에서는 옵션의 의의와 종류 등 기본 개념을 설명하고 옵션의 가격평가이론을 논의하며, 옵션을 통해 투자위험을 분산할 수 있는 방법을 제시하게 된다.

제21장에서는 최근 들어 각광을 받고 있는 기업지배구조와 행태재무학의 문제에 대해서 기본적인 개념과 사례를 들어 설명하고자 한다.

기업의 인수와 합병

제 1 절 기업의 외적 성장

1 기업인수와 합병(M&A)

기업의 인수와 합병(Merger and Acguisition: M&A)은 두 기업간의 물리적, 화학적 결합을 일컫는데, 합병 후의 법률적 문제를 고려하면 흡수합병(merger)과 신설합병(consolidation)으로 나눌 수 있다. 흡수합병은 둘 이상의 기업이 결합할 때 그 중 한 회사가 존속하고 나머지 기업의 모든 자산과 부채를 인수하는 형태이고, 일반적으로 합병회사와 합병대상기업의 규모가 크게 차이가 날 때 발생한다. 신설합병은 결합하는 모든 회사가 해산하고 새로운 하나의 기업이 탄생하는 형태로서 일반적으로 합병회사와 합병대상기업의 규모가 비슷한 경우에 발생한다.

기업합병이 이루어지는 주체의 경제적 성격에 따라 분류하면, 수평적 합병(horizontal merger), 수직적 합병(vertical merger), 다각적 합병(conglomerate merger)로 분류할 수 있다.

수평적 합병은 동일산업내의 기업간에 이루어지는 경우이며 시너지효과(synergy effect)가 두드러지게 나타난다. 수직적 합병은 생산과정이나 유통경로상의 전방 또는 후방기업을 합병하는 경우이다. 다각적 합병은 이종기업간의 합병으로 경영다각화를 통한 분산효과를 가져와 위험을 줄이려는 형태이다. 합병의 형태가 어떠하든지간에 합병은 합병회사와 대상기업의 경영자간 완전한 합의에 의해 성립된다.

기업인수는 인수기업이 대상기업의 자산 또는 주식을 취득하여 경영권을 취득하는 것을 의미한다.

자산매수(asset acquisition)는 인수기업이 대상기업 자산의 전부 또는 일부를 매입하는 것이다. 자산매수는 경영권보다는 중요 유·무형자산에 관심이 있을 때 발생한다.

주식매수(stock acquisition)로는 공개매수(tender offer, takeover bid, TOB)의 방법이 있는데 이는 인수기업과 대상기업간의 경영자의 합의가 없이 인수기업이 대상기업의 주주들로부터 직접 주식을 매입하여 경영권을 확보하는 적대적인 인수인 것이다.

인수대상기업의 경영자들이 인수제의에 대해 호의적인지 아닌지에 따라 우호적 인수(friendly takeover)와 적대적 인수(hostile takeover)로 구분된다. 호의적 인수라면 경영자들이 인수제의에 동의하고 주주들을 설득하여 제의에 응하도록 유도하지만 적대적 인수라면 인수제의에 반대하고 반대공개매수전략을 수립하여 대항할 것이다.

공개매수는 인수기업 없이 때로는 경영자자신이 차입자본을 끌어들여 자기회사의 주식을 매수하는 경영자매수(Management Buy Out: MBO) 형태로 진행되기도 한다. 차입매수(Leveraged Buy Out: LBO)는 차입금을 이용하여 공개기업의 상장주식을 전부 매수하여 비공개기업화(사기업화) 하는 것을 말한다.

경영권을 인수하는 또 하나의 방법으로 위임장 대결(proxy fight)이 있다. 위임장대결은 현 경영진에 반대하는 불만그룹(dissident group)이 주주들로부터 의결권을 위임받아 주주총회에서 자신들의 이익을 대변할 수 있는 이사를 선임하여 이사회에 진출시키는 것을 의미한다. 과반수 이상의 이사를 확보하면 경영권을 쟁취할 수 있다.

2 M&A의 동기

M&A의 동기는 M&A를 통한 외적 성장으로 기업가치를 극대화하기 위한 것이며, 다음과 같은 동기들이 있다.

(1) 시너지 효과(synergy effect)

기업은 인수를 통해 운영의 효율성과 규모의 경제성(economies of scale)을 달성하여 정(+)의 시너지효과를 창출하게 된다. 운영의 효율성 측면에서는 마케팅, 회계, 구매, 유통, 재무 및 기타 활동에서 비능률을 제거하여 경영합리화를 기할 수 있으며, 규모의 경제측면에서는 규모의 영세성에서 벗어나 생산량의 증가를 통한 평균생산원가의 감소로 경영합리화를 기할 수 있다는 점인데, 특히 동종기업간에 결합되는 수평적 합병의 경우 시너지효과가 두드러지게 나타난다.

(2) 제품의 다양화

기업의 제품특성이 주기적 또는 계절적인 경우 수익이 불안정하게 되어 위험이 증가하게 된다. 이 때 위험을 분산시키기 위하여 이종기업간에 합병이 이루어지면 제품이 다양화되어 미래수익이 안정되고 기업가치에 유리한 영향을 미치게 된다.

(3) 시장지배력

기업이 시장지배를 통해 시장점유율(market power)을 높이려고 할 때 합병이 이루어진다. 두 경쟁기업이 흡수합병되면 합병기업은 경쟁감소, 가격인상, 생산감소로 인한 독과점이익을 향유하지만 독과점형성에 따른 경쟁업체 축출, 또는 경쟁제한 등의 폐해가 있을 수 있다.

(4) 높은 대체원가 회피

기업이 신규공장 건설을 위한 투자보다 기존기업을 흡수합병하게 되면 비용절약을 가져올 수도 있다.

(5) 세제상 혜택

기업은 합병으로 세제의 혜택을 받을 수 있다.

이 외에도 재무구조개선, 유동성동기 등 많은 합병동기가 있을 수 있으며, 또한 경제정책적인 목적에서 부실기업의 강제인수를 통한 합병이나 기업간의 통폐합이 이루어지기도 한다.

③ 기업 M&A 동기에 관한 이론적 근거

(1) 차별적 효율성 이론(differential efficiency)

가장 일반적인 기업합병이론으로서 경영 효율이 높은 기업이 상대적으로 효율이 낮은 기업을 인수한다는 것이다. 이론적으로 A사의 경영이 B사보다 효율적인 경우, A사가 B사를 취득하면 B사의 경영 효율을 A사의 수준까지 향상시킬 수 있다.

(2) 시너지 이론(financial Synergy)

이 이론은 2개의 기업이 결합할 경우 개별기업이 갖는 각각의 가치 이상의 가치를 얻을 수 있으며 이것이 기업합병의 동기라고 보는 것이다. 즉 기업합병 대상기업간에 특별한 보완작용과 상승작용을 통하여 새로운 가치를 창출한다는 이론이다($V_{ab} > V_a + V_b$). 이 경우 기업 경영상의 상승 효과는 영업 시너지와 재무 시너지로 구분하는 것이 보통이다. 영업 시너지란 생산, 판매, 투자, 인력 등에서 기업합병에 의한 규모의 경제를 성취함으로써 기업 가치가 증가함을 말하며, 재무 시너지란 자본비용의 감소나 자금조달 능력의 확대 등을 통하여 기업 가치가 증가됨을 말한다.

(3) 저평가 이론(underraluation)

합병대상기업이 보유하는 자산의 시장가치가 진정한 잠재적 가치를 반영하지 못하고 저평가되고 있기 때문에 기업합병이 일어난다고 하는 이론이다.

(4) 대리문제 제거이론(agency theory)

주주의 대리인으로서 기업을 운영하여야 할 경영진이 기업가치의 증대보다는 자신의 이익을 위하여 행동하는 경우가 생길 수도 있다. 즉, 대리비용을 많이 부담하는 기업을 매수하여 낭비요인을 제거하거나 또는 경영에 참여하지 않는 주주들이 감시 통제의 방법의 하나로 기업합병을 위협으로 사용하면 경영효율이 향상되어 기업가치가 증대한다는 이론이다.

(5) 시장 지배력 이론(market power)

이 이론은 기업합병을 통하여 시장 점유율을 확대시키면 시장 지배력이 발생하여 기업의 이익이 향상한다는 이론이다. 즉 기업합병에 의한 이익은 독점 및 담합 등을 통하여 증가된 기업집중의 결과라는 것이다.

(6) 세금혜택이론(tax)

배당금의 지급 등에 따르는 높은 세율의 소득세를 회피하고 대신에 세율이 낮은 자본이득세(양도소득세)를 적용받기 위하여 기업합병이 행해진다는 이론이다.

(7) 잉여 현금흐름 이론(free cash flow)

어떤 기업의 시장점유율이 높고 성숙기를 맞아 많은 자금을 창출하고 있을 때 기업합병이 이루어진다는 이론이다. 즉 여유자금은 있으나 마땅한 투자대상이 없는 경우 자사주를 매입하거나 배당으로 지급하여 기업규모를 축소하는 대신에 기업을 인수하는데 사용함으로써 주주들은 주가상승에 따른 자본이득을 얻을 수 있다.

제 2 절 기업인수 · 합병의 경제적 타당성분석

1 현금인수

A회사가 B회사를 현금인수하였을 때 합병으로 인한 이득을 표시하면 다음과 같다.

$$\text{합병이득(gain)} = PV_{ab} - (PV_a + PV_b) \qquad (18-1)$$

- PV_{ab} : A회사와 B회사의 합병후 가치
- PV_a : A회사의 가치
- PV_b : B회사의 가치

*B*회사를 취득한 대가로 현금(cash)을 지급한 경우의 합병코스트를 표시하면 다음과 같다.

$$\text{합병코스트(cost)} = \text{cash} - PV_b \qquad (18\text{-}2)$$

합병이득과 코스트를 순현가로 표시하면 다음과 같다.

$$NPV = \text{gain} - \text{cost} = PV_{ab} - (PV_a + PV_b) - (\text{cash} - PV_b) \qquad (18\text{-}3)$$

또는

$$NPV = (PV_{ab} - \text{cash}) - PV_a \qquad (18\text{-}4)$$

이때 *NPV*가 정(+)일 때 합병의 경제적 이득이 있는 것으로 평가된다.

*A*회사가치(PV_a)가 20억원, *B*회사가치(PV_b)가 2억원이며 *AB* 두 회사의 합병후 가치는 23억 2천만원이고 현금지급액을 2억 5천만원이라고 하자.

$$\begin{aligned}\text{합병이득(gain)} &= \text{23억 2천만원} - (\text{20억원} + \text{2억원}) \\ &= \text{1억 2천만원}\end{aligned}$$

$$\text{합병코스트(cost)} = \text{2억 5천만원} - \text{2억원} = \text{5천만원}$$

이때 순현가를 구하면 다음과 같다.

$$\begin{aligned}NPV &= (PV_{ab} - \text{cash}) - PV_a \\ &= (\text{23억 2천만원} - \text{2억 5천만원}) - \text{20억원} \\ &= \text{7천만원}\end{aligned}$$

❷ 주식교부로 인한 인수

*A*회사가 *B*회사를 합병할 경우 *B*회사 주주들에게 *A*회사 주식을 발행하여 교부한다고 할 때 다음 예제를 살펴보자.

	회사 A	회사 B
주 당 시 장 가 치	75,000원	15,000원
발 행 주 식 수	100,000주	60,000주
시 장 가 치 총 계	75억원	9억원

*A*회사는 현금 12억원을 지급하는 대신 *A*회사 주식 16,000주를 *B*회사 주주에게 교부하고 이때 합병이득을 4억원이라고 가정하자. 단, *A*, *B*회사 기업가치는 시장가치로 계산한다.

주식교부로 인한 합병코스트는 다음과 같이 계산된다.

$$\text{합병코스트} = S \times PV_{ab} - PV_b \qquad (18\text{-}5)$$

• $S = \dfrac{\text{B회사 주주에게 교부한 신규발행주식수}}{\text{총발행주식수}}$

그리고 합병 후의 기업가치(PV_{ab})를 계산하면 다음과 같다.

식 (18-1)에서 합병이득(gain) $= PV_{ab} - (PV_a + PV_b)$이므로 다음과 같이 쓸 수 있다.

$$PV_{ab} = \text{gain} + (PV_a + PV_b)$$
$$= 4\text{억} + 75\text{억} + 9\text{억} = 88\text{억}$$

$$\text{합병코스트(cost)} = S \times \text{PV}_{ab} - PV_b$$
$$= \frac{16{,}000}{116{,}000} \times 88\text{억원} - 9\text{억원}$$
$$= 3\text{억 }1\text{천 }4\text{백만원}$$

그러므로

$$\text{순현가}(NPV) = \text{합병이익} - \text{합병코스트}$$
$$= 4\text{억원} - 3\text{억}1\text{천}4\text{백만원} = 8\text{천}6\text{백만원}$$

이 된다.

이때에도 순현가가 정(+)의 값이므로 합병의 경제적 이득이 있는 것으로 평가된다. 현금지급과 주식교부 중 어떠한 방법으로 인수하는 것이 유리한지는 다음에 열거한 요인들에 달려 있다.

① 합병대상기업의 가치가 고평가되었다고 생각되면 주식교부로 인수하는 것이 좋다.

② 현금인수는 과세대상이 되므로 과세되지 않는 주식교부인수가 유리하다.

③ 현금인수의 경우 합병대상기업의 주주들은 합병의 잠재적 이득에 참여할 수는 없을 뿐아니라 현금인수가 이루어지지 않을 경우의 손실 또한 감내해야 되므로 주주들은 주식교부인수보다 큰 타격을 받게 된다.

제 3 절 인수 · 합병의 재무적 분석

1 현금인수

합병에 있어서의 현금인수는 초기 현금지출과 기대미래수익의 현가를 평가하여 투자의사를 결정하는 자본예산편성(capital budgeting)과 동일하게 취급할 수 있다.

기업현금인수를 자본예산편성방법으로 평가할 때 미래현금흐름수정과 위험평가에 유의해야 한다. 합병기업이 상이한 위험계층의 기업을 인수할 때는 현가계산시에 고려해야 할 할인율인 자본비용을 적절히 조정해야 하며 순현가(net present value)가 정(+)의 값을 가질 때 합병의 경제적 타당성이 있다고 본다. 이때 합병대상기업은 계속기업이기 때문에 미래수익으로서의 현금흐름(cash flow)을 보다 정확하게 추정할 수 있으나 시너지효과(synergy effect)가 나타날 때에는 추정에 어려움이 따를 수 있다.

2 주식교부인수

주식교부인수의 경우에는 주식교환비율결정이 가장 중요한 문제이다. 주식교환비율은 두 기업의 가치평가에 지대한 영향을 미치게 되는데 주식교환비율변동에 어떻게 합병기업과 합병대상기업의 주당이익(earning per share)과 주식가격에 영향을 미치는가를 분석하여 보자.

(1) 주당이익분석

A회사가 주식을 발행하여 B회사를 합병하는 다음의 예들을 살펴보자.

A회사가 B회사 보통주 1주에 대하여 30,000원으로 계산하여 A회사 주식을 교부할 경우 주식교환비율과 합병후 주당이익은 얼마나 되는가?

주식교환비율 ; 64,000원 : 30,000원 = 1:X

$$X = \frac{30,000\text{원}}{64,000\text{원}} = 0.46875$$

표 18-1 A, B 두 회사의 재무자료

	A회사	B회사
총이익	20억원	5억원
발행주식수	50만주	20만주
주당이익(E)	4,000원	2,500원
주가(P)	64,000원	30,000원
주가수익배율(PER)	16	12

교부주식수 ; 20만주 × 0.46875 = 93,750주

합병후 A회사 주당이익;(20억원 + 5억원)/(50만주 + 93,750주)
= 4,210원

합병후 B회사 주당이익;(93,750주 × 4,210원)/20만주 = 1,973원

합병의 결과 A회사 기존주주들의 주당이익은 증가하였지만 B회사 기존주주들의 주당이익은 합병 전보다 감소하게 된다.

B회사 주식 1주에 40,000원으로 계산하여 합병할 경우를 살펴보자.

주식교환비율 ; 64,000원 : 40,000원 = 1:X

$$X=\frac{40,000원}{64,000원}=0.625$$

교부주식수 ; 20만주 × 0.625 = 125,000주

합병후 A회사 주당이익;(20억원 + 5억원)/(50만주 + 125,000주)
= 4,000원

합병후 B회사 주당이익;(0.625 × 4,000원)=2,500원

합병결과 A회사 기존주주나 B회사 기존주주들의 주당이익에는 변함이 없다.

B회사 주식 1주에 50,000원으로 계산하여 합병할 경우를 살펴보자.

주식교환비율 ; 64,000원 : 50,000원 = 1:X

$$X=\frac{50,000원}{64,000원}=0.781$$

교부주식수 ; 20만주 × 0.781 = 156,200주

합병후 A회사 주당이익 ; $\frac{25억원}{50만주+156,250주}=3,809원$

합병후 B회사 주당이익 ; 0.781 × 3,809원 = 2,974원

【예 5】의 경우 합병결과 A회사 기존주주들의 주당이익은 하락하였지만 B회사 주주들의 주당이익은 합병 전보다 증가하였다. 합병결정이 오직 합병 직후의 주당이익증감에 의해 좌우된다면 A회사는 B회사를 합병하려 하지 않을 것이다. 그러나 이러한 분석방법은 합병으로 인한 미래이익의 성장성을 고려하지 않았다. 만약 B회사의 이익이 A회사의 이익보다 빠르게 성장할 것으로 기대된다면 A회사의 주당이익이 합병 직후에 희석되어 하락된다 하더라도 높은 주식교환비율을 정당화할 수 있다. 왜냐하면 합병대상기업의 높은 성장률이 합병후 합병회사의 이익을 증대시켜줄 것이기 때문이다.

[그림 18-1]에서 보면 【예 5】의 경우에서처럼 합병회사 A회사가 B회

그림 18-1 **성장성을 고려한 주당이익**

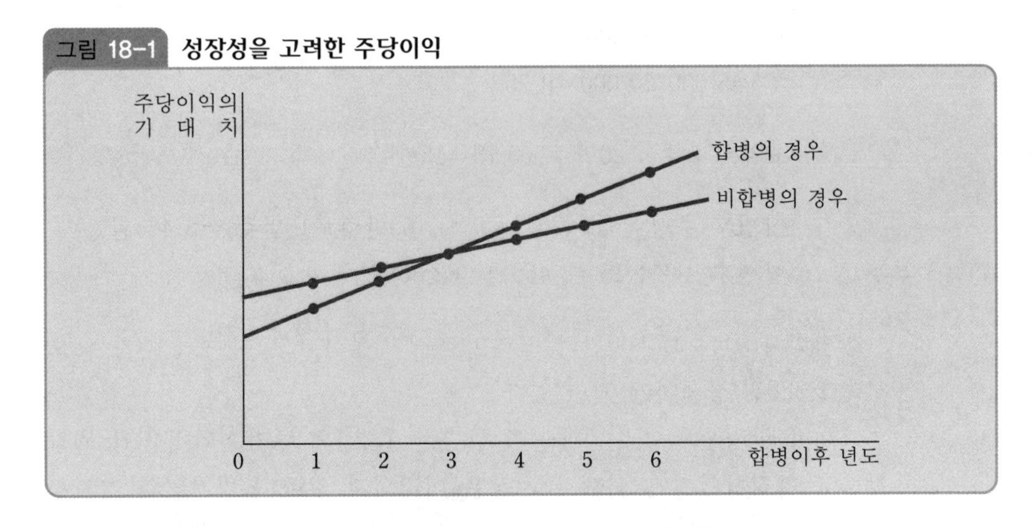

사를 합병한 시점에서 주당이익이 하락하지만 시간이 지나면서 합병효과로 인하여 더 높은 주당이익을 실현하게 된다.

(2) 주가분석

주가는 기업의 미래 잠재수익력, 배당, 기업위험, 자본구조, 자산가치 및 그외 요인에 의하여 결정되어진다.

합병시에 합병대상기업에 지불되는 대가는 보통 시장가치보다 높은 가격을 지불하는 것이 일반적이다.

*B*회사 주식을 1주당 45,000원으로 평가하여 *A*회사 주식을 발행교부한 경우 합병비율과 합병후 1주당 이익 및 합병후 주가는 어떻게 되는가? 단, *PER*는 변하지 않는다고 가정한다.

표 18-2 **A, B 두 회사와 합병회사의 재무자료**

	*A*회사	*B*회사	합병회사(*AB*)
총이익	20억	6억	26억
발행주식수	60만주	20만주	75만주
주당이익(*E*)	3,333원	3,000원	3,466원
주가(*P*)	60,000원	30,000원	62,388원
주가수익배율(*PER*)	18	10	16
총가치	360억	60억	468억

합병비율; 60,000:45,000 = 1:X
X = 45,000/60,000 = 0.75

교부주식수 ; 20만주 × 0.75 = 15만주

합병후 주당이익; (20억 + 6억)/(60만주 + 15만주) = 3,466원
합병후 주가; 18 × 3,466원 = 62,388원

합병회사(A)는 15,000원의 프리미엄을 지불한다고 하여도 주가는 오히려 2,388원 상승하게 되어 있다.

그러나 합병후 주가수익배율이 합병전 A회사의 주가수익비율(PER)과 같다고 가정하였지만 실제로 시장은 어리석지 않아 합병기업의 가치를 두 기업가치의 힘으로 간주하여 주가수익비율이 16으로 하락하게 된다. 기업합병으로 증가한 주당이익은 환상이며 장기적으로 효율적 시장에서 기업총가치는 하락하게 되는 것이다.

제4절 기업 M&A의 효과

1 기업합병의 기업가치에의 영향

기업합병과 관련하여 가장 빈번하게 논의되고 있는 쟁점은 기업합병이 합병 당사기업 주주들의 부를 만족시켜주느냐 하는 점이다. 많은 연구들이 흡수합병과 기업인수가 합병기업과 피합병기업의 주가에 미치는 영향을 측정하려고 기도하였다. 젠센과 루백(Jensen and Ruback)이 1983년 이전의 연구들을 종합하여 발표한 것이 〈표 18-3〉이다.[1)]

〈표 18-3〉에 의하면 성공적인 기업합병의 경우 피합병기업의 주주들은 상당한 정(+)의 수익을 얻고 있으나 합병기업의 주주들은 그렇지 못하다.

〈표 18-4〉는 실패한 기업합병의 경우 합병, 피합병기업의 주주 모두 공개매수와 흡수합병에서 약간의 부(−)의 수익을 경험하고 있음을 보여준다.

〈표 18-3〉과 〈표 18-4〉에서 다음과 같은 결론을 내릴 수 있다.

첫째, 성공적인 기업합병의 피합병기업 주주들은 합병의 결과로 상당한 이득을 얻으며 흡수방법보다 공개매수가 더욱 유리하다. 공개매수는 비우호적인 합병이므로 합병이 성공하려고 하면 피합병기업의 경영진들의 저항도 거셀 것이 예상되므로 주주들은 더 높은 프리미엄을 받게 된다.

둘째, 합병기업의 주주들은 상대적으로 합병혜택을 받지 못한다. 에스퀴드(Asquith)의 연구에 의하면 심지어 합병기업의 주주들은 상당한 손해를 보는 것으로 나타나서 미해결 과제로 남아 있다.[2)]

셋째, 실패한 흡수합병의 경우 피합병기업 주주들에 귀속되는 수익의 변화를 합병제안일로부터 취소일까지 살펴보면 부(−)의 값을 가진다. 이는 합병제안으로 인한 합병수익이 흡수합병의 실패가 알려짐에 따라 줄어들었음을 의미한다. 실패한 공개매수의 경우도 똑같은 결과를 낳는데 브래들리, 데사이와 김(Bradley, Desai and Kim)의 공동연구에 의하면 실패 후 또다른 공개매수가 이루어지면 추가적인 정(+)의 수익을 실현하지만 그렇지 않으면 이전에 실현된 모든 수익을 잃게 된다.[3)]

표 18-3 성공적 기업합병의 주가수익률 증가

기업합병종류	피합병기업(target)	합병기업(bidders)
공개매수(tender offer)	30%	4%
흡수합병(merger)	20%	0
대리권 경쟁(proxy contest)	8%	**

** 통계적으로 의미가 없음.

표 18-4 실패한 기업합병의 주가수익률 증가

기업합병종류	피합병기업	합병기업
공개매수	−3%	−1%
흡수합병	−3%	−5%
대리권경쟁	8%	**

1) M. C. Jensen and R. S. Ruback, "The Market for Corporate Control: The Scientific Evidence," *Journal of Financial Economics* 11(Apr. 1983).

2) P. Asquith. "Merger Bids, Uncertainty and Stockholder Returns," *Journal of Financial Economics* 11(Apr. 1983).

3) M. Bradley, A. Desai, and E. H. Kim, "The Rationale behind Interfirm Tender Offers: Information or Synergy," *Journal of Financial Economics* 11(Apr. 1983).

2 기업합병시 기업구성원에 미치는 영향

인수합병은 직원에게 스트레스를 야기하고 직원의 사기에 부정적인 영향을 미칠 수 있다. 기업의 조직개편이 제대로 다뤄지지 않으면 인수합병이 직원의 사기에 미치는 영향은 심각할 수 있다. 어떤 인수 합병 시도이든 적어도 두 집단의 직원들이 관여하게 되며, 이 집단들은 확연히 다른 문화와 스타일을 지닌 조직인 경우가 많다. 새로운 문화를 학습하는 것도 어려운 문제이지만 특히 직원들이 미래에 대한 확신을 가지지 못하거나 누가 해고 대상에 올랐는지 불확실한 상황에서는 더더욱 그렇다.

(1) 스트레스

인수 합병 과정에서 겪는 변화는 직원들에게 특히나 힘들 수 있고, 제대로 다루지 못 하면 사기에 부정적인 영향을 줄 수 있는 스트레스로 이어질 수 있다. 이 기간에는 의사소통이 결정적인 해결방안이다. 기업에서는 현재 상황에 대한 정보를 최대한 공유하기 위해 힘써야 하며, 무엇보다도 변화로 인해 직원 개개인에게 어떤 영향이 미칠 수 있는지를 미리 알려야 한다.

(2) 해고의 두려움

두 조직이 동일한 문화를 가지고 있는 경우는 거의 없다. 집단들이 서로를 알아가면서 충돌과, 양측에 대한 실제적인 손실을 피하기란 불가능하다. 직원들은 일자리를 잃거나 이전에 자신들이 누렸던 기회를 잃을 수도 있다는 것을 두려워할 지도 모른다. 이 두려움은 생산성에 부정적인 영향을 미치며 직원들이 다른 일자리를 찾아 회사를 떠나게 만드는 결과를 초래할 수도 있다. 조직과 관리자, 그리고 인사 담당자들은 이를 인식하고 직원들이 서로를 알아가고, 우려를 공개적으로 불식시키며, 양 집단의 장점을 하나로 아우르는 새로운 문화를 창출하기 위해 서로 노력할 수 있는 기회를 제공해야 한다.

(3) 경쟁적인 태도

직원들이 자신들의 직업 안정성에 대해 걱정하게 되면 이들은 타인들에 대해 경쟁적인 태도를 취하게 될 가능성이 높고 이 경쟁심이 충돌, 때로는 심지어 폭력사태로 이어지기까지 한다. 인수합병 과정에서는 관리자와 인사 전문가들이 부정적인 경쟁의 신호에 촉각을 곤두세우고, 직원들이 일자리와 회사에서의 자신들의 미래에 대한 영향과 관련해 계속적으로 정보를 받도록 보장하는 것이 중요하다.

대부분의 사람들이나 기업들은 인수합병이 양측 기업에 항상 득이 된다는 측면을 강조하고 있다. 그러나 이를 기업의 눈이 아니라 직원들의 눈으로 보면 인수합병의 부정적인 영향을 찾을 수 있다. 직원들의 스트레스, 해고에 대한 두려움, 그리고 경쟁심과 같은 부정적인 것들은 장기적으로 회사에 나쁜 영향을 미칠 수 있다.

제 5 절 M&A방어전략

1 회사정관(corporate charter)상의 방어

회사정관에 반기업인수 부가조항을 추가하므로 기업지배권의 이전을 더욱 어렵게 만들 수 있다. 예를 들어 통상주주들의 3분의 2가 기업합병을 승인해야 하는데 이를 80% 이상으로 높이는 것이다. 이를 절대다수결원칙(supermajority rule)이라 한다. 또 하나의 방법은 새로운 대주주가 이사회의 지배권을 획득하는 시점을 지연시키기 위해 신임이사선출시기를 서로 다른 시점으로 엇갈리게 분산(staggered terms)시키는 것이다.

2 그린메일과 재매입정지 협정

그린메일(green mail)은 인수자가 인수대상기업의 주식을 상당수 매입한 뒤 매입한 주식을 비싼값에 되팔아 이익을 챙기는 것을 말한다.

이때 인수자와 협상을 벌여 일정기간동안 재매입을 시도하지 않겠다는 약정을 맺는 것을 재매입정지협정(repurchase standstill agreement)이라 한다. 대상기업은 신사협정의 각서를 받고 원래 인수자가 매입한 주식에 프리미엄을 얹어서 되사주는 전략이 그린메일 전략이다.

3 사기업화와 차입인수

사기업화는 공개기업이 현경영진에 의해 사기업으로 바뀌는 것을 말하는데, 이때 기업의 주식은 더 이상 시장에서 유통되지 않는다. 사기업화의 이유는 공개매수를 통한 비우호적인 합병을 방지하기 위해서이다. 사기업화를 위한 거래는 빈번하게 차입인수의 형태를 취한다. 이 경우에는 현 경영진이 외부투자자와 새로운 지분을 배분하게 된다. 사기업화를 위한 거래에서 주주들은 현금을 받고 주식을 팔도록 강요받으며, 기업은 현금제시가격에 대응하는 자금을 부채로 조달하게 된다.

4 기타 방어전략

(1) 황금낙하산(golden parachutes)제공

인수대상기업의 주주들은 인수가 성사되면 최고경영진에게 상당한 보상을 지급할 것을 약속하는 것으로 이 보상금지급은 경영자들로 하여금 자기자신의 안위보다 주주들의 부를 극대화하기 위해 인수제의를 성사시킬려고 노력하게 된다. 한편 황금낙하산제도는 기업인수를 촉진하기보다는 오히려 기업인수에 장애가 되어 기업인수를 어렵게 만들 수 있다.

막대한 퇴직보상금을 지급하고 나면 대상기업 가치가 없기 때문이다.

(2) 왕관보석(crown jewels)전략

인수위협에 직면하여 대상기업들이 황금알(golden egg)을 낳는 주요자산을 미리 매각 처분하여 기업을 빈껍데기로 만들어 적대적 인수를 예방하는 전략으로 이를 초토화전략이라 한다.

(3) 독약증권(poison pill)제공

인수위기에 직면한 대상기업의 경영자가 인수기업의 주식을 인수의 성사 즉시 할인가격으로 매입할 수 있는 권리를 부여하는 독약증권을 대

상기업의 주주들에게 배당의 형태로 나누어 줌으로써 인수기업이 인수를 피하도록 유도하는 전략을 말하며, 대상기업의 독약방어로 인하여 인수기업 주주의 부는 감소될 것이다. 이 방어전략을 위해 발행되는 증권은 주로 전환사채이다.

(4) 백기사(white knight)전략

적대적 M&A의 대상이된 기업들이 자기에게 평소에 우호적인 기업을 찾아나서서 자신들의 기업을 인수해 주도록 요청하는 전략이다.

제6절 차입에 의한 인수(Leverged Buyout: LBO)

1 LBO의 의의와 위험

차입에 의한 인수인 LBO란 기업합병의 거래를 구성함에 있어서 합병대상기업의 자산을 담보로 제공하거나 신용을 이용하여 자금을 조달함으로써 기업을 매수하는 금융기법이다. 즉 거래가 성공할 것을 전제로 하여 합병대상기업의 자산이나 수익 또는 현금흐름을 담보로 금융기관에서 자금을 조달하여 기업을 매수하고, 매수 후에는 합병대상기업의 현금흐름에 의하여 채무를 상환하거나 또는 현금흐름이 부족한 경우에는 일부 자산의 매각에 의하여 채무를 변제하는 방법이다.

원래 LBO거래는 주로 부실기업을 청산하기 전 마지막 조치로서 경영진이 기업자의 순자산가치(net asset value)보다 싸게 기업을 합병하여 경영을 개선하는 방편으로 시도되는 등 처음에는 사업에 관한 참신한 아이디어, 과감한 전략과 추진력을 바탕으로 기업의 재도약을 시도하는 것을 목적으로 하였다. 그러나 자기 자금이 적더라도(약 10%) 차입 등에 의하여 나머지 90%정도의 외부조달이 가능해짐에 따라 LBO거래도 점차 규모가 커지면서 기업의 경영 개선이라는 당초의 목적보다는 단기적 투자 수익을 올리기 위한 목적으로 시도되는 경우가 많아졌다. 이러한 투기적 LBO거래는 기업의 자본이나 자산의 구조 변경을 통해 비교적 단기간 내에 큰 자본이득을 만들어 내고 그 혜택이 대중적인 주주가 아닌 소수의 합병주체에게 돌아간다는 점에 특색이 있다.

그러나 LBO거래는 성공하면 높은 수익을 올릴 수 있는 대신에 근본적으로 대단히 위험한 요소가 많은 투자이다. 투자측면에서의 LBO위험은 다음과 같이 요약할 수 있다.

첫째, 과도한 외부 자금을 동원하여 합병한 뒤 운영 부실 등으로 현금흐름이 악화되면, 원리금 상환이 불가능하게 되어 회사가 도산하게 된다.

둘째, LBO 이후 금융시장에서의 이자율이 급상승하면 이자 부담을 가중시키고 따라서 기대수익률(즉 자본환원율)이 높아지므로 투자 매력이 없어지게 된다.

셋째, LBO 이후 증권시장이 침체되거나 폭락하는 경우 합병 금액이 너무 높게 되어 나중에 다시 매각하거나 재상장시키더라도 당초에 기대한 수익을 올리지 못하게 된다.

넷째, 피합병기업의 자산을 매각함으로써 과중한 부채를 상환할 것을 계획하였으나 실제로는 매각이 용이하지 않거나 값이 너무 저렴하여 외부 자금의 상환이나 투자수익의 실현이 불가능해질 수도 있다.

따라서 LBO를 성공적으로 수행하기 위해서는 피합병기업을 신중히 선별하여야 한다.

2 LBO에 적합한 대상기업의 특징

(1) 영업적 특징

LBO에 적합한 대상기업의 영업적 특징은 다음과 같다.

첫째, 수익이 장기적인 경기변동에 크게 영향을 받지 않는 업체

둘째, 유명 브랜드와 강력한 시장지배력을 갖고 있는 상품의 생산 또는 판매업체

셋째, 제조원가가 낮아 상대적으로 비용상의 경쟁력이 있는 업체

넷째, 매출이나 수익면에서 실질적인 성장이 안정적으로 전망되는 업체

다섯째, 확고한 경영 방침을 가진 뛰어난 경영진이 있는 업체

(2) 재무적 특징

첫째, LBO 전의 부채비율이 낮은 업체

둘째, LBO에 수반하는 비용의 조달에 필요한 예측가능한 현금흐름이 있는 업체

셋째, 필요에 따라 분할 매각할 수 있는 사업 부분이나 자산이 있는 업체

넷째, 수익면에서 동업계 평균 이상의 수익률을 계속 유지할 전망이 있는 업체

3 LBO방식의 장점과 단점

한편 기업합병거래에 있어서 LBO방식이 많이 사용되는 이유는 자금 이외에도 다음과 같은 장점이 있기 때문이다.

① LBO에 따른 차입금이나 정크본드(junk bond)의 이자를 지급한 금액을 세법상 발행회사의 손금으로 산입할 수 있음과 동시에 취득한 자산의 재평가에 따라 감가상각비가 증가하여 큰 폭의 절세 효과가 나타날 수 있다.

② LBO에 의하여 합병대상기업이 개인기업화함으로써 적대적 기업합병의 방지가 가능할 뿐 아니라 수익이나 배당 등 수익의 단기적 이익을 고려할 필요성이 적어지며 또한 장기적인 안목에서의 기업 경영이 가능하게 된다. 아울러 경영진이 출자자인 경우 경영성과의 증진에 대한 동기도 유발하게 된다.

③ 수익성이 기대에 못 미치는 자산은 매각 처분하고 현금흐름이 좋은 사업부문이나 제품에 노력을 기울이게 되어 경영 효율을 높일 수 있다. 또 경영 계층을 줄임으로써 조직에서 관료성을 없애고 의사결정을 좀더 신속히 할 수 있다.

반면에 LBO거래에 따르는 단점도 있는데 이를 요약하면 다음과 같다.

① 일반적으로 LBO로 인하여 자본이 감소하고 부채가 증가함으로써 재무 구조가 악화되어 기업 체질을 약화시킬 뿐 아니라 비교적 이자율이 높아 금리 부담이 과중하게 된다. 또한 부채를 상환하기 위하여는 수익을 확대하여 현금흐름을 증가시킬 필요가 있으나 경기 악화시에는 부채

상환에 필요한 현금흐름이 부족하게 되어 결국 장기적으로 수익이 기대되는 부문을 강제로 매각해야 하는 사태가 발생할 수 있다.

② 합병대상기업의 경영자가 LBO의 출자자로 참여하는 경우 신규 출자자의 입장에서는 가능한 한 저렴하게 매수하고자 하는 반면 기존 주주의 대리인인 경영자의 입장에서는 가능한 한 고가로 매각하여야 하기 때문에 결과적으로 충실 의무의 위반, 곧 배임이라는 문제가 발생하게 된다.

4 LBO자금의 주요원천

정크 본드는 일반적으로 채무불이행위험의 정도를 기준으로 채권의 등급을 정하는 전문적인 신용평가기관들에 의해 저등급으로 판정받은 고수익채권을 의미한다.

이러한 정크 본드는 ① 최초 발행당시에는 신용등급이 투자적격이었으나 나중에 투자부적격으로 판정 받은 채권 ② 비록 성장기업이기는 하나 기업규모가 작아 자격에 미달되고 있는 중소기업발행의 채권, 그리고 ③ LBO에 의한 기업매수자금조달시 매수대상기업의 자산을 담보로 발행되는 채권 등으로 구분된다.

특히 과거의 기업매수합병이 자금여력이 풍부한 대규모기업들에 의해 주도되었지만 정크 본드가 기업합병을 위한 새로운 자금조달수단으로 등장하면서부터는 기업규모에 관계없이 기업의 매수합병거래가 증가하게 되었고 정크 본드 시장의 활성화에도 기여했으나 최근에는 합병기업자의 도산 등으로 이에 대한 부정적 견해가 제기되고 있다.

사·례·연·구

2004년 레노보의 IBM PC 부문 인수

베이징에 본사를 둔 레노보는 1994년 중국 과학원(the Chinese Academy of Sciences) 신기술부문이 분리된 것이 그 시초였다. 레노보는 처음에는 AST 컴퓨터의 재판매 및 유통업으로 시작해 나중에는 HP와 IBM의 재판매 및 유통에도 참여하게 되었다. 레노보는 1990년 처음으로 자체 브랜드의 PC를 제조하기 시작했고, 6년 후 중국 브랜드로는 최초로 중국 내에서 여타 해외 브랜드들의 판매량을 앞지른 브랜드가 되었다.

레노보와 비교하면 IBM의 역사는 훨씬 더 유구하다. 1896년도에 설립된 IBM은 태뷸레이팅 머신 컴퍼니(Tabulating Machine Company)로 출발하여 천공카드(punched card) 데이터 처리장비의 개발 및 생산에 역점을 두었었다. 이후 2개사와 합병한 후 1926년 IBM은 사명을 인터내셔널 비즈니스 머신(International Business Machine), 즉 IBM으로 개명했다. 1950년대에 IBM은 비즈니스 전산의 최전선에 떠오르면서 1980년대에는 업계 내에서 그 세력이 정점에 달했다. IBM의 PC부문 매출은 2003년도에 96억불이었다. IBM은 소매 소비자, 기업 및 미 정부에 대한 주요 PC 공급업체였다. 그러나 PC부문은 IBM내 또 다른 부문인 고가치 제품 및 서비스에 비해 그 수익성이 형편없이 뒤떨어졌다. PC부분을 처분한 이면에는, 그렇게 함으로써 IBM이 높은 성장 기회에 집중할 수 있다는 계산이 있었던 것이다.

레노보의 IBM PC부분 인수는 "뱀이 코끼리를 집어삼킨 것"으로 묘사되었고, 이를 통해 레노보는 세계 8대 PC 제조업체에서 델과 HP를 바짝 뒤쫓는 업계 3인자로 등극하게 된다. 델과 HP는 전세계 PC사업에서 전략적 제휴를 맺어 왔으며, 이것이 종국에는 중국 최대의 컴퓨터 제조업체가 IBM의 PC부문을 17억 5천만불에 인수하게 만드는 계기를 제공했다. 인수의 대가로 IBM은 신생 레노보에 대해 18.9퍼센트의 지분을 보유하는 데 동의했다. 레노보와 IBM간의 전략적 제휴 형성에 동력이 된 동기는 네 가지 관점에서 분석될 수 있다.

첫째, 레노보의 관점에서, 비록 레노보가 중국 내 최대 IT기업이기는 하나 그 제품들은 주로 중국 내수용이었다. 레노보의 유통망은 회사의 가장 큰 문제점이었으며, 따라서 사업을 국제적으로 확장하기 위해서는 잘 발달된 세계적인 유통망이 필요했다. 레노보의 제품들은 IBM의 국제서비스 제공대상에 통합되게 되었고 이것이 계약의 추동력이 된 것이다.

둘째로, 레노보로서는 판매 및 마케팅 지원뿐 아니라 연구개발 지원 또한 다국적기업이 되기 위한 노력에 있어 의미 있고 필수적인 부분이었다. 레노보는 IBM과 제휴함으로써 세계에서 가장 인기 있는 노트북 디자인, 미국 시장, 그리고 경쟁사들만큼 선진화된 기술 센터에 접근할 수 있게 되었던 것이다.

셋째로 IBM이 가진 국제적인 브랜드 인지도의 사용은 양사간의 제휴를 가속화하는 추진력이 되었다. 레노보가 5년간 자사의 컴퓨터에 IBM 브랜드를 사용할 수 있는 권리를 확보함으로써 브랜드에 더 많은 가치와 신뢰를 심어주게 된 것이다.

넷째, IBM의 관점에서 살펴보자면, IBM PC의 최대 시장은 북미와 유럽지역으로 이미 포화상태였고 이로 인해 IBM의 손실의 상당부분이 발생하고 있었으나 중국은 미국을 제외하면 제2대 PC 시장으로 그 거대한 인구와 증가 추세의 일인당 소득으로 인해 세계에서 가장 주목 받는 시장이 되고 있다. 그러나 중국이라는 시장은 특히 외부업체가 공략하기는 어려운 곳이다. 레노보는 근 25퍼센트에 달하는 중국시장 점유율로 독보적인 시장 주도기업 역할을 하고 있었다. 중국 시장에서 확장하고 레노보 점유율의 덕을 보기 위해 IBM은 레노보를 자사의 전략적 파트너로 선택한 것이다.

따라서 이 제휴의 이면에 자리잡고 있는 동력은 양사가 국제화 과정에서 호선(co-option), 공동특화(co-specialization)를 추구하려는 욕망이 반영된 것이라 하겠다. 국제 전략적 제휴는 최근 기업들의 무대가 국제화되면서 여러 기업들이 선호하는 전략적 사업선택이 되었다. 제휴 그 이면의 추동력은 기업마다 다를 수 있으나, 일반적으로 전략적 제휴를 추구하는 주요 이유는 지역 협력업체의 시장에 대한 지식을 이용하는 것, 확장과정에서 위험을 공유하고 기술과 스킬을 활용하며, 비용 절감을 위해 규모의 경제를 형성하는 것 등으로 간추릴 수 있다.

1 수평적 합병, 수직적 합병 그리고 다각적 합병을 비교설명하시오.

2 기업인수 · 합병의 동기를 열거하시오.

3 합병대상기업의 경영자들이 합병을 방해하기 위해 사용하는 방법들을 열거하시오.

4 합병이 합병기업과 대상기업들의 기존주주에게 미친 효과를 합병이 성공하였을 때와 실패하였을 때를 나누어서 설명하고, 그 이유도 설명하시오.

5 M & A와 관련된 다음 용어를 설명하시오.

(1) 공개매수(tender offer)

(2) 위임장대결(proxy fight)

(3) 비공개기업화(going private)

(4) 그린메일(green mail)

(5) 황금낙하산(golden parachute)

(6) 백기사(white knight)

6 M & A가 주주와 경영자간의 대리문제를 해결해 주는 장치가 되는지를 설명하시오.

7 LBO의 장점과 단점을 설명하시오.

8 제일식품은 강남호텔을 인수할 것을 고려하고 있다. 두 회사는 부채가 없으며 제일식품은 강남호텔 인수로 매출액이 매년 6백만원씩 증가할 것으로 예상되며 강남호텔과 제일식품의 현 시장가격은 2억원과 3억 5천만원이다. 그리고 증분현금흐름에 대한 할인율은 8%이다.

(1) 제일식품의 순이익증분은 얼마인가?

(2) 제일식품이 평가한 강남호텔의 가치는 얼마인가?

이제 제일식품은 강남호텔을 주식 35%를 교부하여 인수하든지 2억 5천만원의 현금인수를 결정하려고 한다.

(3) 두 가지 경우의 합병코스트는 얼마인가?

(4) 두 경우의 순현가는 얼마인가?

(5) 제일식품은 어떤 경우를 선택해야 하는가?

국제재무관리

제1절 국제재무관리의 중요성

오늘날의 기업들은 한 나라 이상의 국가에서 경영활동을 하고 투자를 하는 다국적기업(multinational corporation)의 형태를 많이 취하고 있다. 이러한 상황에서 기업의 해외경영활동에 있어서의 자금의 조달과 운용에 관한 국제재무관리가 새로운 관심사가 되고 있다.

기업이 국제화됨에 따라, 국제재무관리에서 고려하여야 할 중요한 두 요인이 있다면 바로 환위험(foreign exchange risk)과 정치적 위험(political risk)이다. 기업이 여러 다른 국가에서 활동함에 따라 여러 가지의 통화로 거래되기 때문에 예상치 못한 환율변동으로 인하여 기업의 수익이 변동할 수 있는데, 이러한 위험을 환위험이라고 한다. 또한 경제적 · 정치적 · 사회적 특성이 서로 다른 여러 나라에서 활동함에 따라 기업 자산의 몰수(expropriation), 외환통제, 투자과실송금의 통제 등 외국기업에 가해지는 추가적 위험이 생기게 되는데, 이를 정치적 위험이라고 한다.

제2절 외환시장과 환율

1 외환시장

외환시장(foreign exchange market)은 한 국가의 통화와 다른 국가의 통화가 서로 교환되는 시장, 즉 외환의 수요와 공급을 연결하는 장소 또는 기구를 뜻한다. 만약, 단 하나의 국제통화(international currency)만 존재한다면, 외환시장이 존재할 필요가 없을 것이다. 그러나 실제로 국제거래에 있어서 적어도 한 국가는 반드시 외국통화로 거래하고 있으므로 외환시장은 한 국가의 통화단위로 표시된 구매력(purchasing power)을 다른 국가의 통화단위로 대체하도록 하기 위한 시장, 즉 한 국가의 통화를 다른 국가의 통화로 교환시키기 위한 장소로써 존재하게 된다.[1)]

외환시장은 장외시장(over the counter market)으로서 거래자들이 모이는 특별한 장소가 따로 존재하지 않는다. 세계 도처에 있는 주요 상업은행과 투자은행(investment bank)들은 컴퓨터단말기 또는 전화와 기타 원거리 통신장치(telecommunication devices)를 이용하여 시장을 형성한다.

외환시장에의 주요 참가자는 다음과 같다.

① 대규모 상업은행(large commercial banks)

② 은행간시장에서의 외환브로커(foreign exchange brokers)

③ 수출업자와 수입업자 등 상업고객(commercial customers), 주로 다국적기업

④ 환율변동을 완화시키거나 목표환율을 유지시키기 위해 때때로 외환시장에 개입하는 중앙은행

2 환 율

환율(exchange rate)은 한 나라의 통화가치를 다른 나라의 통화가치로 표시한 것으로 각국 통화간의 교환비율을 말한다.

환율이 자국통화와 외국통화간의 교환비율이라고 할 때, 자국통화와 외국통화의 둘 중 어느 하나를 기준으로 해서 환율을 표시할 수 있다. 따라서 어느 국가의 통화를 기준으로 하느냐에 따라 그 표시방법이 달라지는데, 이는 직접표시법과 간접표시법으로 나누어 볼 수 있다.

직접표시법(direct quotation)은 외국통화 한 단위와 교환되는 자국통화의 단위수로 표시하는 방법, 즉 외국통화 한 단위당 자국통화를 얼마

---

1) Alan C. Shapiro, *Multinational Financial Management,* 2nd ed., Massachusetts: Allyn and Bacon Inc., 1986, p.74.

나 지급하여야 하는가를 나타내는 환율표시방법으로, 자국통화표시방법(rate in home currency) 또는 지급계정표시법(giving quotation)이라고도 한다. 예를 들면 우리나라의 경우 US$=₩1100으로 표시하는 것이 직접표시법이다.

간접표시법(indirect quotation)은 자국통화 한 단위를 외국통화의 단위 수로 표시하는 방법, 즉 자국통화 한 단위로 외국통화를 몇 단위나 교환할 수 있는가를 표시하는 방법으로, 외국통화표시법(rate in foreign currency) 또는 수취계정표시법(receiving quotation)이라고도 한다. 예를 들면 ₩1=$0.000909(=1/1100)으로 표시하는 방법이다.

3 외환거래의 유형

외환시장에서는 현물환거래, 선물환거래와 스왑거래 등의 세 가지 형태의 거래가 이루어지고 있다.

현물시장에서의 외환거래는 거래계약시에 외환시장에서 형성된 현행의 환율 즉, 현물환율(spot exchange rate)에 의해 특정국가의 통화를 사거나 팔게 되는데, 계약과 동시에 당해통화의 인수 또는 인도와 거래대금의 결제가 이루어진다고 하여 현금환거래(cash exchange transaction)라고도 한다.[2)]

환율은 두 나라 통화간의 상대적 가격을 표시하는 것이므로 다수의 통화가 거래되는 외환시장에서는 어느 한 특정국가의 통화를 중심으로 결정한 환율은 다른 한 국가의 통화를 중심으로 결정한 환율과 상호 연계되어 있다.

가장 쉬운 예로는 뉴욕시장에서 거래되는 달러 대 영국 파운드의교환비율은 런던시장에서 거래되는 파운드 대 달러의 교환비율의 역수가 되어야 한다. 이러한 관계가 성립되지 않을 때는 한 통화의 가치가 낮게 평가된 시장에서 당해통화를 사거나, 높게 평가된 시장에서 당해통화를 파는 차익거래를 통하여 이익을 얻을 수 있게 된다.

---

2) 실제 외환시장거래에 있어서는 거래에 관련된 회계 및 부수적 처리에 필요한 시간을 확보하기 위하여 거래계약체결 이틀 후에 대금의 결제가 이루어진다. 이와 같은 2일 후 결제는 우리나라의 주식시장에서의 거래에 있어서도 적용되고 있다.

세 가지 이상의 통화가 동시에 거래되는 경우에는 두 가지 통화의 경우보다 약간 복잡한 관계가 성립된다.

미국의 달러($), 영국의 파운드(£), 독일의 마르크(DM) 등 세 가지 통화가 시장에서 거래되고 있는데, 1파운드가 독일의 프랑크푸르트 시장에서 4마르크와 교환되며 런던에서는 1파운드가 1.6달러로 교환된다고 하자.

현재 $1.6를 가진 투자자가 독일의 마르크화를 구입하는 방법에는 두 가지가 있다. 첫째는, 직접 프랑크푸르트시장에 참여하여 마르크화를 구입하는 것이다.

두번째는, 아래 그림에서와 같이 $1.6를 가지고 £1를 구입하고 이 £1를 프랑크푸르트에서 DM4로 바꾸게 된다. 만약 모든 외환시장에서 거래비용이 없다면 이 두 가지 방법은 동일한 결과를 가져오게 되며, 그렇지 못한 경우에는 차익거래가 발생하게 된다. 따라서, 첫번째 방법이 이와 동일한 결과를 가져오기 위해서는 $1.6를 가지고 직접 프랑크푸르트에서 DM4를 구입할 수 있어야 하는데 이를 충족시키기 위한 달러 대 마르크의 교환비율은 1 : 2.5, 즉 DM2.5/$이다. 이러한 3개국 통화간의 관계를 일반식으로 나타내면 다음과 같다.

$$\frac{DM}{\$}=\frac{DM}{£}\cdot\frac{£}{\$}$$

위의 예에서는 DM/$ = 4(1/1.6) = 2.5이다.

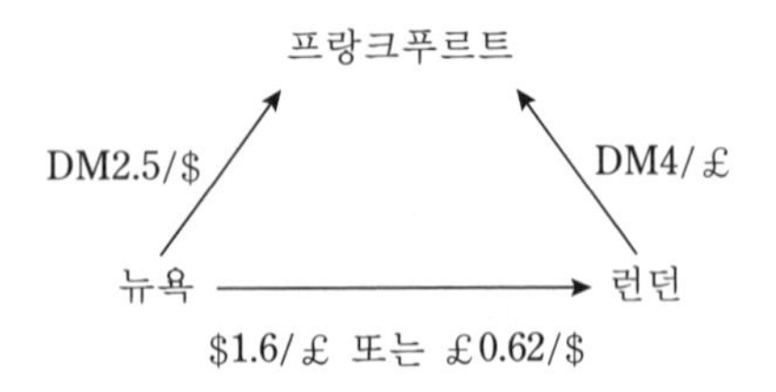

이때 기준율의 대상이 되는 통화와 제3국 통화와의 환율은 크로스환율(cross rate)이라고 한다. 즉, 미 달러화와 마르크화간의 환율을 기준환율로 보면 미달러화대 파운드화의 환율이 크로스환율이 된다.

스왑거래(swap transaction)는 환매조건부 외화자금매매라고도 하는데, 외국통화를 매각(구매)하면서, 동시에 미래의 일정한 시점에서 재구매(재매각)하는 계약을 하는 거래를 말한다. 매각가격(sale price)과 재구매가격(repurchase price)과의 차이를 스왑률(swap rate)이라고 한다.

예를 들어서, 10월 11일에 A은행은 뉴욕에 있는 B은행계정에 달러를 지불하고, A은행은 런던에 있는 은행의 자기계정에 파운드를 받게 된다. 10월 11일에 계약한 대로, 11월 11일에 정반대의 거래가 행해진다. A은행은 B은행에게 파운드를 상환하고, 반면에 B은행은 A은행에 달러를 상환한다. 이러한 스왑거래는 사실상 A은행은 B은행에게 달러의 사용을 포기하면서 파운드를 차입한 것이 된다.

선물환거래란 매매계약후 일정기간이 경과한 다음에 현물의 수도결제가 이루어지는 거래를 뜻하는 것으로, 미래의 거래에 대해 현시점에서 결정되는 환율을 선물환율(forward exchange rate)이라 한다. 선물환거래의 만기는 보통 1주에서 52주이다.

선물환율은 현물환율보다 높을 수도 있고 낮을 수도 있다. 만약 선물환율이 현물환율보다 높다면, 그 통화는 선물할증(forward premium)으로 거래되고 있다고 말한다. 만약 선물환율이 현물환율보다 낮으면, 그 통화는 선물할인(forward discount)으로 거래된다고 말하게 된다. 선물할증이나 선물할인을 1년단위로 현물환율로부터의 백분율편차(percentage deviation)로 나타내는데 다음과 같은 공식을 사용하여 계산하게 된다.

$$\text{선물할증(할인)} = \frac{\text{선물환율} - \text{현물환율}}{\text{현물환율}} \times \frac{12}{\text{선물계약기간(월)}} \times 100$$

〈표 19-1〉의 (a)를 기본자료로 하여, 독일 마르크(DM)화의 6개월 선

표 19-1 현물환율과 선물환율

(a) 독일마르크(DM)의 환율		(b) 캐나다 달러의 환율	
선물계약기간	환율(US$)	선물계약기간	환율(US$)
현물환율	0.4126	현물환율	0.7130
1개월(30일)선물환율	0.4139	1개월(30일)선물환율	0.7123
2개월(60일)선물환율	0.4160	2개월(60일)선물환율	0.7108
6개월(180일)선물환율	0.4193	6개월(180일)선물환율	0.7088

물환율은 미국달러에 대하여 3.25%의 선물할증으로 거래되고 있음을 알 수 있다.

$$\frac{0.4193-0.4126}{0.4126}\times\frac{12}{6}\times 100=3.25\%$$

마찬가지로, 〈표 19-1〉의 (b)를 기본자료로 캐나다 달러화의 6개월 선물환율은 같은 방법으로 계산하게 되면 미국달러에 대하여 1.23%의 선물할인으로 거래되고 있음을 알 수 있다.

제 3 절 환율결정이론

외환시장에서 결정되는 환율은 이론적으로 각 국가의 인플레이션율, 이자율, 현물환율과 선물환율 등의 상호작용에 의하여 결정된다. 따라서 환율결정에 있어서 이상의 네 가지 변수간의 균형관계에 관한 이해가 필요하다.

국제적 차익거래활동으로부터 [그림 19-1]에서 보여주는 것처럼 다음과 같은 다섯 가지의 주요 이론적 · 경제적 균형관계가 나오게 된다.

① 구매력 평가이론(Purchasing Power Parity: *PPP*)
② 피셔효과(Fisher Effect: *FE*)
③ 국제피셔효과(International Fisher Effect: *IFE*)
④ 이자율평가이론(Interest Rate Parity: *IRP*)
⑤ 미래 현물환율의 불편예측치로서 선물환율(Forward Rates as Unbaised Predictors of Future Spot Rates: *UFR*)

그림 19-1 **인플레이션율, 이자율, 선물환율, 현물환율 사이의 이론적 관계**

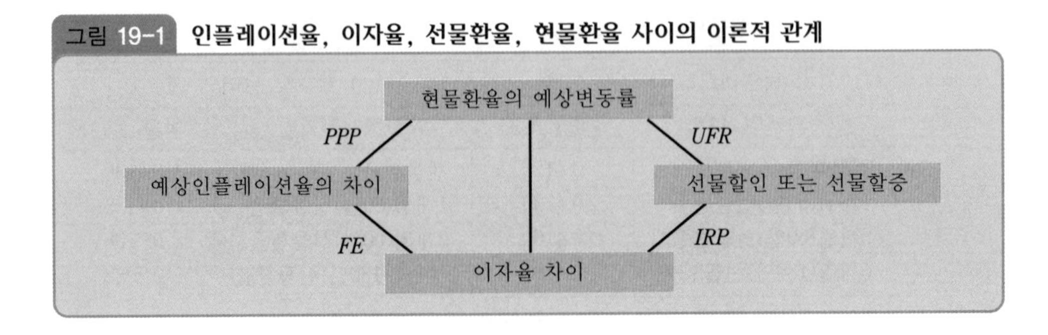

1 구매력평가이론

구매력평가(Purchasing Power Parity: *PPP*)이론은 1918년 스웨덴의 경제학자였던 구스타프 카셀(Gustav Cassel)에 의해 처음 제창된 환율결정이론으로, 오랫동안 널리 사용되어 왔으며 또한 장기적인 관점에서 타당성있는 이론으로 인식되고 있다. 구매력평가이론은 절대적(absolute)*PPP*와 상대적(relative)*PPP*로 나누어 설명된다.

절대적 의미의 구매력평가이론은 국내통화와 외국통화간의 균형환율이 국내물가수준과 외국물가수준의 비율과 같다고 주장한다. 이를 식으로 표현하면 다음과 같다.

$$e_t = \frac{P_h(t)}{P_f(t)}$$

- e_t : t시점의 외국통화 1단위의 국내통화가치
- $P_h(t)$: t시점의 국내물가수준
- $P_f(t)$: t시점의 외국물가수준

상대적 의미의 구매력 평가이론은 위의 등식을 다음과 같이 두 나라 사이의 물가수준의 변화율 즉, 상대적 인플레이션율(relative inflation rate)에 의한 식으로 나타낸 것이다.

$$\frac{e_t}{e_0} = \frac{1 + i_{ht}}{1 + i_{ft}}$$

$$\frac{P_h(t)}{P_h(0)} = 1 + i_{ht}$$

- i_{ht}: 국내의 0시점에서 t시점 사이의 물가수준의 기대증가율(인플레이션율)
- $P_h(0)$: 0시점에서 국내물가수준

$$\frac{P_f(t)}{P_f(0)} = 1 + i_{ft}$$

- i_{ft} : 외국의 0시점에서 t시점 사이의 물가수준의 기대증가율(인플레이션율)

또는 0시점과 t시점 사이의 환율변화율, $(e_t - e_0)/e_0$는 0시점부터 t시점까지의 상대적 물가수준변화인 $(i_{ht} - i_{ft})/(1 + i_{ft})$와 같게 된다.

위의 공식을 단순화시켜(i_{ft}의 값이 작으므로 $(1 + i_{ft})$를 무시하여) 일반

그림 19-2 구매력 평가이론

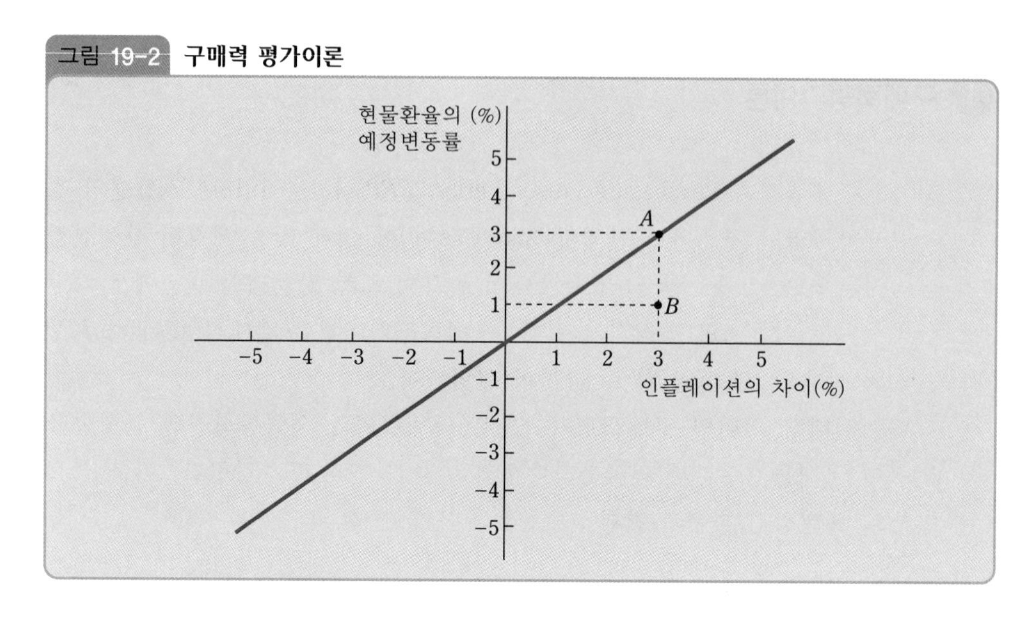

식으로 정리하면 다음과 같다.

$$\frac{e_t - e_0}{e_0} = i_{ft} - i_{ft}$$

즉 0시점과 t시점 사이의 인플레이션율의 차이는 같은 기간의 환율의 변동률의 차이와 같다는 것이다. 이러한 내용은 [그림 19-2]에 도시되어 있다.

2 피셔효과

피셔효과(Fisher effect)는 명목이자율(nominal interest rate: r), 실질이자율(real or inflation adjusted rate of interest: a) 및 기대인플레이션율(i)과의 관계를 설명하고 있다. 즉,

$$\begin{aligned} 1 + r &= (1 + a)(1 + i) \\ &= 1 + a + i + a \cdot i \\ r &= a + i + a \cdot i \end{aligned}$$

예를 들어, 약정된 실질이자율이 3%이고, 10%의 인플레이션율이 기

대된다고 가정하고 피셔효과로 설명하면 명목이자율은 13.3%가 되는 것이다. 앞의 등식에서 우변에 있는 $a \cdot i$항은 다른 두 항에 비해 상대적으로 매우 작은 값을 가지므로 이를 무시하게 되면, 결국 명목이자율은 실질이자율에 기대인플레이션율을 합한 것과 같게 된다. 피셔효과의 일반화된 해석에 의하면, 실질수익률(실질이자율)은 차익거래(arbitrage)를 통하여 어느 국가에서나 같아지게 된다고 주장한다. 즉,

$$a_{ht} = a_{ft}$$

- a_{ht} : t시점의 국내의 실질이자율
- a_{ft} : t시점의 외국의 실질이자율

따라서 명목이자율은 기대인플레이션율의 차이에 따라 달라지게 된다.

3 국제피셔효과

국제피셔효과(international fisher effect)란 양국간의 미래 현물환율은 양국간 명목이자율의 차이만큼 변동한다는 이론으로 구매력평가이론과 피셔효과를 결합하여 성립된다.

이와 같은 관계를 등식으로 나타내 보면 다음과 같다.

$$\frac{1 + r_{ht}}{1 + r_{ft}} = \frac{e_t}{e_0}$$

또는

$$\frac{r_{ht} - r_{ft}}{1 + r_{ft}} = \frac{e_t - e_0}{e_0}$$

만약 r_{ft}가 상대적으로 작으면 다음과 같이 등식을 단순화 할 수 있다.

$$r_{ht} - r_{ft} = \frac{e_t - e_0}{e_0}$$

4 이자율평가이론

이자율평가이론(interest rate parity theory)이란 거래비용을 무시한다면 양국간의 이자율의 차이는 선물할증 또는 선물할인과 동일하다는 주장으로 선물할증 또는 선물할인은 두 국가간의 이자율의 차이에 의해 결정된다는 것이다.

이자율 차이를 이용하기 위한 두 국가간의 단기자금의 움직임은 선물환율과 현물환율간 차이의 주요한 결정요소가 된다. 이자율이 낮은 국가의 통화는 이자율이 보다 높은 국가의 통화가치에 대하여 선물할증이 되어야 한다. 이 조건이 충족되었을 때, 선물환율은 이자율균형평가상태(interest rate parity)에 있다고 말하고, 화폐시장은 균형상태를 이루게 된다.

따라서 거래비용이 존재하지 않는 경우에는 두 나라 이자율 사이의 비율은 선물환율과 현물환율간의 비율과 같아야만 하는데 이 이론을 식으로 나타내 보면 다음과 같다.

$$\frac{f_t}{e_0} = \frac{1+r_{ht}}{1+f_t} \text{ 또는 } \frac{f_t - e_0}{e_0} \fallingdotseq r_{ht} - r_{ft}$$

• f_t : t시점이 만기인 선물환율

만약 위의 등식이 불균형상태가 되어,

$$r_{ft} - r_{ht} > \frac{f_t - e_0}{e_0}$$

가 되면, 자금은 국내로부터 외국으로 흘러가게 된다. 만약 반대로

$$r_{ft} - r_{ht} < \frac{f_t - e_0}{e_0}$$

가 되면 자금은 역으로 외국으로부터 국내로 들어오게 된다.

5 미래 현물환율에 대한 불편예측치로서 선물환율

외환시장이 균형상태에 있다고 할 때, 선물환율은 미래현물환율에 대한 불편추정치가 된다고 한다. 국제피셔효과에 의하면 미래현물환율은 양국간의 이자율의 차이만큼 변동한다고 하였고, 이자율평가이론은 선물할증 또는 선물할인은 양국간의 이자율의 차이와 동일하여야 한다고 주장한다면 결국 선물할증 또는 선물할인은 현물환율의 기대변동과 같아야 한다. 따라서 선물환율이 미래현물환율에 대한 불편추정치(unbiased predictor)가 된다고 할 수 있다.

제4절 환 위 험

1 환위험의 의의와 종류

환위험(foreign exchange risk)이란 두 국가간의 환율이 변화함으로써 기업의 재무적 성과가 변동될 가능성을 말하며 흔히 환노출이라고도 한다. 환노출은 환율변동시점을 기준으로 환산노출(translation exposure), 거래노출(transaction exposure) 및 경제적 노출(economic exposure) 등 세 가지로 구분해 볼 수 있는데 [그림 19-3]은 세 가지 노출을 개념적으로 비교한 것이다. 이러한 세 가지 노출을 차례로 설명하기로 한다.

(1) 환산노출

환산노출은 회계적노출(accounting exposure)이라고도 하는데, 기업이 재무제표나 연결재무제표를 작성할 목적으로 외국에서의 영업활동 결과를 외국통화로 표시한 재무제표를 자국통화표시로 환산(translation)하는 과정에서 생겨난다. 만약 회계기간 동안 환율이 변동하였다면, 외국통화로 표시된 자산, 부채, 수익, 비용 등을 자국통화로 환산하거나 재평가하는 과정에서 외화평가손익, 즉 환율차손익이 발생할 가능성이 있는데, 이와 같이 환산을 할 때 환율이 변동함으로써 기업의 재무상태 및 경영

그림 19-3 **환노출의 종류**

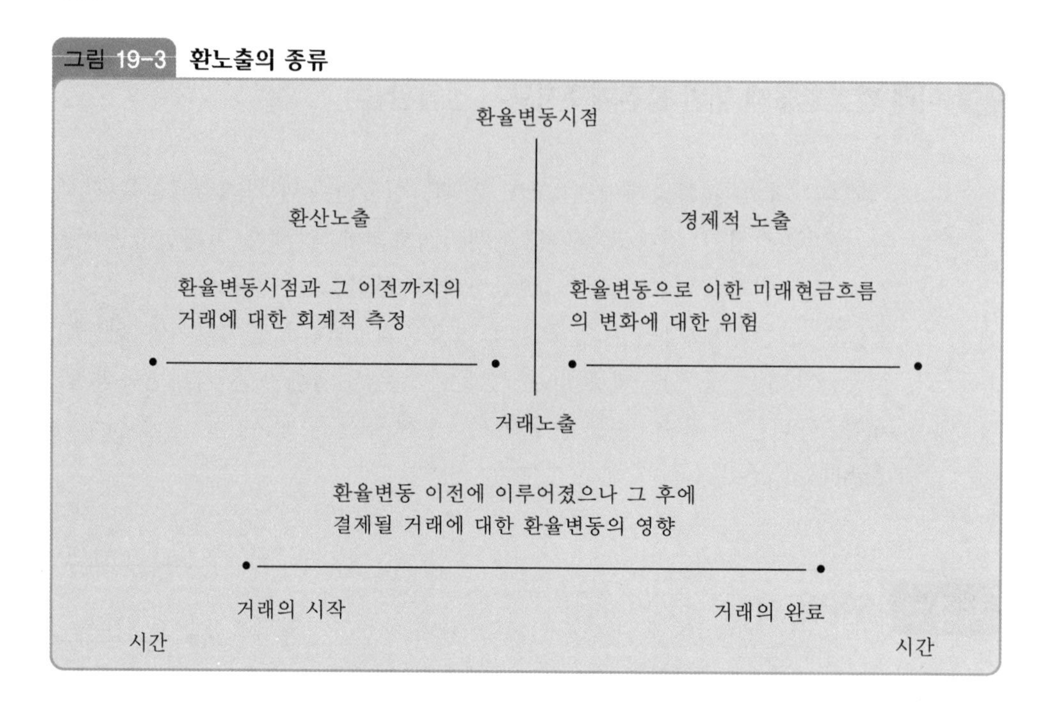

성과가 변동될 가능성을 환산노출이라고 한다.

(2) 거래노출

거래노출이란 외화로 표시된 거래의 결제시 환율변동으로 인하여 발생하는 환차손익이 생길 가능성을 말한다. 실제 거래는 환율변경 이전에 발생했으나 그 결제는 환율변동 이후에 행해지는 외환거래에서 이와 같은 거래노출이 발생한다. 거래노출은 앞에서 설명한 바와 같이 외국통화로 결제를 해야 하는 여러 가지 유형의 거래로부터 발생되는데, 그 예로는 상품의 선물매매, 외화표시차입 또는 대출, 외화표시자산의 취득이나 부채의 인수, 선물환거래 등을 들 수 있다.

(3) 경제적 노출

경제적 노출은 환율변동으로 인하여 미래기대현금흐름의 현재가치가 변동할 위험으로 정의된다. 경제적 노출은 주요 시장에서의 위치, 경쟁상태, 공급과 수요의 탄력성, 투하재원의 대체가능성과 인플레이션 상쇄를 포함한 수 많은 변수에 의해 좌우된다.

제 5 절 환위험 관리

기업이나 투자자는 환노출의 유형, 환위험과 거래비용의 상충관계, 환위험관리기법의 효율성 등을 고려하여 여러 가지 환위험관리기법 중 어떤 기법을 채택하는가를 결정하여야 한다. 본절에서는 거래노출관리, 환산노출관리 및 경제적 노출관리로 구분하여 설명하기로 한다.

1 거래노출관리

거래노출을 상쇄하기 위한 가장 일반적인 방법으로 선물환시장헷지(forward exchange market hedge)와 화폐시장헷지(money market hedge)를 들 수 있다. 그 이외에도 노출상계(exposure netting), 옵션시장헷지(option market hedge)가 거래노출 관리기법으로 사용되고 있다.

거래노출로부터 보호하기 위해 이러한 기법들이 어떻게 사용될 수 있는지를 아래의 예를 통하여 알아보기로 한다.

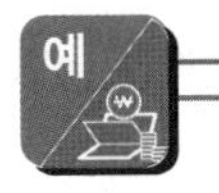

1월 1일에 미국의 A기계회사는 서독의 B항공회사에 대한 비행기공급계약을 체결하였는데 그 해의 12월 31일에 A회사는 비행기대금으로 DM25백만을 받게 되어 있다.

A회사가 이러한 외상매출금을 환율변동으로부터 헷지하는 가장 직접적인 방법은 1년 내에 양도하는 DM25백만의 선물계약을 매각하는 것이다. 이를 선물환시장 헷지라고 한다. 다른 방법으로 A회사는 화폐시장 헷지를 사용할 수 있는데, 이 방법은 1년 동안 DM25백만을 차입하여 달러화로 환전한 다음 그 수입금을 12월 31일에 만기가 되는 고정이자부 증권에 투자하거나 은행에 예금하는 방법이 있다. 이를 자금시장 헷지라고 한다. 또다른 방법으로는 노출상계가 있다.

상계(netting)란 본지사간 혹은 회사상호간에 동종 또는 이종통화표시 채권채무를 상계한 후 순잔액만을 정기적으로 결제하는 회계제도를 말한다. 따라서 노출상계는 하나의 통화로 인한 노출을 같은 통화 또는 다른 통화로 인한 노출로 상쇄시키게 된다.

2 환산노출의 관리

연결재무제표 작성을 위하여 외국통화표시재무제표를 본국통화(reporting currency)로 환산하는 과정에서 환평가손익이 발생하는 것을 환산노출이라 하는데, 이를 관리하는 주요기법으로 재무상태표헷지(balance sheet hedge)를 들 수 있으며 물론 선물환시장헷지와 자금시장헷지도 이용될 수 있다.

(1) 재무상태표 헷지

재무상태표 헷지는 기업의 연결재무상태표상에 나타나는 외국통화로 표시된 자산과 부채가 동일한 금액이 되도록 조정함으로써 순환산노출(net translation exposure)을 영(0)이 되도록 환산노출을 관리하는 방법이다.

(2) 리딩과 래깅

리딩(leading)과 래깅(lagging)은 기업이 서로 다른 통화로 결제해야만 하는 자금의 지급시기를 인위적으로 앞당기거나 또는 늦춤으로써, 즉 자금의 움직임을 리딩(선불하는 것)하거나 또는 래깅(지연시키는 것)함으로써 환노출을 감소시킬 수 있는 기법을 말한다. 예컨대, 자국통화의 평가절상이 예상될 때에는 외화자산의 수취는 가급적 빠르게(leading) 하고 외화부채의 지불은 가급적 늦게(lagging) 하는 것을 의미하며, 리딩과 래깅은 자회사간 또는 독립된 개별기업간에 행할 수 있다.

3 경제적 노출의 관리

경제적 노출은 뜻밖의 환율변동으로 기업의 미래현금흐름의 순현재가치가 변동할 수 있는 가능성을 의미한다. 따라서 경제적 노출의 관리목적은 기업이 장기적으로 해외영업활동의 돌입 전에 수반되는 위험을 인식하고 이에 대한 적절한 대응조치를 강구하는 데 있다. 이러한 일은 기업이 영업활동이나 자본조달원천을 국제적으로 다양화함으로써 가장 효과적으로 달성될 수 있다.

영업활동을 다양화한다는 것은 기업의 판매, 생산설비의 위치나 원재료조달원을 국제적으로 다양화하여야 한다는 것을 의미한다. 또한 자본조달원천을 다양화한다는 것은 기업이 하나 이상의 자본시장에서, 한 가지 이상의 통화로 자금을 조달하여야 한다는 것을 의미한다. 이러한 다양화전략(diversification strategy)은 기업으로 하여금 외환, 자본 및 제품시장에서의 위험에 대해 능동적으로 또는 수동적으로 대응할 수 있게 한다.

사·례

어떤 미국의 다국적 재무관리자는 A$ 10,000,000 상당의 기계를 주문하고 그 대금을 3개월 후에 Australian dollar로 지급하기로 하였다. 달러와 A$사이의 환율이 변화하게 되면 3개월 후에 지급해야 하는 대금의 달러액도 변하게 되므로, 이 재무 담당자는 이러한 환리스크를 헤징하고자 한다. 가능한 헤징방법을 설명하여라.

다음과 같은 상황을 가정하라.

현물환율: US$ 1=A$ 1.90
3개월 선도환율 : US$ 1=A$ 1.88
달러화 금융시장에서의 이자율: 12% (연간)
A$화 금융시장에서의 이자율: 10% (연간)

| 풀 이 | A$화 금융시장에서의 이자율이 10% 이므로 3개월짜리 이자율은 $10\% \times \frac{3}{12} = 2.5\%$. A$10,000,000를 2.5%만큼 할인한 돈을 A$화 금융시장에 3개월 동안 맡겨놓으면 되므로 $10,000,000/(1+0.025)= A$9,756,098을 미리 맡겨놓으면 된다. 그리고 A$9,756,098을 맡기기 위해서는 현재 A$9,756,098/1.9(환율)=US$5,134,788이 필요하다. 그러므로 US$5,134,788를 빌려서 A$화를 사고 3개월 후에 갚으면 되는데 US$5,134,788×(1+0.12×3/12)=US$5,288,832를 갚기만 하면 A$10,000,000를 안정적으로 가격변화 없이 지불할 수 있게 되는 것이다. (화폐시장헷지)

연습문제

1 현물환과 선물환의 차이를 설명하고, 선물할증(forward premium)과 선물할인(forward discount)으로 통화가 거래되는 이유를 서술하시오.

2 인플레이션율, 이자율, 환율의 관계를 설명하는 네 가지 이론들을 논하시오.

3 금리재정거래를 설명하고 이자율 평가이론과의 관련성을 밝혀보시오.

4 환산노출(translation exposure)은 무엇이며, 외국통화표시 재무제표항목을 자국통화금액으로 환산하는 방법을 열거하시오.

5 거래노출관리를 하는 3가지 방법을 설명해 보시오.

6 환산노출의 관리방법중에서 리딩과 래깅에 대해 설명해 보시오.

7 지금 외환시장에서 달러화에 대한 원화의 현물환율은 ₩1,800/$라고 한다. 한편 미국에서의 시장이자율은 연 6%이고 국내의 시장이자율은 연 10%라고 한다. 그리고 앞으로 1년간 미국의 인플레이션은 4%, 국내의 인플레이션은 8%가 될 것으로 예상되고 있다.

(1) 구매력평가이론이 성립한다는 가정하에 1년후 $화에 대한 환율은 어떻게 결정되겠는가?

(2) 국제핏셔효과가 성립한다는 가정하에서 1년후 $화에 대한 ₩화의 환율은 어떻게 결정되겠는가?

(3) 만약 외환시장이 효율적이라고 한다면 $화에 대한 6개월 선물환의 가격은 얼마가 되겠는가?

8 현재 외환시장에서 ₩ : $의 환율은 ₩800/$이고 1년후 인도조건 선물환율은 ₩835/$이다. 한편, 미국금융시장에서 이자율은 연 12%이고 한국금융시장에서 이자율은 연 17%이다. 거래비용은 없다고 가정하자. 이 때 차익거래가 성립하겠는가? 만일 성립한다면 어떤 형태의 차익거래가 가능한가? (단, 미국시장에서 차입가능한 최대 금액은 $10,000이다.)

옵션가격결정모형

옵션(option)이란 특정한 기간에 미리 정하여진 가격으로 특정자산을 사거나 팔 수 있는 권리를 옵션의 소유자에게 부여하는 특별한 계약을 의미한다. 가장 잘 알려진 옵션은 주식옵션(stock option)인데 보통주 주식을 사거나 파는 옵션이다. 1973년 4월 26일에 시카고 옵션거래소(Chicago Board of Options Exchange: CBOE)가 보통주에 대한 옵션계약을 거래하기 위해 처음으로 개설되었는데 이듬해인 1974년 중에 주식수로 환산한 거래량면에서 이미 미국 제2의 거래소인 미국증권거래소(American Stock Exchange: AMEX)를 앞설 정도로 크게 발전하였다.

재무이론에서 옵션이론이 중요한 것은 옵션이론이 증권시장에서 거래되는 모든 증권자산의 가격결정이론이 될 뿐 아니라 기업의 자본구조나 배당정책 및 합병에 이르기까지 재무관리문제에 새로운 접근시각을 제공하기 때문이다.

본장에서는 먼저 옵션의 의의와 종류 등 기본개념을 설명한 후 옵션의 가격결정원리에 관해 논의하고 옵션 종류를 소개하며, 옵션을 이용한 포트폴리오 보험전략도 설명하고자 한다.

제 1 절 옵션의 의의

옵션이란 어떤 기초자산(underlying asset)을 미리 지정된 날짜 또는 그 이전에 미리 약정한 가격으로 사거나 또는 팔 수 있는 권리를 그 소유자에게 부여하는 계약을 의미한다. 옵션은 구입자에게 매매의 권리를 부여하는 독특한 형태의 재무적 계약이지만 반드시 행사해야 할 의무는 없으며 단지 권리를 행사하는 것이 유리할 경우에만 행사하게 된다.

옵션과 관련된 몇 가지 특수한 용어에 대한 정의부터 먼저 알아보기로 한다.

① 옵션의 행사(exercising the option):옵션계약을 통하여 기초자산을 사거나 파는 행동을 말한다.

② 행사가격(striking price or exercise price):옵션계약에 있어서 옵션의 소유자가 기초자산을 사거나 또는 팔 수 있는 계약상의 일정가격을 말한다.

③ 만기일(expiration date):옵션의 만기일을 뜻하는 것으로 이 날짜가 지난 후에는 옵션의 행사권리를 상실하게 된다.

④ 아메리칸 옵션과 유로피언 옵션(American option and European option):아메리칸 옵션은 만기일이 되기 전에 언제라도 권리를 행사할 수 있는 것이고, 유로피언 옵션은 오로지 만기일에만 권리를 행사할 수 있는 옵션이다.

본장에서는 옵션의 기본개념과 가격평가이론을 설명할 때 유로피언 옵션을 가정한다.

제 2 절 옵션의 기본유형과 투자성과

1 콜 옵션(call option)

콜 옵션은 가장 일반적인 형태의 옵션으로 매입권부 옵션이라고도 하며, 특정기간에 미리 정해진 가격으로 자산을 살 수 있는 권리를 소유자에게 부여하는 옵션을 말한다. 자산의 종류에는 아무런 제한이 없으나 옵션거래소에서 거래되고 있는 가장 일반적인 옵션은 주식과 사채에 대한 옵션이다.

예를 들어, A기업 주식에 대한 콜 옵션을 옵션거래소에서 구입한다고 할 때 A기업이 보통주식에 대한 콜 옵션을 발행하는 것이 아니라 한 개인투자자가 A기업 주식에 대한 콜 옵션의 최초의 매도자이고 동시에 발행자가 된다. 다른 개인투자자가 201×년 12월 31일 또는 그 이전에 15,000원의 행사가격으로 A기업 주식 1주를 매입할 수 있는 콜 옵션을 1,000원에 매입하였다고 한다면 A기업의 보통주 가격이 201×년 12월 31일 또는 그 이전에 15,000원을 초과할 확률이 존재할 때 비로소 옵션은 가치가 있게 되는 것이다.

보통주에 대한 콜 옵션의 가치가 얼마이고 매입자가 콜 옵션에 대해 얼마를 지불할 것인가에 대한 해답은 만기일 직전의 콜 옵션의 실현가능한 가치에 의해 좌우된다. 우선 설명을 돕기 위해서 S^3을 만기일 T의 기초 보통주(underlying common stock)의 불확실한 가치라고 하고 지금으로부터 1년 뒤에 행사될 수 있는 콜 옵션의 행사가격이 현시점에서 확실하게 알려져 있다고 하자.

만기일에 보통주 가치(S_1)가 행사가격(E)보다 크다면, 콜 옵션의 가치는 그 차이인 (S_1-E)가 되며 이 경우의 콜 옵션을 돈이 된다' (in the money)라고 한다. 다시 말해서 만기일에 옵션소유자는 옵션발행자(option seller)로부터 그 주식을 E의 가격으로 매입할 수 있는 권리가 있으므로 기초주식이 만기일 현재 S_1의 가격으로 매각되고 있다면 옵션소유자는 옵션을 행사하여 주식을 E의 가격으로 매입하여 S_1의 가격으로 매각하게 되면 차액인 (S_1-E)의 이득을 얻을 수 있게 된다.

물론 보통주의 가치가 행사가격보다 낮을 수도 있다. 만약 $S_1<E$이면 콜 옵션은 돈이 안된다' (out of money)라고 한다. 이 경우, 콜 옵션의 가치는 $S_1-E<0$이 되므로 콜 옵션소유자는 반드시 콜 옵션을 행사하여야 할 의무가 없고 그 권리를 포기하면 되기 때문에 결론적으로 만기일에 $S_1<E$이면, 옵션의 가치는 0이 되는 것이다.

[그림 20-1]은 주식의 가치에 대한 만기일의 콜 옵션의 가치를 도시한 것으로 $S_1>E$ 일 때 콜 옵션은 돈이 되면서 주가의 상승에 따라 옵션의 가치도 비례하여 증가하게 되나 $S_1<E$이면 콜 옵션은 돈도 안되고 가치도 없어지는 것이다. 여기에서 유의하여야 할 것은 콜 옵션은 결코 부(−)의 값을 가질 수 없다는 점이다. 즉 콜 옵션은 유한책임증권(limited liability instrument)으로 옵션매입자의 손실은 콜 옵션매입시점에서 지불하는 옵션의 가격에 한정되는 것이다.

그림 20-1 **콜 옵션의 가치**

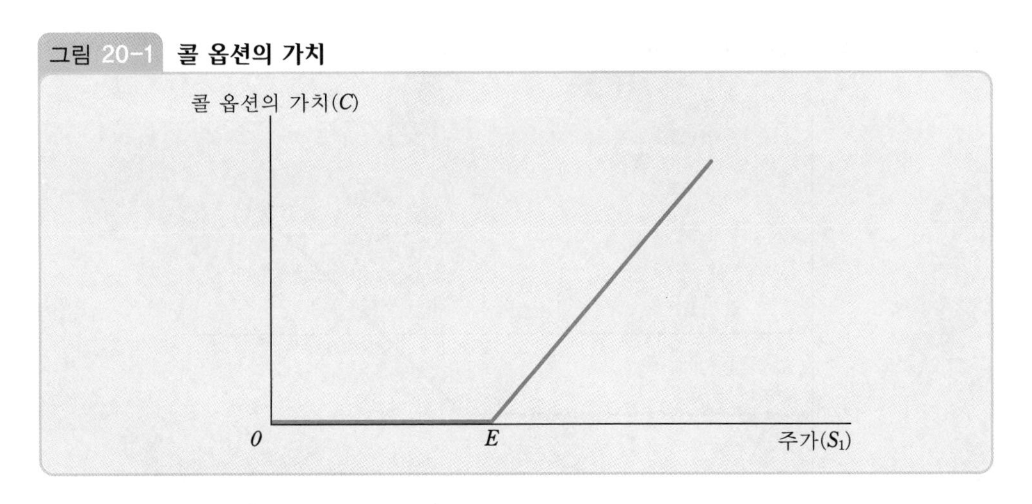

만기일 직전의 콜 옵션의 가치를 수식으로 나타내면 다음과 같다.

$C = \text{Max}[(S_1 - E),\ 0]$[1)]

• C:콜 옵션의 가치

[그림 20-1]은 콜 옵션의 가치를 그래프로 나타낸 것이다.

어떤 투자자가 A기업 보통주 1주에 대한 1년 만기의 콜 옵션을 소유하고 있는데 행사가격을 주당 15,000원, 옵션취득가를 1,000원이라 하고 만기일이 도래하였다고 가정하자. 만기일에 A기업 콜 옵션의 가치는 얼마인가?

만약 A기업의 주식이 주당 20,000원에 증권시장에서 거래되고 있다면 콜 옵션소유자는 옵션을 행사하여 콜 옵션의 판매자로부터 주당 15,000원에 A기업 주식 1주를 매입하고 주당 20,000원에 주식시장에서 매각함으로써 옵션가격 1,000원을 빼더라도 4,000원의 이익을 얻게 된다. 만약 만기일의 주가가 10,000원이라면, 콜 옵션의 가치는 0이 되고 옵션소유자는 옵션매입가격인 1,000원만큼 손해를 보게 된다. 따라서 콜 옵션을 소유하면 주가의 계속적인 하락시에도 보호를 받게 된다. 콜 옵션소유자

1) 예를 들어, $\text{Max}(C,\ D)$는 C 또는 D중 최대치를 나타내는 것으로 $C=10$이고, $D=5$라고 한다면 $\text{Max}(C,\ D)=10$이 된다.

그림 20-2 콜 옵션소유자의 손익

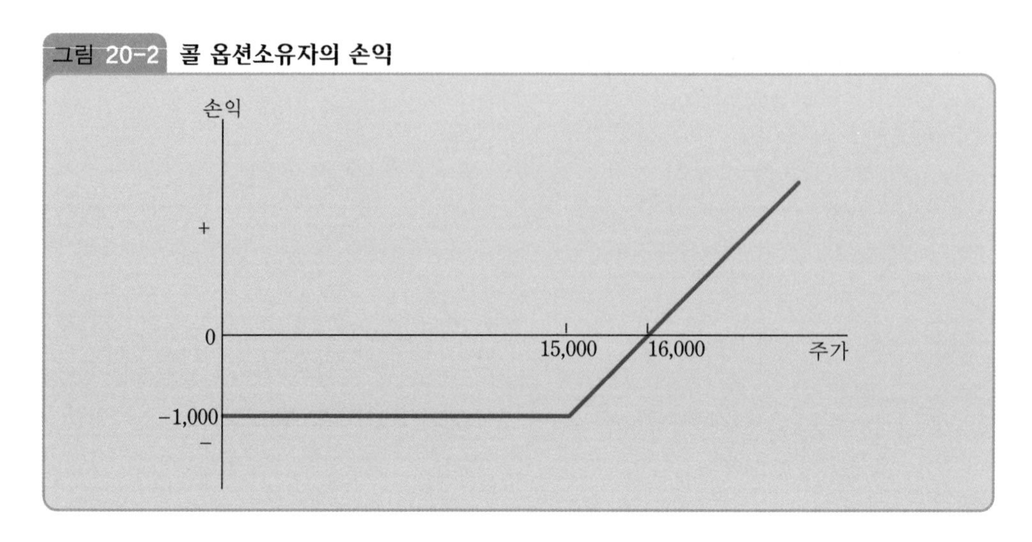

의 손익을 그림으로 나타내면 [그림 20-2]와 같다.

2 풋 옵션(put option)

풋 옵션은 콜 옵션의 반대개념으로 매도권부 옵션이라고 한다. 콜 옵션이 옵션소유자에게 미리 정해진 행사가격으로 기초자산을 매입할 수 있는 권리를 부여하는 것과 같이, 풋 옵션은 옵션소유권자에게 미리 정해진 행사가격으로 계약상의 기초자산을 팔 수 있는 권리를 부여하게 된다. 풋 옵션의 소유자는 그 옵션을 행사할 권리를 가지고 있는 반면에, 풋 옵션 발행자는 풋 옵션소유자가 권리를 행사하면 반드시 받아들여야만 한다.

보통주에 대한 풋 옵션계약의 기본조건은 그 소유자가 만기일 또는 그 이전에 행사가격으로 미리 지정된 수의 특정보통주를 매각할 수 있는 권리를 확보하고 있다는 점이다. 풋 옵션의 가치를 결정하는 상황은 콜 옵션의 경우의 반대이다.

어떤 투자자가 A기업의 주가가 현행 주당 16,000원에서 하락할 것으로 확신하고 만기가 1년이며 행사가격이 15,000원인 풋 옵션을 1,000원에 매입하였다고 하자.

만기일 직전의 이익		
풋 옵션의 가치	$S_1 < E$	$S_1 \geq E$
	$E - S_1$	0

A기업의 주가가 만기일에 20,000원이 된다면 풋 옵션은 가치가 없으므로 풋 옵션은 행사되지 않는 반면, 만기일에 A기업의 주가가 10,000원으로 하락한다면 풋 옵션을 행사하게 되어 주당 10,000원에 A기업 주식 1주를 주식시장에서 매입하고 그 주식을 주당 15,000원에 풋 옵션매도자에게 매각함으로써 1,000원의 옵션가격을 빼고도 4,000원의 이익을 보게 된다.

풋 옵션은 그 소유자에게 주식을 매각할 수 있는 권리를 부여한 것이므로 만기일에서의 기초보통주 가격(S_1)과 행사가격(E)을 비교하여 $S_1 > E$이면, 풋 옵션은 가치가 없어지고 그 옵션은 돈이 되지 않으나 만약 $S_1 < E$면, 그 풋 옵션은 돈이 되는데, S_1의 가격으로 주식을 매입하여 풋 옵션의 행사가격인 E의 가격으로 그 주식을 매각하면 이익을 얻게 되는 것이다. 만기일 직전의 풋 옵션의 이익을 요약 · 정리하고 풋 옵션의 가치를 수식으로 나타내면 다음과 같다.

$$P = \text{Max}[(E - S_1),\ 0]$$

• P: 풋 옵션의 가치

[그림 20-3]은 기초주식의 가치에 대한 풋 옵션의 가치를 도시한 것

그림 20-3 풋 옵션의 가치

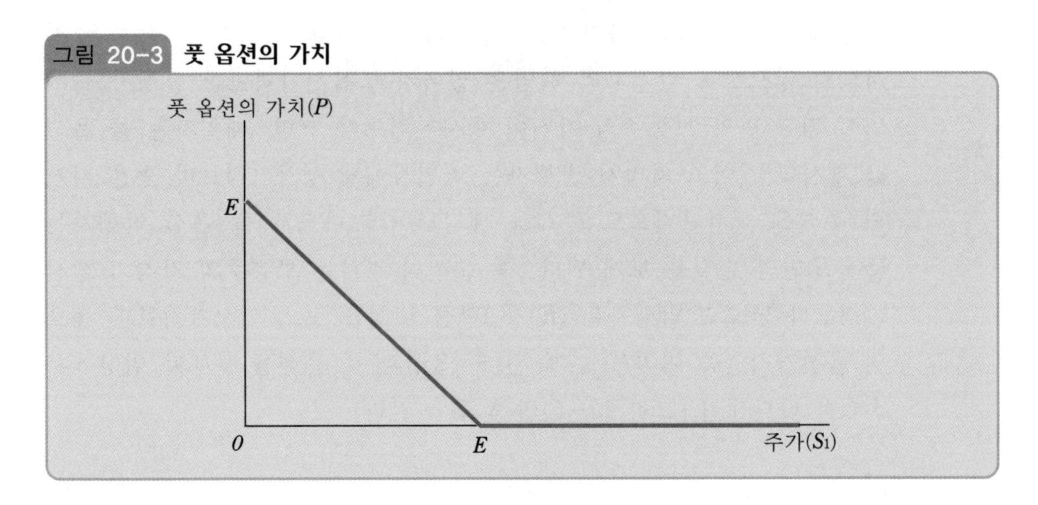

그림 20-4 풋 옵션소유자의 손익

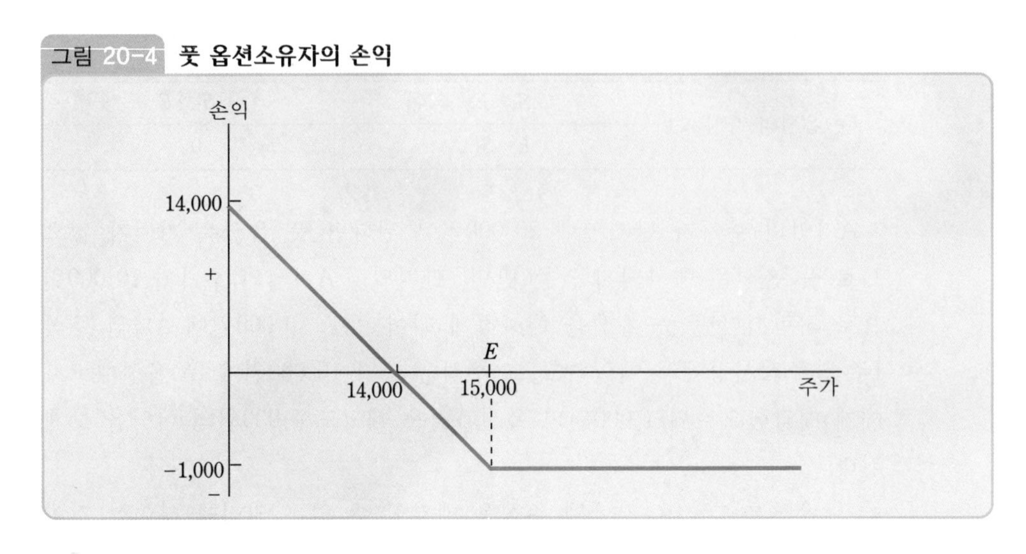

이다. [그림 20−1]과 비교하여 보면, 콜 옵션은 주가가 행사가격보다 클 때는 언제라도 가치가 있고, 풋 옵션은 주가가 행사가격보다 낮을 때 가치가 있다. 풋 옵션소유자의 손익을 그림으로 나타내면 [그림 20−4]와 같다.

3 옵션발행자의 손익

보통주에 대한 콜 옵션발행자는 콜 옵션매입자의 요청에 따라 옵션계약상의 기초자산인 주식을 인도할 의무를 지는 대신 매입자로부터 프리미엄을 받게 되는데 이 프리미엄이 바로 콜 옵션의 가격이 된다.

만기일에 보통주의 가격(S_1)이 행사가격(E)보다 낮으면, 콜 옵션은 행사되지 않으므로 발행자의 책임은 없어지고 옵션가격만큼 발행자의 이익이 되고 만약 보통주의 가격이 행사가격보다 크면, 매입자는 콜 옵션을 행사할 것이고 따라서 발행자는 매입자에게 행사가격보다 높은 가격의 주식을 행사가격으로 주식을 매각하여야 하므로 콜 옵션 발행자는 (S_1-E)만큼 손실을 보게 된다. 풋 옵션의 경우는 보통주의 가격이 행사가격보다 낮으면 발행자는 ($E-S_1$)만큼 손실을 보고 행사가격보다 높으면 옵션가격만큼 이익을 얻게 된다. 옵션과 풋 옵션을 발행자 입장에서 손익을 나타내면 [그림 20−5]의 A, B와 같다.

그림 20-5 옵션발행자의 손익

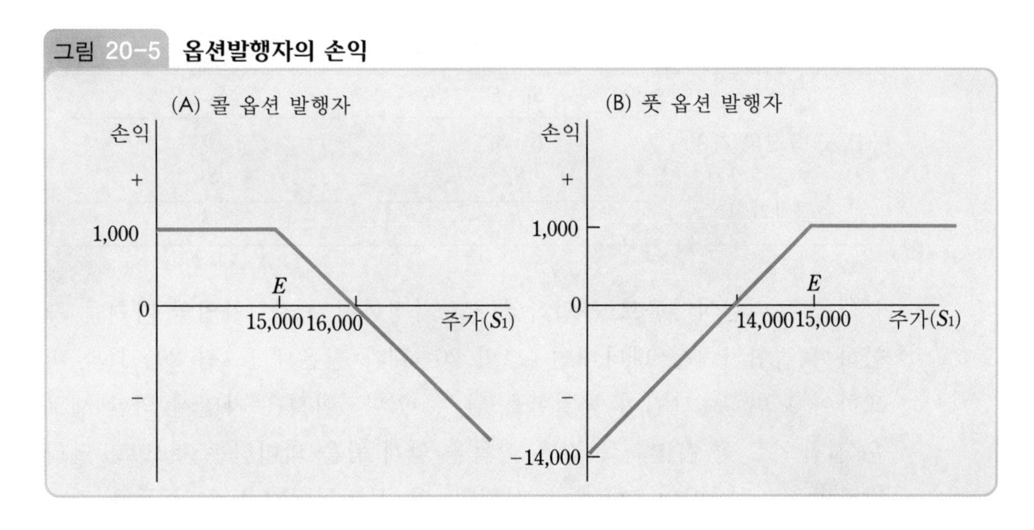

4 옵션의 결합

콜 옵션과 풋 옵션은 옵션의 기본 형태로서 사실상 모든 옵션계약은 콜 옵션과 풋 옵션의 특별한 결합으로 이루어진다. [그림 20-6]은 옵션을 매입하고, 동시에 주식을 매입하는 경우의 결합가치를 도시한 것이다. 만약 주가(S_1)가 행사가격(E)보다 더 크다면 풋 옵션은 가치가 없고, 결합가치는 보통주의 가치와 같아지며 행사가격이 주가보다 더 크다면 주식가치의 하락은 풋 옵션가치의 상승과 정확히 상쇄되어 다음 표와 같이 결합가치는 행사가격과 일치하게 된다.

이번에는 풋 옵션계약의 만기일에 행사가격 E를 지급하는데 필요한

그림 20-6 풋 옵션과 주식의 동시매입

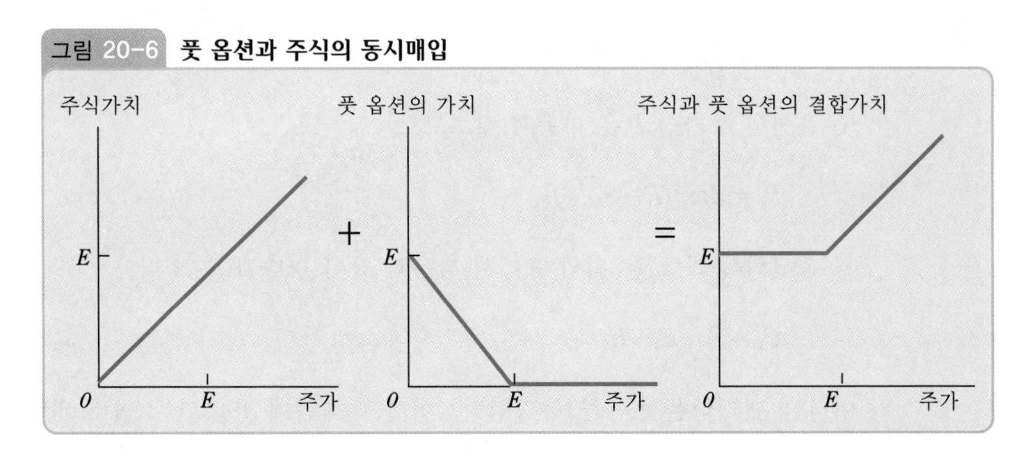

만기일 직전의 결합가치		
	$S_1 < E$	$S_1 \geq E$
(1) 풋 옵션의 가치	$E - S_1$	0
(2) +보통주가치	S_1	S_1
=결합가치	E	S_1

금액을 무위험이자율로 차입하였다고 가정하여 보자. 차입의 가치를 포함하여 결합가치를 나타내면 [그림 20−7]과 같은데 [그림 20−1]과 비교하여 보면 두 그림이 동일함을 알 수 있다. 이것은 차입에 의한 새로운 결합으로 콜 옵션과 똑같은 이득을 얻게 됨을 의미하는 것으로, 달리 말하면 ① 주식매입, ② 풋 옵션매입, ③ 무위험이자율 차입 등을 결합하여 보면, 다음 표와 같이 콜 옵션을 매입하는 것과 똑같은 재무적 성과를 나타내기 때문에 풋−콜 등가정리(put call parity theorem)라고 한다.

만기일 직전의 이익		
	만약 $S_1 < E$	$S_1 \geq E$
(1) 보통주 매입	S_1	S_1
(2) +풋 옵션 매입(P_1)	$E - S_1$	0
(3) +차입	$-E$	$-E$
=콜 옵션 매입가치	0	$S_1 - E$

이와 같은 내용을 좀더 부연하여 설명하여 보자.

콜 옵션의 종가인 C_1은 다음과 같고

$$C_1 = \text{Max}[(S_1 - E),\ 0]$$

풋 옵션의 종가인 P_1은 다음과 같으므로

$$P_1 = \text{Max}[(E - S_1),\ 0]$$

콜 옵션의 종가 C_1을 위의 표에서 다음과 같이 나타낼 수 있다.

$$C_1 = S_1 + P_1 - E$$

이러한 관계식을 풋−콜 등가정리식이라고 하는데 1969년 스톨(Stoll)

그림 20-7 **풋-콜 등가정리(put call parity theorem)**

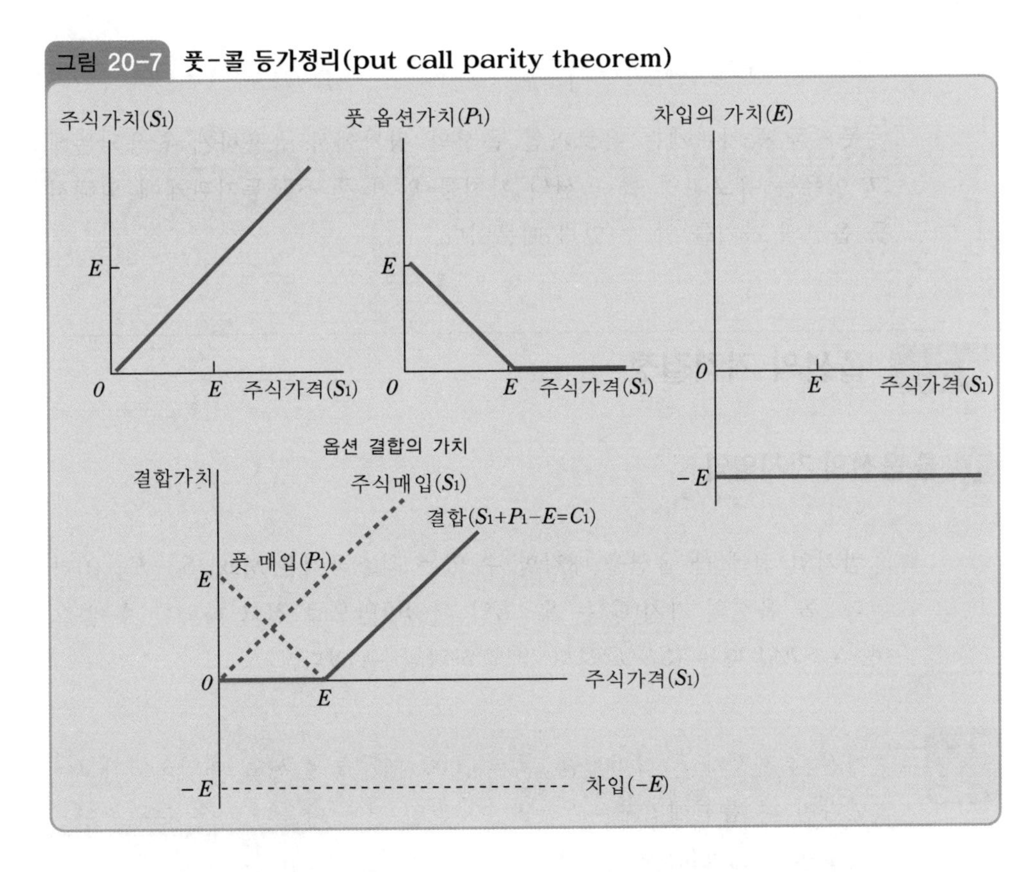

에 의해서 유도된 것이다.[2] 차입시의 풋 옵션 결합가치와 콜 옵션은 만기시에 동일한 재무적 성과를 갖게 되는 것이므로, 처음부터 똑같은 가치를 가지는 것으로 볼 수 있기 때문에 이를 등식으로 표시하면 다음과 같다.

$$C_0 = S_0 + P_0 - E_0$$

여기서 C_0 와 P_0 는 각각 콜 옵션프리미엄(call option premium)과 풋 옵션프리미엄(put option premium)을, S_0는 최초의 주가를 나타내며, E_0 는 무위험이자율 R 로 만기에 가서 액면가액 E를 지급하는 할인채의 현재가치와 같다. 따라서 다음과 같은 관계가 성립할 것이며 이를 풋-콜 등가(put call parity)라고 한다.

2) H. R. Stoll, "The Relationship between Put and Call Option Prices," *The Journal of Finance*(Dec. 1969), pp. 802~824.

$$S_0+P_0-C_0=E_0=\frac{E}{1+R_f}$$

풋-콜 등가관계는 유로피언 옵션의 평가에서 유용하게 활용되는데 그 이유는 유로피언 콜 옵션의 가치를 알면 풋-콜 등가관계에 의해서 풋 옵션의 가치를 알 수 있기 때문이다.

제 3 절 옵션의 가격결정

1 콜 옵션의 가치영역

만기일 전에 콜 옵션을 매각할 수 있는 최소금액은 Max[(S_0-E), 0]가 된다. 콜 옵션의 가치(C_0)는 $S_0<E$일 때 0미만으로 결코 하락할 수 없으며, $S_0>E$일 때는 (S_0-E)보다 낮게 하락할 수 없다.

어떤 투자자가 E=1,000원, C_0=5,000원인 콜 옵션을 매입하였다고 한다면 콜 옵션매입자는 S_0=20,000원인 경우 다음과 같은 무위험이익(risk free profit)을 얻게 된다.

$$S_0-(E+C_0)=₩20,000-(₩10,000+₩5,000)=₩5,000$$

이러한 거래에서 발행하는 이익의 형태를 차익이익(arbitrage profit)이라고 하며 아무런 위험이나 추가적인 비용도 없는 거래로부터 발생되기 때문에 차익이익은 효율적인 재무시장에서는 규칙적으로 발생될 수 없고 옵션에 대한 초과수요의 발생으로 옵션가격(C_0)은 적어도(S_0-E)까지 신속하게 상승하게 됨으로써 옵션가격은 (S_0-E)수준에서 결정될 수밖에 없다.

옵션가격의 상한선은 기초자산인 보통주의 가격이 되는데 그 이유는 보통주를 매입할 수 있는 옵션의 가격이 보통주의 가격보다 더 큰 가치를 가질 수 없기 때문이며 다음 [그림 20-8]에서 OE 및 $C_0=S_0-E$ 직선은 옵션가격의 하한선이 된다. 따라서 콜 옵션의 가치는 OE 및 $C_0=S_0$

그림 20-8 콜 옵션의 가치영역

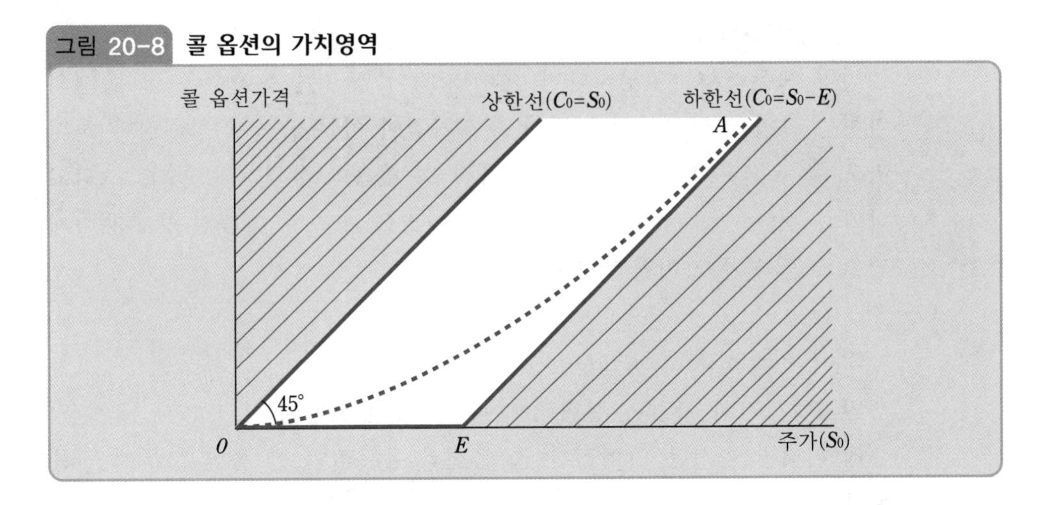

$-E$ 선보다 위에서 형성되나 $C_0=S_0$ 직선보다 높을 수는 없으므로 그림에서 OA의 형태를 취하게 되며 만기에 옵션의 행사가 확실할 정도로 현행주가가 행사가격을 상회하면 할수록 옵션가격은 주가와 행사가격과의 차액인 (S_0-E)선에 접근하게 된다.

2 옵션의 가격결정요인

앞 항에서 논의한 것은 콜 옵션의 가격이 [그림 20-8]의 빗금치지 않은 영역에서 결정되어야 한다는 결론이었으므로 콜 옵션가격(C_0)은 다음 부등식으로 표시된다.

$$\mathrm{Max}[(S_0-E),0] \leq C_0 \leq S_0$$

이제 콜 옵션의 가격이 빗금치지 않은 영역의 어디에 위치하는지를 구체적으로 분석하고자 한다.[3] 옵션의 가치를 결정하는 요인은 두 가지로 대별할 수 있는데 첫째요인은 옵션계약의 특징들로서 만기일과 행사가격이고 둘째요인으로는 주식 특성과 관련시장변수를 들 수 있다.

3) 본 논의에서 기초주식은 세금과 거래비용을 무시하고 배당을 하지 않는 것으로 가정한다. 그 이유는 일반적으로 현금배당을 지급하게 되면 콜 옵션의 가치를 하락시키기 때문이다.

(1) 행사가격(exercise price)

만약 모든 것이 일정하다면, 행사가격이 높으면 높을수록 콜 옵션의 가치는 그만큼 낮아지게 되지만 행사가격이 아무리 높게 정해진다 하더라도 콜 옵션은 부(-)의 가치를 가질 수 없음에 유의해야 한다. 그리고 만기일 전에 기초자산의 가격이 행사가격을 초과할 가능성이 존재하게 되면 그 옵션은 가치를 가지게 된다.

(2) 만기일(expiration date)

만기일까지의 기간이 길면 길수록 콜 옵션의 가치는 더욱 더 크게 되는데 이러한 현상은 아메리칸 콜 옵션과 유로피언 콜 옵션 모두에 적용된다.

(3) 기초자산의 가격(prices of the underlying asset)

다른 사항에 변동이 없다면 기초자산의 가치가 행사가격보다 높으면 콜 옵션의 가치는 그만큼 높아지게 된다.

(4) 기초자산의 변동성(variability of the underlying asset prices)

기초자산의 변동성이 커지면 콜 옵션의 가치는 그만큼 높아지게 된다. 콜 옵션의 가치는 기초자산의 가격이 행사가격을 초과할 확률에 의해 좌우되며 기초자산가격의 분산은 이러한 확률을 결정하게 된다. 투자자가 기초자산가격의 분산만이 상이한 두 개의 콜 옵션 중에서 하나를 선택할 경우를 [그림 20-9]에서 보여주고 있는데 A, B 두 개의 주식가격 분포는 똑같은 기대가격을 가지나 B주식이 더 높은 분산을 가지고 있다. 모든 투자자들은 분산이 높은 기초자산의 콜 옵션에 대하여 더 높은 값을 지급하려고 할 것이다. 그 이유는 두 주식을 기초로 한 옵션의 행사가격이 같다면, 주가가 행사가격보다 클 확률은 주가의 분산이 작은 A주식보다 B주식이 더 큰 반면 주가가 행사가격보다 낮을 경우엔 두 주식에 대한 옵션행사는 모두 포기되므로 B주식에 대한 옵션의 가치가 더욱 높아지게 될 것이다.

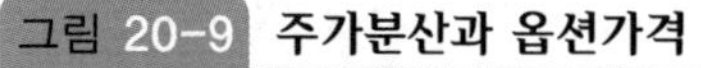
그림 20-9 주가분산과 옵션가격

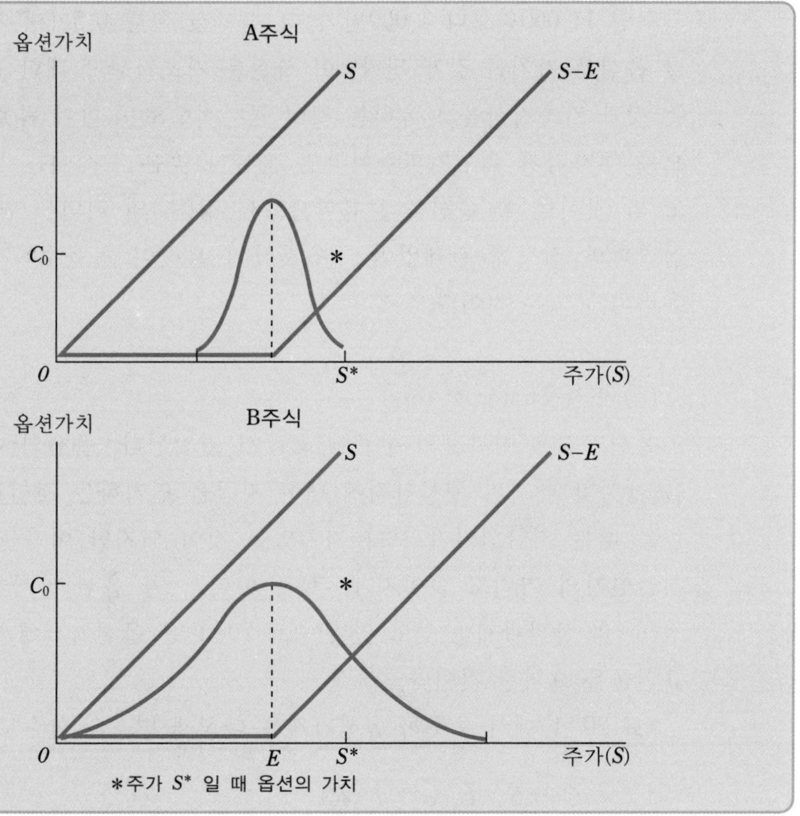

콜 옵션의 만기 직전의 주가가 10,000원이 될 확률과 8,000원이 될 확률이 각각 0.5라고 가정할 경우 행사가격이 11,000원이라면 주가가 두 상황 중 어느 경우든 행사가격보다 낮기 때문에 콜 옵션의 가치는 없다. 이제 주가의 변동폭을 2,000원 더 늘려 주가가 6,000원과 12,000원이 될 확률은 각각 0.5라고 한다면 아래에서 보는 바와 같이 주가의 기대치는 위의 경우와 꼭 같이 9,000원이 된다.

$$\left(\frac{1}{2}\times 8{,}000\right)+\left(\frac{1}{2}\times 10{,}000\right)=₩9{,}000$$
$$=\left(\frac{1}{2}\times 6{,}000\right)+\left(\frac{1}{2}\times 120{,}000\right)$$

그러나 주가의 변동폭이 커짐으로 해서 주가가 12,000원 일 경우 행사가격인 11,000원보다 1,000원이 더 높아질 확률 0.5가 존재하게 되므로 콜 옵션은 가치를 갖게 된다. 이 사실은 기초자산에 대한 옵션을 보유하는 것과 기초자산을 보유하는 것이 근본적으로 구별이 됨을 의미하는 것으로 투자자가 위험기피형이라면 분산이 높은 주식에는 투자를 피하려고 할 것이나 콜 옵션을 보유함으로써 정(+)의 이익을 얻게 되므로 위험기피의 정도에 관계없이 기초자산의 분산이 높을수록 옵션보유자는 유리하게 되는 것이다.

(5) 이자율(interest rate)

옵션가격은 이자율의 수준에 의해서 결정된다. 옵션의 매입자는 옵션을 행사할 때까지 행사가격에 대한 지급을 연기하는 것이므로 이자율이 높을 때는 지급연기가 보다 가치있는 것이 되지만 이자율이 낮을 때는 지급연기의 가치도 낮아지게 된다. 따라서 콜 옵션의 가치는 이자율과 정(+)의 상관관계를 갖고 있다. 〈표 20-1〉은 옵션가격에 영향을 미치는 요인들을 요약한 것이다.

〈표 20-1〉에서 보듯이 옵션가격은 다섯개 변수의 함수로 표시된다.

$$C=f(\overset{+}{S}_0,\ \overset{-}{E},\ \overset{+}{\sigma^2},\ \overset{+}{t},\ \overset{+}{R_f})$$

여기에서 (+, −) 부호는 그 변수가 콜 옵션의 가치에 미치는 효과를 포함한 것이다.

표 20-1 옵션가치의 결정요소

	콜 옵션	풋 옵션
기초자산가치(S_0)	+	−
행사가격(E)	−	+
주식변동성(σ^2)	+	+
이자율(R_f)	+	−
만기일(t)	+	+

제4절 옵션가격결정모형(Option Pricing Model: OPM)

지금까지 옵션가격결정에 영향을 미치는 요인들이 다섯 가지임을 밝혔는데 이제 이 요인들의 구체적인 내용을 알 때 그에 대응하여 시장에서 형성될 옵션의 가격계산이 문제가 되므로, 본절에서는 지금까지 개발된 이항분포모형(binominal model)과 블랙 숄즈 옵션가격결정모형(Black Scholes option pricing model)을 소개하고자 한다.

이항분포 모형에서 주가는 단속적으로 변동하며 그 변동형태는 오직 두 가지 형태에 한정되며 주가의 변동은 서로 독립적이라는 이항 확률분포를 가정하고 개발된 불연속 모형(discrete time model)이고, 블랙 숄즈 모형에서의 주가는 물리학의 브라운 운동(Brownian motion)에 따라 연속적으로 변동하고 주가의 변동성, 즉 분산은 시간의 경과에 관계없이 일정하다는 가정하에 만든 연속모형(continuous time model)이다.

여기서는 블랙 숄즈 모형의 유도과정은 생략하고 실제상의 유용성에 중점을 두고 설명하고자 한다. 먼저 이해를 돕기 위해 불확실성하의 옵션가격결정 문제를 간단한 예를 통해 설명한 후, 블랙 숄즈 모형을 논의하고 이항분포 모형은 보론에서 다루고자 한다.

1 불확실성하의 옵션가격결정: 단순예시

일물일가의 법칙에 의하면 동일한 현금흐름(또는 동일한 수익과 위험)을 가진 자산 또는 포트폴리오들은 동일한 현재가격으로 거래되어져야 한다. 만약 다른 가격으로 거래된다 하더라도 차익거래가 발생하게 되어 궁극적으로는 동일가격을 형성하게 될 것이다. 이러한 원리에 입각하여 현재 가격이 알려진 자산 또는 포트폴리오와의 상대적인 관점에서 특정의 위험자산의 가격을 결정할 수 있다. 다시 말하면, 현재가격을 알고 있는 자산들을 이용하여, 가격을 알고자 하는 자산의 현금흐름(수익과 위험)과 동일한 현금흐름을 발생시키는 포트폴리오를 구성할 수 있다면 분석대상이 되는 자산의 가격을 이들 구성자산들의 가격으로 표시할 수 있다.

이와 같은 방법을 불확실성하에서의 옵션가격결정에 적용하기 위하여 다음과 같은 예를 들어보자.

어느 주식에 대해 콜 옵션이 거래되고 있는데 이 옵션의 행사가격은 50,000원이며 만기는 1년이다. 현재의 무위험이자율은 10%이며 주식의 현재가격은 50,000원이다. 또는 가장 단순한 불확실성의 경우를 고려하기 위해서 1년 후 이 주식의 가격은 60,000원이나 40,000원이 되는 두 가지 경우 이외에는 없다고 가정하자. 이와 같은 상황하에서 다음과 같은 두 포트폴리오를 고려해 보자.

포트폴리오 A: 100단위의 콜 옵션 매입

포트폴리오 B: 주식 50주의 매입과 동시에 10%의 이자율로 1,818,182원을 은행으로부터 차입

두 포트폴리오의 1년 후 수익흐름을 주가상승과 하락의 경우에 대해 계산하면 〈표 20-2〉와 같다. 콜 옵션을 매입하는 경우의 연도말의 성과는 주식의 매입 및 차입의 경우와 같은 결과, 즉 두 가지 경우의 현금흐

표 20-2 포트폴리오의 성과

1년 후의 성과		
	주가=60,000원	주가=40,000원
포트폴리오 A:	옵션을 행사한다. 100(60,000−50,000)=1,000,000	옵션을 행사하지 않는다. 0
포트폴리오 B:	주식의 가치: 50×60,000=3,000,000	 50×40,000=2,000,000
	차입금의 상환(−): −1,818,182(1.1)=−2,000,000	 −2,000,000
	1,000,000	0

주식 50주 매입	50×₩50,000=₩2,500,000
10%의 이자율로 1,818,182원을 차입	−1,818,182
	₩ 681,818

름이 동일하므로 두 포트폴리오의 가치는 일물일가의 법칙에 따라 같아야만 한다.

주식 50주를 보유하고, 지금으로부터 1년 후에 ₩2,000,000을 갚아야 하는 포트폴리오의 현재가치는 주식의 현재가치에서 부채의 현재가치를 뺀 것과 같다.

포트폴리오 A, 즉 100단위의 콜 옵션이 미래에 위와 같은 수익을 얻기 위해서는 콜 옵션의 현재가치도 681,818원이 되어야 하는데 이것은 차익거래이익이 허용되지 않는 시장에서의 콜 옵션의 현재가격이 된다.

2 블랙 숄즈의 옵션가격결정모형

옵션의 가격결정 모형인 블랙숄즈모형은 1973년 피셔 블랙과 마이런 숄즈가 물리학의 열확산속도 계산공식을 응용하여 옵션가격 산정방법을 제시한 것[4)]으로 기본적으로 "주가는 연속적으로 변화하는 무작위성(random walk)을 따르며, 주가 수익률은 정규분포를 따른다."는 가정을 전제로 한다. 거래비용은 없으며, 공매도에 대한 제한이 없고, 주식의 배당과 차익거래기회도 존재하지 않는다고 가정하였다. 이자율은 만기까지 고정된 상수이고, 투자자는 무위험 이자율로 차입과 대출이 가능하다고 가정하였다. 블랙숄즈모형의 장점은 계산하기가 비교적 쉽고, 논리적이며 일관성 있는 가격결정이 가능하다는 점이다.

블랙 숄즈의 콜 옵션가격결정식(Black Scholes call pricing equation)은 다음과 같다.

$$C_0 = S_0 \cdot N(d_1) - E \cdot e^{-R_f \cdot t} N(d_2)$$
$$d_1 = [\ln(S_0/E) + (R_f + \frac{1}{2}\sigma^2)t]/\sqrt{\sigma^2 t}$$
$$\mathrm{d}_2 = \mathrm{d}_1 - \sqrt{\sigma^2 t}$$

- $N(d)$: 표준정규분포에서 확률변수가 d보다 작거나 같게 될 누적확률
- σ^2: 기초자산수익률의 분산
- t: 연 단위로 환산된 만기일까지의 잔여기간
- R_f : 연속복리로 계산된 연간 무위험이자
- e: 2.71828(자연대수의 근)

4) F. Black and M. Sholes, "The Pricing of Options and Corporate Liabilities," *Journal of Political Economy*(May Jun. 1973), pp. 637~659.

이 공식의 매력은 네개의 변수인 기초자산의 현재가격 S_0, 행사가격 E, 이자율 R_f 및 만기일까지의 기간 t는 현재시점에서 알 수 있는 것들이라는 점이며 변수 중에서 하나만, 즉 수익률의 분산 σ^2 만이 추정되어져야 한다. 그리고 투자자의 위험기피 정도는 옵션의 가치에 영향을 주지 않으며 이 공식은 투자자의 위험을 부담하려는 의지에 관계없이 어떤 투자자도 사용할 수 있다.

주목할 만한 사실은 기초자산에 대한 기대수익률의 변동에 따라 이 모형이 영향을 받지 않으며, 기초자산의 기대수익률에 대해서 서로 다른 평가를 하는 투자자들도 콜 옵션가격에 대해서는 의견을 같이 하는데, 투자자의 견해차이는 기초자산의 현재가치에 이미 반영되어 있으며 콜 옵션의 가격은 이러한 기초자산의 가치에 대비한 상대적인 가치로 표시되어지기 때문이다.

블랙 숄즈모형은 다음과 같은 가정들을 전제하고 있다.

① 주식의 공매(short selling)에 대한 제한이 없다.
② 주식의 거래비용이나 세금 등 시장마찰요인이 없다.
③ 주식에 대한 배당은 없다.
④ 주가는 연속적이며 주가의 어떠한 급등락도 존재하지 않는다.
⑤ 무위험이자율은 일정하다.
⑥ 주가는 로그정규분포(log normal distribution)를 이룬다.

이러한 가정들은 블랙 숄즈모형이 성립하기 위한 충분조건들이기는 하지만 상당히 비현실적이다. 예를 들어, 배당금을 고려하게 되면 블랙 숄즈모형은 배당금에 대한 부분만큼 조정되어야 한다. 배당이 없을 경우에 블랙 숄즈모형은 유로피언 옵션과 아메리칸 옵션 모두에 적용될 수 있고, 실증적 연구결과에 의하면 이 모형이 콜 옵션가치를 훌륭히 계산해내고 있음을 알 수 있다.

2014년 10월 4일에 배당을 지급하지 않는 P회사의 주식에 대한 2014년 4월 4일자 만기의 콜 옵션의 가격은 2,000원이었다. 10월 4일부터 만기일(=2015년 4월 21일)까지 199일의 잔여기간을 남겨 놓고 있었다. 이 주식의 수익률의 분산은 연간 0.09이며 2015년 4월 4일이 만기일인 국채의 현재 수익률(무위험이자율)은 0.07이다.
블랙 숄즈모형을 이용하여 P주식에 대한 콜 옵션의 가격을 계산하면 다음과 같다.

$R_f = 0.07,\ t = 199/365,\ S_0 = ₩50{,}000,\ E = 49{,}000,\ \sigma^2 = 0.09$

$$C_0 = S_0 \cdot N(d_1) - E \cdot e^{-R_f \cdot t} N(d_2)$$

$$= 50{,}000[\mathrm{N}(d_1)] - 49{,}000[e^{-0.07 \times 199/365}] \cdot N(d_2)$$

$$= (50{,}000 \times 0.6459) - (49{,}000 \times 1.0389 \times 0.602)$$

$$= 32{,}295 - 30{,}645 = ₩1{,}650$$

$$d_1 = [\ln(S_0/E) + (R_f + \frac{1}{2}\sigma^2)t]/\sqrt{\sigma^2 t}$$

$$= [\ln(50{,}000/49{,}000) + (0.07 + \frac{1}{2} \times 0.09) \cdot 199/365]/\sqrt{(0.09 \times 199/365)}$$

$$= 0.3743$$

$$d_2 = d_1 - \sqrt{\sigma^2 t}$$

$$= 0.1528$$

$N(d)$는 부록에 있는 표준정규분포표에서 산출해 낼 수 있다.

$$N(d_1) = 0.6459 \quad ; \quad N(d_2) = 0.6020$$

추정된 콜 옵션의 가격 1,650원은 실제가격 2,000원보다 다소 낮은데, 그 이유는 앞서 언급한 가정들이 현실적으로 시장에서 충족되지 않고 있으며 또한 분산의 추정치를 사용하였기 때문이다.

제 5 절 옵션의 종류

1 선택권부 증권

대부분의 증권에는 옵션의 특성이 가미되어 있다. 그러나 옵션의 특성이 분명하게 나타나는 증권이 있는가 하면 옵션의 특성이 모호한 증권도 있다.

(1) 주식인수권

주식인수권(warrants)은 기업이 발행하는 하나의 콜 옵션이며, 기초자산은 그 기업의 보통주가 된다. 일반적으로 주식인수권의 만기일은 콜옵션의 만기일보다 길지만, 경우에 따라서는 만기일이 없는 주식인수권이 발행되기도 한다. 대부분의 주식인수권은 만기일 이전에서 그 권리가 행사되는 것이 일반적이기 때문에 아메리컨 콜옵션의 한 형태로 볼 수 있다. 주식인수권의 권리행사는 일정한 기간이 경과한 후에만 가능하기 때문에 흔히 조건부 아메리컨 콜옵션이라고도 한다. 주식인수권의 행사가격은 고정적일 수도 있으며, 만기까지의 기간에서 단계적으로 증가할 수도 있다. 그러나 최초의 행사가격은 발행시점에서 기초증권의 시장가격보다 현저히 높은 수준에서 결정되는 것이 일반적이다.

주식인수권에서는 정해진 행사가격으로 주식 1주를 매입할 수 있는 권리가 소유자에게 부여된다. 그러나 대부분의 주식인수권은 주식분할이나 주식배당으로부터 보호를 받고 있기 때문에 발행회사가 주식분할이나 주식배당을 하는 경우에는 조정된 행사가격으로 권리를 행사할 수 있다. 예를 들어 발행회사에서 2:1로 주식분할을 한다면, 주식인수권소유자는 최초의 행사가격의 1/2로 주식 2주를 매입할 수 있다.

선진국에서는 많은 기업들이 주식배당이나 현금배당 대신에 주식인수권을 발행하여 주주들에게 분배하거나 직접 주식인수권을 발행하는 경향이 높아지고 있으며, 다른 증권의 발행을 촉진시키기 위하여 발행되는 경우도 있다. 즉, 기업에서는 주식인수권을 부여하는 사채인 주식인수권부사채를 발행할 수 있다. 경우에 따라서는 사채와 주식인수권을 분리하여 매각할 수 있는 분리형 주식인수권부사채가 발행되기도 한다.

주식인수권과 콜옵션의 차이점은 발행액의 한도에 있다. 주식인수권의 발행한도는 제한되어 있지만, 콜옵션은 발행자와 매입자의 협약에 따라 언제라도 발행할 수 있으며, 발행한도에 제한을 받지 않는다. 한편, 콜옵션의 행사는 기업의 발행주식수에 어떠한 영향도 미치지 않지만, 주식인수권의 행사는 기업의 발행주식수를 증가시키며, 현금유입을 가져온다는 점에서 차이가 있다.

(2) 신주인수권

신주인수권(pre emptive right)은 기업이 보통주를 기초증권으로 하여 발행하는 콜옵션으로서 흔히 일반투자자들에게 신주청약의 기회를 주기 전에, 기존주주들에게 신규보통주를 청약할 수 있는 권리를 부여하기 위하여 발행된다. 신규보통주 1주를 매입하는 데는 정해진 청약가격에 해당하는 현금과 일정한 신주인수권을 소유하여야 한다. 신규보통주의 발행을 원활하게 하기 위하여 일반적으로 청약가격은 신주인수권이 발행되는 시점의 보통주가격보다 낮게 책정되는 것이 일반적이다.

신주인수권의 만기는 일반적으로 2~10주 정도이며, 그 이전에도 자유롭게 거래할 수 있다. 기존 보통주는 일정한 기간까지 신주인수권부로 거래되지만, 그 이후에는 권리락으로 거래된다. 사실상 신주인수권은 만기까지의 기간이 짧은 주식인수권과 같다. 주식인수권과 신주인수권의 차이점은 행사가격의 수준에 있다. 주식인수권의 행사가격은 시장가격보다 높은 수준에서 책정되지만, 신주인수권의 행사가격은 시장가격보다 낮은 수준에서 책정된다. 신주인수권은 만기가 짧기 때문에 주식분할이나 주식배당으로부터 보호를 받지 못하고 있으나, 주식인수권은 주식분할이나 주식배당으로부터 보호를 받고 있다.

(3) 수의상환사채

선진국의 많은 기업에서는 만기일 이전에서 언제라도 미리 정하여진 가격으로 재매입할 수 있는 수의상환사채(callable bond)를 발행하고 있다. 수의상환사채를 발행한다는 것은 기업이 순수사채를 발행하는 동시에 사채매입자로부터 콜옵션을 매입한다는 것을 의미한다.

사채의 수의상환권리는 일반적으로 일정한 기간이 경과한 후에 예를 들어 발행후 10년만 행사할 수 있다. 그 밖에 수의상환프리미엄은 행사일에 따라 달라지는 것이 보통이다.

(4) 전환증권

전환증권(convertible securities)은 일정한 조건하에서 동일기업이 발행한 다른 증권으로 전환할 수 있는 권리가 부여된 증권을 말한다. 전환증권에는 전환사채와 전환우선주가 있다. 만일 액면가가 100,000원인 사채를 보통주 20주로 전환할 수 있다면, 전환비율(conversion ratio)은 20이 되며, 전환가격(conversion price)은 100,000원/20=5,000원이 된다. 주식 1주로 전환하는데 사채액면가 중에서 5,000원을 지급하여야 하기 때문에 전환비율이나 전환가격은 사채가격의 변화에 따라 영향을 받는다.

전환사채의 전환가치는 전환비율에 보통주의 시장가격을 곱한 것과 같다. 전환가치는 전환을 통하여 얻을 수 있는 가치이기 때문에 보통주로서 사채의 현재가치를 의미한다. 전환프리미엄은 사채의 시장가치에서 전환가치를 공제한 차이를 의미하며, 이는 사채의 시장가치의 상대적 비율로 표시된다. 전환프리미엄은 전환증권의 투자가치를 의미한다.

전환사채는 전환비율의 조정을 통하여 주식분할과 주식배당으로부터 보호를 받는 것이 보통이다. 예를 들어 발행회사에서 10%의 주식배당을 한다면, 전환비율이 20에서 22로 조정이 된다. 그러나 현금배당에 대한 보호는 일반적으로 제공되지 않는다.

❷ 옵션의 기타형태

모든 옵션이 보통주를 기초자산으로 하여 발행되는 것은 아니다. 최근 미국에서는 보통주 이외의 자산을 기초자산으로 하는 많은 형태의 옵션이 소개되고 있다.

(1) 지수옵션(index option)

개별보통주를 기초자산으로 하는 콜옵션은 상대적으로 단순한 옵션이다. 콜옵션매입자는 옵션을 행사할 때 발행자에게 예를 들어 보통주 100주를 요구하게 되면, 콜옵션발행자는 콜옵션소유자의 요구에 따라 반드시 보통주 100주를 인도하여야 한다. 그러나 실제로는 이와 같은 복잡한 수도결제를 피하기 위하여 매입자와 발행자가 청산거래를 통하여 포지션을 정리하는 경향이 높아지고 있다. 콜옵션소유자는 청산거래를 통하여 보통주의 시장가격과 옵션의 행사가격의 차이에 해당하는 현금을 받는다.

매입자와 발행자가 옵션계약을 체결할 때 만기일에서 단지 현금결제만을 허용하는 규정을 두는 것도 가능하다. 예를 들어 만기일에 기초증권의 시장가격이 행사가격보다 높으면 콜옵션발행자는 기초증권가격과 행사가격의 차이에 해당하는 현금을 콜옵션소유자에게 지급함으로써 거래를 청산할 수 있다. 풋옵션의 경우에도 마찬가지이다. 만기일에서 기초증권의 시장가격이 행사가격보다 낮으면 풋옵션발행자는 행사가격과 기초증권가격의 차이에 해당하는 현금은 풋옵션소유자에게 지급함으로써 거래를 청산할 수 있다.

개별보통주를 기초자산으로 하는 상장옵션에서는 현물결제와 현금결제를 허용하고 있는 반면에 시장지수를 기초자산으로 하여 발행되는 지수옵션(index option)에서는 현금결제만을 허용하고 있다. 지수옵션(index option)은 주가지수를 기초자산으로 하여 발행되는데, 전반적인 주가수준을 반영하는 시장지수(market index)를 기초자산으로 하여 발행되기도 하고, 경우에 따라서는 특정한 증권군의 주가변화만을 반영하는 시장지수를 기초자산으로 하여 발행되기도 한다. 지수옵션에서는 주식수가 기술되지 않으며, 계약의 크기는 옵션이 거래되는 거래소시장에 규정하는 승수(multiplier)에 시장지수의 수준에 따른 옵션프리미엄을 곱한 값에 해당하는 금액을 발행자에게 지급하여야 한다.

(2) 이자율 옵션과 외화옵션

콜옵션과 풋옵션은 재정증권과 같은 채권증서를 기초자산으로 하여 발행되기도 하는데, 이와 같은 옵션을 이자율옵션(interest rates option)이라고 한다. 이자율옵션은 재정증권의 액면가치에 기초하여 발행된다. 예를 들어 액면가치가 1,000달러인 재정증권을 기초자산으로 하여 발행된 이자율옵션이 거래되고 있다고 하자. 액면이자율은 9%이고, 만기까지의 기간이 1년인 콜옵션의 행사가격은 액면가의 101%와 같이 기술되는 것이 일반적이다.

콜옵션과 풋옵션은 스위스 프랑화나 미국 달러화를 기초자산으로 하여 발행되기도 하는데, 이와 같은 옵션을 외화옵션(foreign currency options)이라고 한다.

외화옵션은 외국통화를 기초자산으로 하여 발행되기 때문에 기초자산의 인도는 당해국에 있는 은행계정에서 이루어진다.

(3) 옵션의 특수한 형태

1) 경로의존형 옵션(path-dependent option)

경로의존형 옵션은 옵션의 최종수익이 옵션만기시점의 기초자산 가격수준에 의해서 결정되는 것이 아니라 기초자산의 가격이 어떠한 경로로 움직여왔는가에 따라 만기 결제금액이 결정되는 옵션이다.

① 경계옵션(barrier option, knock-out option, knock-in option)

- knock-out: 기초자산 가격이 만기가 되기 전에 배리어가격[5]을 건드리면 옵션의 효력이 상실된다.

- knock-in: 기초자산 가격이 만기가 되기 전에 배리어가격을 건드려야 옵션의 효력이 발생한다.

경계옵션의 프리미엄은 표준옵션보다 저렴하다.

② 룩백 옵션(look back option)

룩백옵션은 만기시점에서 행사가격을 결정하는 옵션이다. 옵션만기일까지의 기초자산 가격변동 중 옵션 매입자에게 가장 유리한 가격을 행사가격으로 결정한다. 룩백옵션은 프리미엄이 매우 비싸고, 옵션을 발행한 기관이 옵션에 대한 리스크 관리를 하기 어렵기 때문에 실제 현실에서는 찾아보기 어렵다.

- 룩백 콜옵션: 만기까지의 최저가격이 행사가격
- 룩백 풋옵션: 만기까지의 최고가격이 행사가격

③ 래더 옵션(ladder option)

미리 정해둔 일정한 가격수준(래더) 중 기간 내에 어디까지 도달했는가를 행사가격으로 하여 수익구조를 결정하는 옵션이다.

④ 샤우트옵션(shout option)

아무 때나 가장 유리하다고 생각되는 시점에서 선언(샤우트)함으로써 행사가격을 재확정 할 수 있다. 샤우트 시점의 수익(내재가치)은 만기에 지급이 보장된다.

⑤ 평균 옵션(average option or Asian option)

일정기간 동안의 기초자산의 평균가격이 행사가격으로 설정되어 만기시점의 기초자산가격과 평균가격의 차익으로 수익이 결정된다.

---

5) 기초자산에 대해서 미리 설정해 놓은 경계 가격

2) 첨점수익구조형 옵션(singular[6] payoff option)

첨점수익구조형은 옵션의 수익구조가 일정한 점프, 즉 불연속성을 가지는 경우이다.

① 조건부 프리미엄 옵션(후불 옵션)(contingent premium option)

옵션이 내가격(in the money)으로 끝났을 때에만, 그리고 반드시 행사되어야만 프리미엄을 지불하는 옵션이다.

② 디지털 옵션(이항 옵션)(binary option)

– All or Nothing 옵션: 만기일에 내가격(in the money) 상태일 때만 약정금액 지급

– 원터치방식의 정액수수옵션: 만기까지의 기간 동안에 한번만 내가격이면 약정된 금액 지급

③ 디지털 배리어옵션(digital barrier option)

배리어를 건드리지 않으면 받는 상금이 미리 정해져 있는 디지털 옵션이다.

3) 시간의존형 옵션(time-dependent option)

① 버뮤다 옵션(bermuda option)

미국식 옵션이 만기 이전에 아무 때나 한번 옵션을 행사 할 수 있는 옵션인데 비해 버뮤다 옵션은 미리 정한 특정일자들 중에서 한번 옵션행사가 가능하다. 유럽식과 미국식 옵션의 중간형태이다.

② 선택 옵션(chooser option)

매입자가 만기일 이전 미래의 특정시점에 이 옵션이 콜옵션인지 풋옵션인지 여부를 선택할 수 있는 권리를 가지는 옵션이다.

③ 행사가격결정유예 옵션(delayed option)

옵션매입자가 미래 특정시점에서 그 기초자산과 행사가격이 같게 매겨진 등가격(at the money)옵션을 사거나 팔 수 있는 권리가 부여된 옵션이다.

4) 복합 옵션(compound option)

복합옵션은 기초자산이 일반적인 자산이 아니라 또 하나의 옵션(기초옵션)인 경우가 이에 해당한다. 예컨대, 콜옵션에 대한 콜옵션, 풋옵션에 대한 콜옵션, 콜옵션에 대한 풋옵션, 풋옵션에 대한 풋옵션의 4가지

6) 첨점(singular)이란 미분 불능점을 의미한다.

가능성이 존재한다. 이러한 중첩적인 옵션이 사용되는 주요이유는 위험에 노출될지 안될지가 불확실한 상황에서 사용 가능한 현실적인 대비책이 된다는 점이고, 또한 기초옵션을 직접 매입하는 것보다 비용이 적게 든다는 점을 들 수 있다.

제 6 절 옵션이론의 응용

본절에서는 옵션가격 결정모형이 실제로 기업의 재무정책에 어떻게 적용되고 있는지 살펴보고자 한다.

1 부채사용 기업의 주주입장

인경기업이 당초 그 총자산의 시장가치가 300억원이었을 때 이를 근거로 150억원의 부채를 조달했다고 하자. 그 후 인경기업은 경영성과 및 그 수익전망이 저조하여 그 자산의 시장가치는 다음과 같이 100억원으로 하락하고 이에 따라 부채의 시장가치는 80억원, 자기자본은 20억원으로 평가되고 있다고 하자.

만일 인경기업의 차입액 150억원의 상환기일이 오늘이라면 현재의 자산으로는 그 부채의 전액상환이 불가능하므로 인경기업은 파산하는 수밖에 없고 현재 100억원의 시장가치를 가진 자산은 채권자에게 귀속되며 주주에게는 아무것도 남는 것이 없게 된다.

그러나 부채의 상환기일이 아직 남아 있고 그 동안 인경기업이 그 부채액을 충분히 상환할 수 있을 만큼 수익전망이 호전되었다고 하자. 사실상 현재의 시장가격 기준 재무상태표상 자기자본의 가치가 그나마 20억원으로 평가되고 있는 것은 그 부채의 만기가 아직 남아 있고, 따라서 부채를 상환하고 나서도 자기자본의 자산가치가 20억만큼 남으리라는 투자자들의 기대를 반영한 것이라고 할 수 있다.

예컨대 인경기업이 유리한 투자기회를 포착하여 그 자산가치가 200원

인경기업의 재무상태표 (단위:억원)

자 산		부채 및 자본	
자산	100	타인자본	80
		자기자본	20
	100		100

으로 상승했다고 가정하자. 이 경우 인경기업 주주들의 지분가치는 부채 150억원을 상환한 후의 가치 200억원－150억원＝50억원으로 상승한다.

이와 같이 부채를 가진 기업주주의 지분가치는 그 자산가격이 부채액을 상회하느냐 또는 하회하느냐에 따라 달라진다. 특히 총자산가치가 그 부채액에 미달하는 경우 주주의 지분가치는 영(0)이며 이는 주주들이 갖는 유한책임의 특성으로부터 연유하는 것이다. 바꾸어 말하면,(자산가치 <부채가치)의 경우 주주는 그들의 지분을 포기하면 그만이며 그 자산가치가 부채액에 미달하는 부분에 대하여 책임을 지지 않는다. 부족분은 부채 제공자의 손실인 것이다.

이러한 의미에서 부채를 사용하고 있는 기업의 주식은 그 기업의 자산을 대상으로 하고 그 상환해야할 부채액을 행사가격으로 한 콜옵션이라 할 수 있다. 왜냐하면 부채 사용기업의 주주들이 그 부채액에 대하여 갖는 유한책임은 주주들의 투자손실 상한선이며 자산가치의 부채액 이상으로의 상승은 전액 주주의 지분으로 귀속되기 때문이다.

〈표 20－3〉은 행사가격이 300인 콜옵션과 부채액 300을 가지고 있는 기업의 주식이 각각 주가 또는 자산가치의 변화에 따라 각각의 가치가 어떻게 달라지는가를 비교한 것으로 부채 사용기업의 주식은 곧 기업의

표 20-3 옵션소유자와 주식소유자와의 입장비교

매입권부 옵션 소유(행사가격 300)		주식소유(부채액 300)	
주식가치	옵션 가치	자산가치	자산가치
100	0	100	0
200	0	200	0
300	0	300	0
500	200	500	200
700	400	700	400
1,000	700	1,000	700

자산을 대상으로 한 콜옵션임을 구체적으로 예시하고 있다.

이러한 옵션가격이론에 의한 기업가치 문제에의 접근은 매우 새롭고도 중요한 통찰력이며 이는 옵션가격 결정모형이 주식가치의 평가를 비롯한 다른 자본조달과 관련한 기업가치의 평가문제 등에도 적용될 수 있음을 시사하는 것이다.

2 신주인수권과 인수기관의 기능

옵션의 개념은 흔히 기존주주들에게 주어지는 신주발행시의 신주인수권을 설명하는 데도 적용된다. 예컨대, 기존주주가 그 신주인수권을 행사하느냐 않느냐는 신주발행계획 발표 이후 그 신주인수권이 만료하는 시점 동안의 대상 주식의 시장가격과 신주인수가격에 달려 있으며, 이때 신주인수가격이 신주인수권이라는 옵션의 행사가격이라 할 수 있는 것이다.

주식발행시 그 매출과 발행주식 중 매출되고 난 잔여주식의 인수를 책임지는 증권회사나 기타 금융회사 등 인수기관의 기능 또한 옵션이라는 시각에서 이해될 수 있다. 인수기관들이 주식의 공모분 중 매출되지 않는 부분에 대한 발행가격으로의 인수책임을 지고 그에 대한 대가로 일종의 풋옵션의 매각이며, 반대로 주식을 발행하고 그 매출과 잔액 인수를 인수기관에 위임하는 기업의 입장은 풋옵션을 인수기관으로부터 매입하는 것이다.

어느 기업이 신주를 주당 10,000원에 발행, 이의 매출을 청부공모(stand by underwriting)의 형태로 하기로 하고 인수기관과 발행위험부담 등 잔액인수에 관한 계약(stand by agreement)을 맺었다고 하자.

이 때에 매출주식의 시장가격이 그 매출시한까지 발행가격 1,000원을 밑도는 800원에 형성된다면 투자자들은 아무도 그에 응하지 않을 것이고, 따라서 인수기관은 시가 800원의 주식을 발행가격 1,000원에 인수하지 않으면 안 된다. 말하자면 주식의 발행기업은 그 인수기관과의 청부공모 계약으로 발행주식의 시가와는 관련없이 이를 행사가격 1,000원에 인수기관에 팔 수 있는 풋옵션을 매입한 것이고, 인수기관은 풋옵션을 매각하고 그 옵션매각의 대가로 인수수수료(stand by fee)를 수취한 것이다.

3 옵션을 이용한 투자전략

(1) 옵션 스프레드 전략

옵션 스프레드는 만기, 행사가격 등이 서로 다른 두 종류 이상의 옵션에 대해 각각 매도와 매수 포지션을 취하는 것을 말한다.

1) 수평 스프레드와 수직 스프레드

수평 스프레드(horizontal spread)는 '만기'가 서로 다른 두 개의 옵션에 대해 매수 및 매도가 동시에 취해지는 경우를 말하며, 수직 스프레드(vertical spread)는 '행사가격'이 서로 다른 두 개의 옵션에 대해 매수 및 매도가 동시에 취해지는 경우를 의미한다. 한편 대각 스프레드(diagonal spread)는 만기도 다르고 행사가격도 다른 두 개 이상의 옵션을 가지고 스프레드 포지션을 구축하는 경우를 말한다.

2) 강세 스프레드와 약세 스프레드

강세 스프레드(bull spread)는 '대표적인 수직 스프레드'로서 기초자산가격이 상승할 경우 이익을 보는 포지션이며, 약세 스프레드(bear spread)는 강세 스프레드와 정반대의 수익구조로서 기초자산 가격이 오를 경우 손실을 보게 되고, 떨어질 경우 이익을 보게 되는 포지션이다.

3) 스트래들과 스트랭글

① 스트래들(straddle)

동일한 '만기'와 동일한 '행사가격'을 가진 두 개의 옵션, 즉 콜옵션과 풋옵션을 동시에 매수함으로써 구성되는 포지션을 '롱 스트래들'이라 하는데 이 스트래들은 급상승장이나 급락장에서 이익을 보게 되며, 횡보장에서는 손실을 보게 되는 포지션이다. 한편 동일한 행사가격을 가진 풋옵션과 콜옵션을 동시에 매도하는 경우 '숏 스트래들' 이라 하는데 이는 변동성이 작을 것이라는 예상하에 취하는 포지션이다.

② 스트랭글(strangle)

'행사가격' 이 다른 풋옵션과 콜옵션을 동시에 매수 또는 매도하는 전략으로 기초자산 가격변동이 클 것이라는 예상하에 행해지는 투자를 말하며 스트랭글은 스트래들에 비해 초기투자 비용이 절약되는 투자이다. 매수의 경우를 '롱 스트랭글', 매도의 경우를 '숏 스트랭글'이라 한다.

보 론

1 이항옵션 가격결정모형[7)]

이항옵션 가격결정모형은 옵션가격을 결정짓는 기초주식의 주가변동이 이항분포(binominal distribution)를 따른다고 가정하는 모형이다. 주가변화와 콜옵션가치변화의 관계를 단일기간과 2기간이상으로 나누어 살펴보면 다음과 같다.

(1) 단일기간의 경우

단일기간을 가정하면 주가변화와 콜옵션가치의 변화는 아래 그림과 같다.

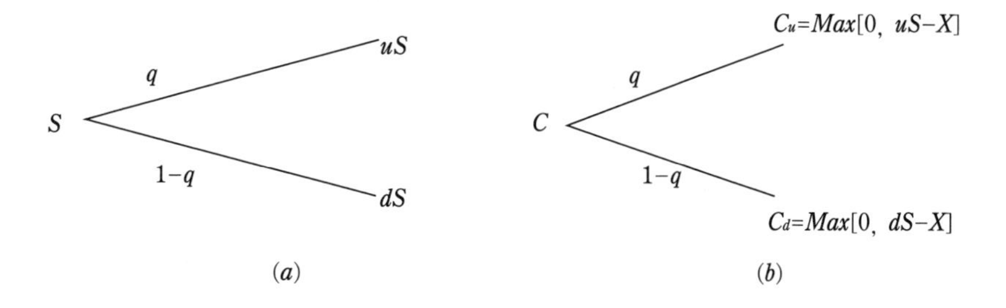

위 그림에서 S는 기초자산인 보통주 현재가격, C는 콜 옵션가치이고 q는 주가가 상승할 확률이며, u는 주가상승시 주가변화율에 1을 더한 값이며, d는 주가하락시 주가변화율에 1을 더한 값이다.

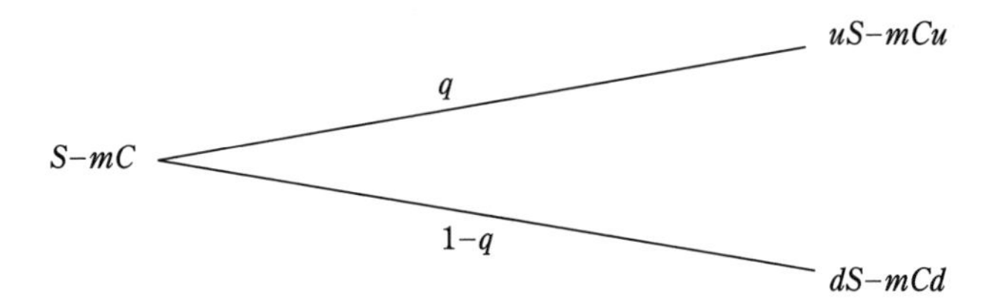

이제, 주식 1주와 그 주식에 대하여 발행된 콜옵션 m주로 무위험 헷

7) 이하는 Thomas E. Copeland & J. Fred Weston, *Financial Theory and Corporate Policy*, 4th. ed.를 인용한 것임.

지포트폴리오를 구성하면 다음 그림과 같아야 하므로 다음과 같게 된다.

위 그림에서 $S-mC$는 무위험포트폴리오이므로 투자기간말의 투자성과가 같아야 하므로 다음과 같게 된다.

$$uS-mC_u = dS-mC_d$$

$$\therefore\ m=\frac{S(u-d)}{C_u-C_d}$$

여기서 m은 무위험헷지포트폴리오를 구성하기 위한 헷지비율(hedge ratio)로서 주식 1주에 대하여 발행하여야 할 콜옵션의 수이다. 한편, $S-mC$는 무위험포트폴리오이므로 1+무위험이자율(R_f)을 곱한 값이 포트폴리오의 기말성과($uS-mC_u$ 또는 $uS-mC_d$)와 같아야 한다. $1+R_f$ 를 r이라고 하면, 다음과 같이 콜 옵션가격C를 계산 할 수 있다.

$$r(S-mC)=uS-mC_u$$

$$\therefore C=\frac{rS-uS+mC_u}{m\cdot r}$$

S를 앞의 식에 대입하여 정리하면, 다음과 같게 된다.

$$C=\frac{[(\frac{r-d}{u-d})C_u+(\frac{r-d}{u-d})C_d]}{r}$$

$p=\frac{r-d}{u-d}$라고 정의하면, 콜옵션가격 모형이 된다.

$$C=\frac{PC_u+(1-P)C_d}{r}$$

이상의 콜옵션가격결정모형의 특징은 다음과 같다.

① 옵션가치는 주가상승 또는 하락의 확률과 무관하게 결정된다.

② 위험에 대한 투자자들의 태도와 상관없이 옵션가격결정모형이 도출된다.

③ 옵션가치를 결정하는 유일한 확률변수는 그 주식의 시장가격이다.

(2) 2기간 이상의 경우

옵션의 만기까지 2기간 이상일 때의 콜옵션가격 결정공식은 이미 도출된 단일기간공식의 단순한 확장이다. 다음 식은 옵션의 만료까지 2기간이 존재할 때 주가가 어떻게 될 것인지를 나타내주고 있다.

이미 도출된 공식은 옵션의 만기까지 1기간인 콜옵션의 가치를 결정할 수 있게 해준다. 그러나 1기간에서의 가치를 아는 것은 마치 1기간이 남아 있는 0시점의 가치를 계산하는 것과 같다. 그래서 2기간에 걸쳐 적용하면 콜옵션의 가치는 다음과 같이 계산된다.

$$C=\frac{[P^2 \cdot C_{uu}+2P(1-P)C_{du}+(1-P)^2C_{dd}]}{r^2}$$

단, C_{uu} : $Max[0,\ u^2S-X]$
$C_{du}=C_{ud}$: $Max[0,\ udS-X]$
$C_{dd}=Max[0,\ d^2S-X]$

이러한 계산을 이용하면 n기간의 콜옵션가치는 다음과 같이 일반화할 수 있다.

$$C=S \cdot B(a|n,\ P')-Xr^{-n}B(a|\mathrm{n},\ \mathrm{P})$$

$$P=\frac{r-d}{u-d},\ P'=\frac{u}{r}P$$

단, S: 현재주가 n: 옵션의 만료까지의 기간수
X: 행사가격 r: 1+무위험이자율
a: 만료시 콜옵션이 정의 값을 취하는 가격에서 최소한의 주가상승횟수
$B(a|n,\ P')$: 주가상승의 확률이 P' 인 n움직임으로부터 발생할 a보다 크거나 동일한 주가상승횟수의 확률

$B(a|n,\ P')$와 $B(a|n,\ P)$에 대해 보다 자세히 설명하면 다음과 같다.

현재주가가 50,000원, 행사가격이 60,000원, $u=1.5$, $d=0.8$ 그리고 $n=10$이라고 가정하여 계산하여 보면, 4회 이상의 주가상승이 있었을 경우 주가가 만기일까지 60,000원을 상회할 것이다. 그러므로 이 예에서 a는 4이다.

먼저, a는 현재주가, 행사가격 그리고 만기일에 의하여 결정된다.

다음으로, $B(a|n,\ P')$ 또는 $B(a|n,\ P)$를 계산할 때 P와 P'가 확률인 것처럼 보이지만 실제로 이들은 확률과는 관계가 없다. P와 P'는 주가상승과 하락 그리고 무위험이자율의 크기에 좌우될 뿐 주가상승과 하락이 발생할 확률과는 관련이 없는 것이다. 그것들이 2항식을 사용함에 있

어서 확률인 것처럼 P와 P' 를 이용하고 있다는 단지 그 이유 때문에 P와 P'를 확률로 가정하고 있을 뿐이다. 이들 의사확률(pseudo probability)이라고 한다.

2기간모형에서 콜옵션가격에 영향을 미치는 것으로 설명한 각 요인들은 또한 다기간 모형에서 콜옵션가격에 영향을 미친다. 콜은 주가상승의 크기, 주가하락의 크기, 행사가격, 현재주가 그리고 무위험이자율의 함수이다. 그 외에 다기간 모형은 옵션의 만기까지의 잔여기간인 n의 함수이다.

이미 도출된 이항옵션모형은 그 기간을 무한히 분할하면 주가의 연속적 변화를 가정하는 *OPM*의 도출에 이용될 수 있다. 이러한 모형 중 가장 잘 알려진 모형은 앞에서 설명된 블랙 숄즈(Black and Scholes)의 모형인 것이다.

2 옵션의 민감도 분석

옵션의 프리미엄은 기초자산의 현재, 행사가격, 이자율, 변동성, 잔존만기의 영향을 받게 된다. 옵션 프리미엄의 민감도를 살펴보는 지표로는 '델타, 감마, 세타, 베가, 로' 가 있다.

지표	주요내용
델타 (delta)	- 기초자산의 가격이 변화할 때 '옵션가격' 이 얼마나 변화하는가에 대한 민감도를 보여주는 지표 - 잔존기간이 길수록 델타는 등가격옵션에 수렴하며, 변동성이 클수록 콜옵션의 델타는 커지고, 풋옵션의 델타는 작아진다.
감마 (gamma)	- 기초자산의 변화에 따른 '델타값' 의 변화비율 - 감마가 높을수록 대상자산의 가격변동이 더욱 민감함을 의미한다. 잔존기간이 짧을수록 감마는 커진다.
세타 (theta)	- 잔존만기의 변화에 따라 옵션의 가치가 변화하는 정도 - 옵션은 만기일에 접근할수록, 시간가치는 급속히 감소하게 되므로 만기가 다가올수록 세타는 커진다.
베가 (vega)	- '변동성계수' 의 증가에 따른 옵션가격의 증가분 - 변동성이 커지면 옵션의 가치는 커지므로 콜옵션과 풋옵션은 양의 베가값을 가진다. - 잔존기간이 길수록 베가는 증가한다.
로 (rho)	- 무위험이자율의 변화에 따른 옵션가격의 변화분 - 금리변화에 따라 기초자산의 가격을 상승시키거나 하락시키는 부분은 로값과 상관이 없다. (옵션가격은 금리변화에 비탄력적) 따라서 로의 상대적 중요도는 떨어지는 편이다.

연습문제

1 콜 옵션과 풋 옵션의 개념상 차이점에 대해서 언급하라.

2 풋-콜 등가정리를 설명하라.

3 콜 옵션의 가치를 결정하는 요인들을 나열하고 그들이 주가에 어떠한 영향을 미치는지 설명하라.

4 주가의 변동성이 옵션의 가치에 어떻게 영향을 마치는지 자세히 언급하라.

5 콜 옵션의 가격영역을 설명하고 나아가서 풋 옵션 가치영역도 생각해 보라.

6 다음의 주어진 표는 7월 6일에 관찰된 풋 · 콜옵션의 가격이다. 주어진 정보를 이용하여 다음 물음에 답하여라. 주식의 가격은 165/16이다. 옵션의 만기는 각각 7/17, 8/21, 그리고 10/16이다. 각 만기에 따른 무위험이자율은 각각 0.0503, 0.0535, 0.0571이라고 한다.

행사가격	콜(call)			풋(put)		
	7월	8월	10월	7월	8월	10월
155	10.5	11.75	14	0.1875	1.25	2.75
160	6	8.125	11.125	0.75	2.75	4.5
165	2.6875	5.25	8.125	2.375	4.75	6.75
170	0.8125	3.25	6	5.75	7.5	9

연속적 복리로 계산된 주식수익률에 대한 표준편차가 0.21이라고 가정하자. 배당은 없었던 것으로 가정하고 다음 물음에 답하라.

(1) 10월 만기, 행사가격이 165인 콜옵션의 이론적인 가격은?

(2)(1)의 답을 기초로 하여 무위험전략을 세워보라.

(3) 만약 이 주식의 가격이 $1 하락하였다면 주식에 대한 손실을 상쇄시키기 위한 옵션포지션은 어떻게 될 것인가?

7 다음과 같은 사실들이 주어졌을 때, 이 주식의 분산을 추정하시오.

주가	= ₩20,000
콜옵션가격	= ₩940
행사가격	= ₩22,000
만기일까지의 기간	= 90일
무위험이자율	= 0.10

기업지배구조와 행태재무학

제 1 절 기업지배구조(Corporate Governance)

1 기업지배구조란 무엇인가?

기업지배구조는 기업을 총괄하고 통제하는 시스템을 일컫는다. 지배구조는 기업 내 여러 다른 참여자들(이사회, 관리자, 주주, 채권자, 감사인, 규제자 및 기타 이해당사자들)간 권리 및 책임의 분배와, 기업 업무에 대한 의사결정의 규칙과 절차를 규정한다. 지배구조는 기업이 목표를 세우고 추구하는 구조의 기반이 되며, 사회적, 규제적, 그리고 시장 환경을 반영한다.

다시 말하면, 지배구조는 기업의 행동, 방침, 의사결정을 감시하는 메커니즘이다. 지배구조에는 이해당사자들 간 이해관계의 조정도 포함된다. 따라서 "경영진의 행동을 감시하여 기업 운영자들의 부당 행위에 기인하는 대리인 비용을 줄일 의도로 기업을 총괄하고 통제하는 법체계와 건전한 시스템"이라고도 정의된다.

근대 기업에서 주요 외부 이해당사자는 주주, 채권자, 매입처, 납품업체, 고객, 그리고 기업의 활동으로 영향을 받는 지역사회이며 내부 이해관계자는 이사회와 임직원이다.

주식 증서를 소유한 주주 전원은 그 수에 관계없이 기업 지배의 궁극적인 힘을 가진다. 주주들은 이사를 선출하고 자신들은 전적으로 익명을 유지할 수도 있다. 이사회는 기업의 업무를 관리한다. 이사들은 타 기업들이 될 수도 있고 자연인이 될 수도 있다. 이사는 반드시 3인 이상이어야 하며 이사회는 기업 임원 혹은 기타 임원, 대리인 및 대변인을 선택한다.

기업지배구조에 대한 가장 큰 관심사는 대부분 이해당사자간 이해관계의 충돌을 완화시키는 부분과 관련이 있다. 이해관계의 충돌을 완화 혹은 예방하는 방법에는 기업을 통제하는 방식에 영향을 미치는 프로세스, 관습, 방침, 법과 제도가 포함된다. 따라서 지배구조에 있어서의 중요한 주제는 기업 책임(corporate accountability)의 본질과 정도라고 할 수 있다.

2 주요국의 기업지배구조

(1) 유럽

독일, 네덜란드 등 일부 유럽 대륙 국가에서는 기업지배구조 개선의 수단으로 이원적 이사회(two-tiered board)를 요구한다. 이원적 이사회에서는 기업 임원들로 구성된 집행이사회(executive board)가 일상적인 운영을 맡고, 주주와 직원을 대변하는 비집행 이사(non-executive directors)로만 구성된 감독 위원회에서 집행이사들을 선출하거나 해고하고, 그들의 보상액을 결정하며, 주요 사업결정을 검토한다.

(2) 미국, 영국

이른바 기업지배구조의 영미모델로 불리는 이 모델에서는 주주의 이해관계를 강조한다. 이 모델은 주주에 의해 선출된 비집행 이사가 일반적으로 주류를 이루는 일원적 이사회(one-tiered board)가 근간이다. 이 때문에 이 모델을 일원적 "단일 시스템(unitary system)"이라 부르기도 한다. 비집행 이사들이 집행 이사들보다 수적으로 우세하고, 감사 및 보상 위원회 등 요직을 맡는다. 미국과 영국의 기업지배구조 사이에는 하나의 중대한 차이점이 있다. 영국에서는 CEO가 일반적으로 이사회 의장으로 봉직하지 않지만, 미국에서는 기업지배구조에 대한 영향에 있어 상당한 의혹이 있음에도 불구하고 겸임이 일반적이다.

3 기업지배구조의 이해관계자

(1) 이사회

이사회는 기업지배구조에서 핵심적인 역할을 한다. 이사회는 CEO 선임과 승계, 조직 전략에 대해 경영진에게 피드백 제공, 고위직 임원들에 대한 보상, 기업의 재무 건전성, 실적 및 리스크 감시, 그리고 투자자와 당국에 대해 조직의 책무 보장 등의 업무를 맡고 있다.

(2) 이해당사자의 이해관계

기업지배구조의 모든 당사자들은 직간접적으로 기업의 재무 실적에 대한 각기 다른 이해관계를 가지고 있다. 이사, 근로자 및 경영진은 급여, 복리후생, 평판에 대해, 투자자들은 금전적 수익에 대해 기대치를 가지고 있다. 투자자들 중 채권자들은 명시된 이자 상환을 바라고, 지분투자자들은 소유주식으로부터 발생하는 배당금이나 자본이득을 통한 수익을 바란다. 소비자들은 적절한 품질의 재화와 용역 제공의 확실성에 관심을 두고, 납품업체들은 자신들이 제공한 재화 혹은 용역에 대한 보상, 그리고 영속적인 사업관계에 관심을 가진다. 이들 당사자들은 재정적, 물리적, 인적, 혹은 기타 자본의 형태로 기업에 가치를 제공한다. 많은 당사자들은 기업의 사회적 기여에도 관심을 둘 수 있다.

[그림 21-1]은 기업지배구조의 메커니즘을 나타내고 있다. 기업지배

그림 21-1 **기업 지배구조의 메커니즘**

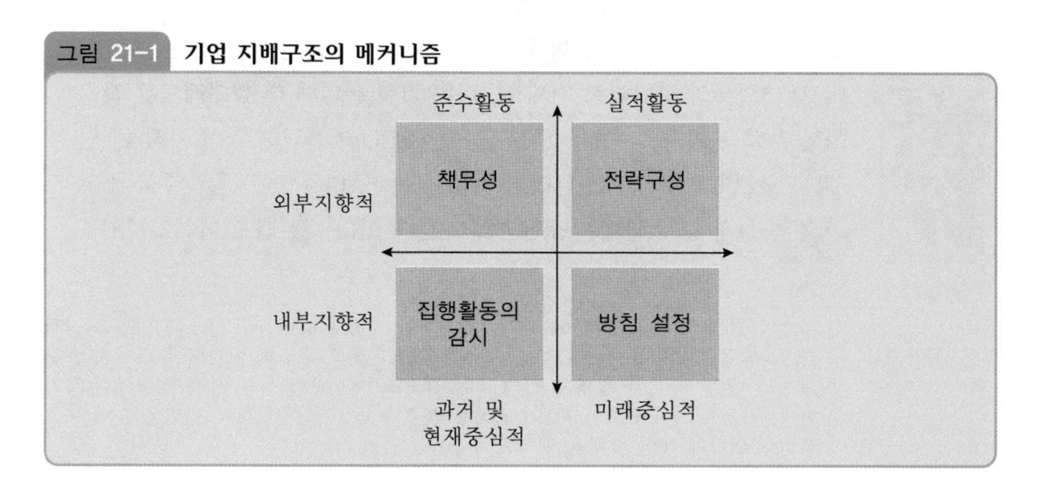

구조는 다양한 이해집단간의 이해관계를 조정하여 기업경영에 수반되는 거래비용과 대리인비용을 최소화하려는 메커니즘을 가지고 있다. 이를 나누어보면, 기업의 책무를 다하고 전략을 조화롭게 구성하여 실적을 높이려고 하는 외부지향적인 활동과 기업 내부의 집행활동을 감시하고 기업 내부의 규율과 방침을 설정하는 등의 내부지향적 활동이 있다.

(3) 이해관계자의 통제 및 소유권

통제와 소유권 구조는 기업 내 주주들의 형태와 그 구성을 지칭하는 것이다. 혈연관계에 의한 이해관계자들이 통제하는 구조일 수도 있고 (family control), 다수의 주주에 의해 분산되는 통제구조(diffuse shareholders) 형태를 가지고 있기도 하다.

기업지배구조를 둘러싼 논란

1) 임원에 대한 보상

2007-2008년도 금융위기 이래로 임원들의 보상수준에 대한 관심과 규제가 증대되고 있다(실제로 스위스의 2013년 국민투표에는 "기업 임원 보상 규제 ["against corporate rip-offs"]"라는 주민 발의안이 등장하기도 했다). 기업 실적과 임원 보상간의 관계에 대한 연구에서는 임원의 보상과 기업 실적 사이에 일관적인 유의한 관계가 있다는 결과는 보이지 않는다. 모든 기업이 동일한 수준의 대리인 충돌을 겪는 것은 아니고, 내외부의 모니터링 기재[1]가 다른 기업에 비해 더 효과적으로 작용하는 기업도 있을 수 있다. 일부 연구는 CEO의 실적에 있어 가장 큰 인센티브는 회사 주식의 소유라고 밝혀낸 반면, 다른 연구들은 주식 소유와 기업 실적 간의 관계는 소유권의 수준에 따라 다르다고 이야기하기도

1) 주주가 경영자의 비윤리적이거나 비효율적인 행동을 통제하는 제도나 방법을 말한다. 조직형 지배구조에서는 주주가 주주총회를 통해 주주의 이익에 부합하지 않는 경영자 해임, 새로운 경영자 선임, 주주대표소송의 방법 등을 통해 경영자를 통제하며, 시장형 지배구조에서는 증권시장의 주가 변동, 인수합병의 위협을 통해 비효율적 경영자에 대한 압력을 행사할 수 있다.

한다. 즉, 소유권이 20퍼센트 이상으로 증가하면 경영진이 더 고착화되고 주주들의 복지에 대해 관심을 덜 기울인다는 점을 언급하고 있다.

한편, 일부 연구에서는 기업 실적은 스톡옵션 계획과 정(正)의 관계를 가지고 있으며 이들 계획은 관리자들의 에너지를 총괄하고 기업의 단기 실적보다는 장기 실적에 대한 의사결정의 지평을 넓혀준다고 주장한다. 그러나, 이러한 관점은 뮤추얼펀드 타이밍 사건을 포함한 여러 주식 스캔들이 발발된 후, 특히 아이오와 대학(University of Iowa) 학자인 에릭 리(Erik Lie)가 저술한 연구에 의해 스톡옵션 부여일자의 소급적용(backdating of option grants)이 밝혀진 이후에 상당한 비판을 받게 되었다.[2)]

2) CEO와 이사회 의장의 역할 분할

주주는 이사회를 선출하고, 이사회에서는 경영진을 이끌 최고경영자(CEO)를 고용한다. 이사회의 주요 직무는 CEO를 선출하고 유지하는 것이다. 그러나 CEO와 이사회 의장직을 겸임하는 경우가 미국 기업 내에는 많이 있다. 이는 경영진과 이사회 간의 내재적인 이해 충돌을 야기한다.

겸임에 대해 비판적인 입장을 견지하는 쪽에서는 이해 충돌을 막기 위해서는 두 직책을 분리해야 한다고 주장한다. 겸임에 찬성하는 사람들은, 실증연구에 의하면 양 직책의 분리가 주식시장에서의 실적의 제고로 이어진다는 결과가 나온 바 없고 기업에 있어 어떤 기업지배구조 모델이 적합한지를 결정하는 것은 주주의 몫으로 남겨놓아야 한다고 주장하고 있다.

2) Lie, 2005, "On the timing of CEO stock option award", Management Science, Vol 51(2005), pp. 802-812. 스톡옵션의 부여일을 특히 주가가 낮았던 시점으로 사후적으로 소급하여 결정하는 행위(backdating)를 하였다는 것을 밝혀내었다.

제 2 절 행태재무학(Behavioral finance)

1 행태재무학이란 무엇인가?

행태재무학이란 사회적, 인지적, 감정적 요소가 개인과 기관의 경제적 의사결정에 미치는 영향과, 시장가격, 수익, 그리고 자원배분에 미치는 결과를 연구하는 학문이다. 이는 행동 및 인지 심리학 이론을 기존의 경제학 및 재무학과 접목하여 왜 인간은 비합리적인 재무 결정을 내리는지에 대한 이유를 설명하기 위해 등장했으며 1990년대 후반에 가파른 상승세를 보였던 버블주가 2000년에 폭락을 보이며 새롭게 각광을 받게 되었다.

행태재무학에서의 핵심적인 이슈는 왜 시장 참여자들이 체계적인 오류를 범하는지를 설명하는 데 있다. 이러한 오류는 가격과 수익률에 영향을 미쳐 시장 비효율성(market inefficiency)을 초래한다. 또한 행태재무학에서는 다른 참여자들이 이같은 시장 비효율성을 어떻게 활용(arbitrage)하는지를 연구하기도 한다.

행태재무학은 정보에 대한 과소 혹은 과대반응과 같은 비효율성을 시장 추이(극단적인 경우 거품과 붕괴)의 원인으로 지목한다. 이러한 정보에 대한 과소, 과대 반응의 비효율성은 투자자의 과신, 지나친 낙관론, 흉내(군거본능[herding instinct])[3]와 단기매매 등의 이유가 되기도 한다.

2 재무관리자의 의사결정과정과 행태재무학

그렇다면 기업의 재무관리자들(CFOs)에게 행태재무는 어떤 의미를 갖는가? 재무관리자들에게 의사 결정이란 기업을 이끄는 핵심적인 요소이다. 기본적으로 의사결정이란 두 개 이상의 대안 중에서의 선택이다. 재무적 의사결정을 어떻게 하느냐 하는 것은 기업이 사업을 영위하는 데 있어 필수불가결한 부분이므로 그 과정에 초점을 맞추는 것은 매우 중요하다.

3) 자신보다 남들이 더 많은 정보를 갖고 있다고 생각하고 기업 내재가치의 분석 없이 그들의 행동이나 생각을 따라가는 경향.

모든 의사결정은 특정 문제에 대한 반응에서 생겨난다. 즉, 현상과 바람직한 상태 간에는 괴리가 존재하며, 이 괴리로 인해 부조화가 생기기 때문에 사람들은 해결책을 강구하게 된다. 예를 들면, 회사에 늦은 상태에서 지하철을 놓쳤지만, 발표를 해야 하기 때문에 그래도 서둘러서 출근을 해야 된다면 이를 해결하기 위해 택시를 탈 것인지 친구에게 전화해서 회사까지 차로 데려다 달라고 할 것인지와 같은 당사자의 의사결정을 요구한다. 그러나 문제의 파악이 항상 이렇게 간단하지는 않다. 한 사람이 보기에는 문제라고 생각되는 상황이 다른 사람에게는 대수롭지 않은 상태가 될 수도 있는 것이다. 한 재무관리자는 내년도 자신의 예산을 10퍼센트 증액해도 좋다는 허가를 받았을 때, 내년에 사업을 할 수 있는 범위가 더 넓어진 것이기 때문에 이에 대해 매우 기쁘게 생각할 수 있다. 한편 다른 관리자는 자신의 내년도 예산이 동일하게 증액된 것에 대해 내년도에 해야 할 사업 대비 증액된 액수가 충분치 않다고 생각하고 다른 반응을 보일 수도 있다. 이와 같이 모든 의사결정에는 정보의 해석과 평가가 반드시 수반되어야 한다.

통상적으로 우리는 다양한 출처로부터 데이터를 얻는다. 이 데이터는 가려내기(screen), 처리, 그리고 해석의 과정을 거쳐야 한다. 먼저 우리는 우리의 지각에 의해 문제에 적합한 데이터와 그렇지 않은 데이터를 구분해 낸다. 그 다음 대안을 개발하고, 이것의 일장일단을 평가해야 하고, 지각 절차에 의해 다시 한 번 대안 중 최종 선택에 영향을 미친다. 마지막으로 전 의사결정 절차를 통틀어 분석과 결론에 편견을 줄 수 있는 지각적 왜곡이 종종 표면화되기도 한다.

교재에서는 일반적으로 합리적인 의사결정 모델을 따르도록 훈련 받는다. 이들 모델에 상당한 장점이 있는 것은 사실이나, 이것이 사람들이 실제로 어떻게 의사 결정을 하는지를 항상 제대로 설명하는 것은 아니라는 점을 유념해 두어야 한다. 재무적 의사결정 절차를 이해하기 위해서는 제한적 합리성과 직관 등의 개념 역시 고려해야 한다. 재무관리자는 기업의 관리자이기 이전에 하나의 불완전한 인간이며 인지오류를 범할 수 있다는 것을 염두에 두고 인지오류(behavioral biases)의 중요한 형태에 대해 살펴보기로 한다.

❸ 제한적 합리성

행태재무학에서는 인간은 합리적이라는 경제학의 기본 가정과는 달리 외부적요인(ex. 인간의 능력이 제한 받을 수 있는 지배구조: limited governance)이나 인간 본연의 인지능력 혹은 정보의 한계 등으로 인해 시장 참여자가 제한된 합리성(bounded irrationality)을 갖는다고 가정한다.

실생활에서 합리적인 모델을 사용하려면 모든 옵션에 대한 엄청난 정보를 수집하고, 적용 가능한 가중치를 계산하고 나서, 엄청난 수의 기준에 대해 그 값들을 계산해야할 것이다. 이 모든 프로세스에는 시간과 에너지, 돈이 소요될 수 있다. 때로는 문제를 해결하는 빠르고 쉬운 프로세스가 최선의 대안일 수도 있다.

의사결정을 하는 가장 비합리적인 방법은 아마도 직관(instinct)을 근거로 한 의사결정일 것이다. 직관적인 의사결정은 간추려진 경험에서 생겨나는 무의식적인 행동이다. 이는 의식적인 사고 바깥의 영역에서 일어나며, 빠르고, 격한 정서를 동반하는데 이는 이것이 통상적으로 감정과 관계가 있음을 뜻한다. 직관은 이성적이지 않으나, 그렇다고 해서 직관이 반드시 틀리다는 뜻은 아니다. 직관과 이성적 분석은 상호 보완적인 관계를 이룰 수도 있다. 그러나 직관은 정량화하기가 어려워서 우리의 직감이 언제 옳고 언제 그른지 알기 어렵기 때문에 직관에 지나치게 의존할 수는 없다. 핵심은 직관을 다 무시하지도, 직관에 전적으로 의존하지도 않으면서 이를 증거와 현명한 판단으로 보완해 주는 것이 재무관리자가 행하는 제한된 합리성이다.

재무관리자가 제한된 합리성으로 인해 당면하게 되는 편향적 사고의 유형은 다음과 같다.

(1) 과신(overconfidence)

자신의 능력이 실제보다 더 뛰어나다는 믿음이다. 실제 재무관리자가 겪는 심각한 판단실수는 과신으로 인해 발생하는 경우가 많다. 대부분의 재무 의사결정은 알 수 없는 미래에 대한 판단을 요구하지만 재무관리자는 자신이 미래를 정확히 예측할 수 있다는 믿음을 갖게 되는데 이것이 일반적인 과신의 형태이다.

(2) 과낙관(overoptimism)

잠재적인 결과에 대해 지나치게 낙관적인 태도를 취하는 것이다. 이는 좋은 결과가 나올 가능성을 과장되게 생각하고 나쁜 결과가 나올 가능성을 과소하게 생각하게 만든다. 이러한 경우에 투자안의 *NPV*는 편향적으로 높게 추정되게 된다.

(3) 확인 편향(confirmation Bias)

내 믿음과 반대되는 정보와 의견보다는 내 믿음을 확인해 주는 정보와 의견을 검색하는 것이다. 이 경우에는 제대로된 정보를 알맞은 시간에 수집하기 어렵게 된다.

(4) 정박(anchoring) 편향

이는 최초 정보에 집착하는 성향을 말한다. 이 편향을 가지고 있을 때는 후속 정보가 나왔을 때 최초 정보를 적절히 조정하지 못하게 된다. 이 편향은 우리의 마음이 처음 받아들인 정보에 과도한 주안점을 두기 때문에 발생한다. 일단 닻(anchor)이 내려지면 다른 판단은 그 닻을 기준으로 조정하게 되고, 닻을 위주로 다른 정보를 해석하는 편향이 생기게 된다.

(5) 가용성(availability) 편향

사람들이 자신이 쉽게 접할 수 있는 정보를 근거로 판단을 내리는 성향을 뜻한다. 예를 들면, 이 편향은 무디스나 스탠더드 앤드 푸어스 등 신용등급평가기관이 채권 발행자가 제공한 정보에 의존해서 지나치게 긍정적인 등급을 내어 놓는 것을 설명해 준다. 채권 발행자들은 자신들의 케이스에 유리한 데이터를 제공할 유인을 가지고 있는 사람들이다.

(6) 사후확증(hindsight) 편향

이는 어느 사건에 대한 결과가 실제로 알려진 이후 사람들이 마치 정확히 그 결과를 예측했을 것이라는 그릇된 믿음을 가지는 편향성을 의미한다. 결과에 대해 정확한 피드백을 받을 때 우리는 그 결론은 당연한 것이었다고 판단해 버리는 경우가 많다. 예를 들면, 금융위기 이후에 여러 월가 임원들은 주택가격의 거품, 리스크가 큰 대출, 여러 유가증권의 가치결정이 허술한 가정에 근거하고 있었다는 것 등 현재에는 당연해 보이는 것들을 예견하지 못했다는 비난을 받았다. 물론 이런 비난에도 일리는 있으나 지금은 너무나 분명해 보이는 것들이 사전에 그것을 알아채기는 쉽지 않다. 이 편향을 가지게 되면 우리는 스스로가 실제보다 더 뛰어난 예측가라고 믿게 되고 잘못된 자신감을 가질 수 있다.

(7) 연상가능성(retrievability)

가장 쉽게 떠오르는 생각이 가장 믿을만한 것 같지만 실제로는 그렇지 않다는 것으로 설명할 수 있다. 이 편견의 사례로, 한 표본집단의 사람들에게 남성과 여성의 이름이 기재된 목록을 제공한 실험을 들 수 있다. 그 목록에는 유명한 남성들의 이름이 적혀 있었다. 실제로는 여성의 이름이 더 많이 기재된 목록이었지만, 피실험자들은 목록에 남성의 이름이 더 많았다고 말했다.

이 편향은 투자대상에 대한 구체적인 연구나 고민도 없이 광고나 자문가의 제안 등 가용한 정보에 의거해서만 투자할 때 생긴다.

4 프레이밍 효과(framing effects)

사회학에서 프레이밍(framing)이란 개인, 집단, 그리고 사회가 현실을 어떻게 구성하고 인지하며 이에 대해 어떻게 의사소통하는지에 대한 일련의 개념과 이론적 관점들을 지칭한다. 프레이밍은 매체 연구, 사회학, 심리학, 정치학에서 일반적으로 사용된다.

프레이밍 효과는 의사결정이 어떤 틀로 만들어 지는지를 근거로 의사결정 과정에서 나타나는 변화들이다. 이것은 인간이 내리는 거의 모든 의사결정에 존재하고 있으며, 사실 너무나 흔해서 때론 자신의 결정에 문제의 프레임이 영향을 미친다는 것을 알아채지 못하기도 한다. 프레이밍 효과의 영향을 이해함으로써 증거가 어떻게 나타나 있는지 보다는 증거 그 자체를 근거로 더욱 합리적이고 일관성있는 의사결정을 내릴 수 있다.

위험한 선택 프레이밍(risky choice framing)에서, 피실험자들은 강제적인 선택 과업 상황 내 두 가지 선택지를 제공받는다. 이 두 선택지는 이득 혹은 손실의 비율과 확률로 표현할 수 있는 일종의 도박이다. 통상적으로 선택지 중 하나는 확실한 것이고 나머지 하나는 위험한 도박이다. 가장 잘 알려진 위험한 선택 프레이밍 문제는 소위 "아시아 질병 문제(Asian disease problem)"라는 것이다.

미국이 600명의 사상자가 예상되는 특이한 아시아 질병의 발발에 대비하고 있다고 생각해 보자. 이 질병을 퇴치할 한 가지 가능한 프로그램이 제안되었다. 이 프로그램의 결과에 대한 정확한 과학적 예측치가 다음과 같다고 가정해 보자:

일부 피실험자들은 선택지 A와 B를 제공받는다:

A: 이 프로그램이 채택되면 200명의 생명을 구할 수 있다.

B: 이 프로그램이 채택되면 600명의 생명을 구할 수 있는 확률이 1/3 이고, 단 하나의 생명도 구하지 못 할 확률이 2/3이다.

다른 피실험자들은 선택지 C와 D를 제공받는다:

C: 이 프로그램이 채택되면 400명이 목숨을 잃을 것이다.

D: 이 프로그램이 채택되면 아무도 사망하지 않을 확률이 1/3, 그리고 600명이 죽을 확률이 2/3이다.

실험결과에 의하면 피실험자들은 A와 B 선택지를 받았을 때는 확실한 것을 선호한 반면, C와 D 선택지를 받았을 때는 도박을 선호하는 경향이 있다. 그러나 선택지 A와 C는 동일하고, B와 D도 동일하다. 따라서 피실험자들은 이득에 대해서는 위험을 회피하려고 하며 손실에 대해서는 위험을 추구한다는 것을 알 수 있다.

5 휴리스틱스(Heuristics)

이는 재무관리자들이 의사결정을 내리는 데 쓰이는 지름길이나 어림짐작(rules of thumb)으로, 문제해결, 학습 및 발견에 대한 경험기반의 기술을 지칭한다. 휴리스틱스는 사람들이 빠르고 효율적으로 의사 결정을 내리고 문제를 해결할 수 있게 해 주는 일종의 정신적 지름길이다.

감정 휴리스틱스 (affect heuristic)는 감성적 직감에 의존하여 의사결정을 하는 것을 말하며 복잡한 문제들의 경우 논리보다는 감정에 의거해서 의사결정을 하는 의사결정 지름길이라고 할 수 있다. 궁극적으로 감정 휴리스틱은 우리의 마음이 어려운 질문을 어떻게 받아들이는지 설명하고 잠재 의식 속에서 이를 더 쉬운 문제로 대체한다. 시장 조사나 현금 흐름 할인 분석 없이 직감에 의존하여 자본예산에 관한 의사결정을 내리는 경우 등을 들 수 있다.

대표성 휴리스틱스(representativeness)는 부분이 전체를 대변한다고 생각하고 제한된 자료에 의존하여 전체를 판단하는 것을 말한다. 대표성은 사람들이 확률에 대한 판단을 내릴 때 범하는 오류를 설명하는 데 쓰이는 용어이며, 이전 결과의 확률에 대한 둔감 문제나 표본 크기에 대해 무시한다든지 스테레오타입, 유추에 의해 의사결정을 내리는 등의 문제가 발생할 수 있다.

6 행동재무학과 시장의 효율성

시장이 효율적(market efficiency)이라는 것과 모든 투자자들이 합리적이라는 것이 동일한 의미가 아님을 아는 것이 중요하다. 효율적인 시장이 되기 위해서는 일부 참여자들이 합리적으로 의사 결정을 내리고 가격을 형성하는 역할을 할 수 있으면 된다.

사·례

오랜 연인과 헤어지기 힘든 '손실회피성향' – 영화 "If Only"

"진정한 사랑을 해봤다면 인생을 완전하게 살아본 거잖아. 5분을 더 살든 50년을 더 살든 그건 중요하지 않아. 오늘 네가 아니었다면 난 영영 사랑을 몰랐을 거야. 사랑하는 법을 알려줘서 고마워. 또 사랑받는 법도." 그는 안다. 지금이 마지막이라는 것을. 남자의 머리 위로 비가 쏟아진다. 그녀는 화답한다. "난 마음이 가는 대로 사랑했을 뿐이야."

길 정거 감독의 〈이프 온리〉(2004)는 질문을 던진다. 당신은 연인을 위해 죽을 수 있을 정도의 사랑을 해보았느냐고. 투자자문가인 이안(폴 니콜스 분)과 바이올린을 전공하는 사만다(제니퍼 러브 휴잇 분)는 연인이다.

결혼 얘기가 나오자 이안은 고민한다. 그녀와 나는 정말 잘 맞을까. 정말 우리가 행복할 수 있을까. 하지만 돌아보니 그녀와 나눈 것이 너무 많았다. 어느날 그녀가 사라지면 도저히 살아갈 수 없을 것 같았다. 그래서 그녀를 잡기로 한다.

오래 사귄 연인과 헤어지기가 힘든 이유는 무엇일까. 경제학에서는 '손실회피성향(loss aversion)'으로 설명한다. 손실회피성향이란 사람들이 새로 얻는 이익보다 갖고 있던 것을 잃는 것에 더 민감하게 반응하는 성향을 말한다. 대니얼 카너먼과 아모스 트버스키는 전망이론을 통해 이같이 밝혔다. 이들의 연구에 따르면 사람들은 얻는 것보다 잃어버리는 것에 대해 2.5배가량 더 민감하게 반응한다.

재미있는 실험이 있다. 거리에서 사람들에게 2만원을 나눠준다. 그런 다음 주사위를 던져 짝수가 나오면 3만원을 더 주고, 홀수가 나오면 2만원을 돌려받겠다고 한다. 이긴다면 5만원을 받는 셈이다. 대부분의 사람들은 이 게임을 포기했다. 갖고 있는 2만원이 더 크게 보였던 게다. 이번에는 사람들에게 먼저 5만원을 줬다. 그리고 나서 3만원을 되돌려 받았다. 주사위를 던져 짝수가 나오면 이 3만원을 다시 주겠다고 한다. 사람들의 선택은 무엇일까. 대부분의 사람들은 게임에 참여했다. 처음 가졌던 5만원을 회복하고 싶기 때문이다.

손실회피성향은 사람들이 합리적으로 판단하지 못하도록 막는다. 대형할인마트에서 1개 1,000원하는 소시지를 3개 2,000원 묶음으로 팔면 왠지 사고 싶다. 굳이 소시지가 3개씩이나 필요없지만 이것을 안 사면 꼭 손해보는 기분이 들기 때문이다. 주식을 샀다가 원금 손실을 보면 원금이 회복될 때까지는 기다리는 사람들이 많다. 계속 떨어지는데도 '언젠가는 오르겠지' 라며 막무가내로 갖고 있다. 신용카드도 손실회피성향을 이용한 금융상품이다. 지금 내 주머니에서 현금이 나가면 더 크게 보이지만 몇 달 뒤 분할돼서 나간다고 하면 실제 느껴지는 손실액은 작아진다.

이안이 사만다와 헤어지겠다고 마음의 결정을 내리려면 이별이 감소시킨 효용(만족감)보다 새로운 효용(만족감)이 2.5배 이상 많아야 한다. 새롭게 얻는 효용은 구속받지 않는 자유일 수도 있고 새 연인을 사귀는 설렘이 될 수도 있다. 어쨌든 새롭게 얻는 효용은 '현저히' 커야 한다.

자료: 2012. 10. 30. 주간경향.

〈부표 1〉

현가계수표: $\frac{1}{(1+r)^t}$ (t년 후에 실현되는 1원의 현재가치)

기간	1%	2%	3%	4%	5%	6%	7%	8%	9%	10%	11%	12%	13%	14%	15%	16%	17%	18%	19%	20%	25%	30%	35%
1	.990	.980	.971	.962	.952	.943	.935	.926	.917	.909	.901	.893	.885	.877	.870	.862	.855	.847	.840	.833	.800	.769	.741
2	.980	.961	.943	.925	.907	.890	.873	.857	.842	.826	.812	.797	.783	.769	.756	.743	.731	.718	.706	.694	.640	.592	.549
3	.971	.942	.915	.889	.864	.840	.816	.794	.772	.751	.731	.712	.693	.675	.658	.641	.624	.609	.593	.579	.512	.455	.406
4	.961	.924	.888	.855	.823	.792	.763	.735	.708	.683	.659	.636	.613	.592	.572	.552	.534	.516	.499	.482	.410	.350	.301
5	.951	.906	.863	.822	.784	.747	.713	.681	.650	.621	.593	.567	.543	.519	.497	.476	.456	.437	.419	.402	.328	.269	.223
6	.942	.888	.837	.790	.746	.705	.666	.630	.596	.564	.535	.507	.480	.456	.432	.410	.390	.370	.352	.335	.262	.207	.165
7	.933	.871	.813	.760	.711	.665	.623	.583	.547	.513	.482	.452	.425	.400	.376	.354	.333	.314	.296	.279	.210	.159	.122
8	.923	.853	.789	.731	.677	.627	.582	.540	.502	.467	.434	.404	.376	.351	.327	.305	.285	.266	.249	.233	.168	.123	.091
9	.914	.837	.766	.703	.645	.592	.544	.500	.460	.424	.391	.361	.333	.308	.284	.263	.243	.225	.209	.194	.134	.094	.067
10	.905	.820	.744	.676	.614	.558	.508	.463	.422	.386	.352	.322	.295	.270	.247	.227	.208	.191	.176	.162	.107	.073	.050
11	.896	.804	.722	.650	.585	.527	.475	.429	.388	.350	.317	.287	.261	.237	.215	.195	.178	.162	.148	.135	.086	.056	.037
12	.887	.789	.701	.625	.557	.497	.444	.397	.356	.319	.286	.257	.231	.208	.187	.168	.152	.137	.124	.112	.069	.043	.027
13	.879	.773	.681	.601	.530	.469	.415	.368	.326	.290	.258	.229	.204	.182	.163	.145	.130	.116	.104	.093	.055	.033	.020
14	.870	.758	.661	.577	.505	.442	.388	.340	.299	.263	.232	.205	.181	.160	.141	.125	.111	.099	.088	.078	.044	.025	.015
15	.861	.743	.642	.555	.481	.417	.362	.315	.275	.239	.209	.183	.160	.140	.123	.108	.095	.084	.074	.065	.035	.020	.011
16	.853	.728	.623	.534	.458	.394	.339	.292	.252	.218	.188	.163	.141	.123	.107	.093	.081	.071	.062	.054	.028	.015	.008
17	.844	.714	.605	.513	.436	.371	.317	.270	.231	.198	.170	.146	.125	.108	.093	.080	.069	.060	.052	.045	.023	.012	.006
18	.836	.700	.587	.494	.416	.350	.296	.250	.212	.180	.153	.130	.111	.095	.081	.069	.059	.051	.044	.038	.018	.009	.005
19	.828	.686	.570	.475	.396	.331	.277	.232	.194	.164	.138	.116	.098	.083	.070	.060	.051	.043	.037	.031	.014	.007	.003
20	.820	.673	.554	.456	.377	.312	.258	.215	.178	.149	.124	.104	.087	.073	.061	.051	.043	.037	.031	.026	.012	.005	.002
21	.811	.660	.538	.439	.359	.294	.242	.199	.164	.135	.112	.093	.077	.064	.053	.044	.037	.031	.026	.022	.009	.004	.002
22	.803	.647	.522	.422	.342	.278	.226	.184	.150	.123	.101	.083	.068	.056	.046	.038	.032	.026	.022	.018	.007	.003	.001
23	.795	.634	.507	.406	.326	.262	.211	.170	.138	.112	.091	.074	.060	.049	.040	.033	.027	.022	.018	.015	.006	.002	.001
24	.788	.622	.492	.390	.310	.247	.197	.158	.126	.102	.082	.066	.053	.043	.035	.028	.023	.019	.015	.013	.005	.002	.001
25	.780	.610	.478	.375	.295	.233	.184	.146	.116	.092	.074	.059	.047	.038	.030	.024	.020	.016	.013	.010	.004	.001	.001
30	.742	.552	.412	.308	.231	.174	.131	.099	.075	.057	.044	.033	.026	.020	.015	.012	.009	.007	.005	.004	.001	*	*
35	.706	.500	.355	.253	.181	.130	.094	.068	.049	.036	.026	.019	.014	.010	.008	.006	.004	.003	.002	.002	*	*	*
40	.672	.453	.307	.208	.142	.097	.067	.046	.032	.022	.015	.011	.008	.005	.004	.003	.002	.001	.001	.001	*	*	*
45	.639	.410	.264	.171	.111	.073	.048	.031	.021	.014	.009	.006	.004	.003	.002	.001	.001	.001	*	*	*	*	*
50	.608	.372	.228	.141	.087	.054	.034	.021	.013	.009	.005	.003	.002	.001	.001	.001	*	*	*	*	*	*	*

* 표는 0을 의미함.

〈부표 2〉

연금현가계수표: $\frac{(1+r)^t-1}{r(1+r)^t}$ (매년 말 1원의 수입을 정기적으로 t년 동안 실현하는 연금의 현재가치)

기 간	1%	2%	3%	4%	5%	6%	7%	8%	9%	10%	11%	12%	13%	14%	15%	16%	17%	18%	19%	20%	25%	30%	35%
1	.990	.980	.971	.962	.952	.943	.935	.926	.917	.909	.901	.893	.885	.877	.870	.862	.855	.847	.840	.833	.800	.769	.741
2	1.970	1.942	1.913	1.886	1.859	1.833	1.808	1.783	1.759	1.736	1.713	1.690	1.668	1.647	1.626	1.605	1.585	1.566	1.547	1.528	1.440	1.361	1.289
3	2.941	2.884	2.829	2.775	2.723	2.673	2.624	2.577	2.531	2.487	2.444	2.402	2.361	2.322	2.283	2.246	2.210	2.174	2.140	2.106	1.952	1.816	1.696
4	3.902	3.808	3.717	3.630	3.546	3.465	3.387	3.312	3.240	3.170	3.102	3.037	2.974	2.914	2.855	2.798	2.743	2.690	2.639	2.589	2.362	2.166	1.997
5	4.853	4.713	4.580	4.452	4.329	4.212	4.100	3.993	3.890	3.791	3.696	3.605	3.517	3.433	3.352	3.274	3.199	3.127	3.058	2.991	2.689	2.436	2.220
6	5.795	5.601	5.417	5.242	5.076	4.917	4.767	4.623	4.486	4.355	4.231	4.111	3.998	3.889	3.784	3.685	3.589	3.498	3.410	3.326	2.951	2.643	2.385
7	6.728	6.472	6.230	6.002	5.786	5.582	5.389	5.206	5.033	4.868	4.712	4.564	4.423	4.288	4.160	4.039	3.922	3.812	3.706	3.605	3.161	2.802	2.508
8	7.652	7.326	7.020	6.733	6.463	6.210	5.971	5.747	5.535	5.335	5.146	4.968	4.799	4.639	4.487	4.344	4.207	4.078	3.954	3.837	3.329	2.925	2.598
9	8.566	8.162	7.786	7.435	7.108	6.802	6.515	6.247	5.995	5.759	5.537	5.328	5.132	4.946	4.772	4.607	4.451	4.303	4.163	4.031	3.463	3.019	2.665
10	9.471	8.983	8.530	8.111	7.722	7.360	7.024	6.710	6.418	6.145	5.889	5.650	5.426	5.216	5.019	4.833	4.659	4.494	4.339	4.192	3.570	3.092	2.715
11	10.368	9.787	9.253	8.760	8.306	7.887	7.499	7.139	6.805	6.495	6.207	5.938	5.687	5.453	5.234	5.029	4.836	4.656	4.486	4.327	3.656	3.147	2.752
12	11.255	10.575	9.954	9.385	8.863	8.384	7.943	7.536	7.161	6.814	6.492	6.194	5.918	5.660	5.421	5.197	4.988	4.793	4.611	4.439	3.725	3.190	2.779
13	12.134	11.348	10.635	9.986	9.394	8.853	8.358	7.904	7.487	7.013	6.750	6.424	6.122	5.842	5.583	5.342	5.118	4.910	4.715	4.533	3.780	3.223	2.799
14	13.004	12.106	11.296	10.563	9.899	9.295	8.745	8.244	7.786	7.367	6.982	6.628	6.302	6.002	5.724	5.468	5.229	5.008	4.802	4.611	3.824	3.249	2.814
15	13.865	12.849	11.938	11.118	10.380	9.712	9.108	8.560	8.061	7.606	7.191	6.811	6.462	6.142	5.847	5.575	5.324	5.092	4.876	4.675	3.859	3.268	2.825
16	14.718	13.578	12.561	11.652	10.838	10.106	9.447	8.851	8.313	7.824	7.379	6.974	6.604	6.265	5.954	5.668	5.405	5.162	4.938	4.730	3.887	3.283	2.834
17	15.562	14.292	13.166	12.166	11.274	10.477	9.763	9.122	8.544	8.022	7.549	7.120	6.729	6.373	6.047	5.749	5.475	5.222	4.990	4.775	3.910	3.295	2.840
18	16.398	14.992	13.754	12.659	11.690	10.828	10.059	9.372	8.756	8.201	7.702	7.250	6.840	6.467	6.128	5.818	5.534	5.273	5.033	4.812	3.928	3.304	2.844
19	17.226	15.679	14.324	13.134	12.085	11.158	10.336	9.604	8.950	8.365	7.839	7.366	6.938	6.550	6.198	5.877	5.584	5.316	5.070	4.843	3.942	3.311	2.848
20	18.046	16.352	14.878	13.590	12.462	11.470	10.594	9.818	9.129	8.514	7.963	7.469	7.025	6.623	6.259	5.929	5.628	5.353	5.101	4.870	3.954	3.316	2.850
21	18.857	17.011	15.415	14.029	12.821	11.764	10.836	10.017	9.292	8.649	8.075	7.562	7.102	6.687	6.312	5.973	5.665	5.384	5.127	4.891	3.963	3.320	2.852
22	19.661	17.658	15.937	14.451	13.163	12.042	11.061	10.201	9.442	8.772	8.176	7.645	7.170	6.743	6.359	6.011	5.696	5.410	5.149	4.909	3.970	3.323	2.853
23	20.456	18.292	16.444	14.857	13.489	12.303	11.272	10.371	9.580	8.883	8.266	7.718	7.230	6.792	6.399	6.044	5.723	5.432	5.167	4.925	3.976	3.325	2.854
24	21.244	18.914	16.936	15.247	13.799	12.550	11.469	10.529	9.707	8.985	8.348	7.784	7.283	6.835	6.434	6.073	5.746	5.451	5.182	4.937	3.981	3.327	2.855
25	22.023	19.524	17.413	15.622	14.094	12.783	11.654	10.675	9.823	9.077	8.422	7.843	7.330	6.873	6.464	6.097	5.766	5.467	5.195	4.948	3.985	3.329	2.856
30	25.808	22.396	19.601	17.292	15.373	13.765	12.409	11.258	10.274	9.427	8.694	8.055	7.496	7.003	6.566	6.177	5.829	5.517	5.235	4.979	3.995	3.332	2.857
35	29.409	24.999	21.487	18.665	16.374	14.498	12.948	11.655	10.567	9.644	8.855	8.176	7.586	7.070	6.617	6.215	5.858	5.539	5.251	4.992	3.998	3.333	2.857
40	32.835	27.356	23.115	19.793	17.159	15.046	13.332	11.925	10.757	9.779	8.951	8.244	7.634	7.105	6.642	6.233	5.871	5.548	5.258	4.997	3.999	3.333	2.857
45	36.095	29.490	24.519	20.720	17.774	15.456	13.606	12.108	10.881	9.863	9.008	8.283	7.661	7.123	6.654	6.242	5.877	5.552	5.261	4.999	4.000	3.333	2.857
50	39.196	31.424	25.730	21.482	18.256	15.762	13.801	12.233	10.962	9.915	9.042	8.304	7.675	7.133	6.661	6.246	5.880	5.554	5.262	4.999	4.000	3.333	2.857

〈부표 3〉

미래가계수표: $(1+r)^t$ (현재시점 1원의 t년 후의 미래가치)

기 간	1%	2%	3%	4%	5%	6%	7%	8%	9%	10%	11%	12%	13%	14%	15%	16%	20%	25%	30%	35%
1	1.010	1.020	1.030	1.040	1.050	1.060	1.070	1.080	1.090	1.100	1.110	1.120	1.130	1.140	1.150	1.160	1.200	1.250	1.300	1.350
2	1.020	1.040	1.061	1.082	1.102	1.124	1.145	1.166	1.188	1.210	1.232	1.254	1.277	1.300	1.322	1.346	1.440	1.562	1.690	1.822
3	1.030	1.061	1.093	1.125	1.158	1.191	1.225	1.260	1.295	1.331	1.368	1.405	1.443	1.482	1.521	1.561	1.728	1.953	2.197	2.460
4	1.041	1.082	1.126	1.170	1.216	1.262	1.311	1.360	1.412	1.464	1.518	1.574	1.630	1.689	1.749	1.811	2.074	2.441	2.856	3.321
5	1.051	1.104	1.159	1.217	1.276	1.338	1.403	1.469	1.539	1.611	1.685	1.762	1.842	1.925	2.011	2.100	2.488	3.052	3.713	4.484
6	1.062	1.126	1.194	1.265	1.340	1.419	1.501	1.587	1.677	1.772	1.870	1.974	2.082	2.195	2.313	2.436	2.986	3.815	4.827	6.053
7	1.072	1.149	1.230	1.316	1.407	1.504	1.606	1.714	1.828	1.949	2.076	2.211	2.353	2.502	2.660	2.826	3.583	4.768	6.275	8.172
8	1.083	1.172	1.267	1.369	1.477	1.594	1.718	1.851	1.993	2.144	2.305	2.476	2.658	2.853	3.059	3.278	4.300	5.960	8.157	11.032
9	1.094	1.195	1.305	1.423	1.551	1.689	1.838	1.999	2.172	2.358	2.558	2.773	3.004	3.252	3.518	3.803	5.160	7.451	10.604	14.894
10	1.105	1.219	1.344	1.480	1.629	1.791	1.967	2.159	2.367	2.594	2.839	3.106	3.395	3.707	4.046	4.411	6.192	9.313	13.786	20.106
11	1.116	1.243	1.384	1.539	1.710	1.898	2.105	2.332	2.580	2.853	3.152	3.479	3.836	4.226	4.652	5.117	7.430	11.642	17.921	27.144
12	1.127	1.268	1.426	1.601	1.796	2.012	2.252	2.518	2.813	3.138	3.498	3.896	4.334	4.818	5.350	5.936	8.916	14.552	23.298	36.644
13	1.138	1.294	1.469	1.665	1.886	2.133	2.410	2.720	3.066	3.452	3.883	4.363	4.898	5.492	6.153	6.886	10.699	18.190	30.287	49.469
14	1.149	1.319	1.513	1.732	1.980	2.261	2.579	2.937	3.342	3.797	4.310	4.887	5.535	6.261	7.076	7.987	12.839	22.737	39.373	66.784
15	1.161	1.346	1.558	1.801	2.079	2.397	2.759	3.172	3.642	4.177	4.785	5.474	6.254	7.138	8.137	9.265	15.407	28.422	51.185	90.158
16	1.173	1.373	1.605	1.873	2.183	2.540	2.952	3.426	3.970	4.595	5.311	6.130	7.067	8.137	9.358	10.748	18.488	35.527	66.541	121.71
17	1.184	1.400	1.653	1.948	2.292	2.693	3.159	3.700	4.328	5.054	5.895	6.866	7.986	9.276	10.761	12.468	22.186	44.409	86.503	164.31
18	1.196	1.428	1.702	2.026	2.407	2.854	3.380	3.996	4.717	5.560	6.543	7.690	9.024	10.575	12.375	14.462	26.623	55.511	112.45	221.82
19	1.208	1.457	1.753	2.107	2.527	3.026	3.616	4.316	5.142	6.116	7.263	8.613	10.197	12.055	14.232	16.776	31.948	69.389	146.19	299.46
20	1.220	1.486	1.806	2.191	2.653	3.207	3.870	4.661	5.604	6.727	8.062	9.646	11.523	13.743	16.366	19.461	38.337	86.736	190.05	404.27
21	1.232	1.516	1.860	2.279	2.786	3.399	4.140	5.034	6.109	7.400	8.949	10.804	13.021	15.667	18.821	22.574	46.005	108.42	247.06	545.76
22	1.245	1.546	1.916	2.370	2.925	3.603	4.430	5.436	6.658	8.140	9.933	12.100	14.713	17.861	21.644	26.186	55.205	135.53	321.18	736.78
23	1.257	1.577	1.974	2.465	3.071	3.820	4.740	5.871	7.258	8.954	11.026	13.552	16.626	20.361	24.891	30.376	66.247	169.41	417.53	994.65
24	1.270	1.608	2.033	2.563	3.225	4.049	5.072	6.341	7.911	9.850	12.239	15.178	18.788	23.212	28.625	35.236	79.496	211.76	542.79	1342.8
25	1.282	1.641	2.094	2.666	3.386	4.292	5.427	6.848	8.623	10.834	13.585	17.000	21.230	26.461	32.918	40.874	95.395	264.70	705.63	1812.8
30	1.348	1.811	2.427	3.243	4.322	5.743	7.612	10.062	13.267	17.449	22.892	29.960	39.115	50.949	66.210	85.849	237.37	807.79	2619.9	8128.4
35	1.417	2.000	2.814	3.946	5.516	7.686	10.676	14.785	20.413	28.102	38.574	52.799	72.066	98.097	133.17	180.31	590.66	2465.2	9727.6	36448.
40	1.489	2.208	3.262	4.801	7.040	10.285	14.974	21.724	31.408	45.258	64.999	93.049	132.78	188.88	267.86	378.72	1469.7	7523.2	36118.	*
45	1.565	2.438	3.781	5.841	8.985	13.764	21.002	31.920	48.325	72.888	109.53	163.99	244.63	363.66	538.75	795.43	3657.2	22959.	*	*
50	1.645	2.691	4.384	7.106	11.467	18.419	29.456	46.900	74.354	117.39	184.56	289.00	450.71	700.20	1083.6	1670.7	9100.2	70065.	*	*

* FVIF > 99,999

〈부표 4〉

연금미래가계수표: $\frac{(1+r)^t-1}{r}$ (매년 1원의 수입을 t년 동안 정기적으로 실현하는 연금의 미래가치)

기 간	1%	2%	3%	4%	5%	6%	7%	8%	9%	10%	11%	12%	13%	14%	15%	16%	20%	25%	30%	35%
1	1.000	1.000	1.000	1.000	1.000	1.000	1.000	1.000	1.000	1.000	1.000	1.000	1.000	1.000	1.000	1.000	1.000	1.000	1.000	1.000
2	2.010	2.020	2.030	2.040	2.050	2.060	2.070	2.080	2.090	2.100	2.110	2.120	2.130	2.140	2.150	2.160	2.200	2.250	2.300	2.350
3	3.030	3.060	3.091	3.122	3.152	3.184	3.215	3.246	3.278	3.310	3.342	3.374	3.407	3.440	3.472	3.506	3.640	3.813	3.990	4.172
4	4.060	4.122	4.184	4.246	4.310	4.375	4.440	4.506	4.573	4.641	4.710	4.779	4.850	4.921	4.993	5.066	5.368	5.766	6.187	6.633
5	5.101	5.204	5.309	5.416	5.526	5.637	5.751	5.867	5.985	6.105	6.228	6.353	6.480	6.610	6.742	6.877	7.442	8.207	9.043	9.954
6	6.152	6.308	6.468	6.633	6.802	6.975	7.153	7.336	7.523	7.716	7.913	8.115	8.323	8.535	8.754	8.977	9.930	11.259	12.756	14.438
7	7.214	7.434	7.662	7.898	8.142	8.394	8.654	8.923	9.200	9.487	9.783	10.089	10.405	10.730	11.067	11.414	12.916	15.073	17.583	20.492
8	8.286	8.583	8.892	9.214	9.549	9.897	10.260	10.637	11.028	11.436	11.859	12.300	12.757	13.233	13.727	14.240	16.499	19.842	23.858	28.664
9	9.368	9.755	10.159	10.583	11.027	11.491	11.978	12.488	13.021	13.579	14.164	14.776	15.416	16.085	16.786	17.518	20.799	25.802	32.015	39.696
10	10.462	10.950	11.464	12.006	12.578	13.181	13.816	14.487	15.193	15.937	16.722	17.549	18.420	19.337	20.304	21.321	25.959	33.253	42.619	54.590
11	11.567	12.169	12.808	13.486	14.207	14.972	15.784	16.645	17.560	18.531	19.561	20.655	21.814	23.044	24.349	25.733	32.150	42.566	56.405	74.696
12	12.682	13.412	14.192	15.026	15.917	16.870	17.888	18.977	20.141	21.384	22.713	24.133	25.650	27.271	29.001	30.850	39.580	54.208	74.326	101.84
13	13.809	14.680	15.618	16.627	17.713	18.882	20.141	21.495	22.953	24.523	26.211	28.029	29.984	32.088	34.352	36.786	48.496	68.760	97.624	138.48
14	14.947	15.974	17.086	18.292	19.598	21.015	22.550	24.215	26.019	27.975	30.095	32.392	34.882	37.581	40.504	43.672	59.196	86.949	127.91	187.95
15	16.097	17.293	18.599	20.023	21.578	23.276	25.129	27.152	29.361	31.772	34.405	37.280	40.417	43.842	47.580	51.659	72.035	109.69	167.29	254.74
16	17.258	18.639	20.157	21.824	23.657	25.672	27.888	30.324	33.003	35.949	39.190	42.753	46.671	50.980	55.717	60.925	87.442	138.11	218.47	344.90
17	18.430	20.012	21.761	23.697	25.840	28.213	30.840	33.750	36.973	40.544	44.500	48.883	53.738	59.117	65.075	71.673	105.93	173.64	285.01	466.61
18	19.614	21.412	23.414	25.645	28.132	30.905	33.999	37.450	41.301	45.599	50.396	55.749	61.724	68.393	75.836	84.140	128.12	218.05	371.51	630.92
19	20.811	22.840	25.117	27.671	30.539	33.760	37.379	41.446	46.018	51.158	56.939	63.439	70.748	78.968	88.211	98.603	154.74	273.56	483.97	852.74
20	22.019	24.297	26.870	29.778	33.066	36.785	40.995	45.762	51.159	57.274	64.202	72.052	80.946	91.024	102.44	115.38	186.69	342.95	630.16	1152.2
21	23.239	25.783	28.676	31.969	35.719	39.992	44.865	50.422	56.764	64.002	72.264	81.698	92.468	104.77	118.81	134.84	225.02	429.68	820.20	1556.5
22	24.471	27.299	30.536	34.248	38.505	43.392	49.005	55.456	62.872	71.402	81.213	92.502	105.49	120.43	137.63	157.41	271.03	538.10	1067.3	2102.2
23	25.716	28.845	32.452	36.618	41.430	46.995	53.435	60.893	69.531	79.542	91.147	104.60	120.20	138.30	159.27	183.60	326.23	673.63	1388.4	2839.0
24	26.973	30.421	34.426	39.082	44.501	50.815	58.176	66.764	76.789	88.496	102.17	118.15	136.83	158.66	184.17	213.98	392.48	843.03	1806.0	3833.7
25	28.243	32.030	36.459	41.645	47.726	54.864	63.248	73.105	84.699	98.346	114.41	133.33	155.62	181.87	212.79	249.21	471.98	1054.8	2348.8	5176.4
30	34.784	40.567	47.575	56.084	66.438	79.057	94.459	113.28	136.31	164.49	199.02	241.33	293.19	356.78	434.74	530.31	1181.9	3227.2	8729.8	23221.
35	41.659	49.994	60.461	73.651	90.318	111.43	138.23	172.31	215.71	271.02	341.58	431.66	546.66	693.55	881.15	1120.7	2948.3	9856.7	32422.	*
40	48.885	60.401	75.400	95.024	120.80	154.76	199.63	259.05	337.87	442.58	581.81	767.08	1013.7	1342.0	1779.0	2360.7	7343.7	30089.	*	*
45	56.479	71.891	92.718	121.03	159.70	212.74	285.74	386.50	525.84	718.88	986.61	1358.2	1874.1	2590.5	3585.0	4965.2	18281.	91831.	*	*
50	64.461	84.577	112.79	152.66	209.34	290.33	406.52	573.76	815.05	1163.9	1668.7	2400.0	3459.3	4994.3	7217.5	10435.	45496.	*	*	*

* FVIFA > 99,999

〈부표 5〉

표준정규분포표

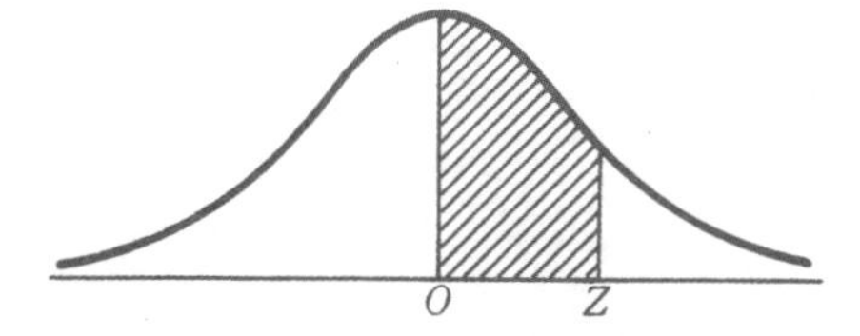

z	0.00	0.01	0.02	0.03	0.04	0.05	0.06	0.07	0.08	0.09
0.0	.0000	.0040	.0080	.0120	.0160	.0199	.0239	.0279	.0319	.0359
0.1	.0398	.0438	.0478	.0517	.0557	.0596	.0636	.0675	.0714	.0753
0.2	.0793	.0832	.0871	.0910	.0948	.0987	.1026	.1064	.1103	.1141
0.3	.1179	.1217	.1255	.1293	.1331	.1368	.1406	.1443	.1480	.1517
0.4	.1554	.1591	.1628	.1664	.1700	.1736	.1772	.1808	.1844	.1879
0.5	.1915	.1950	.1985	.2019	.2054	.2088	.2123	.2157	.2190	.2224
0.6	.2257	.2291	.2324	.2357	.2389	.2422	.2454	.2486	.2517	.2549
0.7	.2580	.2611	.2642	.2673	.2704	.2734	.2764	.2794	.2823	.2852
0.8	.2881	.2910	.2939	.2967	.2995	.3023	.3051	.3078	.3106	.3133
0.9	.3159	.3186	.3212	.3238	.3264	.3289	.3315	.3340	.3365	.3389
1.0	.3413	.3438	.3461	.3485	.3508	.3531	.3554	.3577	.3599	.3621
1.1	.3643	.3665	.3686	.3708	.3729	.3749	.3770	.3790	.3810	.3830
1.2	.3849	.3869	.3888	.3907	.3925	.3944	.3962	.3980	.3997	.4015
1.3	.4032	.4049	.4066	.4082	.4099	.4115	.4131	.4147	.4162	.4177
1.4	.4192	.4207	.4222	.4236	.4251	.4265	.4279	.4292	.4306	.4319
1.5	.4332	.4345	.4357	.4370	.4382	.4394	.4406	.4418	.4429	.4441
1.6	.4452	.4463	.4474	.4484	.4495	.4505	.4515	.4525	.4535	.4545
1.7	.4554	.4564	.4573	.4582	.4591	.4599	.4608	.4616	.4625	.4633
1.8	.4641	.4649	.4656	.4664	.4671	.4678	.4686	.4693	.4699	.4706
1.9	.4713	.4719	.4726	.4732	.4738	.4744	.4750	.4756	.4761	.4767
2.0	.4773	.4778	.4783	.4788	.4793	.4798	.4803	.4808	.4812	.4817
2.1	.4821	.4826	.4830	.4834	.4838	.4842	.4846	.4850	.4854	.4857
2.2	.4861	.4864	.4868	.4871	.4875	.4878	.4881	.4884	.4887	.4890
2.3	.4893	.4896	.4898	.4901	.4904	.4906	.4909	.4911	.4913	.4916
2.4	.4918	.4920	.4922	.4925	.4927	.4929	.4931	.4932	.4934	.4936
2.5	.4938	.4940	.4941	.4943	.4945	.4946	.4948	.4949	.4951	.4952
2.6	.4953	.4955	.4956	.4957	.4959	.4960	.4961	.4962	.4963	.4964
2.7	.4965	.4966	.4967	.4968	.4969	.4970	.4971	.4972	.4973	.4974
2.8	.4974	.4975	.4976	.4977	.4977	.4978	.4979	.4979	.4980	.4981
2.9	.4981	.4982	.4982	.4982	.4984	.4984	.4985	.4985	.4986	.4986
3.0	.4987	.4987	.4987	.4988	.4988	.4989	.4989	.4989	.4990	.4990

국문색인

ㅂ

ㅅ

ㅇ

ㅈ

영문색인

D

E

F

G

Q

R

S

[저자약력]

· 남 명 수

성균관대학교 경제학과 졸업
University of Wisconsin(Madison), MBA
University of Utah, 경영학박사
공인회계사 시험 출제위원
인하대학교 경영대학 학장 및 대학원장
한국생산성학회 회장
한국기업경영학회 회장
현: 인하대학교 경영대학 교수
한국 CFO 스쿨 학장
저서: 신경영학(삼영사 1997)
성과관리시스템(한언 1999)
신경영분석(삼영사 2012)

· 임 태 순

미국, Long Island University, MBA
미국, University of Wisconsin–Madison, A.B.D
인하대학교 경영학 박사
경영지도사 시험출제위원
서울사이버대학교 학생지원처장 역임
현: 서울사이버대학교 금융보험학과 교수
저서: 『금융시장』, 한국학술정보(주), 2010
『경영분석』, 한국학술정보(주), 2011
『기업윤리』, 한국학술정보(주), 2011

· 정 진 영

연세대학교 경영학과 졸업
서울대학교 경영학 석사, 박사
공인회계사, 재무위험분석사(CPA, FRM)
안진회계법인 감사부 근무
미국, Cornell University, Emerging Markets Institute 전문연구원 역임
미국, Cornell University, 경영대학 객원학자 역임
현: 인하대학교 경영대학 교수

핵심 재무관리

2014년 3월 5일 초판 인쇄
2014년 3월 10일 초판 발행

공 저 남 명 수
임 태 순
정 진 영

발행인 배 효 선

발행처 도서출판 法 文 社

413-832 경기도 파주시 회동길 37-29
등록 1957년 12월 12일 제2-76호 (윤)
전화 031-955-6500~6 FAX 031-955-6525
e-mail(영업): bms@bobmunsa.co.kr
(편집): edit66@bobmunsa.co.kr
홈페이지 http://www.bobmunsa.co.kr
조 판 (주) 성 지 이 디 피

정가 31,000원 ISBN 978-89-18-12519-0

※ 이 저서는 2014학년도 인하대학교의 지원에 의하여 발간되었음.